KB260321

환상과 저항의 신학
: 이신(李信)의 슐리얼리즘 연구

국립중앙도서관 출판예정도서목록(CIP)

환상과 저항의 신학 : 이신(李信)의 슈리얼리즘 연구 / 지은
이: 이은선, 이정배, 김성리, 심은록, 정혁현, 박일준, 신익
상, 이경, 손원영 ; 엮은이: 현장아카데미. ― 서울 : 동연,
2017
    p. ;   cm

ISBN 978-89-6447-375-7 93200 : ₩16000

기독교 신학[基督敎神學]

231-KDC6
230-DDC23   CIP2017024436

환상과 저항의 신학
: 이신(李信)의 슈리얼리즘 연구

2017년 9월 21일 초판 1쇄 발행
2017년 9월 29일 초판 2쇄 발행

지은이 이은선 이정배 김성리 심은록 정혁현 박일준 신익상 이 경 손원영
엮은이 현장아카데미 편
펴낸곳 도서출판 동연
펴낸이 김영호
등 록 제1-1383호(1992. 6. 12)
주 소 서울시 마포구 월드컵로 163-3
전 화 02-335-2630 팩스 02-355-2640

ⓒ 현장아카데미, 2017

잘못된 책은 바꾸어드립니다.
책값은 뒤표지에 있습니다.

ISBN 978-89-6447-375-7 93200

이 서적 내에 사용된 장욱진 작품[ⓒ장욱진미술문화재단]과 이신 작품[ⓒ이신]은 저
작권 계약을 맺은 것입니다. 저작권법에 의하여 보호를 받는 도판이므로 무단 전재
및 복제를 금합니다.

환상과 저항의 신학

:이신(李信)의 슈리얼리즘 연구

◆

김성리 박일준 손원영 신익상 심은록 이경 이은선 이정배 정혁현 함께 씀

현장(顯藏)아카데미 편

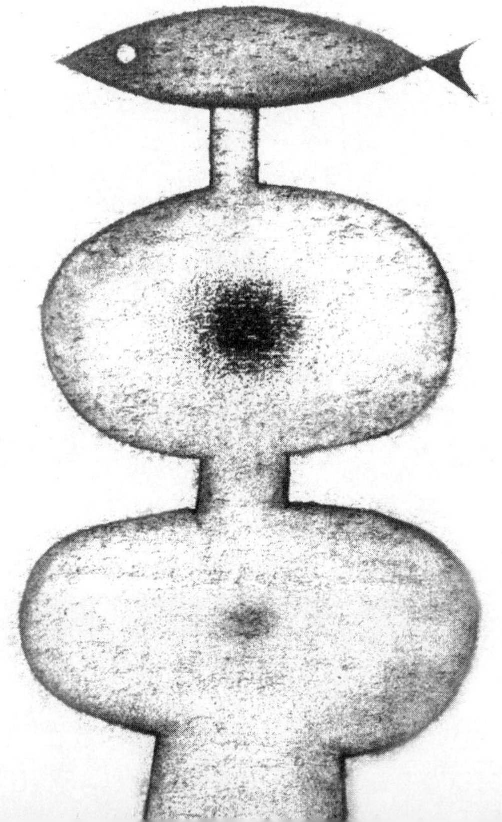

동연

시대를 앞선 종교개혁자 이신(李信)
—『환상과 저항의 신학』의 독해를 위하여

이 책『환상과 저항의 신학』은 본래 지난 년 말 촛불 혁명을 꿈꾸던 때에 나왔어야 했다. 시대를 앞선 신학자 이신 박사께서 54세의 이른 나이로 소천한 지 35주년이 되는 때가 지난해 12월이었으며 그의 사상이 참혹한 현실을 묵시적 환상으로 초극하려는 몸부림의 열매였던 까닭이다. 2016년 겨울, 광장의 촛불, 그들의 열망 속에 초(超)현실주의적 상상력이 더해지지 못한 것이 지금도 못내 아쉽다. 하지만 그로부터 9개월이 지난 지금, 루터 종교개혁 500년이 지적인 상황에서 출판되었기에 본 책의 의미는 다른 차원에서 더욱 중요해졌다. 정치 이상으로 이 땅 종교들의 타락, 특히 적폐 대상 1순위가 된 기독교의 현실 탓이다. 숫자 500이 주는 막중한 무게감에도 불구하고 이 땅 교회는 의식의 둔화와 타락으로 그 존재가 참을 수 없을 만큼 가벼워졌다. 이런 정황에서 이신은 고독과 저항 그리고 상(환) 상이란 화두를 갖고 인습화된 기독교를 전복시키고자 했다. 1970년대 후반 한국교회를 향해 그리스도에게로 환원할 것을 역설한 것이 바로 그렸다. 그리스도를 재해석한 초현실주의 신학을 통해 기독교의 재(再)주체화를 시도한 것이다. 본 책을 통해서 우리는 한 세대(世代) 이전의 신학자 이신의 신학사상이 종교개혁 500년을 맞아 새롭게 부활하는 모습을 지켜볼 수 있어 기쁘기 그지없다.

본 책은 이신 박사에 대한 본격적인 연구서라 할 것이다. 글쓴이들 여럿이 말했듯이 천재적인 신학자의 단명 탓에 유고(遺稿)가 적어 그간 연구에 엄두를 내지 못했었다. 살아생전 이신의 이름으로 출간된 책은 몇 권의 설교집과 밴더빌트 신학부에 제출한 박사 논문이 고작이었다. 실상 이신은 '슐리얼리즘의 신학'을 주제로 단행본으로 쓰고 싶어 했다. 두 차례 자필로 이에 대한 긴 서문을 남겨놓을 정도였다. 여건이 허락지 않아 계획을 이루지 못했으나 그 글들 속에서 우리는 오늘의 책을 위한 소중한 단초들을 제법 많이 얻었다. 아홉 명 집필자들 모두 주 텍스트로 삼은 『이신의 슐리얼리즘과 영의 신학』 속에 이 두 편의 서문과 박사 논문 번역본 그리고 몇 개의 논문이 실려 있다. 이렇듯 저술이 적었으나 이신 박사 死後 30년이 지나 그를 재론하여 연구서를 내는 것은 그의 신학 속에 창조성과 함께 시의적절함이 배어 있었던 까닭이다. 우선 30년도 훨씬 앞서 쓰인 이신의 글들이 목하 회자되는 벤야민, 들뢰즈, 아감벤의 생각들과 중첩되어 연구된 것이 경이롭다. 시대를 앞선 창조적 사상가였다는 반증일 것이다. 또한 신학자로서 화가의 삶을 살았던 이신의 60-70년대 그림에서 동서양 대가들과 견줄만한 창조성, 종교성이 밝혀졌고, 유고 시(詩)들 역시 시대와 소통하는 영적 감수성의 보고(寶庫)라 평가되었으니 기쁜 일이다. 아마도 한국 신학계에서 화가로 살며 신학자의 길을 걸었던 이는 이신 외에는 없을 듯싶다. 신학과 예술의 접점이 더욱 요청되는 시점에서 이신의 작업은 더욱 주목될 것이다. 뿐만 아니라 초현실주의 신학에 근거, 그리스도교 환원운동을 시작했고 한국교회의 개혁 방안을 제시하였으니 종교개혁 500년을 맞는 시점에서 교회사적 의미 역시 대단히 중하다. 루터로 돌아가는 것을 능사로 여기지 않고 한국인의 주체성을 강조했던 이신의 '선언(한국그리스도교회 선언)'을 지금 우리의 당면과제로 여길 일이다.

주지하듯 본 책의 제목을 『환상과 저항의 신학』이라 했다. 시대를 앞선 종교개혁자 이신이란 부제도 덧붙였다. 아홉 분 저자의 글에서 상세히 밝혀지겠으나 한국 신학계에 생소한 초현실주의(*Surrealism*) 신학이 함의하는 바를 간략하게 정리해 보겠다. 우선 초현실주의는 20세기 초/중엽 생기한 문학과 예술의 한 장르라 할 것이나 자본주의가 지배하는 획일적 현실에 맞서는 에토스를 지녔다. 역사적 퇴행을 걱정할 만큼 진보를 거부했고 시대거역적이었다. 그럴수록 온갖 수단을 동원하여 인습화된 형식을 파괴했고 현실을 부정했으나 이 과정에서 또 다른 현실을 염원했다. 체제 안에서 체제 밖을 사유(상상)하여 체제 자체를 전복시키고자 했던 것이다. 이런 초현실주의 사조에 묵시문학 연구결과를 접목시켜 초현실주의 신학이라 불렀고 이를 영(靈)의 신학이라 달리 이름 하기도 했다. 따라서 초현실주의 신학은 현실부정을 통한 긍정의 신학으로서 약자를 위한 신학일 수밖에 없었으나 그럴수록 고통 속에서도 창조적 상상력을 강조했다. 배고픔의 문제만큼이나 의식의 둔화와 타락을 걱정했던 결과였다. 베르댜예프를 좇아 상전(富者)과 종(貧者), 가진 자와 가난한 자들 모두의 의식 속에 노예적 본성이 자리했음을 본 탓이다. 예수와 우리들 관계 역시도 주인과 종으로서가 아니라 그를 창조적으로 따를 것을 주문했다. 바로 이것이 환원운동의 골자이자 초현실주의 신학의 핵심이었으며 시종일관 한국적 주체성을 강조한 이유라 믿는다.

　말하였듯 본 책은 각기 다른 아홉 명 저자들의 글로 구성되었다. 처음 두 글은 이신 박사의 직계 가족들이 썼다. 특히 첫 글은 아버지의 권유로 대학 졸업 후 신학을 공부한 둘째 딸 이은선 교수의 글로서 아버지에 대한 진솔한 고백이 담겨져 있다. 자신의 본 이름 만수(萬修)를 믿을 신(信)으로 개명했고 그 실현을 위해 고독과 저항의 삶을 살면서 항시 체제 밖을 상상하던 아버지에 대한 일종의 신학적 해석학인 셈이다. 아버지 이신에게는 믿음(信)이 고독이었고, 저항이었으며 환상(상상)이었다고 풀었다. 무엇보다 이글의 정수는 이은선 박사가 유교와 기독교 대화를 통해 얻은 3개의 성 개념, 즉 聖. 性. 誠에 터해 아버지의 믿음, 곧 고독, 저항 그리고 상상을 풀어낸 데 있다. 이들 세 개의 성으로 종교개혁신학의 3개의 '오직'(sola)교리와 탈/향의 관계를 맺고자 했으니 선친에게서 종교개혁자의 면모를 본 것이다. 이것이 그녀에게 있어 이신을 말해야 할 시대 필연적 이유라 하겠다. 이어진 글은 이신 박사의 둘째 사위로서 본 책을 함께 엮은 본인의 저술이다. 본 글의 요지는 이신의 핵심 개념인 상상(력)을 인식론적으로 고찰한데 있다. 상상력이 종교개혁 '以後' 신학으로서의 예술신학을 위한 신학방법론인 것을 적시한 것이다. 글 말미에 이신 박사의 시와 그림 몇 편을 초현실주의 신학의 빛에서 설명한 것에 주목해도 좋겠다. 조현의 책『울림』에서 말하듯 낮은 곳에서 소외된 이들과 함께한 그의 삶이 본인에겐 언제든 외경의 대상이었다. 살아생전 짧게 만났으나 무거운 가르침을 받은 탓에 그의 삶은 내게 멍에이기도 했다. 늦은 시기 본의의 삶에 전회가 생겼던 것도 이신의 삶을 닮고자 한 노력의 열매일 것이다.

둘째 장에 실린 두 편의 논문은 각기 시인과 미학자에 의해 쓰인 저술이다. 시인의 예리한 감수성과 미학을 전공한 해박한 지식으로 이신의 시와 그림을 분석하여 멋지게 의미화해 주었다. 유고시집과 그림 속에 담겨진 초현실주의적 예술성이 이들의 수고로 재조명되었으니 고맙고 감사한 일이다. 아주 우연한 자리에서 알게 된 김성리 선생은 본래 난해하기로 유명한 김수영의 시를 연구한 문학평론가이다. 이신 박사의 시가 자신의 논문 작성에 큰 도움을 주었다는 감사를 유족들에게 전해준 바 있다. 본 글에서 저자는 시인의 눈으로 초현실주의 시의 본질을 꿰뚫었다. 아주 핵심적인 시를 취사선택하여 '병든 시간성을 살면서도 사랑으로 영원에 이르려는' 이신의 詩세계를 간파한 탓이다. 시간성 안에서 새로운 삶(사랑)을 사는 것이 부활이자 영생인 것을 적실히 설명했다. 이신의 시에 대한 다음과 같은 평이 가슴에 와 닿는다. "이신의 시에서 상실의 슬픔과 그리움은 있으나 고통에 대한 부정성을 찾기 어렵다." 이어 이신 박사의 그림을 분석, 연구한 심은록 박사는 미학적 시각에서 철학과 신학을 연구한 독특한 이력의 학자이다. 그는 이신 박사의 그림을 동시대를 살았던 동서양 화가들의 작품과 비교함으로 화가로서의 위상을 옳게 자리매김했다. 무엇보다 어린아이를 소재 삼은 장욱진 화백과의 연결고리가 흥미로웠다. 편견 없이 세상을 보는 자유의 길을 어린이의 재현을 통해 설명코자 한 탓이다. 이신의 묵시문학적 초현실주의 그림이 어린아이의 천진스러움과 나눌 수 없다고 본 것이다. 그럼에도 저자는 이신 박사의 그림에서 세상에 대한 문제의식을 깊게 탐색했다. '어린아이의 얼토당토않은 소리', 이것이 초인의 소리이고, 돌의 외침이며 예언자의 전언인 바, 이를 시각화한 것이 이신 박사의 그림이라는 것이다. 그림을 통해서 자본의 시대에 노예화된 의식을 깨우쳐 상상력을 복원시키는 것이 신학자이자 화가로서 이신 박사의 사명이라고 저자는 여겼다.

셋째 장에 모아진 세편의 논문들은 이신 박사의 초현실주의 신학을 목하 현실을 주도하는 영향력 있는 제 사조와 비교하여 의미 화했다. 유대주의 사상가인 발터 벤야민의 메시아담론, 프랑스 철학자 들뢰즈의 예술론 그리고 한국의 대표적인 기독교 사상가 함석헌의 자속론을 대화의 파트너로 삼은 것이다. 특별히 벤야민의 경우 이신처럼 초현실주의 사조에 심취했었기에 양자 간의 직접적인 비교가 가능하다. 이후 유대교와 기독교적 입장을 견지한 탓에 이들의 결론이 상이하나 공통점 역시 없지 않다. 따라서 라캉, 지젝 등의 저서에 마음을 쏟고 있는 정혁현 목사는 이 장 첫 글에서 벤야민과 이신의 공통점으로 자본주의 흐름에 대한 부정을 들었다. 영적 양극성을 말하는 묵시문학의 빛에서 이신 박사가 기독교의 전위성을 말했다면 벤야민은 유대-메시아주의 담론을 통해 실패한 과거를 구원코자 했던 까닭이다. 여기서 이신에게 중요한 것은 환상이었고 벤야민의 핵심은 현실의 연속성을 파괴하는 메시아적 시간이었다. 따라서 저자는 이신과 벤야민에 대한 상호 교차적 이해를 부각시켰다. 역사주의적 사건을 정지시키는 메시아적 시간과 제국의 질서를 무화(부정)하는 묵시적 의식간의 유사성을 강조한 것이다. 들뢰즈의 예술론을 이신의 초현실주의와 비교한 박일준 박사는 자신의 글에서 초월성의 유/무, 유물론(생물학)/환상(의식) 등 외형적 차이에도 불구하고 양자를 저항의 주체라는 관점에서 엮어냈다. 인습화된 기존의 반복에 저항하는 의식의 수행 차원에서 이 두 사상가를 함께 보려 했던 것이다. 생물학(유기체)적 질서가 위계적으로 억압될 경우 생명체 안에서 돌발표시가 발생하듯 현실에 대한 절대부정에서 절대긍정의 징표, 영적 양극성으로서의 창조적 환상이 생겨난다는 것이다. 상호 생기(生起)의 정황은 다르나 이들은 자본주의적 도착을 극복하는 힘이란 점에서 공통적이라 하였다. 마지막 저자인 신익상 박사는 이신의 초현실주의 신학의 빈 공간을 찾는 데 주목했다. 이신 박사의 말대로 하늘이 땅(사람) 되고 땅(사람)이 다시 하늘 되는 초현실주의 신학의 혁명성을 옳다고 여겼으나 이 과정에서 정작 좌절을 겪어 온 사람들, 민중들의 역할이 명시되지 못했음을 지적했다. 그렇기에 이렇듯 두 차례 중첩된 초월 간의 매개고리에 대한 설명과 이 과정에서 희생된 민중의 구속사적 역할을 요구했던 것이다. 이에 대한 답으로 저자는 함석헌의 대/자(代/自)불이적 구원론과 현대과학에서 말하는 항상성 개념을 내놓았다. 세상은 항시 민중들의 희생으로 항상성을 유지했고 그 희생은 항시 대/자불이적 특성을 지닌다는 것이다.

　마지막 4장에 실린 두 편 논문은 이신의 초현실주의 신학을 교회론적으로 적용시킨 글들이다. 1970년대 중반 이신 박사 스스로 '그리스도 환원운동'이란 기치 하에 '한국 그리스도교회 선언'을 발표한 바 있었다. 이곳의 글 두 편은 이신 박사의 차남으로 그리스도교회에 소속된 이경 목사와 이신 박사께서 관여한 그리스도교단 소속 신학 대학에서 긴 세월 가르쳤던 손원영 박사의 저술이다. 본 글에서 이들은 모두 종교개혁 500년을 앞둔 이 땅의 개신교가 '한국 그리스도교회 선언'으로부터 동이 서에서 멀 듯 멀어진 현실을 아프게 지적했다. 먼저 이경 목사는 '한국 그리스도교회 선언'의 첫 의미로 교리적, 문화적인 서구 종속성으로부터의 탈피를 들었다. 이는 한국인의 주체적인 신앙적 자각과 동전의 앞뒤를 이루는 것으로서 결국 초현실주의 신학이 역설한 창조적 상상력과 맥을 같이한다. 이신 박사가 주창했던 '환원운동' 역시 성서 절대주의와는 거리가 멀었던 탓이다. 환원운동의 본질은 자본화된 개체교회 중심주의를 넘어 전교회의 유기체(통일)성이라 여긴 것이다. 따라서 이경 목사는 환원운동에 기초한 '선언'을 목하 진행 중인 '작은교회' 운동과 한국적 '작은교회'론 집필에 있어 이론적 근거로 제시했다. 이는 첫 논문을 썼던 이은선 박사의 생각이기도 하다. 마지막 논문을 쓴 손원영 박사는 그리스도교단에서 이신 박사의 유지(有志)를 실현시키려 애쓴 학자이다. 안타깝게도 잠시 소속 대학을 떠나 있으나 다시 돌아와 평소의 꿈을 실현시킬 것을 믿는다. 평소 그는 이신 박사의 환원운동을 우리 시대를 위한 에큐메니칼 운동이라 여겼고 예술을 신학 혹은 목회와 연결시키는 일을 주도했다. 자신의 글에서 손 박사는 이신의 초현실주의 신학을 묵시문학적 해방신학과 예술적 소통의 신학이라 달리 풀어냈으며 이를 예술적 교회를 위한 이론적 근거로 삼았던 것이다. 전위 예술의 신학화 이상으로 신학을 전위 예술화하는 실천적 작업에 관심을 둔 탓이다. 선교방법 역시 이런 선상에서 전혀 달라질 것을 저자는 기대했다.

앞서 말했듯 지난해 12월, 이신 박사 서거 35주년을 추모하여 세상에 나왔어야 할 이 책이 거의 9개월이 지난 시점에 출판되었다. 집필자들 사정으로 글이 제때에 마무리되지 못한 것도 이유이지만 촛불 혁명과 이어지는 대선정국 탓도 컸다. 이렇듯 늦어지는 과정에서 김성리 선생님이 참여할 수 있게 되었으니 기쁨이 크다. 분주한 중에도 기한 내에 글을 마무리했던 몇 분 선생님들, 특히 심은록 박사에게 죄송한 마음을 전한다. "말(글)로서 세상을 흔들지 못하면 세상은 한 치도 나아가지 않는다"라는 어느 분의 말씀을 잘 기억하며 살 것이다. 동연 출판사에서 이신의 시집에 이어 본 책 역시 기쁘게 엮어내주었으니 참으로 고맙다. 크게 빚진 심정으로 종교개혁 以後 신학을 제시하는 이 책의 쓰임을 위해 더욱 노력하겠다. 김영호 사장님 이하 편집실 여러분의 얼굴을 떠올리며 이런 마음을 전한다. 이 책은 『21세기 보편영성으로서의 誠과 孝』에 이어 〈顯藏아카데미〉이름으로 출판된 두 번째 저서이다. 앞으로도 좋은 책을 많이 기획하여 세상에 선보일 생각이다.

2017년 7월 24일
부암동 현장아카데미에서
이정배 삼가 모심

차 례

머리말 _5

1부_

나는 왜 오늘도 이신(李信)에 대해서 계속 말하려고 하는가?
― 이신의 믿음과 고독, 저항과 상상 그리고 오늘의 우리 _ **이은선**　　　| 19

I. 시작하는 말 _19
II. 이신의 '믿음'(信)에 대하여 _21
III. 믿음의 '고독'(性)에 대하여 _29
IV. 한국적 그리스도의교회 운동과 함께 하는 믿음의 '저항'(誠)에 대하여 _39
V. 갈등과 분열을 넘어서는 믿음의 '상상'(聖)에 대하여 _51
VI. 마무리하는 말: 21세기 오늘 우리 시대에서의 믿음의 '지속'에 대하여 _67

초현실주의 해석학으로서의 이신(李信)의 예술신학 _ **이정배**　　　| 75

I. 이신 예술신학의 인식 토대로서의 상상력 _80
II. 초현실주의와 묵시문학적 자의식 연구 _90
III. 초현실주의 신학으로서의 영의 신학: 카리스마 해석학 _107
IV. 전위 예술신학으로서의 한국적 신학 _122
V. 짧은 마무리 _134

2부_

이신(李信)의 슐리얼리즘: 영원과 사랑의 묵시 _ **김성리**　　　| 139

I. 들어가며 _139
II. 영원에 이르는 길: 無 _141
III. 성(聖)과 속(俗)의 사다리: 사랑 _153
IV. 나오는 글 _161

이신(李信), 묵시적 미술과 돌 소리의 미학 _ **심은록** | 167

    I. 서론: 현대 미술은 "현대의 진단학" 그리고 세상에 대한 '문제화' 과정 _167
    II. 어린이의 상징 _171
    II. 양의성의 유희: 상상력과 유랑 _178
    III. 돌의 미학 _184
    V. 결론: 무시점(無視點)의 통전적 유희 _219

3부_

'유대-기독교적인 것': 벤야민과 이신(李信) _ **정혁현** | 229

    I. 글을 시작하며 _229
    II. 묵시문학, 혹은 신학 _231
    III. 초현실주의 _247
    IV. 유대-기독교적인 것 _258
    V. 글을 마치며 _263

저항의 주체, 환상의 주체
— 이신(李信)의 슐리얼리즘에 대하여 _ **박일준** | 267

    I. 이신의 슐리얼리즘의 신학 _269
    II. 들뢰즈의 기관 없는 신체의 예술론 _281
    III. 초월을 향한 희구로서 환상과 생명의 힘의 표식으로서 돌발표시 _291
    IV. 자본주의적 도착을 뛰어넘는 힘으로서 환상 _300

이신(李信)의 꿈, 초현실주의 신학 _ **신익상** | 307

    I. 들어가는 말 _307
    II. 돌의 꿈, 초현실주의 신학 _310
    III. 대자불이 구원론: 함석헌의 씨올 사상 _317
    IV. 희생의 변증법: 신경과학적 항상성의 교훈 _325
    V. 결론 _337

4부_

"한국 그리스도의교회 선언"의 교회론적 의미
: 한국교회의 주체성과 유기적 연대 _ 이 경 |343

   I. 들어가는 말 _343
   II. "한국 그리스도의교회 선언"이 공표된 배경 _345
   III. 한국교회의 무자각한 사대주의와 주체성 세우기 _348
   IV. 미국 환원운동의 '개교회주의'에 대한 비판과 개별 교회들 간의 유기적 연대 _350
   V. 성례전과 영적 깨달음이 겸전한 신앙 _353
   VI. 나가는 말 _355

이신(李信)의 신학사상과 한국교회 위기 극복의 방향 _ 손원영 |357

   I. 머리말 _357
   II. 이신(李信) 신학에 대한 최근의 관심 _359
   III. 이신의 신학(1): 묵시문학적 해방신학 _363
   IV. 이신의 신학(2): 예술적 소통의 신학 _372
   V. 이신의 신학(3): 성령의 신학 _380
   VI. 이신의 신학사상과 한국교회의 위기 극복 _383
   VII. 맺는말 _392

필자 소개 _397

1부

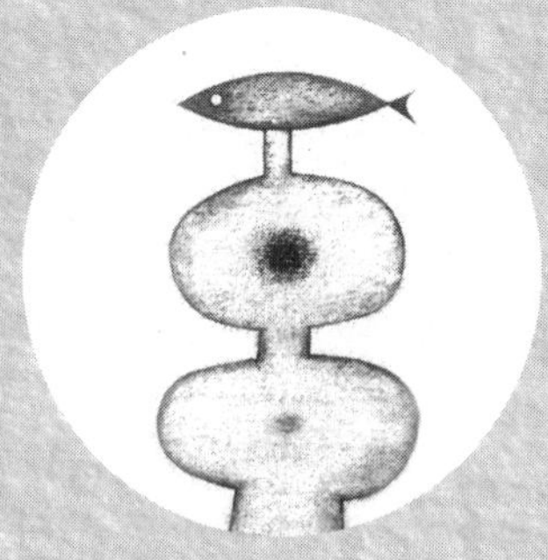

나는 왜 오늘도 이신(李信)에 대해서 계속 말하려고 하는가?
— 이신의 믿음과 고독, 저항과 상상 그리고 오늘의 우리 _ 이은선

초현실주의 해석학으로서의 이신(李信)의 예술신학 _ 이정배

환 상 과　　저 항 의　　신 학

나는 왜 오늘도 이신(李信)에 대해서 계속 말하려고 하는가?
― 이신의 믿음과 고독, 저항과 상상 그리고 오늘의 우리

이 은 선 *

I. 시작하는 말

작년 2016년은 아버지 이신(1927-1981)이 돌아가신지 35년이 되는 해였다. 보통은 큰 동생이 사는 청주에 모여서 예배를 드렸지만 이번에는 우리가 몇 년 전부터 〈이신아키브〉로 삼고 있는 횡성에 가서 예배를 드렸다.

그러면서 다시 생각하게 되었다. 나는 왜 아버지 이신에 대해서 계속해서 말하려고 하는가? 아버지의 자식들 사이에서도 그를 기리는 일에 있어서 의견과 관점이 서로 다르고, 그 의미에 대한 생각에서도 차이가 나는데, 그럼에도 불구하고 나는 왜 이 일을 지속하려 하

* 세종대 교수, leeus@sejong.ac.kr

고, 그동안의 여러 작업에도 불구하고 항상 부족한 마음이 드는가? 혹자는 자주 듣는 심리학적 언어를 가져와서 딸의 상처받은 '트라우마'와 그에 대한 보상심리 등을 말하기도 하는데, 나는 그것만이 다인가를 수없이 물었다. 그러는 가운데 지난 2015년 2월에 아버지의 아내, 우리 어머니(鄭愛, 1929-2015)가 돌아가셨다. 지금까지 엄마는 한 번도 자신의 고유성과 독자성으로부터 생각되어지지 못하고 그냥 온통 아버지에 속한 존재였다. 54세에 혼자 되셔서 30년 이상을 홀로 사셨는데도 그랬다. 하지만 재작년 돌아가시고 나서 시간이 지나면서 엄마에 대한 생각들이 변하기 시작했고, 그러자 아버지에 대한 생각에서도 다른 면들이 보이기 시작했다.

학문적으로 나는 한 사람의 페미니스트 신학자로 살아왔지만, 특히 아버지와 관련해서는 그리고 남동생들과 그 부인들과의 관계에서는 그러한 의식이 잘 연결되지 못한 것 같다. 그래서 다른 면은 잘 보지 못하고 오직 '일찍 돌아가신 아버지의 정신적 유산들을 어떻게 하면 보다 잘 밝힐 수 있을까'의 관점에서만 지내온 것 같다. 그러면서 가족 간의 관계에서 자연스럽지 못한 면들이 쌓이게 되었고, 나 스스로의 삶에서도 이론과 실제가 분리된 모습을 많이 보여 왔다. 그래서 이번 일을 계기로 나는 다시 한 번 진지하게 묻고 싶었다. 신학자이자 목사이고, 한 슐리어리스트 화가로 살다 가신 아버지 이신의 삶과 사상이 어떠하기에 나는 오늘도 여전히 그에 대해서 말하려고 하는가? 그의 삶과 사고의 어느 것이 오늘 우리 시대에도 의미 깊다고 생각하여 그를 드러내는 일에 더욱 경주하고자 하는가? 만약 그가 남긴 것을 그렇게 귀하게 여긴다면 사실 나의 삶도 그가 지시한 대로 그렇게 변해왔어야 하고, 또 지금도 그런 길을 가고 있어야 하는데, 과연 나는 그러한가? 등등의 질문들이 꼬리를 물면서 나는 힘든 시간을 보내왔고, 그러한 가운데 이 글을 쓰게 되었다.

II. 이신의 '믿음'(信)에 대하여

아버지 이신에게 있어서 제일 소중했던 것은 '믿음'을 지키는 일이었던 것 같다. 그는 젊은 시절 자신의 이름을 부모님들이 지어준 이름(李萬修)에 더해서 믿을 신(信) 자(字)의 "이신(李信)으로 할 정도로 믿음을 사는 일에 집중하였다. 그가 제일 소중하게 생각한 말이 "신뢰의 그루터기"라는 말이었다고 생각하는데,[1] 그는 왜 그렇게 '믿는다'는 일을 중요하게 여겼을까? 우리가 전해들은 이야기에 따르면 그는 일제 강점기에 부산에서 상업학교를 마치고 은행에 취업했다가 그만두고, 가족들의 반대에도 불구하고 서울로 올라와서 감리교신학대학에 입학했다. 믿음의 학인 신학을 공부하기 위해서였다. 이렇게 믿음을 찾아 나선 그의 행보는 더 이어져서 6.25가 발발하고 고향 전라도로 내려가서 그곳에서 '한국 그리스도의 교회 환원운동'을 만나면서는 속해 있던 감리교회를 떠난다. 그리고 그 그리스도의 교회 환원운동에 헌신하게 된다. 후일 1980년경 『기독교백과사전』을 위해서 쓴 "한국 그리스도의 교회 환원운동의 전개"라는 역사 서

---

1) 李信/이은선·이경 엮음, 『슐리얼리즘과 영靈의 신학』(동연, 2011), 300.

술에 보면, 그는 이러한 한국 그리스도의 교회 환원운동도 한국 가톨
릭교회의 시발과 마찬가지로 한국인 스스로의 선행된 자각에서 비
롯되었음을 밝힌다. 그 서술에 따르면 한국 개신교에서의 '그리스도
의 교회' 운동은 신앙에서 다양한 교파나 그 교파에서의 신조를 따르
기 보다는 원래 초대 교회의 순수한 믿음을 회복하는 일이 긴요하다
고 보았다. 그래서 그것을 깨달은 소수자에 의해서 시작되었다고
한다. 일본 식민지 시절의 혹독했던 상황에서 감리교회나 구세군에
속해 있던 소수 목회자의 자각이 있었고, 그것이 미국 그리스도의
교회 환원운동과 연결되면서 한국 그리스도의 교회가 본격화되었다
고 밝힌다. '한국 그리스도의 교회'는 일제 말기에 집단적으로 신사참
배에 참여하는 것을 가까스로 면했다. 그리고 해방 이듬해에 이때야
말로 기독교 신앙의 순수성과 일치를 주장할 수 있는 절호의 기회라
고 생각하여 다음과 같은 선언문(「기독(基督)의 교회 합동선언문」)을
발표했다고 한다(1946년 8월).

우리 기독의 교회는 신약 시대에 그리스도께서 창립하신 교회로 돌아
와서 각각 분열된 기독교에서 신약 시대의 기독의 교회로 같이 돌아오
도록 주 예수 그리스도의 성지(聖旨)를 순응하여 합동 통일 운동을
선언하노라. 신자는 말씀에 비추어 각각 교파에 속한 자가 아니요 오
직 그리스도에게 속한 자들인데 각각 속한 단체의 헌법 규칙을 존중시
하고 분열됨으로 다투고 있으니 성 바울이 기록한 성경 말씀에 위반되
는 것은 구구한 설명을 요하지 않는다. … 다시 조선 교회의 실정을
살펴보면 우리 조선 각 교파가 악마 왜정 시대에 '일본 기독교 조선교

단'(日本 基督教 朝鮮教團)이라는 명칭으로 합동 통일한 사실이 있었다. 그러면 악마에게 굴복하여 신사 참배의 합동 통일은 하면서도 주님 말씀인 성경의 교훈대로 각 교파 신도의 통일을 부인할 수 있을까? 만일 부인한다면 성경 말씀인 주님의 성지를 반역하는 일이다. 삼가 조심하라. 그런즉 합동 통일함에는 어떠한 방법으로 할 것이 아니라 신약 시대의 교회로 돌아가자, 신약 시대의 교회를 찾으면 신약 성경에서 찾자.2)

여기서 분명히 서술된 대로 어떻게 이제 막 식민지 처지에서 벗어난 변방의 한 미약한 나라 교회가 그것도 그 복음을 전해 받은 지도 얼마 안 되는 어려운 처지에서 그 교회 전체의 2천여 년 역사를 모두 뒤로 돌리는 일을 생각하게 되었을까? 어떻게 그들은 기독교 초대교회의 '원형'을 회복해야 한다고 주창하게 되었으며, 신약성서의 '그리스도의 교회'가 가르쳐준 대로 다시 그 본래적 하나 됨과 교회 일치를 이루어야 한다고 호소하게 되었을까? 이러한 일은 오늘 한국 개신교가 오랜 분열과 갈등을 뒤로 하고 다시 여러 형태의 에큐메니즘을 말하는 시점에서도 어려운 일이다. 특히 2017년 종교개혁 500주년을 맞이하는 해에 이제 한국과 한국교회가 크게 성장하여 더 이상 서구 교회나 교파나 교단 등에 좌우되지 않고 개별적으로 개체 교회의 존재 가능성이 훨씬 커진 상황에서도 힘든 일인데, 아버지 이신은 이 일을 이루는데 온 힘을 쏟으면서 자신의 믿음의 일을 수행해 나갔다.
믿음을 가진다는 것은 무엇을 말하는 것일까? 그것은 신약성서

---

2) 위의 책, 346.

히브리서의 유명한 언명인 "믿음은 바라는 것들의 실상이요, 보지 못하는 것들의 증거"(히 11:1)가 지시하는 대로 몸은 현재에 있으면서 그의 의식으로는 과거의 어떤 '선험'이나 '원형'에 대한 뚜렷한 의식을 가지고 있는 것이거나, 아니면 지금 뚜렷이 보이지는 않지만 앞으로 미래에 이루어질 어떤 일에 대한 확고한 '상'(像)을 가지고 있어서 그 일의 성취를 위해서 애쓰는 것을 말한다. 믿음은 이렇게 지금/여기에 있으면서 과거와 미래, '이미 있음'과 '아직 아니'의 공간을 통합하고, 아니 그보다 그 시공간 자체를 창조하는 일인지도 모른다. 그렇기 때문에 인류 동서의 많은 성찰적 지성들은 이 믿음이야말로 진정으로 인간 고유의 일이고, 마치 언어처럼 인간에게 고유하게 선험적으로 놓인 어떤 "선험성"을 말하는 것이라고 지적했다. 인간 존재의 "신적 속성"을 지시하는 것이라는 의미이겠다.3) 그래서 이 믿음을 가리키는 동아시아의 언어인 '신'(信)도 '인간'(人)과 '언어'(言)의 합성어로 이루어진 것인지도 모르겠다.

하지만 이 믿음의 일은 여느 보통의 인간사와는 달리 현재를 떠나는 일이기 때문에 주로 현재에 몰두하는 일반 사람들로부터 잘 환영받지 못한다. 오히려 배척을 당하고, 미움을 받으며, 몰이해와 배타 속에서 소외를 겪는다. 아버지 이신은 인간 삶에서 참으로 소중한 일이 믿음을 지니는 일이고, 그것이 인간 삶에서 그렇게 근본적인 일("그루터기")인 것을 강조했다. 거기서의 자유, "신앙적 주체성"을 찾는 일이야말로 참으로 긴요한 일이라고 보았기 때문이다. 그는

---

3) 막스 피카르트/배수아 옮김, 『인간과 말』(봄날의 책, 2013), 17.

그 일을 위해서 많은 고통을 겪었고, 고독하고 빈한한 삶을 살았다. 그의 딸로 태어나서 어른이 되고 보니, 특히 오늘날과 같이 외부적으로 드러나는 신앙생활의 유무와 상관없이 거의 모든 사람들이 실질적인 유물론자가 되어서 현재에 몰두하며 살아가는 초자본주의 시대에 살다보니, 사람들이 그 드러나는 것 이전 또는 너머에 있는 어떤 진실을 위해서, 아직 그 의미가 분명하지 않고 잘 보이지 않는 어떤 뜻을 위해서 산다는 것이 얼마나 어려운 일인지 실감한다. 오늘의 물질주의와 자본주의 시대에는 그러한 믿음의 일을 위해서 아무리 작은 것이라도 자신에게 돌아올 어떤 현재적 이득이나 소득을 포기하는 일은 참 힘들다. 그래서 아버지의 삶을 반추해 보면서 나 자신은 그러한 믿음을 거의 못 배운 것이 아닌가 하고 생각한다.

생전에 아버지 이신이 많이 좋아했고, 그래서 그 두 권을 번역해내기까지 한 러시아 사상가 N. 베르댜예프(1874-1948)에 따르면 오늘 우리 시대는 온통 부르주아지의 노예성에 사로잡혀 있는 시대이다. 그것은 '돈'과 '자아'에의 노예성인데, 여기서 인간은 세상에 깊이 뿌리를 박고 스스로 서 있는 이 세상에 만족하고 있다. 부르주아는 세계의 허영과 허무함에 대해서는 무감각하며, 경제적 발전의 무한을 인정하나 그가 인정하려는 무한은 그가 인식할 수 있는 한도 내의 것일 따름이라고 지적한다.4) 아버지 이신은 이러한 부르주아 사회의 깊이 없음과 불신, 자아에의 집중을 비판하면서 다시 인간 존재의 선험성과 초월성을 강조하며 그 세계에 대한 확고한 믿음으로 많은

---

4) 니콜라스 A. 베르댜예프/이신 옮김, 『노예냐 자유냐』(늘봄, 2015), 244. 이 책은 원래 이신이 돌아가시기 2년 전인 1979년 가을에 번역 출간되었던 것을 2015년 출판사 늘봄의 수고로 다시 수정 보완되어서 재간되었다.

어려움을 겪어내셨다. 그런 아버지의 삶을 반추하면서 나는 그가 어떻게 그러한 믿음에 이르게 되었을까를 묻는다.

인간 의식의 고양을 한껏 추구했던 20세기의 인지학자(人智學者) 루돌프 슈타이너(Rudolf Steiner, 1861-1925)는 '어떻게 하면 더 높은 인식의 세계에 도달할 수 있을까'라는 질문을 던지며 어린 시절에 너무 일찌감치 추상적이고 이론적인 공부에 내몰린 아이는 어른이 되어서 오히려 더 물질에 집착하고, 믿음과 상상력이 떨어지고, 빈약하고 이기적인 사람이 된다고 지적하였다. 몸과 선한 의지로 세상에 튼실하게 발을 딛고 서기 전에 서둘러서 추상의 세계로 내몰렸기 때문이다. 온갖 현실적인 어려움에도 불구하고 그렇게 믿음으로 사셨던 아버지 이신은 어린 시절, 특히 그 어머니로부터 몸과 마음과 감정을 잘 배려 받았기 때문에 그 일이 가능해졌는가? 사실 내가 알고 있는 우리 할머니, 아버지의 어머니에 대한 이야기는 아주 조금이다. 그분은 원래 할아버지의 첫 부인이 낳은 아이들이 모두 죽자 속임수로 다시 우리 할아버지와 결혼하게 되어서 매우 힘든 삶을 사셨다고 한다. 그 가운데서 낳은 4남매의 양육을 위해 혼신을 다하시다가 6.25 전쟁의 와중에 급작스럽게 돌아가신 분이다. 그 속에서 첫 자손으로 태어난 아버지가 성인이 되어서 믿음의 전회를 감행했던 일들도 국가적으로나 개인적으로 매우 어려운 시기에 이루어진 것들이었다. 그래서 나는 더욱 이러한 질문을 하면서 생각하기를, 이것은 어쩌면 앞에서 언급한 인간 언어에 대한 이야기와 마찬가지로 믿음이라는 것도 나라는 주체의 능동성보다는 그보다 먼저 내가 믿어지는 선험성과 수동성이 함께하는 것이고, 이 수동적이면서도 능동적이고, 강요당하면서도 자유로운 두 가지 속성, "서로 반대되는 두 성질의 통일성" 때문에 믿음이 신적 속성을 가지는 것이 아닌가 여겼다.

> 믿음은 우리에게 앞서 주어진 것이다. 우리는 스스로 믿음을 갖기 이전부터 이미 믿음의 대상이었다. 인간은 자신이 대상이 되었던 그 믿음을 통해서 어떤 대상을 믿을 수 있다.[5]

> 인간은 자기 스스로의 의지가 아니라 앞서 주어진 자유로 인해 자유로운 존재다.[6]

아버지 이신은 이 믿음으로 해방 직후의 극심한 혼란기에 직장을 그만두고 신학을 택했고, 6.25전쟁의 와중에 어머니를 잃고 가족이 흩어지는 경험 속에서 가난한 그리스도의 교회로 들어갔으며, 그 교회에서도 외국 선교사들과 성서 해석과 성령 이해의 차이로 그나마 안정된 자리를 떠나야 했다. 40대의 늦은 나이에 어린 자식들과 부인을 두고 미국 유학길에 오른 일, 돌아와서도 여전히 안정과 안위 대신에 산동네 무허가촌의 궁핍한 삶에 머물렀고, 나중에는 그 거처도 유지할 수 없게 되자 지방의 산골로 내려가신 일, 이런 모든 것들이 그의 믿음의 열매들이었다고 할 수 있다. 그는 당시 미국 유학까지

---

5) 막스 피카르트, 위의 책, 33.
6) 위의 책, 100.

한 박사였지만 주변에는 항상 가난한 민중과 학벌이 높지 않은 변방의 목회자들뿐이었다. 심지어는 병이 들어 위급한 상황이 되었지만 병원에 가는 대신 기도원으로 들어가셔서 그곳의 한 좁고 허름한 방에서 돌아가셨다. 그러면서도 그는 "천은"(天恩)을 말하며 가족들에게 잘 지낼 것을 당부하고 기쁜 모습으로 가셨다. 어디에서 그런 믿음의 지속하는 힘이 나왔으며, 어디에 근거해서 그는 그런 어려운 가운데서도 읽고 쓰고 선포하고 시를 짓고 그림을 그리는 일을 그만두지 않으면서 또 동료들을 모아 세상의 달라짐과 교회의 변화를 위해서 끊임없이 시도하는 삶을 살 수 있었을까? 이 모순된 상황이야말로 그의 믿음이 단순한 그의 의지가 아니고 주어진 것이고, 그 믿음이 '신적 기원'을 가진다는 것을 말해주는 것이 아닐까? 비록 오늘날의 우리들은 이 기원에 대해서 무감각하고, 앞서 주어진 것에 대한 의식을 잘하지 못하면서 모든 것을 자아의 주관으로 돌리고, 그래서 신도, 전통과 권위도 귀하게 여기지 않지만 그럼에도 불구하고 이 믿음은 하나의 기적처럼 보인다. 마치 한나 아렌트가 인간 삶을 어쩔 수 없이 '조건 지어진 존재'(the human condition)로 보지만 그 삶의 활동 중에서 인간에게 가장 고유한 것은 "행위"(action)라고 하면서 그 행위는 "결과의 예측불가능성"과 "과정의 환원불가능성" 그리고 "작자의 익명성"이라는 불행한 요소를 가짐에도 불구하고 인간 역사를 가득 채우는 "기적"(a miracle)이라고 본 것과 유사하다.7)

---

7) 한나 아렌트/이진우 · 태정호 옮김,『인간의 조건』(한길사, 2001), 284; 한나 아렌트/서유경 옮김,『과거와 미래 사이』(푸른숲, 2005), 231

III. 믿음의 '고독'(性)에 대하여

믿음의 행위는 결과를 예측하기 어렵고, 과정을 다시 뒤로 돌릴 수 없으며, 눈에 잘 보이지 않는 과거나 미래와 관계하는 일이므로 현실에서 많은 장애와 어려움을 만난다. 그것은 시간과 시대를 거스르는 일이기 때문에 그러하다. 그런 믿음의 삶에서 '가족'은 어떤 의미가 될까? 믿음 삶의 또 다른 근거와 토대일까 아니면 한없는 장애와 걸림돌일까? 우선은 믿음의 사람에게도 가족은 자신의 길을 가는 데 가장 가까이에서 위로를 주고, 이해와 힘을 주는 지지대와 기반이라고 여겨졌을 것이다. 그래서 바로 그 가족으로부터 외면당하고, 이해를 받지 못하고 비난 받는다면 그 실망과 좌절은 매우 컸을 것이다. 아버지 이신의 경우도 그러했을 것이라고 생각해 본다. 그는 신학대학을 가기 위해서 자신의 아버지와 심한 갈등을 겪어야 했고, 그 공부를 시작하기 전에 부모님을 통해서 혼인하게 된 아내와 자신의 생각을 깊이 나눌 수 없다고 여겼을지 모른다. 두 분은 서로 무척 애틋해 하셨지만 자주 다투셨다. 사실 아버지 이신은 부인뿐 아니라 자식들에게도 찬찬히 길을 설명하고 의견을 듣고 이끄는 분이 아니었다. 자신은 동생들과 자식들의 삶에서 결정적인 역할을 했고 중요한 선택을 주도하셨지만, 갈등이 있었고 반목도 있었다. 그런데 내가 어른이 되어서 가족을 꾸리고 나름의 뜻을 붙들고 살려다 보니 아버지 이신의 고통과 좌절이 어떠했으리라는 것을 더 잘 상상해 볼 수 있다. 이렇게 믿는 자가 겪는 어려움 중에서 가까운 가족들로부터 받는 괴로움이 제일 큰 것이라고 상상해 본다면 믿는 자는 그래서 참으로 고독한 자이고, 그런 면에서 '고독'을 가장 친한 친구로 받아들일 수 있어야 하는 것 같다. 가족이라는 것은 사실 믿는 자로 하여금 가장 강하게 현재에 함께할 것을 요구하는 자이고, 일상을 청하는 존재이므로 그 충돌을 잘 예상할 수 있다.

이신은 1970년대에 저술한 신학 논문 "고독과 저항의 신학 — 키에르케고르와 본회퍼 신학의 비교 연구"에서 키에르케고르를 초월자 앞에서의 열정과 믿음의 삶을 위해서 "세상의 그 어떤 고독과도 비교할 수 없는 고뇌가 따르는" 삶을 산 자로서 소개하고 있다.8) 많이 회자되듯이 키에르케고르는 어느 날 인지하게 된 자신 가계(아버지) 내의 '죄'에 대한 첨예한 의식으로 깊이 사랑하던 약혼자와의 결혼도 포기하고, 자신의 이름을 숨기면서 철저한 고독 속에서 신앙의 의미와 기독자의 믿음이 무엇인가를 밝혀내는 일에 몰두했다. 믿음을 지니고 산다는 일은 과거와 미래를 여기 지금에 가져와서 그 의미성을 현재적으로 살아내는 일이기 때문에, 이 신앙의 "동시성"으로 인해서 대중적 합리성에 균열을 일으키고 스캔들을 일으킨다. 이신은 두 사상가를 특히 이러한 신앙의 동시성이라는 개념으로 풀어냈다. 기독교 신앙은 예수와 동시대에 사는 것처럼 그의 믿음과 다시 그에 대한 믿음을 우리 시대에 각자의 신앙으로 재현하는 일이고, 그러기 위해서 지독한 고독과 고통도 참아내야 하는 일이라고 키에르케고르는 보았다. 그런 의미에서 신앙이란 그저 값싼 은총이 아니라 아주 값있는 것이고, "영원한 심각성"을 지니는 일이라고 본

---

8) 李信 지음, 『슐리얼리즘과 영靈의 신학』, 193.

것이다:

기독교는 영적인 것이다. 영적이란 내면성이요 내면성은 주체적인 것이요 주체적인 것이란 근본적으로 열정적인 것이다. 그 최고 정점은 영원한 행복 속에 있는 무한한 인격적인 열정적 관심 그것이다.9)

이렇게 키에르케고르는 신앙을 위한 고독을 기독교의 정수로 이야기했지만 오늘날 이 고독을 따르려는 사람들은 많지 않다. 오히려 어떻게든 거기서부터 벗어나고자 하고, 그것을 질병과 약함으로 간주하고, 대신에 유대와 친밀과 속함은 선과 강함으로 찬양한다. 하지만 오늘날은 이제 전통적 의미에서의 생물학적 가족적 삶마저도 심하게 흔들리고 있다. 또한 유기체와 비유기체(로봇) 사이의 구분도 점점 더 모호해지는 상황으로 들어서면서 인간적인 고유함을 이제 어디에서 찾을 수 있겠는가 하는 물음 앞에 더욱 적나라하게 노출되고 있다면, 오히려 고독과 단독자로서의 삶을 새롭게 의미화해서 또 다른 차원의 생명적 삶을 탄생시키는 계기로 삼을 수 있지 않을까 생각한다. 즉 오늘날 참된 믿음이 매우 드물어졌고, 그래서 무엇이든 지속하고 약속할 수 있는 힘이 실종된 상황에서 고독으로 단련되어 '몰두'할 수 있고, '익명'(anonymous)을 견뎌낼 수 있는 더 높은 차원의 해방된 정신과 영적 자유의 정신으로의 고양을 말하는 것이다.

---

9) Soeren Kierkegaard, *Concluding Unscientific Postscript*, Princeton: Princeton University Press, 1968, 33; 李信 지음, 『슐리얼리즘과 영靈의 신학』, 190 재인용.

오늘 이렇게 우리의 삶이 고독을 피할 수 없는 상황으로 들어섰다면, 아니 그 고독이야말로 우리 정신의 더 높은 고양(신앙의 동시성)을 위해서 긴요하기까지 하다면, 키에르케고르나 이신의 믿음을 위한 고독의 메시지를 우리가 다시 경청할 수 있다는 의미이다. 우리 시대가 그들로부터 고독을 더 이상 두려워하거나 무서워할 필요가 없는, 그와는 반대로 오히려 정신의 참된 자유와 영적 성장을 위해서 받아들여야 한다는 가르침으로 삼는 것을 말한다.

이러한 믿는 자의 고독에 대한 이야기는 '죽음'과 '영생'에 대한 이야기와 긴밀히 연결되어 있다. 아버지 이신은 1980년 6월부터 1981년 12월 돌아가시기까지 관계 맺게 된 순복음교회 청년 선교지 〈카리스마〉에 "카리스마적 신학"이라는 독특한 글을 연재하셨다. 오랜 동안 그가 생각해 왔고, 마침 그것을 본격적으로 드러내고자 했지만 충분히 펼치고 가지 못한 새로운 조직신학으로서의 "영(靈)의 신학", "초현실주의 신학"에서 그는 "삶과 죽음"을 논한다. 거기서 그는 밝히기를, 사실 사람은 "생리적으로 종족적으로 혈통적으로"는 오히려 죽지 않고 영속적으로 목숨을 이어가는 것이라고 한다. 왜냐하면 생물학의 유전법칙에 의해서 그의 유전인자는 계속적으로 자손이나 종족 등을 통해 이어지기 때문이다. 하지만 인간으로서 참 죽음이란 바로 그의 "인격"이 죽는 것을 말하는데, 그에 따르면 사람은 인격적인 존재로서 그것은 "생리적인 법칙으로 말할 수 없는 것이어서 이것은 유전적으로 부모에게서 물려받는 것이 아니요 그 근원이 이 세상에 있는 것이 아니라 이것은 순전히 정신적인 영역이요 자유의 영역으로서 말하자면 영원한 곳에서 날아 들어옴이요 그 인간이 갖는 독특성이요 유일회적인 것"이라고 서술한다.[10]

이신은 인류 문명의 과학적 성과도 그대로 받아들이면서, 그러나 그것이 다가 아니라 과학으로 아직 들추어내지 못한 '인격'과 '영'과 '초현실'의 차원이 있기 때문에 우리의 죽음 이해도 달라져야 한다고 강조한다. 생물학적인 죽음은 이제 "생리적으로" 허구이기 때문에 염려할 필요가 없고, 오히려 인간에게 있어서 진정한 죽음인 인격의 죽음에 대해서 관심해야 하는 시대가 온 것임을 밝히는 것이라고 하겠다. 그의 믿음에 대한 강조와 고독을 받아들이는 입장, 인격의 죽음을 말하는 모든 이야기가 오늘 인공지능(AI)과 '초인간'(trans-human)을 말하는 시대에 더욱 의미 있게 전달될 수 있는 것을 여기서 말하지 않을 수 없다:

> 그래서 '사람이 죽는다'는 것은 돋아나고 또 자라는 생리적인 것의 죽음이 아니라 —어차피 이런 생리적인 것은 죽지 아니하는 것이고— 그러한 인격의 무한한 가능성의 요소의 멸절滅絶이요 알기 쉽게는 역사적 시간적으로는 그 영원한 씨(種子)가 한 번도 싹터보지 못하고 무서운 혹한 때문에 고사枯死하는 것이요 생존경쟁의 싸움터에 한 번도 써보지 못한 무한한 위력을 가진 불발탄인 것인데 사실은 누구나 다 이런 인격의 영원성을 갖고 있는데도 생존경쟁의 하찮은 이런 일 저런 일 때문에 한 번도 써보지 못하고 아깝게 사장死藏되어버리는

---

10) 李信 지음,『슐리얼리즘과 영靈의 신학』, 306.

것이요 또 이어가는 이 역사의 휘몰아치는 추위 때문에 한 번도 인격의 아름다운 싹을 틔워보지 못한 채 시들어버리고 마는 것이다.11)

앞의 아렌트도 오늘날 사람들이 '영원성'(eternity)에 대한 관심을 모두 잃어버리고 너나없이 모두가 자신의 생물학적 생명에만 관심하는 '노동자'가 되어버렸다고 지적하였다.12) 또한 이와 유사한 근대 부르주아 인간에 대한 날카로운 비판을 베르댜예프에게서 확실하게 들을 수 있는데, 그에 따르면 부르주아는 자기를 초월하는 것을 좋아하지 않는다. 왜냐하면 초월은 그가 지상에 정착하려는 것을 방해하기 때문이며, 그래서 그에게서의 신앙과 종교는 "항상 유한한 종교이며, 유한에 연결되어" 있다. 그런 의미에서 "그에게 종교의 질은 그것이 이 세상의 조직에 헌신하는 봉사, 이 세상에서 그의 지위의 보존에 대한 봉사에 의해서 측정된다."13) 베르댜예프는 이러한 부르주아 인간의 문제는 단순히 사회 구조의 문제가 아니라 "영혼의 구조의 문제"라는 것을 강조하는데, 그에 의하면, "부르주아는 피안적 세계의 존재를 심각하게 생각하지 않"고, "종말과 최후의 심판에 대해서 아무런 감각도 없다. 그들은 종말과는 인연이 없는 무리들"이다.14)

그런데 사실 서구 역사에서 우리는 이미 플라톤에게서 매우 유사한 관점의 이야기를 들었다. 즉 그가 이상국가를 세우기 위해서 넘어

---

11) 위의 책, 309.
12) 한나 아렌트, 『인간의 조건』, 109.
13) 니콜라스 A. 베르댜예프, 『노예냐 자유냐』, 252.
14) 위의 책, 252.

야 하는 세 가지 파도 중의 하나를 '처자 공유'를 통한 생물학적 가족
주의를 넘어서는 일로 지적했다면, 베르댜예프나 아버지 이신의 삶
과 죽음, 인격에 대한 이야기도 이와 유사한 흐름 속에 놓인 것으로
볼 수 있다. 이신은 사람이 생리적으로 사는 것은 "다만 생식하고
번식하는 것으로 이어가는 삶"이라고 지적했는데, 베르댜예프는 그
의 『인간의 운명』에서 이와 유사하게 '속'(屬, genus)을 통한 생명의
연속은 "임신을 통해 계속되는 삶을 알 뿐 영원한 삶에 대해서는 아무
것도 모르는" "일종의 성적(性的) 범신론"이라고 비판했다.15) 여기
에 대해서 베르댜예프는 "인격"(personality)이라는 개념을 한없이
고양시켜서 바로 그렇게 생리적으로 계속되는 세계의 삶에 대해서
인격은 "침노"해오며, "돌입"해 와서 그 세계를 "정복"하고 "초극"하
는 또 다른 "우주"라고 지시했다. 그래서 그 인격이란 "우주의 일부가
아니고 오히려 우주가 인격의 일부이며 그 질"이고, "인격은 예외이
지 법칙이 아니다"라고 선포했다.16)

나는 그러나 이 이야기들에게서 그 모든 의미성에도 불구하고 거
기에 내포되어 있는 서구적 남성가치 위주의 형이상학적 이원론의
흔적을 본다. 물론 베르댜예프 자신도 분명히 밝히기를 자신의 인격
주의는 헤겔의 일원론보다는 칸트의 이원론에 더 가깝다고 했다.
또한 19세기 이후의 서구 '생철학'이 세계 이해에 나름대로 기여했지
만 그것은 "우주적이며 사회적인 과정 속에 인격을 해소시킨다"라고

---

15) N. 베르쟈에프/이신 옮김, 『인간의 운명』(현대사상총서, 1984), 322.
16) 니콜라스 A. 베르댜예프/이신 옮김, 『노예냐 자유냐』, 28-30.

비판하면서 오히려 자신의 인격주의는 그에 비해서 그 안에 "모순과 역설"을 담지한 "종말론적 전망"이고, "신비"라는 것을 밝힌다.17) 그는 분명한 어조로 "신적-인간성의 이 신비를 동일철학, 일원론, 내재론의 빛 아래서 이해하는 것은 절대로 불가능하다"라고 하며, "신-인성God-humanity에 관한 진리는 교의적 신조나 신학적 교리도 아니며 경험적 진리 곧, 정신적 체험의 표현이다"라고 언명했다.18) 이렇게 베르댜예프나 이신이 강조하는 믿음의 종말론적 성격과 인격적 신비의 의미를 나 자신도 어느 정도 동의하며, 특히 오늘날은 온갖 과학주의의 비등으로 정신이 철저히 객체화 되고 기계화의 위험 앞에 노출되어 있는 것을 안다. 하지만 그럼에도 불구하고 그 인격과 정신이라고 하는 것이 특히 지금 이곳의 '몸'의 현실이 없으면 힘 없는 또는 잔인한 관념일 뿐이며, 우리가 지금 논하고 있는 믿음이라고 하는 것도 잘 불러오지 못한다는 것을 그의 '딸'로서 그리고 동아시아의 '여성'과 '엄마'로서 경험해왔기 때문에 순전히 그저 동의하기가 어렵다는 것이다.19) 아니 어쩌면 아버지 자신도 이러한 인격과 자유와 자기초월에의 한없는 비상과 가치매김에도 불구하고 여기 이곳의 현재로부터 더 온전히 벗어나지 못해서 무척 괴로워하셨는지도 모르겠다. 그는 유학 시절에 고국에 남기고 간 병든 딸이 죽자 「딸 '은혜'恩惠 上像」이라는 시를 지으며 고통스러워했다. 그 이전에 6.25 이후 모두 돌아가신 부모님을 대신해서 동생들을 돌보아야 했

---

17) 위의 책, 8-12; 44.
18) 위의 책, 58-59.
19) 이은선, "한국 페미니스트 그리스도론과 오늘의 기독교,"『한국 생물生物여성영성의 신학』(도서출판 모시는사람들, 2011), 97 이하.

으며, 가족들의 생계와 네 자녀의 교육을 위해서 죽을 때까지 몸으로 고생하며 가족적 삶을 지켰다. 그 덕분에 우리는 대학 교육을 받을 수 있었고, 나는 그처럼 신학자가 되어서 그의 생각을 밝히고 이어가는 일을 고민하는 사람이 되었다.

그는 오늘 우리 시대 눈에 보이는 것에 몰두하고 '믿는다'는 것이 아주 드물어지고, 어떻게든 고통과 아픔은 피하려 하고, 그래서 '죽음'은 더욱 외면당하고 억눌려지는 상황에서 진정으로 죽는다는 것이 무엇인지, '영생'과 '부활'이 무엇을 말하는지에 대해서 다시 관심을 촉구하고 대면하도록 초대한다. 아버지 이신은 인격성의 핵심인 자유는 "고난을 감내하고 고통을 견디는 능력"이며, "고뇌에 대한 능력이 없으면 인격이란 있을 수 없다"라는 말을 자신의 삶으로 전한다. 그의 믿음의 고독은 "출발"이라는 제목을 가진 다음의 시에서도 잘 드러나는데, 나로서는 그것을 감당하기가 너무 힘들다:

출발

운명을 전당잡고
풍진을 긁어모아 새로운 조형을
마련하려고 적막한 공지(空地)를 향해 출발하나
지평이 너무 낮고
하늘이 묵념만 반복하니
행려자의 가슴은
더욱 심연의 주변만 맴돈다.

길이 아무리 멀어도

자연이 전설을 고수하는 한

초속(超速)의 물체가

시간을 침식하는 논리는

심야의 기적 소리마냥

요란스럽게 굴러가고

증명이 불가능한

이 시대의 예언이

과학의 고독 때문에

오히려 찰나적 충동 속에서

질풍처럼 전달된다.

사색이 어떤 지점으로 고양되면

불투명한 풍토가

비극의 대안(對岸)을 환상적 토질로

변모케 하고

시대적 풍조 때문에

권력을 세낸 무리들이

몽롱한 달그림자 속에서

새로운 투쟁을 계획한다.

이때 그렇게 오랫동안

기도하는

새 풍토에의 출발이

마지막 기적 소리 때문에 결단을 내리고
정오의 태양을 쪼이며
빈손마저 뿌리치고
홀로 떠난다.
그러면 가로수의 그늘이
명상의 은거지를 마련한다.
_ (1968/8/8)[20]

IV. 한국적 그리스도의교회 운동과 함께 하는 믿음의 '저 항'(誠)에 대하여

앞에서 들었던 키에르케고르와 본회퍼에 대한 비교연구에서 아버지 이신은 전자는 인간을 주로 개체적인 차원에서 철저히 영원 앞에서 선 '단독자'로서 그렸던 반면, 후자 본회퍼는 그와 달리 인간을 하나님 앞에 있는 다른 인간과의 관계 안에서의 '사회성' 차원에서 보았다고 지적하였다. 그러면서 이 차이란 어느 누가 옳고 그르다고 말할 수 없고, 각자가 자신의 시대가 요구하는 신앙적 주체성과 창조성을 나름대로 역동적으로 표현한 것이었다고 밝혔다.[21] 해방 후 한국 정치·사회의 격동의 시간들과 더불어 살펴보았을 때 아버지 이신의 삶과 사고는 우선적으로는 전자인 키에르케고르의 그것과

---

20) 이신/이경 엮음,『李信 詩集 돌의 소리』(동연, 2012), 33-34.
21) 李信 지음,『슐리얼리즘과 영靈의 신학』, 196.

더 잘 상관된다고 하겠다. 하지만 나는 이신의 그것이 또 다른 의미에서의 깊은 정치성과 사회성을 가지는 것이라고 본다. 왜냐하면 그의 믿음의 고독은 바로 '교회', 그것도 당시 대부분의 한국교회는 그에 대한 의식을 별로 가지고 있지 않던 '한국적' 교회를 위한 것이었고, 그 운동을 통해서 바로 한국인의 손으로 기독교회의 본래적 순수성과 역동성을 회복하려는 '그리스도의 교회' 운동이었기 때문이다. 당시 막 식민지의 처지에서 벗어나서 전대미문의 동족상잔을 겪고 난 한국교회가 어떻게 그러한 신앙적 주체성을 말하고, 복음을 우리에게 전해준 서양 교회도 벗어나지 못하는 뿌리 깊은 교파와 교권의 갈등을 변방의 한 미약한 나라 교회가 극복하겠다고 했을까 의아해하지 않을 수 없다. 그래서 당시 사람들은 거의 주목하지 못했지만 그는 거기에 온 믿음을 걸었던 것이다. 그에게 있어서 믿음이란 지극한 '동시성'(contemporaneity)이었고, '역동성'(dynamism)이었으며, 그리스도 신앙의 주(主)인 그 그리스도와의 직접적이고 내면적인 만남을 통한 주체성의 일이었기 때문이다. 그래서 그는 그것을 저해하는 장애들에 맞서기를 원했고, 그 운동을 '한국 그리스도의교회'를 세우는 일로 보았으며, 그리스도 당시의 초대교회로의 '환원운동'으로 삼았다. 그런 의미에서 '저항'은 그의 삶과 신학의 또 다른 기표였다.22)

나는 이미 어린 시절부터 그의 이러한 저항의 길이 무엇을 의미하는지를 어렴풋이 알았다. 그가 미국에 유학하던 시절 우리 가족은

---

22) 이은선, 1992년 머리말 "고독과 저항의 신학자 이신," 李信 지음, 『슐리얼리즘과 영靈의 신학』, 28.

명륜동 꼭대기의 무허가촌에서 살고 있었는데, 아버지가 안 계신 상황에서 언니와 나는 당시 집에서 비교적 가까웠던 혜화동의 '혜성교회(감리교?)'나 명륜동의 '명륜동중앙교회'(예장)로 주일학교를 다녔다. 어려서 교단이나 교파의 차이라는 것을 잘 몰랐지만 우리 집에서는 그러한 교회들을 "교파 교회"라고 불렀고, 당시의 상황으로 그곳에 다니기는 했지만 진짜 우리 교회는 아니라는 생각으로 그렇게 소속감을 느끼지는 못했던 것 같다. 하지만 그 교회들은 어린 내가 보기에도 우리 집이 속한 교회보다도 훨씬 더 화려하고 부자로 보였기 때문에 거기서 소외감을 느꼈고, 주변인으로서 박탈감을 느꼈다. 아버지가 한국으로 돌아오시고 중·고등학교에 들어가서 가정 형편을 조사하는 통신란에 아버지가 '그리스도의 교회' 목회자라고 적는 것이 싫었다. 사람들이 그리스도의 교회라는 것을 잘 몰랐고, 그것은 목회자의 자녀 중에서도 또 한 번 더 외진 변방의 존재임을 밝히는 것이었기 때문이다. 그 그리스도의 교회 소속이라는 것 때문에 아버지는 1960년대 미국 밴드빌트 대학교(Vandebilt University)에서 비슷한 시기에 공부했던 다른 동료들(고범서, 박봉배, 서광선 박사 등)은 한국에 돌아와 모두 유수한 대학에서 가르치는 자리를 얻을 수 있었지만 그는 그렇게 할 수 없었고, 나중에는 한국 그리스도의 교회나 신학교에서도 시기와 배척으로 어려움을 당하여 변변한 교회나 학교에 소속됨이 없이 집에서 예배를 드렸다. 그는 군소 신학교를 전전하며 강사 생활을 하면서 자식들을 교육시켰고, 그 가운데서도 틈만 나면 가난한 목회자들과 신학생들을 따로 모아서 가르침을 주곤 했다.

그러한 신앙적 저항의 모형을 그는 '초대교회'에서 보았다. 그리고 그 초대교회 신앙의 원형을 아버지 이신은 신구약 중간기의 '묵시문학'(Apocalyptic) 전통에서 만났다. "묵시문학은 모든 기독교 신학의 모체였다"라고 선언한 에른스트 케제만(Ernst Kaesemann)의 언술로 시작하는 그의 박사학위 논문 "전위묵시문학 현상: 묵시문학 해석을 위한 현상학적 자료들(The Phenomenon of Avant-Garde- Apocalyptic: Phenomenological Resources for the Interpretation of Apocalyptic" (1971.8)은 "'저항문학'으로서의 묵시문학" 연구를 통해서 "현대 사회에서 기독교 선언이 수행할 역동적인 역할의 탈환 가능성"을 탐색하려 했다고 밝힌다. 원시 기독교 신학의 배경으로서 유대 묵시문학이 기독교의 발단과 긴밀히 연결되어 있고, 그래서 그 연구를 통해서 기독교 선언의 "원초적인 상"(primordial image)을 찾을 수 있다고 본 것이다.23) 이러한 연구에 따르면 유대 묵시문학적 의식은 신구약 중간기의 하시드 운동이나 마카비 저항, 또는 에세네 운동 등에서 나타났다. 특히 헬레니즘이나 바벨로니아 이원론의 영향 아래서 질적으로 전혀 다른 새로운 세상의 도래를 꿈꾸며 종말론적 신적 중재자를 염원하는 "창조적 소수"(creative minority)의 의식이다. 그것은 "한계상황"의 경험이며, 항상 어떤 것을 지향하는 "지향적 경험"(intentional experience)이다. 대표적 유대 묵시문학서 다니엘서(B.C. 165년), 에녹서(B.C. 164년경 이후), 희년서(B.C. 150년경), 무녀의 신탁서(B.C. 150년 이후)나 쿰란문서 등에서 나타난 의식을 다음과 같이 밝힌다:

묵시문학자의 의식은 역사의식과 초월의식으로 분열된 의식이었다.
역사의식에서 묵시문학자들은 '한계상황'을 경험했다. '한계상황'에

---

23) 李信 지음, 『슐리얼리즘과 영靈의 신학』, 47.

이른다는 것은 이 저자들이 궁극적 위기를 체험하는 것은 물론이요 근원으로 향하는 만물의 운동을 체험하는 것을 의미한다. 이것은 전통을 따름이 아니라 그 전통에 대해서 강력하게 저항하는 행위이다. 그래서 그들은 전통을 재해석하고 그 근원을 추적하기 원한다.[24]

이신이 이러한 논문을 쓴 시기로부터 반세기가 되어가는 오늘은 국내외적으로 이 묵시문학에 대한 연구와 유대교에 대한 탐구가 훨씬 더 전개되었다. 그래서 이러한 저항문학과 유대 공동체의 신관과 메시아 의식이 기독교 신앙의 형성과 그 원래 형상의 구성에 얼마나 큰 영향을 끼쳤는지가 많이 드러났다. 하지만 사실 이신이 이 논문을 쓸 때만 해도 사정은 그렇지 못했다.[25] 이후 더욱 활발해진 영미권에서의 역사적 예수 연구는 이 신구약 중간기에 대한 이해를 크게 신장시켰고, 특히 여성신학자 로즈메리 류터의 『신앙과 형제 살인-반유대주의의 신학적 뿌리』는 나에게 깊은 인상을 주었다. 그녀는 이 책에서 기독교의 반유대주의적 뿌리가 어떻게 이미 신약성서 자체로부터 시작되었으며, 이후 교부 시대를 거쳐 기독교의 전(全) 역사를 관통하면서 20세기의 홀로코스트까지 지속되었는가를 일목요연하게 밝힌다. 서구 문명에서의 홀로코스트의 등장은 바로 그 오랜 역사의 논리적 귀결이었는바, 그것은 "복음을 빙자해서" 그리고 이번에는 그 복음을 다시 "이데올로기적 보편주의"와 "에큐메니칼 제국"의 보편 종교로 만든 결과라고 세차게 비판한다.[26] 류터는 이렇

---

24) 위의 책, 101.
25) 김판임, 『쿰란공동체와 초기 그리스도교』, 바블리카아카데미, 2008.

게 기독교 신앙이 그 본래의 태생과 출생의 토대를 억압하고 잃어버리고서 스스로가 거대한 제국주의적 종교로 전락해서 행해온 악을 인식한다. 그리고 그것이 언제든지 다시 반복될 수 있음을 볼 때 기독교 신앙과 반유대주의의 진면목을 진지하게 대면시키는 일이 매우 긴요함을 강조한다.

류터는 반유대교적 이원주의를 극복하는 일을 "기독교의 신학 재건을 위한 본질적인 작업"이라고 밝히면서 거기에 "심판과 약속의 분리", "특수주의와 보편주의의 분리", "문자와 영의 분리" 그리고 마지막으로 가장 "근본적인 문제"로서 모든 기독교적 사고의 중심에 놓여있는 우상숭배적 기독론, "종말론적 사건의 역사화"를 극복해야 한다고 지적한다. 류터의 이해에 따르면 기독교의 반유대교적 해석은 유대인과 그리스인들이 사용하던 "변증법적" 언어를 모두 역사적인 "이원론"의 언어로 변환시켰다. 그래서 예를 들어 필로가 사용하던 문자와 영의 구분의 언어를 유대교는 '옛 인간'과 '세속적 인간'을 가리키는 문자의 존재로, 기독교는 그와 대조적으로 '새 것'이며, '종말론적' 영적 존재로 파악하는 이원론의 언어로 사용하면서 그러한 비난의 내용이 유대교의 지속적인 역사적 정체성이 되게 만들었다. 그러나 이 일을 통해서 기독교 자체 내에서의 '그리스도' 이해에 있어서도 결국 가현설과 아니면 역사적 예수와 몸을 우상숭배적으로 신격화하는 성육신론 사이를 불안정하게 오가는 무능력을 벗어나지 못하도록 했다고 일갈한다. 그것은 "문자와 영의 해결되지 않는 긴장

---

26) 로즈메리 류터/장춘식 옮김, 『신앙과 형제 살인 – 반유대주의의 신학적 뿌리』 (대한기독교서회, 2001), 326 이하.

을 알고 있는 생명의 길"이27) 아니라 다시 세계의 어느 종교보다도 더 많은 제도와 법규(문자)를 산출하는 교회가 되게 했거나(가톨릭교회), 지난 세기 나치즘이나 스탈린주의 등에서 드러난 대로 반생명적인 서구 제국주의와 전체주의의 양상으로 표현되었으며, 이 모두는 기독교의 잘못된 역사주의, "종말론적인 것(영)의 부조리한 역사화(문자)"에 뿌리를 두고 있다고 날카롭게 비판한다.28)

나는 아버지 이신의 한국 그리스도의 교회 환원운동이 지금까지 살펴본 류터의 "기독교의 반유대교적 신화에 대한 신학적 비평"과 유사한 관점을 많이 공유한다고 생각한다. 둘 다 모두 기독교의 원형적 근거를 유대교적 진실 속에서 찾는 것도 같고, 자신들이 대면하고 있는 현존의 기독교 신앙과 신학이 매우 관념적으로 형해화(形骸化)되어 있는 것을 목도하고서 다시 그 본래의 역동성과 생명력을 회복하고자 근원으로 돌아가고자 한 것도 유사하다. 물론 이신의 그리스도의 교회 운동은 류터처럼 보다 명시적으로 기독교 밖의 타문화와 이웃종교를 염두에 두고 있지는 않았다. 그래서 어떻게 보면 교파와 교권을 넘어서 본래적인 그리스도의 교회로 돌아가자고 하고, 다시 신약성서 시대의 침례와 성만찬을 강조하는 것이 오히려 더 세상에 대한 배타적인 기독교 중심주의와 성서적 근본주의로 가려는 것이 아닌가 라는 의구심을 자아낼 수도 있다. 하지만 이신은 기독교 신앙의 원형이 담겨있다고 보는 유대 묵시문학이 신구약 중간기의 근동

---

27) 위의 책, 337.
28) 위의 책, 344.

지역에서의 "제설혼합주의적" 영지주의와도 상호 연관된다는 것을 받아들였다. 또한 서구 제국주의적 선교사들이 전해준 기독교가 아닌 '한국적' 그리스도의교회를 줄기차게 주창했는데, 이러한 것들은 그의 '그리스도' 이해나 교회 이해가 류터가 지적한 것과 같은 영과 종말론의 왜곡된 역사화가 아니라, 오히려 거대한 이데올로기적 '보편'에 저항하는 또 하나의 '특수'와 '변방'의 용기 있는 항거라고 보아야 함을 밝혀준다.

그는 예수가 그리스도인 것은 그의 '겸비'라는 행위로부터 오는 것임을 분명히 언술한다. 그의 그리스도 이해는 결코 왜곡된 실체주의적 이원론의 그것이 아니고 오히려 그것을 한없이 뛰어넘어서 원래 예수가 보여주었던 믿음의 역동성과 창조성을 회복하려는 것이었다. 그는 그래서 "나사렛의 목수" 예수가 "나는 당신의 종입니다 하는 말을 (그분은) 제일 싫어한다"라고 언표한다. 예수 스스로 "아무에게도 매인 바 되지 않았"기 때문에 "우리들을 노예로 다루지 않"았고, "나는 너희들의 친구"라고 말하며, "나를 믿어 달라"고 하기보다는 "내 속을 좀 알아 달라"고 요청하신다고 지적한다.29) 이 언술을 나는 아버지 이신이 믿는 자의 본래적 인격성과 존엄성을 더욱 드러내기 위해서 그 '믿음'("믿어 달라")이라는 것도 철회하고 오히려 '앎'("알아 달라")을 요청한 것으로 해석했다고 본다. '믿음'보다 '앎'을 요청하는 것이 보다 보편적으로 사람들을 더 넓게 포용할 수 있고, 이것으로써 기독교 신학에서 종종 드러나는 믿음과 행위, 신앙과 이성,

---

29) 이신, "나사렛의 한 목수상(木手像) — 새 그리스도로지", 『李信 詩集 돌의 소리』, 65-66.

믿음과 율법(지식) 등의 잘못된 이원주의를 잘 벗어날 수 있다고 보기 때문이다. 이것을 나는 그가 지향한 '한국적' 신학이 그 '불이적'(不二的) 사고의 특징을 그 자신도 잘 의식하지 못하는 사이에 분명히 드러낸 것으로도 해석하고자 한다.

그는 슐리얼리즘에 대해서 말하기를, 그것은 1924년 서구에서 앙드레 브레통(Andre Breton)이 선언하였지만 사실 그보다 훨씬 더 먼 옛날에 동양의 지자들에 의해서 일찍 인식된 것이었다고도 언술한다. 그래서 그것은 동양적 언어로 "무위불언무형무성"(無爲不言無形無聲)의 가르침이고, "유무상생"(有無相生)의 도라고도 표현하면서 귀한 것에는 동양과 서양을 갈라놓을 필요가 없고, 다만 그 참뜻을 바로 깨달으면 되는 것이라고 말한다.30) 그가 1974년 동역자들과 더불어 선포한 "한국 그리스도의교회 선언"에 보면 한국 그리스도의교회와 미국 교회의 환원운동과의 차이를 두 가지로 드는데, 그 중 첫째는 미국 교회가 개체 교회의 독립성만 너무 강조하는 것에 반해서 한국교회는 개체 교회들 간의 공동체성과 유기적 통일성을 보다 강화하려는 것이고, 둘째, 미국의 환원운동이 초대교회의 의전적 방식을 강조한 나머지 신앙의 내면성을 결한 반면 한국교회는 신앙의 외면적 형식과 더불어 그 내용과 영감적 측면을 함께 통합시키려는 것이라고 밝힌다.31) 여기에서도 아버지 이신의 한국적 '불이'(不二)의 사고가 잘 드러난다고 나는 이해한다.

---

30) 李信 지음, 『슐리얼리즘과 영靈의 신학』, 225.
31) 위의 책, 358 이하.

그는 그리스도를 "죽기까지" 말씀(영원)을 현실(시간)에서 이루려고 했고, 죽기까지 둘로 나누어진 분리와 분열을 하나 되게 하려고 분투한 존재로 그리고 있다. 그의 "예수님은 죽기까지"라는 한 짧은 단상의 글을 보면 다음과 같은 구절을 만난다.

죽기까지 아름답게 산다는 것, 죽기까지 정의롭게 산다는 것, 죽기까지 진실 되게 산다는 것, 더더군다나 죽기까지 남을 사랑한다는 것 자체가 사실은 죽는 것이 아니요 영원한 삶인 것이요 또 영원한 열매를 맺게 하는 나무인 것이다.32)

그에 따르면 묵시록(黙示錄)이 참으로 어려운 책 중에서도 더욱 어려운 이유는 "병든 시간" 안에서 "병든 영원"을 치유해 보려는 "부단한 투쟁"의 "패러독스"(Paradox)를 엮어 보이는 책이기 때문이다.33) 거기서의 투쟁과 저항은 "필사적"(必死的)이고 "필생적"(必生的)이라고 하는데, 그러나 바로 그렇게 필사적이기 때문에 그것은 오히려 "영원한 삶"이고, 부활이며 예수는 바로 그렇게 죽기까지, "더더군다나 죽기까지 남을 사랑"했기 때문에 그는 우리 삶을 위해서 믿을 수 있는 "신뢰("성실성")의 그루터기"가 된다고 밝힌다.34) 아버지 이신은 여기서는 다시 "인격에는 죽음이란 없다"라고 말한다. "사람을 인격적인 주체자로 볼 때 인간은 불사(不死)다"라고 선언한다.

32) 이신, "예수님은 죽기까지", 『李信 詩集 돌의 소리』, 162.
33) 이신, "병든 영원(永遠)", 위의 책, 129.
34) 李信 지음, 『슐리얼리즘과 영靈의 신학』, 300 이하.

그는 "부활은 이 인격적 실존의 영원성을 믿는 신앙에만 확실한 것으로 비로소 부각되어 올라오는 것"이라고 하면서, 이것을 "누구나 할 것 없이 착하게 살아보려는 마음이 있는 법이다"라는 말로도 표현한다.35) 이렇게 그는 사람은 팔, 다리 등의 객체적인 존재로 죽는 것이지 인격으로 죽는 것은 없다고 하다가 다시 그 반대가 진정으로 우리 삶과 죽음의 진실을 일러주는 것이라고도 한다. 이처럼 그에게 있어서 믿음과 인격, 그리스도와 하나님, 삶과 죽음, 부활 등은 어떤 고정된 이데올로기적 실체나 앞에서 살펴본 류터의 표현대로 하면 종말론적인 것을 유일한 보편으로 역사화할 수 있는 것이 아니다. 오히려 그러한 잘못된 역사화와 이원론을 넘어서는 곳에 존재하며, 그래서 이제 신학의 문제는 "해석학적 문제"(hermeneutic problem)라는 것을 강조하면서 자신의 신학을 점점 더 "슐리얼리즘의 신학"으로 명명하면서 그것은 한 마디로 "영靈의 신학"이라고 밝힌다.

아버지 이신은 이러한 예수 그리스도의 인격성에 대한 해석을 통해서, 베르댜예프의 언어로 보면, "보편은 일반적인 것이 아니(고), 구체적이며 충실한 것"이며, "보편과 단독과의 대치는 올바른 것이 못 된다"라는 것을 강조하고자 한 것이라고 할 수 있다. 36) 그는 "객체적(客體的)인 것의 환각(幻覺)"을 말하며, "소리, 언어, 목소리"의 구분에 대한 예민한 의식을 가지고 "보편은 객체 속에 있는 하나의

---

35) 이신, "인격", "부활(復活)이 의미하는 것", "누구나 할 것 없이 착하게", 『李信 詩集 돌의 소리』, 135, 137, 164.
36) 니콜라스 A. 베르댜예프, 『노예냐 자유냐』, 49.

현실이 아니"기 때문에 "인격적인 것은 타자를 필요로 한다"라는 사실을 강조한다.[37] 그러므로 참된 믿음과 인격은 결코 자아 속에 함몰되지 않고, 오히려 오늘 우리 세대도 그 어느 시대보다도 극심하게 빠져있는 왜곡된 자아중심주의나 물질주의적 부르주아 노예성에서 벗어나게 한다는 것이다. 베르댜예프의 관찰에 따르면 잘못된 자아주의는 인간의 이중적 예속을 나타내는데, 그것은 먼저 자기의 경직된 자아성에 대한 예속이고, 그 다음은 밖의 세계가 휘두르는 전형화된 세계의 강제력에 대한 전적 예속이다. 자아주의에 빠진 사람은 그래서 항상 실제로는 나 아닌 것만을 의식하고, '타자인 나'를 알지 못하고, '당신'을 알지 못하며, "나에게서 나가는 자유"를 전혀 알지 못한다.[38] 그렇게 자아중심적 인간은 오히려 세계와의 관계에서 철저히 그 객체적 척도에 좌우되며, 그래서 그는 단지 "추상"을 사랑할 뿐이지 "살아있는 궤적인 사람들을 사랑하지 않는다"라는 것이다.[39] 나는 오늘 나 스스로를 포함해서 우리 시대의 많은 진보적 사고가들도 빠져있는 이러한 자아중심주의의 병을 보고서 아버지 이신이 예수를 "주시는 자", "남을 위한 존재"(being for others), "죽기까지 남을 사랑하다 돌아가신 분"으로 파악한 것은 여전히 큰 의미와 도전이 된다고 여긴다. 한국 그리스도의 교회 환원운동을 통한 그의 저항은 기독교 신앙의 정수는 바로 그렇게 죽기까지 타자를 위해 사는 삶이고, 겸비와 익명이며, 그처럼 자신을 비우면서 이에

---

37) 이신,『李信 詩集 돌의소리』, 140, 156; 니콜라스 A. 베르댜예프,『노예냐 자유냐』, 50, 55.
38) 니콜라스 A. 베르댜예프,『노예냐 자유냐』, 55.
39) 위의 책, 56.

반해 전체주의적으로 보편적 일반성을 주장하는 세력에 맞서서 또 하나의 소수자의 '특수'(인격)를 드러내려는 일이라고 나는 이해한다. 만약 그러한 소수자와 변방의 특수자의 지속적인 침노와 저항이 없을 때 세상은 온통 파시즘과 전체주의의 소굴로 변하기 때문이다. 앞에서도 언급했듯이 20세기 서구 전체주의에 대한 혹독한 비판자인 한나 아렌트가 현대인들의 깊은 병을 "세계 소외"(world-alienation)로 지적한 것도 유사한 맥락이라고 할 수 있다. 아버지 이신의 목소리는 그렇게 현대 물질주의와 자아에의 노예성에 빠진 현대 문명에 대한 단호하고 강력한 저항의 목소리였으며, "회고주의적 (보수)의 노예 종교로 전락한 기독교의 현상태"를 깨려는 자유로운 인격자의 사자후였다고 말할 수 있겠다.[40]

V. 갈등과 분열을 넘어서는 믿음의 '상상'(聖)에 대하여

종말론적 인격의 믿음의 저항을 통해서 보편의 일반화를 깨고, 다시 새로운 방식으로 보편에 대해 말하면서 그 영역을 확산해 가려는 시도 앞에서 베르댜예프의 다음과 같은 언술은 의미심장하다. 그것은 아버지 이신의 믿음과 신학이 단순히 좁은 의미의 기독교 내지는 교회 안에서의 물음이 아니라 인간 문명 전체를 문제 삼고, 전 우주적 영역으로 그 물음이 확산되어 나가는 것임을 알게 하는

---

40) 이경, "시집을 펴내며", 『李信 詩集 돌의 소리』, 10.

중요한 단서가 되기 때문이다.

> 내가 인간의 불멸을 그리스도와 관련시키는 경우 나는 결코 이 불멸성
> 이 의식적으로 그리스도를 믿는 사람들에게만 존재한다고 말하고 싶
> 은 것은 아니다. 문제는 그것보다 더 심각하다. 그리스도는 그를 믿지
> 않는 사람들을 위해서도 존재한다.[41]

보편의 독점에 대한 저항을 아버지 이신은 특히 그의 예술적 '상
상'(imagination)과 더불어 이루어나갔다. 그가 젊은 시절부터 함께
해왔던 그림 그리기, 특히 현대 전위예술에의 천착은 그의 "슐리얼리
즘(슐리얼리스트)의 신학", "영靈의 신학", 또는 "카리스마적 신학"을
이루는데 핵심 관점을 제공해 주었다. 그는 신학은 이제 "해석학적
문제"(hermeneutic problem)이고, 그것도 "영(pneuma) 중심적인
면으로 옮겨야" 한다는 것을 점점 더 강조한다. 그가 귀국하여 1970
년대에 쓴 "예술과 신학"은 '예술가와 원형'에 대해서 말하고, 한국의
화가 이중섭 등도 포함해서 현대 회화가 표현하려고 한 난해한 '현실'
과 '공개된 비밀'을 알아보는 "제3의 눈"을 지적하면서 예수는 "종래
도학자적인 신학자들의 눈에 비쳤던" 것처럼 한 도덕적인 실천가가
아니었다고 주창한다. 예수는 자신의 짧은 생애로 인간의 역사에
그처럼 결정적인 전환점을 가져다준 "전 생애가 창조적인 이벤트
메이커"(the creative event-maker)였다는 것이다. 그러면서 이신은

---

41) 니콜라스 A. 베르댜예프, 『노예냐 자유냐』, 71.

자신의 슐리어리스트의 신학을 다음과 같은 말로 연다.

> 인간에게 있어서 치명적인 병은 마르크시스트들이 말하는 것처럼 부
> 르주아들의 '착취'도 아니고 자본주의자들이 생각하는 것처럼 '가난'
> 도 아니며, 실존주의자들이 생각하는 것처럼 '절망'도 아니다. 인간에
> 게 '죽음에 이르는 병'은 이매지네이션imagination의 부패다.42)

이신이 이와 같은 말을 한 이후로 40여 년이 흐른 오늘도 한국 사회에서 사람들은 여전히 제일 심각하고 치명적인 인간 불행의 요인으로 경제적 착취나 빈곤, 또는 자아실현 등의 문제를 든다. 그런데 이신이 이러한 언술을 하던 때는 아직 대부분의 한국 사람들이 물질적으로 많이 가난했고, 실존주의가 여전히 사상계를 주도하고 있었으므로 이러한 인식은 매우 낯설거나 또는 '미친' 것처럼 보였을 수도 있다. 하지만 오늘날 그 당시에는 상상할 수 없었을 정도로 각종 '가상현실'(virtual world)이 우리 앞에 다가와 있고, 또한 빈곤과 물질의 문제까지도 바로 우리의 상상에 따라서 그 실제가 크게 달라진다는 것을 인식하면서 우리는 이러한 통찰이 얼마나 시대를 앞서고 근본적인 것이었는지를 깨닫는다. 이신은 "어떤 악한 일도 이매지네이션의 산물 아닌 것이 없고, 어떤 선한 일도 이매지네이션의 산물 아닌 것이 없다"고 지적하면서 그 세계는 "있다면 있는 것이요 없다면 없다고 말할 수 있는 허공"과 같이 "역설적"이지만 이것이 바로

---

42) 李信 지음, 『슐리얼리즘과 영靈의 신학』, 204.

"사람이 본래 지음을 받을 때 '하나님의 형상'대로 지음을 받았다"라고 말하는 그 "하나님을 닮은 곳"이라고 언표한다.43) 이것은 이미 지적했지만 보통 기독교 신학에서 인간의 '하나님 모상'(imago dei)을 어떤 윤리적 능력이나 도덕적 선함(善) 등으로 표현하는 것과는 한참 다른 것인데, 여기서 인간 존재의 본래적 '창조성'을 드러내려는 그의 영적 인간 이해가 잘 드러난다.

이신에 따르면 예수가 '나를 따르라'라고 한 것은 그를 모방하라는 것이 아니라 그처럼 우리 자신도 창조적으로 살라는 것이고, 그것이 '제 십자가를 지라'의 의미라고 일갈한다. 여기서 나는 한국 현대사에서 함석헌 선생도 유사하게 지적했던 고루한 '대속' 신앙으로서의 기독교 '구원' 이해에 대한 비판이 생각나는데, 함 선생은 앞으로의 "미래의 종교"와 "새 시대의 종교"는 "노력의 종교"로서 그것은 이제 "이지(理智)의 종교 시대"로 접어든 인류가 특히 동양 종교에서 배워서 "믿음은 곧 그대로 생활인" 신앙을 체화하는 것이라고 밝혔다.44) 여기서 함 선생이 이지의 종교라고 한 것에서의 '이지'(理智)가 언뜻 보기에는 '이매지네이션'과는 상치되는 것처럼 보일 수 있지만, 나는 그렇지 않고 오히려 그 이지란 단차원적 지식이나 표피적인 논리가 아닌 보다 깊은 사유와 상상과 직관을 모두 포괄하는 더 높은 차원의 인식, 즉 '영적 통찰'(spiritual vision)을 의미하는 것이라고 이해한다. 함석헌 선생도 "정신화·영화(靈化)"에 대해서 말했고, 그 정신(理)을

---

43) 위의 책, 204-205.
44) 함석헌, 『새 시대의 종교』, 함석헌 저작집 14권, 74.

상상력과 믿음과 매우 유사하게 해석하기도 했다.[45]

　　그런데 사실 아버지 이신도 이미 그의 박사학위 논문 제5장 "미래를 향한 묵시문학적 환상"(apocalyptic vision for future)에서 스콜라 신학의 대가 토마스 아퀴나스(Thomas Aquinas, 1224-1274년)를 빌어서 어떻게 묵시문학가들이나 전위파 예술가들이 경험하는 '초의식적 환상'(trans- conscious vision) 속에서 인간적 상상력과 지성이 신적인 빛의 개입에 의해서 강화되는지에 대해서 지적하였다.[46] 그가 소개하는 토마스 아퀴나스의 환상 이론에서는 인간의 상상력과 지성이 배제되지 않고, 오히려 그것이 신적 환상의 수용을 위한 양식이 된다고 밝힌다. 거기서 환상 경험은 인간적 상상력과 지성에서 은유적으로 매개된 초월 경험으로서 인간 상상력과 지성이 '신적 구성'과 '신적 조명'에 의해서 '초월의 암호'(칼 야스퍼스)와 '초월적 언어'로 받아들여지는 것임을 말한다. 아버지 이신이 이처럼 중세 아퀴나스의 시각을 다시 가져와서 인간적 상상력과 지성의 힘을 신적 초월의 표상화를 위한 긴요한 양식으로 본다는 것은 그의 사고가 내포하는 또 한 번의 불이적(不二的)이고 역동적인 특성을 드러내는 것이라고 여긴다. 그가 강조하는 '초현실'은 여기 지금의 현실과 동떨어진 어떤 "환각"의 세계가 아니다. 그것은 우리 "의식의 둔화"로 보아도 보지 못하고 들어도 듣지 못하는 현실의 "원형적"(aeon) 또는 "궁극적"(메시아적) 구조를 드러내는 현실이다. 그래서 그 구조 안에 오늘

---

45) 위의 책, 40, 63; 이은선, "인(仁)의 사도 함석헌 사상의 유교적 뿌리에 대하여,"「陽明學」, 한국양명학회, 제33호(2012.12), 322; 이은선『다른 유교, 다른 기독교』, 모시는사람들, 2016, 232 이하
46) 李信 지음, 『슐리얼리즘과 영靈의 신학』, 126 이하.

병든 인간 실존과 공동체를 '전복'("철저한 부정")시키고 '전환'("철저한 긍정")시키는 길이 있다고 보는 것이다.[47]

이신 신학의 고유한 이름이 된 "슐리얼리즘의 신학"을 위해서 아버지 이신은 제1차 세계대전 이후 서구에서『초현실주의 선언, 1924』를 통해서 세계에 대한 정신의 승리를 선포한 앙드레 브르통(Andre Breton, 1896-1966)을 언급한다.[48] 이『초현실주의 선언』을 지난 2012년에 한국에 번역 소개한 황현산 선생은 그 해설 "상상력의 원칙과 말의 힘"을 다음과 같은 말로 마무리하고 있다.

초현실주의의 역사를 가로지르는 변함없는 원칙은 인간의 자유이다.

---

47) 위의 책, 131 이하.
48) 이 앙드레 브르통의『초현실주의 선언』이 2012년 불문학자 황현산 교수에 의해서『초현실주의 제2선언』,『초현실주의 제3선언 여부에 붙이는 전언』등과 같이 번역 출간되었다. 앙드레 브르통을 중심으로 한 서구의 초현실주의 운동사에 대한 긴 해설을 붙인 황 교수는 그 책을 본인에게 보내주면서 이미 아버지의 책 1992년 간『슐리어리즘과 靈의신학』을 읽었으며 자신이 프랑스 문학을 공부하는 과정에서 아버지의 저서에서 적지 않은 도움을 얻었다고 밝힌다. 그 편지 글에서 황 교수는 "선생님의 유작은 불문학사에서 자주 접하게 되는 영지주의와 묵시록적 상상력에 대해 구체적인 이해를 가능하게 해 준 유일한 책이었을 뿐만 아니라, 사실상 한국어로 글을 쓴 유일한 초현실주의자를 거기서 만날 수 있었다는 것도 저에게는 놀라운 경험이었습니다"라고 썼다(2012년 3월 20일 편지). 이 편지를 받고 우리 가족들은 매우 고무되었고, 우리도 모르는 사이에 아버지의 글과 사상이 이렇게 전달되고 있다는 사실을 알고 매우 기뻤다. 그 황현산 교수님의 딸이 이신의 외손자 이경성 연극 연출가와 개인적으로 다시 연결된다는 소식을 듣고 참으로 삶의 인연이 오묘하다는 생각을 했다. 사실 내가 대학에서 불문학을 전공하게 된 것도 아버지의 권유였고, 이후 신학을 공부한 것도 그로부터이니 삶은 이렇게 세대를 넘어서 영속된다. 앙드레 브르통,『초현실주의 선언』, 황현산 번역/주석/해설, 미메시스, 2012년.

인간을 자유롭게 하고 인간의 능력 전체를 지금 이 자리에 불러내기 위해 먼저 시작해야 할 일은 언어를 대상으로 삼는, 언어의 힘을 빌린, 언어의 작업이다. 인간이 자신에 대한 지식을 늘이는 일은 세계에 대한 인간의 학식을 늘이는 가장 훌륭한 방법이다. 언어의 개혁은 시의 개혁으로, 인간의 개혁으로, 세계의 개혁으로 연결된다. 이 점에서 초현실주의는 20세기 전위 예술 운동 중에서 존재의 총체성을 문제 삼은 거의 유일한 운동이가. 초현실주의는 시의 선동력과 언어의 잠재력에 판돈 전체를 걸었다.[49]

아버지 이신도 시간이 갈수록 더욱 더 인간의 '언어'에 주목했다. 그리고 이미 언급했지만 아버지 이신이 자신의 이름을 '신'(信)으로 바꿀 정도로 인간 실존과 우주 실재의 핵을 믿음(信)으로 파악한 그 믿음(信)이라는 단어가 바로 '인간'(人)과 '언어'(言)의 합성어인 것을 우리는 인지한다. 그런데 그 믿음(信)은 동아시아적 전통에 따르면 "내 몸에 있는 것"(有諸己之謂信)[50]이다. 다시 말하면 믿음의 대상인 초현실이란 바로 여기 지금의 구체적인 현실과 실존의 구체성과 개체성 안에 드러난다는 것이다. 아버지 이신은 자신의 신학을 "슐리얼리즘의 신학"으로 명명하면서 "여기는 초월이 있기는 있으나 그 전 모양으로 먼 데 있는 초월이 아니라 가장 가까운 데 있는 초월이고 우리가 보고 들을 수 없는 세계의 초월이 아니라 우리가 보고 듣고

---

49) 앙드레 브르통/황현산 옮김, "해설-상상력의 원칙과 말의 힘", 『초현실주의 선언』, 47-48.
50) 『맹자』 「진심(盡心)」 下 25.

나는 왜 오늘도 이신(李信)에 대해서 계속 말하려고 하는가? _ 이은선 | 57

만지면서도 우리가 의식 못하고 가장 가까이 있으면서도 먼 그런 것이다"라고 밝혔다.51) 그에 따르면 슐리얼리즘의 신학은 새 술에 취한 사람들이 하는 말이기 때문에 지금까지의 의식으로는 "괴이하게" 들릴지 모르지만, 그러나 그것은 "좌우간" "자기의 마음을 털어 놓"은 것이고, "의식의 밑바닥"을 드러내 보이는 것이며, "마음의 심층을 … 열어보"이는 것이기 때문에 누구든지 할 수 있는 일이다. 앙드레 브르통의 "시인이 따로 있는가, 아무나 시인이 될 수 있다"라는 말을 인용하면서 이신은 "슐리얼리즘의 신학도 누구나 신학자가 될 수 있다고 주장할 수 있다"라고 선포한다.52) 그런 의미에서 슐리얼리즘이란 하나의 '주의'가 아니고, 하나의 주의라고 하기에는 "무척 포괄적"이고, 또 "겉으로 보기에는 서로 나뉘어 있는 것을 결국에 가서 하나로 보기 때문에 편협이 있을 수 없고 분열이 있을 수 없는 그런 주의"라고 이신은 밝힌다.53)

나는 여기에서 이신의 신학이 얼마나 초월을 급진적으로 내재화시키는가를 본다. "슐리얼리즘의 신학은 한마디로 말해서 영靈의 신학이다"라고 말하는 그는 다시 분명하게 "'말씀이 육신이 됐다'와 '육신이 영이 됐다'를 한꺼번에 다 껴안을 수 있는 그런 주장"이라고도 밝힌다.54) 여기서 다시 그의 사고의 불이적(不二的) 특성이 잘 드러나는데, 이렇게 해서 "슐리얼리스트의 신학"이 우리가 보통 알고 있는 서구 현대 전위예술의 단순한 답습이 아니라 그보다 훨씬 더 급진

---

51) 李信 지음, 『슐리얼리즘과 영靈의 신학』, 222.
52) 위의 책, 217.
53) 위의 책, 224.
54) 위의 책, 224.

적으로 존재의 왜곡된 이원론을 극복하려는 한국적 시도이고, 그것을 특히 '물질'이 아닌 '정신'의 차원에 주목하면서, 즉 '정신의 사물화'(Alle Woerter werde Dinge)와 함께 '사물의 정신화'(영화靈化, Alle Dinge werde Woerter)를 동시에 강조하면서 존재의 온 영역을 영의 영역으로 화하게 하려는 힘찬 기도(企圖)라고 나는 해석하고자 한다.55)

그가 돌아가시기 전까지 써내려간 "카리스마적 신학"에서 "카리스마적 해석학"을 말하는 그는 기존의 띄어쓰기 방식의 글쓰기도 내려놓고 자동기술적 방식으로 "하나님은영靈이시다", "영이신하나님과의실존적만남", "하나님을본다는것"을 말한다.56) 그가 여기서 '영적'이라고 말하는 방식은 결국 초월(정신)과 내재(물질/세계)의 지극한 통합을 말하는 것이므로 슐리얼리즘이라고 하는 것이 어떤 서구 예술 사조로서의 하나를 말하는 것이 아니라 그보다 더 근본적으로 "인간의 가장 깊은 골짜기에서 나오는 소리를 들으려고 하고 또 그것이 차분히 가라앉은 목소리를 가지고 이를 데 없이 겸손한 자세로 모든 것을 대하기 때문에 늘 그 그루터기가 남아서 되살아 나오기에 그러한 것"이라고 밝힌다.57) 이러한 맥락에서 그는 그리스도를 우리 "신뢰의 그루터기"라고 밝히지만, 이신의 신학은 예수 한 사람

---

55) 유교와 기독교의 만남을 추구하는 한국의 여성신학자로서 나는 일찍이 "악의 평범성"을 말하는 한나 아렌트와 대화하면서 오히려 "聖의 평범성의 확대"를 강조해 왔는데, 이러한 나의 기도(企圖)가 이신의 슐리얼리즘의 신학적 기도와 맞닿아있다고 생각한다. 이은선,『한국 생물生物여성영성의 신학』(도서출판모시는사람들, 2011), 29 이하.
56) 李信 지음,『슐리얼리즘과 영靈의 신학』, 253 이하.
57) 위의 책, 225.

에게서만의 그리스도에 머무르지 않는다. 그는 또 다른 '그루터기'의 범례를 밝히는데, 그것도 한국 시골의 참으로 후미진 곳의 범부들로 부터이다. 예를 들어 충청도 괴산군 소수면 수리 죽실령이라는 고개 근처에서 살던 한 사람이 근방의 중국인으로부터 돈을 빌려 장사를 해서 많은 돈을 벌었지만, 그 중국인의 소식이 끊겨 갚을 수 없게 되자 대신 감사의 마음으로 번 돈으로 그 험한 고갯길을 잘 고쳐서 사람들이 평안히 통행할 수 있게 했고, 거기에 그 중국인을 기리는 돌비를 세워서 그를 기리고 있다는 이야기를 하면서 이신은 이 시골 의 한 촌부야말로 "오늘날처럼허물어져가는불신의시대에참으로아 름다운것을일깨워주는일"을 한 신뢰의 그루터기가 된다고 밝힌 다;58)

요즘사람들에게'돈'이있고'지식'이있고'과학'이있고'자동차'가있고 '비행기'가있고천체를왕래하는'우주선'이있고'원자무기'가있고'미사 일'이있고해도결정적으로결핍된것은'성실성誠實性'이란것이없어 져가고있는것인데그것은'돈'을갖고도'과학'을갖고도'비행기'를갖고 도'우주선'을갖고도'원자무기'를갖고도'미사일'이나'최신무기'를갖 고도구제할수없는그런것으로서그런온갖것을갖추고도오히려허물 어져가는'사람과사람사이의관계'와'사람과자연과의관계'가어떻게 하면정상적인것으로회복받을수있는가하는참으로크나큰문제로서 또가장긴급을요하는문제로서누가그렇게요즘사람들이느낄것인가

---

58) 위의 책, 300-301.

마는좌우간이런발설發說함을로또다시웃음거리르만드는것만으로
도족한줄로생각한다."

위의 인용문은 아버지 이신이 자신의 슐리얼리즘의 신학을 구상
하는 가운데 타계하기 2년 전인 1979년 3월 적은 수의 사람들이
모여서 '한국쉬르리얼리슴연구소'를 결성하고 그 간행지의 이름을
「돌의 소리」라고 하면서 처음 그 취지와 의미를 밝힌 창간의 선언문
에서도 밝힌 글이다. 여기서도 잘 드러나듯이 가장 미천해 보이고,
참으로 미약하고 생명 없어 보이는 대상과 장소에서 바로 초월을
보고, 거기에서 보편(하나님 또는 그리스도)을 알아보고 만나는 영적
실행임을 밝히는 것이다. 다시 거기서 말하기를, "쉬르리얼리슴은
동서를 가릴 것도 없고 절대의 합일점인 Surrealite를 곧 물질과 정
신, 의식과 무의식, 신화와 역사, 성과 속 등의 통전계를 추구하는
것이니 이런 것, 저런 것, 이런 사람 저런 사람이 다 합할 수 있는
데로 합할 수 있는 것이니 여간 좋은 것이 아니다"59)라고 하였다.
아버지 이신은 1980년 7월3일-9일 사이에 열렸던 '제1회 심신장애
자(지체부자유자정신박약아)작품전'을 위한 팜프렛의 글을 쓰게 되었
는데, 이 일 자체도 그냥 보통의 일이 아닌 것으로 보이지만 거기서
그는 유사한 맥락에서 "차라리좀우직한편이낫고더나가서는좀〈어
수룩한것〉이그리워지는시대라고말할수있는데그런의미에서우리
는심신장애자들에게나또그와같은이들에게서여간배울것이많은것

---

59) 이신, "돌의 소리",『李信 詩集 돌의소리』, 148.

이아니다. 이런이들이만들어낸〈물건〉가운데서오늘날우리가또다시〈誠實性〉의그루터기를발견할수있을것같고우리잃어버린밑바탕의어떤모습을현대문명의오염을면한분들에게서찾을수있는데"라고 쓰고 있다. 그는 여기서 바로 이러한 그루터기를 발견하는 일을 "유일자"(唯一者)를 발견하는 일로 그리고 있다는 것이다.60)

이렇게 아버지 이신의 믿음의 상상력은 이와 같은 정도로 보편을 특수에 연결시키고, 특수를 보편화하는 것을 볼 수 있다. 나는 그의 믿음과 저항과 상상이 이렇게 시대의 보편의 독점을 깨고서, 다시 새롭게 보편을 세우는 일이라고 이해한다. 그 일은 바로 '거룩'(聖)의 영역을 확대하는 일이고, 지금까지 억눌려 있고, 소외당해 왔으며, 천시 받아왔던 특수의 영역을 새로운 보편으로 등극시키는 일인 것이다.61)

그의 유고집『슐리얼리즘과 영靈의 신학』의 표지에 나와 있는 그림은 그의 생애 마지막 그림인데, 그가 그린 그림 중에서 가장 큰 그림일 것이다. 또한 그의 마지막 그림(1980년)이기도 하다. 당시 아버지는 충북 괴산군 소수면(소수 그리스도의교회)에서 다시 서울로 올라와서 원효로에 살고 계셨는데, 이 그림을 어느 전람회에 출품하기도 한 것으로 기억한다. 화실이 따로 있을 리 없던 그는 방 한 면의 책장

---

60) '제1회 심신장애자(지체부자유자·정신박약아)작품전', 1980.7.3-7.9(7일간), 덕수미술관, 청소년근로문제연구소부설직업훈련원주관, 1980.6.9. 이 글을 나는 이번 기회에 작품전의 팸플릿을 찾아내면서 만났다.
61) 이은선, "부활은 명멸明滅한다 - 4.16세월호의 진실을 통과하는 우리들", 〈한국여성신학〉, 한국여신학자협의회, 2016 여름 제83호, 80 이하.

앞에 큰 캔버스를 세워 놓고 작은 붓으로 선을 이어나갔다. 우리가 밖에서 돌아오면 들어와 그리고 싶은 대로 선을 이어보라고 청하기도 하셨다. 그렇게 하나씩 하나씩 짧은 선들이 이어지면서 그 안에 없던 사람의 형상이 튀어나오기도 하고, 다시 또 이어지면서 또 다른 사람들, 아니 전체가 온통 하나로 이어져서 커다란 하나의 그물망이 생겨났다. 나는 이 그림을 보면서 여러 가지를 상상한다. 천지창조처럼 아무 것도 없던 흰 캔버스 위에 하나씩 작은 점과 선들이 모아져서 거대한 생명망이 생기고, 그 창조와 탄생의 과정이 더욱 세밀하고 내밀해지면서 거기서 인간이 탄생하고, 다시 그 핵이 점점 더 튼실해지면서 마침내 그리스도의 형상이 떠오른다. 그 모두를 품고 있는 커다란 생명망의 우주적 마음이 거기에 나타나는 것이다.[62]

아버지 이신은 이 두 방향의 창조적인 역동성 속에서 특히 우리 시대가 많이 범하고 있는 자칫하면 '예술'이 빠져들 수 있는 노예성에 대해서 경고했다. 상상력과 특별히 관계하는 미는 선보다 더 조화적이고, 미를 통해서 이 세상이 아닌 다른 세계에의 돌파가 생기고 문명이 지닌 이매지네이션의 부패를 지적해 주지만, 그러나 그 부패를 치료하는데 결정적인 역할을 담당하는 것은 '종교'라는 것을 분명히 밝혔다.[63] 예술의 탐미주의가 종종 빠지는 심미적 매력은 인간을

---

[62] 지난 1월부터 감리교 교단에서 발간하는 월간지 〈기독교세계〉는 매월 "돌의 소리"라는 제목 아래 이신의 그림을 한 점씩 소개하고 있고, 그에 대한 해설로 "초현실주의 신학자 李信의 삶과 그림"을 연재하고 있다. 그림에 거의 문외한인 내가 그 해설을 맡아서 나름대로 아버지의 유작들을 신학적으로 해석해 내면서 아버지의 그림세계를 다시 상상해 본다. 지난 4월호에 실린 해설을 여기에 가져왔다. 이은선, "새그리스도로지", 〈기독교세계〉, 2017.04, 54.
[63] 李信, 『슐리얼리즘과 영靈의 신학』, 206.

방관자로 만들 뿐이지 행위자로 만들지 않는다고 하는데, 이러한 지적은 앞의 아렌트가 그녀의 『인간의 조건』에서 예술을 인간 "작업"(work)의 범주에 넣으면서 인간의 진정한 주체성이 드러나는 '행위'와는 달리 예술가는 종종 자신이 생산한 작품에 종속되는 노예성에 빠지는 것을 지적한 것과 유사하다.64) 베르댜예프도 미를 추구하는 예술이 주로 '어떻게'에 대한 관심으로 '무엇'에 대한 관심을 탈각시킴으로써 마침내 진리에 대해서 무관심하게 되고, 객체나 자아에의 노예성에 빠지게 되는지에 대해서 말했다.65)

언제 쓰인 것인지 정확한 연도는 알 수 없지만 이신의 시에 "불이 어디 있습니까?"라는 시가 있다. 거기서 그는 "불이 어디 있습니까 당장에는 없는 것, 눈을 씻고 봐도 없고 손을 흔들어도 없는 것, 없어도 있는 것 있으면서 없는 것, 돌과 돌이 부딪혀서 나는 것, 쇠와 쇠가 부딪혀서 있는 것, 어둠의 장막이 내리고 산촌에 길을 막을 때 비치는 불빛"이라고 했다.66) 여기서도 분명히 드러나듯이 영靈을 상징하는 '불'이 바로 그 불과 가장 거리가 멀다고 여겨지는 '돌'과 '쇠'를 통해서 얻어질 수 있다고 말하고 있다. 최근에 한국에서 조르조 아감벤의 『불과 글』이 번역되었다. 아감벤은 거기서 아버지 이신도 크게 영감을 받은 서구 현대의 아방가르드 예술가들이 어떻게 언어와 '글쓰기'라는 인간 말의 예술에 모든 것을 걸고서 그것을 통해서, 또는 그것을

---

64) 한나 아렌트/이진우 · 태정호 옮김, 『인간의 조건』.
65) 니콜라스 A. 베르댜예프, 『노예냐 자유냐』, 318 이하.
66) 이신, "불이 어디 있습니까", 『李信 詩集 돌의 소리』, 110.

넘어서 정신의 전적 자유와 새로운 이상의 초현실의 세계(불)를 이루어내고자 고투했는지를 소개한다. 그것에 따르면 조르조 망가넬리(1922-1990)라는 이탈리아의 네오아방가르드 소설가는 "'글'은 신입니다. 우주죠. … 그러니까 (그의) 책은 처음부터 '글'은 우주라는, 즉 의미들의 총합 외에는 아무 것도 의미하지 않는 신의 언어와 담론이라는 생각을 열쇠로 읽을 수 있습니다"라는 해설서를 낳게 했고, 이러한 글쓰기에 대한 시각의 원형이 되었던 프랑스 시인 말라르메(S. Mallarme)는 "세상은 오로지 책으로 피어나기 위해 존재할 뿐"이라고 믿으면서 하나의 절대적인 책을 평생 계획했다고 한다. 그 일을 위해서 말라르메가 제거하고자 했던 요소는 무엇보다도 '저자'였다고 한다.67) 또한 네르보와 랭보 등의 초현실주의에 영향을 받았고, 『자기연단 *Il lavoro su di se*』이라는 제목의 서간집의 주인공이 된 작가 르네 도말(Rene Daumal, 1908-1944)에게는 "글을 쓴다는 것은 고행을 실천하는 행위의 일부"이고, "작품의 창조는 그 글을 쓰는 주체의 변모에 비해 부차적인 차원"으로 밀려났다고 한다. 도말은 "그래서 제 일은 점점 '저를 위한' 작업이라기보다는 제 자신에 대한 작업으로 변하고 있습니다"라는 말을 했다고 소개한다.

　이상에서 보여진 대로 많은 슐리얼리스트 전위 예술가들의 궁극적 지향은 결국 매우 전위적이고 급진적으로 자신들 삶 자체를 '제로'로 전환시키는 영적 겸비에의 길로 나아가는 것이었다. 나에게는 슐리얼리스트 화가이면서 신학자인 이신의 삶과 추구도 점점 더 그

---

67) 조르조 아감벤/윤병언 옮김, 『불과 글』 (책세상, 2016), 158-161.

렇게 되어져 간 것으로 보인다. 그가 죽음의 침상에서 마지막 쓴 글인 "이단이란 무엇인가"를 보면 "교리적 언표와 실제 생활"에서의 인격적 구현 여부가 한 종교 사상의 이단 여부를 가리는 시금석이 된다. "눌린 자의 해방자"와 "화해의 주체자"로서의 예수 그리스도의 교회가 오늘 대한민국의 역사에서 "남북한의 분단이라는 풀기 어려운 상태"와 "한국교회의 분열상"(이) 극심한 가운데서 그 역할을 하지 못하고 오히려 '당파', '파派', '편당'을 조성하는 일에 몰두할 때 그가 곧 이단임을 밝힌 것이다.68) 이신은 그러한 가운데 "인간관계에 화해 없으면 하나님과의 화해는 무의미"하다고 선포한다. 그는 마지막에는 우리의 화해는 "하나님의 선수적先手的 행위" 때문에 가능해졌고, 그래서 "신뢰할 만한 것"이라고 고백한다.69) 그런 의미에서 그가 그토록 강조한 '믿음'과 '상상력'은 다시 무조건적인 것이 아니라 하늘의 선수적 은총임을 밝히는 것인데, 그렇게 그는 참으로 '믿는 자'(信)였고 "초현실을 의식하는 사람"이었던 것이다.70) 그래서 그는 자기 시대에서 좌절당한 사람이었고, 자기 교회에서 유배당한 사람이었으며, 또한 가족과 고향에서 외면당한 사람이었다. 그러나 그럼에도 불구하고 바로 그 믿음과 의식으로 그는 죽는 순간까지 "돌의 소리"가 되어서 다음과 같이 외쳤다.

좌우간하늘을마시고동시에땅에발을딛고선사람치고는누구나통할

---

68) 李信 지음, 『슐리얼리즘과 영靈의 신학』, 328 이하.
69) 위의 책, 336.
70) 이신, "돌의 소리", 『李信 詩集 돌의 소리』, 146.

수있다고생각하고이런기상천외의소리를함으로모두가손에손을잡
고웃으며초현실의평화와자유를갖자는것이다. 이것은말하자면'이
리가어린양과함께거하며표범이어린염소와함께누우며송아지와어
린사자와짐승이함께이 써어어린아이에게끌리며암소와곰이함께먹
으며그것들에게끌리며그것들의새끼가함께엎으리며사자가소처럼
풀을먹을것이며젖먹는아이가독사의구멍에서장난하며젖뗀어린아
이가독사의굴에손을넣을것이라'는소리는사실말이지요즘현명하다
는사람들에게느얼토당토않은소리로들릴것이다….그러나오늘은내
일을부르고내일은오늘을부르기때문에이것은미래의귀에만낯익은
소리일뿐만아니라현재의귀에도어떤사람들에게는들릴수있는소리
일것이라고생각하고좌우간발설해보는것이다.71)
(한국쉬르리얼리슴연구소 1979/4/20)

VI. 마무리하는 말: 21세기 오늘 우리 시대에서의 믿음의 '지속'에 대하여

'한국 그리스도의 교회'라는 원형을 생각하고서 그때 대부분의 사
람들에게는 낯설고 얼토당토하지 않게 들리던 소리를 발설하며 외
롭게 저항하고 상상하셨던 아버지가 돌아가신 후 35년이 흘렀다.
그 딸로서 나는 이후 한국 여성신학자가 되어서 '한국적 여성신학'을
구성하기 위해서 나름대로 씨름하고 있다. 그런 내가 요사이 몸담고

---

71) 같은 글, 150.

있는 신학과 교회 운동이 〈생명평화마당〉의 '작은교회 운동'이고, '한국적 작은교회론'을 구성해 내는 일이다. 그런데 여기서 올해 종교 개혁 500주년을 맞이하면서 점점 더 물질주의적 타락과 보수화로 치닫고 있는 한국교회를 근본에서부터 개혁하고자 생평마당이 모토로 삼고 있는 구호가 "탈성직, 탈성별, 탈성장"이라면, 나는 이 모토가 아버지가 그렇게 힘주어서 강조했던 '한국 그리스도의 교회'의 정신과 크게 다르지 않은 것을 본다. 또한 우리가 이 운동과 더불어 구성해 내고자 하는 '한국적 교회론'의 그것과 매우 상통함을 본다. 오늘날 각종 파벌과 신앙적 이데올로기의 경색과 돈과 에로스의 노예가 되어버린 교회를 향하여 다시 '그리스도의 교회' 본래의 역동성과 신앙의 동시성을 찾자고 하는 것이 우리의 주창이기 때문이다.

나는 오늘 우리의 작은교회 운동을 통해서 바로 진정한 한국적 그리스도의 교회가 이루어지기를 바란다. 최근 불거진 서울기독대학교에서의 손원영 교수 사태에서 보듯이 하나의 역사적 교단으로서의 '한국 그리스도의 교회'는 아버지가 가신 이후 그들이 비판의 대상으로 삼는 소위 다른 '교파 교회'보다 훨씬 더 경직되고, 보수화되었으며, 더 폐쇄적으로 문자와 전통에 사로잡히는 형해화된 교회가 된 것 같다. 아버지가 그렇게 새롭게 세우고자 노력하였던 교회와 학교가 손원영 교수의 사태를 불러일으킬 정도로 변해버렸기 때문이다. 하지만 아버지가 살아계셨을 당시도 겪었던 배척과 소외가 잘 지시하듯이, 당시 한국 그리스도의 교회 안에는 이미 그러한 불행의 씨앗이 담겨있었다고 생각한다. 당시 미국 그리스도의 교회 환원운동이 사로잡혀 있던 문자주의와 회고주의를 아버지는 비판했고,

그 일로 미국 선교사들과 갈등하면서 한국인의 신앙적 주체성을 매우 강조하셨는데, 한국교회가 그 일을 이루어내지 못한 것이다. 또한 오늘날 순복음교회의 타락과 물질주의적 오염을 아버지는 "현대 신학과 성령론"이라는 글에서 일찍 간파하고 예고하셨다. 그런데 그가 경고했던 현대 성령 운동의 문제점이 오늘날 순복음 교단뿐 아니라 한국교회 전체에서 고스란히 드러나는 것을 보면서 아버지의 선견지명에 놀란다. 아버지는 기독론이 성령중심적 기독론으로 가야하지만 그것이 성령을 마치 자신들이 소유한 것처럼 생각하는 것, 성령을 받는 것을 인간의 어떤 주관적인 종교적 감정의 일로 환원시킨 것 등을 비판했는데, 오늘 순복음교회 등이 성령운동을 강조하면서 크게 빠져든 모습이 바로 그러한 모습이기 때문이다. 아버지는 자신의 신학을 영의 신학으로 그렇게 강조하셨지만 또한 그것이 어떤 위험성을 내포하고 있는지를 잘 아셨다. 그래서 그는 다시 "영 분별법"을 말하며 요한의 "영을 다 믿지 말라"를 들으면서 예수의 '도성인신'(道成人身), 육체로 오신 것을 시인하는 정신을 크게 강조하셨다.72)

오늘 나는 그의 육신의 자식으로서 그의 신학을 전수하는 자식 중 하나가 되었다. 그에게 가까이 머물렀던 소수의 정신적 제자들이 어디에서 어떤 역할을 하고 있는지 우리 가족과 거의 연락이 닿고 있지 않아서 지금으로서는 잘 알지 못한다. 그래서 나는 생각하기를, 이것은 종국에 뜻의 전수는 '몸과 성(性)'을 통해서 이루어진다는 것

---

72) 李信 지음, "하나님의 영과 적그리스도의 영", 『슐리얼리즘과 영靈의 신학』, 311 이하.

이 더 맞는 것이 아닐까 라는 것인데,73) 아버지가 한국적 신학을 강조하셨고, 또한 그도 한국적 유교 전통 속에서 사신 것이지만, 의식적으로 서구로부터 전해 받은 기독교 신학자였던 그가 나의 이 말에 얼마나 동의하실까 하는 생각이 든다. 그는 보지 못했지만 얼마 전 그의 외손자인 연극 극단 〈크리에이티브 바퀴〉(The Creative VaQi)의 이경성 연출가는 올해부터 한국에서 '변방연극제'라는 연극 축제의 연출을 책임 맡고서 외할아버지의 '상상'과 '믿음'의 정신에 기대어서 자신의 변방 연극제 이념을 발표했다. 이것은 다시 이신의 사고가 그 손자 이경성에 의해서 이어지고 전해지고 있는 것이라고 할 수 있다. 이경성 연출가가 지금으로부터 7여 년 전에 쓴 "꿈 그리고 모험-전야"라는 글에 보면, 그가 할아버지의 사고를 거의 무의식적으로 이어가고 있는지를 읽을 수 있기 때문이다.74) 할아버지의 믿음, 초현실에 대한 의식, 지속하는 성실성, 그런 것들을 이경성 연출가는 자신의 글에서 그대로 노출하고 있다. 그가 다른 연극제가 아닌 '변방' 연극제를 맡았다는 것도 다시 슐리얼리스트 이신의 고독과 저항을 생각나게 하고, 그의 첫 작품이 "산초의 꿈"이었던 것은 바로 초현실의 높은 이상에 대한 상상이 그의 주된 의식 세계임을 알게 한다. 이것이 모두 이신의 말씀이 육신이 된 것이고, 그의 육신이 다시 뜻으로 이어지고 있는 것이라 나는 이해한다. 며칠 전 이경성 연출가는 다시 '신서'(信恕)라는 이름의 아들의 탄생을 보았다. 그

---

73) 『주역』「계사전」, "이어주고 계속하는 일은 선하고, 그것을 이루고 완성하는 일은 (우리의) 자연이다(繼之者善也, 成之者性也.)
74) 이경성, "꿈, 그리고 모험 -전야-", 2010.8.3. 미간행 글

이름의 첫 글자는 할아버지 이신의 신(信)에서 가져왔고, 다른 하나는 유교 전통의 서(恕) 자를 가져왔다. 또 다시 육화와 부활이 이루어지는 것이다.

　20세기 여성정치철학자 한나 아렌트는 그녀의 최초의 저술『라헬 파른하겐 – 어느 유대인 여성의 삶』에서 변방인, 페리아(pariah)들은 특히 '보편화'와 '일반화'에 대한 강한 요구("일반화하려는 강한 경향") 를 가지고 있고, "본능적으로 일반적인 인간의 위엄을 발견한다"라 고 쓰고 있다.75) 즉 다른 주류인들은 가지지 못하는 뛰어난 내적 감수성과 열정적인 이해심으로 모든 존재 안에서의 존엄과 평등을 알아보고, 그에 대한 강한 요구로 모두를 하나로 연결해 보려는 경향 을 많이 가지고 있다는 것을 말한다. 그러나 반면 페리아들은세상에 서의 소외와 차별과 갈등의 문제가 단순히 개인적인 특수의 문제라 기보다는 그것은 바로 '정치'의 문제이고, 공동체적 문제라는 것은 잘 파악하지 못한다고 아렌트는 지적한다. 나는 아버지가 그 예민한 감수성과 슐리얼리스트의 상상을 가지고도, 그리고 모든 존재 속의 인격의 위대함과 창조성에 대한 놀라운 통찰에도 불구하고 바로 이 런 면에서는 한계를 가지셨던 것이 아닌가 생각한다. 그러나 그는 그럼에도 불구하고 자신의 최선을 다했다. 변변한 제자 한 사람도 키울 수 없는 상황이었지만 대신에 몸의 자식을 통해서 그 자식들을 사상의 제자가 되게도 했고, 그의 신학과 예술과 세계에 대한 꿈이

---

75) 한나 아렌트/김희정 옮김,『라헬 파른하겐』, 텍스트, 2013, 34, 264.

오늘은 모두의 '보편'이 되어가도록 하고 있다.

그는 한국이 낳은 토착적 사상가로서, 이미 '포스트휴먼'에 대한 놀라운 이상을 가지고 있었다. 기독교 에큐메니즘에 대한 생각, 인간과 자연의 하나됨에 대한 깊은 생태적 사고, 우주 안에서의 인간의 위치를 염려하고, 무의식의 깊은 차원에 대한 관심으로 진정 인간의 문화와 문명이 어디로 향해야 하는지를 사유하고 통찰했다. 그의 안내로 나는 떼이아르 드 샤르뎅도 공부하게 되었고, 과학의 중요성, 현대 예술의 존재도 나름대로 인식하게 되었다. 여기에 더해서 그와 우리 세대의 한계를 넘어서 다시 그 다음 세대가 그의 일과 삶을 잇게 하고 있다.

그는 그 나름대로 하늘의 자식이 되어서 그 하늘의 뜻을 잇는 일에 큰 책임감과 수고로 임했으니 그는 진정으로 하늘 부모님에 대한 '큰효자'(大孝子)였다. 한국의 시인 이상(李箱)을 이야기했고, 이중섭을 우리에게 가르쳐주었으며, 최제우에 대한 논문을 썼고, 홍길동을 말하며 참으로 한국적인 사상가로서 살았던 그, 그의 정신이 오늘 우리 시대 크게 번져서 한국의 통일을 이루고, 교회를 새롭게 하고, 나아가서 인류의 평화와 번영을 위해서 한 그루터기로 역할 할 수 있기를 기대한다. 그의 삶과 많이 연결되는 슐리얼리스트 전위 화가 파울 클레(Paul Klee, 1879-1940)에 대한 다음과 같은 표현 한 토막을 나는 이 글의 마지막 말로 적고자 한다. 앞에서 살펴 본 아감벤은 파울 클레를 "자기 연단과 창조 활동이 완벽하게 일치하는 예"라고 평가했는데, 나는 이신에게서도 그와 유사한 모습을 보고자 한다.

구속을 모른 나라

새로운 땅

기억의 숨결이 없는 곳

(…) 고삐없이!

어떤 어머니의 자궁도

나를 데려다놓은 적이 없는 곳.[76]

이승을 나는 전혀 파악할 수 없다.

왜냐하면 나는 지금 막

죽은 자들에게서,

태어나지 않은 자들에게서

잘 살고 있기 때문이다.

보통 것보다는 창조에 어느 정도 가까워졌으나

가까이 가기에는 아직도 멀고 충분하지 않다.[77]

이상의 이유로 나는 아버지 이신을 오늘 많은 그러함에도 불구하고 종교개혁 500주년을 맞이하는 우리 시대에 줄 것이 많은 사상가로 여기면서 여전히 그에 대해서 말하고자 한다. 지금까지의 모든 이야기는 내가 왜 모든 그러함에도 불구하고 아버지 이신에 대해서 계속 말하려고 하는가의 이유이다.

---

76) 조르조 아감벤, 앞의 책, 214
77) 서장원, "세기의 풍경, 망명 지식인을 찾아서(독일편) 화가 파울 클레", 〈교수신문〉 제871호 2017.3.13, 8면.

참고문헌

『주역』

『맹자』

김판임. 『쿰란공동체와 초기그시스도교』, 바블리카아카데미, 2008.

니콜라스 A. 베르댜예프/이신 옮김. 『노예냐 자유냐』, 늘봄, 2015.

로즈메리 류터/장춘식 옮김. 『신앙과 형제 살인-반유대주의의 신학적 뿌리』, 대한기독
　　　교서회, 2001.

막스 피카르트/배수아 옮김. 『인간과 말』, 봄날의 책, 2013.

앙드레 브르통/황현산 옮김. 『초현실주의 선언』, 미미시스, 2012년.

N. 베르쟈에프/이신 옮김. 『인간의 운명』, 현대사상총서, 1984.

李信. 이은선 · 이경 엮음. 『슐리얼리즘과 영靈의 신학』, 동연.

＿＿＿＿. 이경 엮음, 『李信 詩集 돌의 소리』, 동연, 2012.

이은선. "한국 페미니스트 그리스도론과 오늘의 기독교", 『한국 생물生物여성영성의 신
　　　학』, 도서출판 모시는사람들, 2011.

＿＿＿＿. "인(仁)의 사도 함석헌 사상의 유교적 뿌리에 대하여", 『陽明學』, 한국양명학회,
　　　제33호 2012.12.

＿＿＿＿. "부활은 명멸明滅한다-4.16세월호의 진실을 통과하는 우리들", 〈한국여성신
　　　학〉, 한국여신학자협의회, 2016 여름 제83호.

＿＿＿＿. 『다른 유교, 다른 기독교』, 도서출판 모시는사람들, 2016.

조르조 아감벤/윤병언 옮김. 『불과 글』, 책세상, 2016.

한나 아렌트/이진우 · 태정호 옮김. 『인간의 조건』, 한길사, 2001.

＿＿＿＿/서유경 옮김. 『과거와 미래 사이에서』, 푸른숲, 2005.

＿＿＿＿/김희정 옮김. 『라헬 파른하겐』, 텍스트, 2013.

함석헌. 『새 시대의 종교』, 함석헌 저작집 14권.

초현실주의 해석학으로서의
이신(李信)의 예술신학*

이 정 배 **

이신, 그를 다시 말한다

한국 신학계 내에서 이신이란 학자를 기억하는 사람은 그리 많지 않다. 1971년 미국 밴더빌트 대학교 신학부에서 "전위 묵시문학적 현상-묵시문학의 현상학적 고찰"(The Phenomenon of Avant-grade Apocalyptic: Phenomenological Resources for the Interpretation of Apocalyptic)[1]의 논문으로 학위를 마치고 귀국하여 짧게 활동하다

---

* 본고는 「신학과세계」 44집(감신대출판부)에 실렸던 것을 대폭 수정하여 재서술한 것이다.
** 현장아카데미 소장. NCCK 신학위원장, 전 감신대 교수

1) 본 학위논문은 이은선·이경 편,『李信의 슐리얼리즘과 영의 신학』(종로서적, 1992), 제 1부에 수록되어 있다. 이 책은 李信 박사 서거 10주년을 기념하여 그의 남긴 글들을 모아 자녀들이 번역하고 엮어낸 것이다.

가 56세의 나이로 1981년 세상을 떠났기 때문이다. 이에 더해 예술성을 동반한 그의 신학사상이 너무도 독창적이며 시대를 앞섰기에 동시대 학자들에 의해 주목되지 못한 탓이다.

개인적으로 필자의 장인이자 감신대의 대선배인 신학자 이신은 참으로 독특한 이력을 지닌 사상가였다. 1927년 전라남도 한 농촌에서 출생하여 성장하다 부산상고에 적을 두게 된 그는 출셋길인 은행이나 관공서의 진출을 마다하고 감리교신학대학교에 입학했다. 어린 시절부터 그림 그리기를 좋아하며 중고등학교 시절 도서관 내의 미술 관련 서적을 탐독하였던 그는 청년기에 이르러 삶의 근본적 물음을 묻고자 좋아하던 물감과 붓을 놓고 집안의 반대를 무릅쓰고 신학교에 적을 둔 것이다. 그렇지만 미술은 이후 그의 신학함에 결정적인 영향을 미쳤고, 그를 예술신학의 선구자로 평가할 수 있는 토대를 제공했다. 짧은 생애 동안 이신은 많은 그림을 남겼고, 그림들 속에 자신의 사상과 신학을 담았던 까닭이다. 화가이자 신학자의 삶을 살았던 사람을 100년 한국기독교 역사 속에서 찾기란 이신을 제외하곤 그리 쉽지 않을 것이다. 1950년대 초, 감신대 졸업과 함께 충남 전의로 전도사 파송을 받은 이신에게 전환점이 있었다. 한국의 제 교파 교회를 그리스도의교회로 환원시키려는 소위 한국 그리스도교교회 환원운동을 만나게 된 것이다.[2] 1930년대 초, 미국서 그리스도교 환원운동에 접했던 몇몇 감리교 목사들에 의해 시작된 이 흐름에 이신은 자신을 내어 맡겼다.[3] 본명인 李萬修를 기억 속에

---

2) 그리스도교회의 환원운동에 대해서는 『李信의 슐리얼리즘과 영의 신학』에 실린 부록 논문을 보라.

지우고 李信이란 이름을 갖게 된 것도 이때이며 지금껏 몸담았던 감리교회를 떠나 초대교회로의 환원을 주창하는 그리스도교회에 소속 된 것도 이런 영향 때문이었다. 이로써 그는 평생 어떤 기득권에 안주하지 않았고, 불고 싶은 대로 부는 성령의 움직임에 자신을 내맡긴 채 역경의 삶을 시작하게 되었다. 그리스도교회 환원운동을 배웠으나 성령의 현재적 역사를 부정하고 계몽주의적 합리성에 빠져 버린 서양 선교사들과도 이신은 갈등, 불화했다. 당시 많은 한국인 그리스도인들이 선교사의 눈치를 보며 무언가를 얻고자 할 때 서구의 신학 체계와 그들의 가르침에 저항하였으니 선교사들이 그를 좋게 볼 리가 만무했다. 후술하겠지만 1967년부터 6년에 걸친 그의 유학 생활을 통해 배우고 익힌 신학적 자성을 통하여 그는 1974년에 당당하게 '한국 그리스도의교회 선언'을 선포하였다.4) 서양 교회의 전통과 가르침을 맹종하지 않고 한국인이 성령의 감동으로 읽고 깨달은 진리만을 말하며, 성서가 가르치는 신앙의 원 형태를 찾고자 했던 것이다. 필자는 이를 1960년대 시작된 토착화 신학의 한 발전된 한 유형이라 여긴다. 귀국 후 그가 감리교 토착화 신학자 윤성범, 변선환과 더불어 학문적 유대를 맺었던 것도 이런 신학적 맥 탓이었다. 그러나 그의 토착화 신학은 성령 중심의 신학이었다. 그는 이천 년

---

3) 초창기 이 운동을 주도했던 사람으로는 미국 게렛신학교에서 수학하고 감리교 목사직을 수행하였던 동석기(1881~1972), 일본 감리교신학교인 관서학원에서 공부하고 감리교 목사로 활동하다가 미국 네쉬빌에 있는 밴더빌트 신학교에서 환원운동을 접한 강명석 목사 등이다. 이신은 1950년대 초 전라도 광주에서 활동하던 김은석 목사를 통해 이 운동을 접했다.

4) 이은선·이경 편, 앞의 책, 278-282에 전문이 실려 있다.

신학 역사 속에서 성령이 항시 주변부에 위치해 온 현실을 개탄하였
다. 그러나 묵시문학을 주제로 박사논문을 썼던 이신은 성령의 역사
를 예술에 대한 새로운 이해 속에서 재해석했다. 초현실주의(surreal
ism)5)를 표방하며 현실을 비판했던 창조적 예술가들 속에서 그는
성령의 현존을 보았고 그들에게 묵시적 환상가라는 이름을 붙여주
었다. 스스로를 초현실주의자, 아방가르드로 표방하면서 그는 상상
력 넘치는 그림을 그렸고 시를 썼으며 현실 속에서 고독과 저항의
신학을 펼쳤던 것이다. 성령의 현존 속에 자신을 내맡긴 고독하고
저항적인 그의 삶이 이를 적시한다. 강단 신학자로 안주하지 않았고,
때로는 산동네 빈민가에서 초막을 짓고 살았으며, 충청도 괴산의
한 시골 교회 목회자의 길을 걷기도 했다. 도심의 작은 교회에서 교인
들과 더불어 생활했으나 그의 상상력은 언제든 천지를 왕래했으며
미래를 꿰뚫었고 현실너머에 있었다. 이런 점에서 이신은 1980년대
초 한국교회와 신학계를 지배했던 민중 신학을 몸으로 살아냈던 존
재였다. 오히려 그를 넘어 인간의 창조성에 몰두하였고 상상력의
결핍을 근심했으며 그리스도를 삶의 그루터기로 삼고자 애썼다. 수
차례 초(超)현실을 상상하며 하느님 영의 신학을 집필하고자 시도하
였으나 끝맺지 못한 채 신학적 단초만을 드러낸 글 수편을 남겼다.6)
미완의 작업인 소논문들을 통해서도 그가 얼마나 하느님 영에 사로
잡힌 창조적 상상력의 소유자였는가를 짐작할 수 있다. 이신이 주로

---

5) 초현실주의에 대한 한국어 출판물로는 다음 책을 참고하라. 정위영,『초현실주
　의 문학론』(의식, 1987).
6) 이 논문들 역시 이은선·이경 편, 앞의 책, 2부에 수록되어 있는데, "환상의 신
　학", "슈리얼리즘의 신학"의 제목이 붙여져 있다.

묵시문학에 관심을 갖게 된 것도 오로지 '영'에 대한 관심 때문이었고 그 영으로 인한 아방가르드적 삶을 사랑했으며 하느님 미래를 위한 창조적 삶을 추구했다.

56세의 나이로 세상을 떴고 그림을 그렸으며, 시를 썼고, 오랜 기간 목회를 했기에 그는 많은 신학 논문을 남기지 못했다. 설교집 『산다는 것과 믿는다는 것』(1980)과 성령에 관계된 논문 몇 편 그리고 러시아 사상가 베르자예프의 주저 『노예냐 자유냐』, 『인간의 운명』 등 몇몇 책들을 번역한 것이 전부다. 각주에서 밝힌 대로 이신이 남긴 글들은 그의 서거 10주년이 되던 1992년 『李信의 슐리얼리즘과 靈의 신학』이란 제목으로 묶어졌다. 일생에 걸쳐 하느님 영을 생각했고 묵시문학적 상상력을 갖고 인생을 창조적으로 살았기에 언제나 자유했으며 하느님 영 이외의 어느 것에도 굴복되거나 예속되지 않았다. 신학자들 중에 유독 본회퍼와 키에르케고르를 좋아했으며, 그들 생각을 자신과 견줘 논문으로 풀어냈다. 이들의 신학이 아카데미즘에 빠지지 않고 현실 거역적인 역동성(자유)을 지니고 있다고 보았기 때문이었다. 아직까지도 활자화되지 못한 최제우에 대한 논문 역시 동일한 맥락에서 생각될 부분이다. 만년의 이신은 지병으로 고생하면서도 한국적 신학, 토착화 신학의 문제에 지대한 관심을 갖고 살았다. 조그마한 물질적 여유가 생기면 이신은 고서점을 돌며 한국인의 주체성, 종교성을 드러낸 옛 사상가들의 책들을 사 모았다. 조직신학자였으나 히브리어와 헬라어를 성서 신학자만큼이나 읽고 쓸 수 있었으며 각종 고문헌을 읽을 만큼 한문과 일본어에도 능통했다. 1970년대 초 「기독교 사상」에 발표된 "전위예술과 신학"을 주제로 한 일련의 논문들은 한국 신학사에서 예술신학이 시작된 시점을 알려주는 중요한 지표가 될 것이다.[7] 묵시적 상상력에 터한 이신의 예술신학은 분명 종교개혁 500년을 맞는 시점에서 토착화신학과 민중신학의 지평을 넘어선 한국적이면서도 미래적 신학의 한 표현이라 말할 수 있다. 그만큼 이신은 신학적 사유를 전개시킴에서 30년이나 앞선 독창적인 사상가였다. 본 책 속에는 이신의 신학사상을 W. 벤야민 등 최근 사상사적 흐름으로 풀어낸 여러 글이 실려 있다. 1981년 12월 눈 오는 어느 날 생사 문제를 주님께 맡기며 수술을 거부한 채 도시 근교 소박한 기도원에서 소천했다. 하지만 그는 이미지의 시대, 창조적 상상력을 요청하는 21세기, 무엇보다 오늘 이 땅에서 새롭게 꽃펴야 될 신학적 맹아를 선물한 독창적 사상가로 다시 태어나야 옳다. 필자가 이신의 서거 35주년을 보내며 지금부터 15년에 썼던 글을 다시 고쳐 발표하는 이유도 여기에 있다.

I. 이신 예술신학의 인식 토대로서의 상상력

인간에 대한 여러 규정과 정의가 있지만 인간을 상상하는 존재, 곧 상상적 동물로 바라보는 시각이 중요하다. 이미지의 범람, 홍수 시대에 살고 있으나 그런 이미지를 창조해 내는 것이 바로 인간의

---

7) 이은선 · 이경 편, 앞의 책, 146-151.

상상력인 탓이다. 인간세계에 존재하는 어떤 것도, 악한 문화조차 상상력의 산물이 아닌 것이 없다. 그러므로 상상력은 인간 의식, 문화 전반을 총괄적으로, 유기적으로 묶을 수 있을 만한 근본 토대라 할 것이다. 그렇기에 이신은 우리 시대의 죄를 의식의 둔화, 곧 자발성이 사라진 채 타성으로만 살아가는 삶, 그래서 자신의 의식이 둔화된 것조차 인식 못하는 실상이라 여겼다.[8] 이는 성서가 말하는 바, 보기는 보아도 보지 못하며, 듣기는 들어도 듣지 못하는 상태라 할 것이다(마 13:13). 의식의 둔화란 상상력의 부재 혹은 부패로서 인간에게서 인간성을 빼앗는 무서운 독소다. 따라서 이신은 하느님 형상(Imago Dei)을 인간이 지닌 상상력에서 찾았다.[9] 숨어계신 분이기에 인간은 하느님과 닮은 부분을 실체화시킬 수 없다. 그럴수록 이신은 하느님 형상을 상상력과 연루시켰다. 예술가들이 상상력을 통해 절대 자유한 경지를 찾고 그것을 작품 속에서 가시화시키듯이 이신 역시 상상력에서 하느님 형상의 의미를 찾았다.

목하 이런 이미지 시대에 대한 비판이 거세다. 주지하듯 장 보들리야르는 이미지만 있고 현실(Reality) 자체가 사라진 세계의 위험을 언급했고, 롤랑 바르트 역시 눈만으로 인식되는 시각적 이미지로 말미암아 인간 육체가 불필요해진 시대가 되었다고 적시했다.[10] 이미지들이 인간 욕망을 자극하고 유혹하며 때로 거짓된 환상을 날조

---

8) 위의 책, 151.
9) 위의 책, 같은 쪽.
10) 유평근 · 진병준, 『이미지』(살림, 2001), 12.

하는 상황이 기승을 부리는 탓이다. 그럼에도 이신은 상상력에 대한 새로운 가치 부여, 더욱이 신학적 인식 기능으로서의 상상력의 중요성을 붙잡고자 했다. 그럴수록 이미지의 부패를 치유하기 위해서 종교인들, 더욱이 신학자들의 역할을 강조하였다. 성서 내의 묵시적 환상이나 묵시의식을 현실 세계를 교정할 수 있는 종교적 상상력이라 여긴 것이다.11) 박사학위 논문 "전위 묵시문학적 현상"은 바로 이런 차원에서 연구된 결과물이었다. 묵시적 의식은 후일 이신에게서 성령 중심적인 체험적이고 역동적인 그리고 초자연적인 카리스마 신학으로 재구성되었다. 이는 후술할 주제인 바, 여기서는 이미지 시대 속에서 이미지를 만들어내는 상상력의 인식 기능을 신학 방법론 차원에서 주목할 것이다. 물론 이미지와 상상력에 대한 철학적 탐색을 하지 않았으나, 그의 슐리얼리스틱한 신학 작업은 이미지를 억압했던 종교개혁 이래 서구 신학적 인식론에 대한 이의제기에서 비롯했다. 합리성 의식이 지배하는 현실에 대한 비판이 모체였던 것이다. 여하튼, 이미지와 상상을 인간의 원초적 인식 기능으로 이해하고 그 바탕에서 신학 했던 이신은 한국 신학계에 예술신학의 장르를 개척한 첫 신학자임이 틀림없다.

그렇다면 이미지를 낳는 힘인 상상력이란 무엇이며, 그것이 어떤 인식 기능을 갖고 있는 것일까? 앞서도 지적했듯이 상상력은 서구 철학자들, 신학과 교회의 역사 내에서 실재적 존재를 결핍한 환상의 활동으로 여겨졌고 따라서 비합리적, 반이성적인 것으로 폄하되어

---

11) 이은선 · 이경 편, 앞의 책, 2부 내용 참고.

왔다.12) 성상 파괴 역사를 지닌 서구 기독교 신학은 어떤 면에서 상상력을 억압한 중심 세력이었다. 하느님에 대해 어떤 형상도 만들지 말 것을 신의 첫 계명으로 삼은 기독교(출 20:4)의 경우 하느님 이미지를 나타낸 그림과 조형물 일체를 주변적인 것이라 보았고, 우상으로 정죄했다. 이처럼 상상력을 비합리적이며 실재를 결핍한 환상이라 보고 인간 심상에 떠오르는 이미지들을 정죄되어야 할 우상으로 여겼던 서구 기독교의 '이미지 증오 역사'는 실상 정신과 육체, 이성과 감성, 초자연과 자연을 엄격하게 분리시키는 이분법적 사고에 기초한 것으로서 극복될 사안이다. 최근 상상력에 대한 새로운 이해와 평가가 다음처럼 세 방향에서 시작되고 있는 것은 참으로 다행스럽다. 첫째로, 상상력이란 이성과 상반되는 것이 아니라 감각과 지각을 통전하는 포괄적인 지적 활동이고, 둘째로 이미지를 만들어 내는 상상의 과정에 의식만이 아니라 인간의 심리와 무의식이 함께 참여하고 있으며, 셋째로 단순한 시각적 이미지만이 중요한 것이 아니라 청각, 후각 등 온몸의 감각들 역시 이미지를 만들어 내는 직접적 원인이 된다고 하는 관점이다.13) 이성과 감각을 분리시켰고 무의식을 억압해 왔으며 인간 몸에 대해 정신의 우위를 말한 플라톤 철학 전통의 영향 사 속에 있는 기독교 서구의 입장에서 상상력의 인식 기능과 범주에 대한 이런 이해와 평가는 참으로 획기적이라 하겠다.

---

12) R. L. Brett, 신명호 역,『공상과 상상력』(서울대출판부, 1987), 8.
13) 유평근 · 진병준, 앞의 책, 26-27.

첫 번째 논의는 이미지 자체가 객관적 실재는 아니지만 이미지의 구체성을 결여한 채 존재하는 실재를 말할 수 없기에 상상력이 지각을 개념에 이르게 하는 창조적, 구성적 역할을 수행할 수 있다는 말이다. 즉 이미지는 기만적이거나 현실을 마비시키는 어떤 것이 아니라 추상적 지식에 구체성(육체성)을 부여하는 역할을 감당한다. 서구과학 역시 상상력에 근거한 이미지의 힘을 입고 변천되었기에 오히려 이미지가 객관적 탐구 가능성을 확장시켜 왔다고 말할 수 있다. 여기서 우리는 칸트의 인식론에서 유래된 구성(construction)이란 말 뜻에 주목할 필요가 있다. 칸트에 따르면 인간은 질서를 부여하는 본유형식(innate forms)을 선험적으로 갖고 태어났으며 세계란 그것을 통해 구성된 현상이다. 그러나 칸트는 상상력의 활동을 감각 세계를 인식하는 순수 이성의 영역으로만 한정시킴으로써 종교, 곧 초감각적 세계에 대한 상상력의 역할에는 소극적이고 부정적이었다.[14] 종교를 논하는 실천이성에서도 상상력의 역할은 전무했다. 그러나 칸트는 판단력 비판을 통해 경험(지각의 세계)을 개조할 수 있는 상상력의 창조적 기능으로 보았고 그 역할이 순수이성 기능보다 우위를 점한다고 봄으로써 상상력의 인식 기능을 강화시킨 공헌자로 평가할 여지가 있다. 상상력의 역할과 기능을 종교에까지 확장시키지 못했던 칸트와 달리 보들레르 시(詩) 세계에 심취했던 19세기 철학자 코울리지(S. T. Coleridge)는 정신을 창조주의 이미지에 따라 만

---

14) 김영래, "상상력의 역할", 『기독교교육과 앎』 (다산글방, 2002), 64; Dykstra Craig & Sharon Darks, *Faith Development and Fowler* (Birmingham, 1986), 146.

들어진 것으로 보았고 상상력을 통해 인격의 통일성은 물론 자연 속에서 신(神) 그 자신과의 접촉을 이룰 수 있다고 생각했다.15) 여기 에는 반(反)뉴턴적인 활력적인 자연관과 창조적 정신 간의 유사성이 전제되어 있다. 신이 혼돈으로부터 세계를 창조하고 거기에 질서와 형태를 부여하였듯이 인간 정신 역시 감각적 재료에 질서와 형태를 부여할 수 있다고 본 탓이다. 이런 차원에서 코울리지는 상상력을 정의하여 "무한 존재(神)의 영원한 창조행위를 유한 정신 속에 반복 하는 일이다"라고 하였다.16) 코울리지가 상상력을 일차적인 것과 이차적인 것으로 나누고 있는 것은—일차적 상상력은 지각 존재인 인간 내부에서 작용하는 무의식적 동인이며, 이차적 상상력은 재창 조를 위한 형성의 힘(Einbildungskraft), 곧 통일성을 지향하는 의식 적인 의지로 설명된다— 양자 간의 차이를 강조하기 위함이 아니라 인간의 상상력 속에 감각과 지각 그리고 이성의 활동이 통전되어 있음을 말하려고 함이다.17) 단지 이차적 상상력과 더불어 코울리지 는 감각 재료를 지각하는 칸트적 단계를 넘어 자연 속에서 보지 못한 것을 발견하고, 아직 이루지 못한 것을 앞서 보게 하는 상상력의 예견 적, 초월적 역할을 강조하였다. 코울리지가 이성이 우리에게 지각세 계에 대한 지식 이상의 것(초월)을 제공한다고 믿었던 것도 이 때문 이다. 18) 두 번째 논의는 상상력과 무의식의 관계에 대한 것이다.

---

15) R. L. Brett, 앞의 책, 58; S. T. Coleridge, *Biographia Literaria*(文學評傳) (Oxford, 1907), 13장.
16) 위의 책, 60-62.
17) 위의 책, 61-62.
18) 위의 책, 187; David Loomis, *"Imagination and Faith Development", Religion*

요컨대 상상력을 통해 이미지를 형성하는 과정 속에서 무의식의 역할이 지대하게 된 것이다. 인간 의식만을 강조하는 서구 인식론의 바탕에서 볼 때 무의식을 동반한 상상력의 재발견은 실로 엄청난 전환이다. 이미지는 그 어떤 실재(reality)가 존재한다는 것을 전제로 하고 있다. 즉 이미지는 언제나 그 무엇의 이미지라는 것이다.[19] 그러나 이미지는 결코 그 무엇 자체일 수 없으므로 본래 대상과는 다른 점을 지닐 수밖에 없다. 이것은 '~이지만 ~이지 않는'(it is, but it is not...)의 특성을 지닌 은유(metaphor)의 특성과도 흡사하다.[20] 우리는 이미지와 실재, 즉 양자의 닮음과 차이 중 어느 편을 강조하느냐에 따라서 서구 역사 속에서 플라톤 철학과 아리스토텔레스, 중세와 근대, 가톨릭 신학과 개신교 사상이 정립되었음을 알고 있다. 신플라톤주의에 비해서 창조주와 피조물 사이의 유추적 관계를 주장한 중세 가톨릭 신학이 좀 더 차이를 강조했고, 초대교회의 교리가 플라톤주의의 영향하에서 세계를 신의 모상으로 보는 닮음의 입장을 대변하였으며 이미지를 자의적 기호로 보는 근대 합리주의자인 데카르트가 플라톤의 미메시스(모방)론을 완전히 뒤집은 것도 사실이지만 이런 도식적 이해는 상당 부분 설득력을 지니고 있다.[21] 그럼에도 불구하고 이들 간에는 공통점이 존재한다. 그것은 이 모두가 이미지를 낳도록 하는 모델을 항시 전제했다는 사실이다. 그러나 본질적으로 모델 없는 이미지도 얼마든지 있을 수 있는 법이다. 다시

Education 83 (1998 Spring), 251.

19) 유평근 · 진병준, 앞의 책, 73.

20) S. Mcfague, *Metaphorical Theology* (Fortress Press, 1982), 14-15.

21) 유평근 · 진병준, 앞의 책, 73-92.

말해 이미지란 실재의 단순 재현만은 아닌 것으로서 세상에 드러난 적 없는 새로운 진리를 창조하고 예견하는 상상력의 산물일 수 있기 때문이다.22) 바로 이런 이미지의 창조적 자율성과 관계되는 부분이 무의식이다. 프로이트는 이미 무의식의 원천 없이는 의식이 존재할 수 없음을 간파한 최초의 사상가였다. 인간 의식 내부에는 무의식적 본능(id)이 자리하고 있으며 꿈이란 그에 대한 이미지적 표현인 바, 그 이미지에 대한 분석을 통하여 드러나지 않았던 인간의 심층의식 을 탐색할 수 있다고 본 것이다. 그러나 프로이트는 무의식 속에서 그 메커니즘의 과정을 분석하였을 뿐 현실을 넘어설 수 있는 가능성 을 찾는 데는 실패했다.23) 반면 융은 집단 무의식을 지닌 인간이 만든 이미지가 현상 속에 부재한 것(미래적인 것)을 창조적으로 형상 화하는 역할을 한다고 믿었다. 즉 모든 이미지를 성적 본능으로 환원 시켰던 프로이트와는 달리 그것을 창조적인 존엄성을 지니는 것으 로 자리매김한 것이다. 하지만 융은 인간의 상징적 상상력, 곧 이미 지를 개성화 과정 속에서만 바라봄으로써 상징의 현실 비판적 역할 을 놓쳐버렸다는 지적을 받는 다.24) 여하튼 이미지와 상상력이 초월 적, 영적 의미의 생산자 위치로 상승되기 시작한 것은 무의식과 관계 된 상징주의로부터였고 더욱 근본적으로는 이신을 사로잡은 초현실 주의(surrealism)에서 정점을 이뤘다. 인간 무의식을 통해 표현되는 이미지적 사유란 이제 명백하게 현실을 비판하고 뛰어넘는 초현실

---

22) 위의 책, 94-95.
23) 정귀영, 앞의 책, 226-227.
24) 유평근 · 진병준, 앞의 책, 150-151.

이 되어 언제든 새로운 해석과 교감을 기다리며 우리 앞에 존재하는 어떤 것이라 하겠다.[25] 마지막으로 상상력이 인간의 시각적, 청각적 이미지로만 표현되지 않고 인간의 온몸과 관계되고 있다는 사실을 언급해야 한다. 주지하듯 기독교 신학은 지금껏 청각적 이미지에 종속되어 있었다. 계시와 말씀의 종교인 유대 기독교는 본래 들음의 종교였지 봄의 종교가 아니었던 것이다. 전적 초월자인 신은 인간에게 알려지지 않을 뿐 아니라 그를 보면 인간은 죽어야만 했다. 가시나무 떨기 속에서 모세가 본 것도 하느님의 뒤편이지 결코 전면이 아니었다(출 33:20-33).[26] 이런 점에서 예수가 자신을 본 것이 하느님을 본 것이라고 말한 것은 혁명적인 발상이었다. 어떤 시각적 표현(미메시스)도 허용치 않는 들음의 종교는 언어 표현 능력만을 중시했다. 소리 이미지를 옮겨 놓은 언어적 표현은 지시 대상과 인식 주체 사이의 간격을 전제했고, 절대적 진리로서의 비가시적 세계와 가시적 세계 사이의 구별을 당연시한다. 이것을 우리는 "태초에 말씀이 있었다"라고 믿는 기독교의 로고스중심주의라고 말할 수 있다.[27] 여기에서는 참과 거짓의 분별인식이 중시되고 시각적 이미지, 곧 아름다움에 대한 감각은 완전히 제거된다. 이것이 바로 서구 역사 내에서 이미지가 파괴되고 홀대받은 원초적 이유라 할 것이다. 그러나 앞서 보았듯이 시각적 이미지의 시대가 도래했다. 시각적 이미지는 언어가 지닌 관념성의 한계를 뛰어넘으며 그보다 더한 창조적 해석의

---

25) 위의 책, 128.
26) 이정배, 『선한 벗들과 함께 신학하기』 (한들 출판사, 2001), 42-46.
27) 유평근 · 진병준, 앞의 책, 30-37, 106-107.

가능성을 남기고 있다.[28] 그렇기에 청각 이미지, 곧 합리적, 관념적 언어의 세계만으로 종교를 이해하는 것은 시대착오적 교리지상주의를 낳게 할 뿐이다. 궁극적으로 시각과 청각이 이미지 생성을 위해 동반될 때, 그래서 새로운 인식을 제공할 경우, 기독교는 미래를 예견할 수 있다. 이에 더해 후각, 촉각, 미각 등 이미지를 낳는 다른 감각기관의 역할 또한 중요하다. 그러나 우리 시대는 불행하게도 자연으로부터 멀어진 결과, 1만 개 이상의 원초적 후각 능력 중 80% 정도를 상실하고 말았다.[29] 인간 자신을 유기적 환경으로부터 고립시켜 온 결과일 것이다. 기술에 의존하는 현대 문명이 인간 생활을 공학적으로 사전 프로그램화한 생산물 위치로 전락시켜 버린 탓이다. 이렇듯 촉감 없는 반자연적 사회 현실 속에서 인간의 이미지는 쇠락하고 부패할 수밖에 없을 것이며, 그래서 어떤 예견적 이미지를 기대하기 쉽지 않다. 이 점에서 온몸을 이미지 생산의 근원체로 보는 입장은 종교의 창조적 해석을 위해 상당한 의미를 갖고 있다.

이상에 보았듯이 상상력의 발견이란 이성과 감성을 통합시킨 인간 삶의 총체성과 전인성의 재확인이며, 보지 못하는 것을 볼 수 있게 된 인간 정신의 초월성 회복이라고 말할 수 있다. 이 점에서 인간의 신학적 본질을 '상상력'의 개념 속에서 찾고자 했던 이신의 예술신학은 상징주의나 자연주의 문학전통과 맥이 닿아 있지만 궁극적으로

---

28) 위의 책, 32.
29) J. 리프킨/이정배 옮김, 『생명의 정치학』(대화출판사, 1996), 324-325, 4부 내용 참고.

는 그와 절연한 슐리얼리즘을 근간으로 더욱 급진적으로 전개되었다. 신학자로서 이신이 현대 사회의 이미지 부패를 치유하기 위한 성서의 묵시적 의식, 묵시문학적 상상력에 관심을 집중하였기 때문이다. 다음에서 우리는 먼저 기독교의 묵시적 계시를 읽는 수단으로서 이신의 초현실주의에 대한 이해와 평가에 주목할 것이다.

II. 초현실주의와 묵시문학적 자의식 연구

우리는 인간 상상력이 이성과 감성 그리고 의지를 활성화시킴으로써 현실 부재한 초현실적인 것을 예견하고 표상화하는 역할과 기능을 하고 있음을 보았다. 또한 그러한 상상력이 계시와 같은 종교적 차원에서 이해될 여지를 남겼다. 상상력을 통하여 현실 속에 부재한 또는 현실 속에 숨어 있는, 그래서 세상에 드러난 바 없는 새로운 진리, 환상을 얻을 수 있다고 보았기 때문이다. 이 점에서 합리성과의 철저한 단절을 통해 20세기 초엽 문명과 문화를 철저하게 부정했고, 무의식이 의식의 새로운 영역임을 선포함으로써 리얼리즘 세계의 편협성을 지적함과 동시에 고차원적인 새로운 세계를 정초했던 슐리얼리즘의 등장은 대단히 주요하다. 코울리지가 신앙(초월적인 것)을 구성시키는 힘으로써 상상력을 이성과 동일한 것으로 본 것처럼 슐리얼리즘은 상상력을 반의식(이성)이 아니라 초의식(Trans-Consciousness)으로 명명하였다.[30]

슐리얼리즘은 1차 세계 대전 전후에 발생된 문학운동의 새 조류로서 이전의 정언적 가치와 근본적으로 이질적이다.31) 과학 혁명 이후 서구를 지배했던 실증주의와 합리주의는 물론이고 인상주의, 자연주의, 표현주의 그리고 상징주의마저도 슐리얼리즘의 비판 대상이었다. 이 점에서 슐리얼리즘의 출발점을 현실에 대한 총체적 부정이라고 말하기도 한다. 그럼에도 불구하고 슐리얼리즘은 이성과 합리성, 리얼리즘이 지배하는 당대 현실을 부정하는 데 만족하지 않고 현실 세계의 위치를 보다 높은 차원, 초(超)현실 속에서 다시 규정하려고 하였다.32) 다시 말해 슐리얼리즘은 실재주의(realism), 그 이상이란 의미로서 현실 세계의 초탈을 뜻하지 않고, 현실과 초현실의 상호 작용이나 공존 가능성을 뜻하는 것이었다. 이성과 합리성, 의식과 무의식이 공존하는 세계로서 부정을 포함한 긍정의 전일(全一)정신을 나타내고자 한 것이다. 그러나 슐리얼리즘은 본질적으로 합리성에 대해 우연성을 강조하고 그 우연을 무의식의 메커니즘으로 이해했으며, 그 속에서 인간 원형의 이미지를 획득함으로써 일체의 것으로부터 자유로운 해방을 목적했다. 여기서는 합리성과 편협한 사실주의에 억압된 인간 무의식의 해방이 인간의 원형 이미지의 부활과 동일 맥락에서 이해된다.

슐리얼리즘이란 말을 처음 사용한 사람은 1차 세계대전 시기에 활동했던 아폴리네르였다.33) 시와 예술 분야에서 자동기술법(오토

---

30) 이은선·이경 편, 앞의 책, 108 이하 내용.
31) Octario Paz, *Children of the Mire, Modern Poetry from Romanticism to Avant-Garde*, trans. by R. Phillips (Harvard Univ. Press, 1975), 115; 정귀영, 앞의 책, 93에서 재인용.
32) 위의 책, 50-51.

메티즘)을 도입한 아폴리네르는 의식의 간섭을 받지 않는 언어, 곧
무의식 상태로부터 비롯되는 환상에 대한 신뢰를 갖고 있던 시인이
었다. 그에게서 예술이란 상상력을 통해 부재하는 현실을 드러내는
비자연적 구성체로서의 초현실(surrealism)을 의미하였다.[34] 그러
나 슐리얼리즘의 사조를 창시하고 이끌어 간 사상가로 앙드레 브레
통(Andre Breton)이었다. 그는 프로이트의 무의식을 근간삼아 슐리
얼리즘 제1선언(1929년)에서 다음처럼 말하였다.

> …나는 꿈과 현실이라는 외면적으로 아주 대조적인 두 상태가 일종의
>
> 절대적 현실, 즉 일종의 초현실로 해소되리라고 믿는다. 이 초현실을
>
> 실현하는 일이 나의 목표다.[35]

여기서 브레통이 말하는 초현실은 앞서 말했듯이 의식과 무의식
이 함께 해소되는 '절대 현실'을 일컫는다. 그러나 이것은 여전히 비
현실일 수밖에 없다. 이성을 인간의 본질로 생각하는 사유 전통을
기성적 테두리 밖으로 던져 버림으로써 오로지 꿈과 무의식의 권리
를 되찾고자 하기 때문이다. 따라서 이것은 로고스 중심주의를 기초
한 청각 이미지에 대한 시각 이미지의 인식론적 반란이라 할 것이다.
슐리얼리즘의 정체성을 고지한 슐리얼리즘 1선언의 내용은 다음처
럼 이어져 내려가고 있다.

---

33) J. M. Mattews, *Toward the Poetics of Surrealism* (New York : Syracuse Univ.
Press, 1976), 52-54. 위의 책, 62에서 재인용.
34) 위의 책, 110.
35) 위의 책, 114.

초현실은 이미 현실에 대한 혁명이다. 초현실주의가 인정한 꿈은 결
코 현실적이고 생리적인 꿈이 아니고 인간 정신이 질주하는 영감의
꿈이다. 초현실주의의 공적은 영감의 범위를 확대한 것이다. 인간성
의 측정키 어려운 깊이에서 그들 상상의 광선을 비추는 일이다. …
현실에서 예술의 절대권을 회복하는 것은 영감의 사도인 초현실주의
인 것이다. 공리주의에 눈 어두워진 예술은 상상의 해방에 의하여 빛
을 얻을 것이다."[36)

인용문이 말하듯 현실에 대한 혁명으로서의 초현실은 영감의 범
위를 확대하며 제한되고 잊혀 진 인간의 상상력을 해방시킨다. 즉
슐리얼리즘의 선언은 마르크스와 같이 인간 사회의 외적 혁명을 의
도하지 않고 꿈과 무의식을 통해 초현실을 탐구하려는 인간 내부
의식의 혁명을 목적 삼고 있다. 이성의 제약을 받지 않는 무의식의
영역, 이성보다도 더 근원적인 상상력에 의거하여 인간 해방의 근거
를 마련코자 함이다.[37) 그리하여 브레통은 정신의 자동 현상에 보다
강조점을 두었다. 정신의 창조성을 신비와 비밀의 장소로서 무의식
의 발동으로 보았던 그는 우연, 꿈, 광기, 환상 등의 영역을 열심히
탐구했던 것이다. 현실과 꿈의 세계를 초현실로 명명된 절대 현실로
합체시키는 구체적 방법이 환상 상태에서의 속기적 서술(오토매티
즘)이었다.[38) 여기서 말하는 자동기술법이란 지금껏 의식의 면에서

---

36) 瀧口修造, 『シュールレアリスムのために』 せりか書房, 東京, 1970, p12.
  앞의 책 128-129에서 재인용
37) 위의 책, 130.
38) 위의 책, 146.

만 작용하던 논리 능력을 무효화하고 마음의 순수한 자동 작용을 체현시키는 사고의 기록을 뜻한다. 즉 이성의 제약이나 일체의 관습을 백지화한 원시적 자연성 속에서 무의식이 드러내는 메시지를 기록하는 일이다. 브레통은 이렇듯 드러난 무의식의 메시지가 현실에 대해 다른 비전을 제시할 만큼 혁신적이며 풍부한 이미지를 암시한다고 보았다.39) 따라서 자동기술은 시작(詩作)에서만 아니라 예술에서 언제든 예언적인 언어를 탄생시킬 수 있는 수단이었다. 자동기술법에서 인간 주체의 수동성을 강조하는 것은 이런 예언적, 경이적 성격을 강조하기 위함이다. 이런 이유로 슐리얼리즘을 미신과 주술을 복권시킨 비교(秘敎)적 문학이라 혹평하는 사람도 생겼지만40) 오히려 무의식을 통해 인간 정신과 우주 근원에 접하는 영매자 체험을 통해 환상과 묵시의 이미지를 기술코자 했던 이들의 비전통적 해우의 예언적 의미에 보다 주목할 필요가 있다. 슐리얼리즘의 신학을 전개했던 이신 역시 이 점을 놓치지 않았다. 프로이트의 과학적인 분석학을 예술과 문학으로 승화시켰던 슐리얼리즘이 예언자적 정치성을 갖게 되었듯이, 스스로, 자동 기술적으로 글을 썼던 이신 역시 타협 없는 민중적 삶을 통해 슐리얼리즘의 혁신적 모습을 나타냈던 것이다. 슐리얼리즘에 대한 이러한 비교(秘敎)적 평가보다도 오히려 프랑스 좌파 행동주의자였던 샤르트르의 부정적 이해에 주목하고 그에 대한 응답이 필요하다. 실존주의의 주창자였던 그가 슐리얼리

---

39) 위의 책, 340-352.
40) Patrik Waldberg/岩谷國士 譯, *Chagrins du Surrealisme* (美術出版社, 1977), 28-29. 위의 책, 147에서 재인용.

즘의 자동기술법을 주관성의 파괴로 이해했고, 객관성 자체를 와해시키는 기묘한 술책이라고 혹평했던 까닭이다.[41] 하지만 샤르트르는 상상력을 통한 이미지 세계, 바로 그것이 또 하나의 실재(Reality)일 수 있다는 사실을 간과했으며, 자동기술법이 주관성의 약화가 아니라 의식 상태에서 억압된 인간 본연의 모습을 되찾게 하는 인간 정신의 강화인 것을 숙지하지 못했다. 왜냐하면 슐리얼리즘이란 무의식을 소생시켜 잃어버린 자아를 되찾게 하는 것이며, 초현실을 위해 현실을 파괴했지만 단순 부정한 것이 아니라 초현실(무의식)과 현실의 통합을 통한 새로운 현실을 세우려했던 탓이다.[42] 그러기에 슐리얼리즘은 자아와 현실세계로부터 도피라고 규정한 샤르트르의 시각은 옳지 않다. 브레통의 다음 말은 샤르트르 실존주의 철학의 협소함을 일깨운다. "우리가 이어받은 불명예스러운 것 가운데 심각하게 깨달아야 할 것은 정신의 전적 자유라는 것을 소외시하는 일이다. 우리는 이 자유를 오용해서는 안 될 것이고 설사 그것이 노골적으로 인간의 행복을 위한다는 구실로 상상력의 노예화를 꾀하는 것이라면 그것은 심각한 의미에서 인간이 발견한 최고의 정의에 어긋나는 일일 것이다. 상상력이 나에게 가능성을 말해 주며 … 또 그것이 나로 하여금 자기기만에 빠지는 두려움 없이 이 자유 속에 완전히 자신을 투입토록 하는 것이다."[43] 그러나 브레통의 슐리얼리즘도 전혀 문제가 없는 것은 아니었다. 꿈과 무의식의 문제를 원시 애니미

---

41) 위의 책, 155-156.
42) 위의 책, 160-163.
43) 이은선 · 이경 편, 앞의 책, 151-152.

즘적인 심령학의 차원에서 제시함으로써 슐리얼리즘을 영지주의적 양태와 동일시했기 때문이다.44) 다시 말해 무의식과 영적 세계, 초자연성의 관계를 철저히 규명하지 않음으로써 슐리얼리즘은 나름대로 숙제로 남겨지게 된 것이다. 바로 이 점에서 이신의 슐리얼리즘에 대한 신학적 이해가 중요하다.

앞선 논의를 통하여 우리는 인간 삶의 뿌리가 생각보다 깊음을 보았다. 내면의 무의식이 인간 이해의 새로운 변수로 등장했을 뿐만 아니라 무의식의 세계와 종교와의 관련성을 말하지 않을 수 없게 되었기 때문이다. 그러나 이신이 슐리얼리즘을 통하여 배운 것은 교령(交靈) 심리학이 아니라 삶과 죽음, 현실과 상상적인 것, 과거와 미래가 상호 모순되지 않고 하나로 파악될 수 있다는 희망이었다. 비록 이런 원초적 상태를 잃어버린 채 살고 있지만 인간은 자신의 직관적 이미지로 그러한 상태를 자신의 의식 속에 복원할 수 있는 존재이다. 어린아이의 상태와도 같은 무의식의 과정을 의식적 과정으로 번역시킴으로써 의식적 인간의 한계와 범주를 넘는 초의식을 자신의 삶의 세계 속에 구성할 수 있다고 믿은 것이다.45) 그에게서 초의식이란 앞서 코울리지가 말했던 이성과 감성의 통합체로서 인간 삶의 전일성에 대한 다른 표현이었다. 이점에서 이신은 슐리얼리즘의 핵심 주제와 내용을 성서의 묵시문학적 계시(환상)로서 신학화시켰다. 묵시문학 속에 현실 역사 속에서 재현되어야 할 두 가지 원형

---

44) 정위영, 앞의 책, 147, 163 참고; 세르주 위탱/황준성 옮김, 『신비의 지식, 그 노시즘』(문학동네, 1999), 151-152.
45) 이은선 · 이경 편, 앞의 책, 148 이하.

적 상(archetypal imagery)이 담지 되어 있다고 보았기 때문이다. 그
것은 창조 세계로부터 타락한 세계를 구원하기 위한 인간의 출현,
곧 인자(메시아) 사상과 악으로부터 해방된 새로운 공동체 실현의
상(이미지)으로서 천국(天國)이다.46) 그러나 이신은 이런 묵시문학
적 상(像)이 그 형태는 조금씩 다를지라도 문명, 종교 그리고 예술을
막론하고 인간 삶이 존재하는 도처에서 나타날 수 있다고 보았고,
이런 묵시적 상을 만들어 낸 묵시적, 계시적 자의식, 곧 초의식의
현상에 주목했다. 다시 말해 이신은 슐리얼리즘으로부터 묵시적 자
의식을 해석함으로써 인간 무의식이나 상상력의 지평을 보편화시켰
고, 동시에 기독교 신앙의 모체인 묵시적 자의식으로부터 슐리얼리
즘을 이해함으로써 그의 종교적 초월적 근거를 명확히 했다. 이하에
서 우리는 그의 학위논문 내용을 중심으로 묵시적 자의식과 그 지향
성에 대한 이해를 추구할 수 있겠다.

주지하듯이 묵시문학47)은 바빌로니아 포로기 이후 거듭된 타민
족의 지배에서 생겨난 박해 콤플렉스로서 현실 부정의 역사관을 갖
고 있다. 현실 세계가 파멸될 수밖에 없을 정도로 악에 물들어 있기에
현실을 절망했던 것이다. 그럼에도 불구하고 그들은 종말신앙을 통
하여 전혀 다른 새로운 시대(Aeon)의 도래를 희망했다. 이 점에서
이신은 묵시문학가들이 역사를 역사적 영역 밖에 둠으로써 역동적
인 긴장을 만들었고 그로부터 희망을 갖게 되었다고 보았다.48) 그러

---

46) 위의 책, 144-145.
47) 묵시문학적 요소를 포함하고 있는 성서 내 기록들은, 다니엘서, 에녹서, 솔로
    몬시편 등이다. 위의 책, 13-14 참고.
48) 위의 책, 10-11.

나 이신의 묵시문학 연구는 기존 연구 결과들을 나열하는 데 만족하지 않았다. 오히려 묵시문학에 대한 이런 저런 견해들을 판단 중지(epoche)시키고 묵시문학적 자의식을 현상적으로 잘 드러내는 일에 관심을 집중했다. 지금까지 묵시문학은 바빌로니아 우주론, 인도의 이원론 그리고 이란 종교와 영지주의의 영향력 속에서 생겨난 종교 혼합주의적 양상으로 이해되기도 했고,[49] 묵시문학을 종말론적 이원론, 초월주의, 비전주의로 규정하는 폰 라드의 해석도 있었으며 어느 경우는 희랍화된 오리엔트 세계의 산물로서 이해되거나 묵시문학의 이란 종교 기원성이 언급되기도 하였다.[50] 이 경우 묵시문학은 이스라엘 고유의 예언서에서 볼 수 없는 비유대적인 것으로 취급되었고, 또한 역으로 그것은 유대 예언자들 심리의 연장선상에서 심리학적으로 연구된 경우도 있었다.[51] 그러나 이신은 이런 연구 경향의 의미를 부정하지 않았으나 묵시문학의 자율적 본질(autonomous essence)을 파악함에 있어서 한계가 있다고 여겼다.[52] 묵시문학을 여러 종교들의 혼합적 요소로 이해하고 주변 종교문화와 유사성을 말하는 데 그치고 만다면 그것의 진정한 성격을 놓쳐 버릴 수도 있는 까닭이다. 그렇다면 묵시문학의 자율성과 자아의 정체성은 어떻게 해명될 수 있는 것인가?

이신은 묵시문학적 현상, 묵시적 자의식을 일회적인 역사적 사건이 아니라 현대 문화 속에서 여전히 반복되는 현상으로 이해했다.

---

49) H. Jonas, *The Gnostic Religion* (Boston: Beacon Press, 1967), 3-27.
50) G. Von Rad, *Old Testament Theology* Ⅱ, 301-303.
51) 이은선 · 이경 편, 앞의 책, 19-18 내용 참고.
52) 위의 책, 26-27.

이신이 새로운 시대로의 회귀 가능한 역사적 역동성으로서의 묵시적 자의식을 아방가르드적 전위예술, 곧 슐리얼리즘의 현실 부정과 저항 정신과 맥이 닿아 있다고 본 것도 이런 이유에서다. 묵시적 현상이 종교, 문학, 예술 영역을 막론하고 현대 문화 속에서 언제든지 재현 가능하다는 보았다. 판단 중지를 통해 묵시문학의 자율적 본질을 탐색하고자 했던 의도도 바로 여기에 있다. 중요한 것은 묵시적 현상이 현재 경험으로 이해되고 판단되어야 한다는 점이다. 예술신학, 미학적 신학이 성립될 수 있는 지점도 바로 이곳이다. 이 과제는 후술 할 주제로서 여기서는 이신이 발견한 묵시문학의 본질을 먼저 생각해 볼 것이다. 앞서 언급했듯이, 기독교의 모체로 알려진 묵시문학이 페르시아의 종교사상 등과의 연계 속에서 설명되어 온 것도 사실이지만, 동시에 히브리적인 예언자 의식의 빛에서 이해될 여지도 많다. 비록 구약성서에서 나타나는 묵시문학적 의식이 종말론적 이원론, 즉 현재와 다가올 시대를 명확히 구분하여 영적인 초월성 등으로 명명되었으나 이는 현실에 대한 극도의 절망과 억압적 구조 속에서 변형된 방법으로 나타난 새로운 역사의식이었다. 따라서 묵시문학가들은 종래의 이스라엘 민족과 전혀 다른 삶의 유형을 지녔던 바, 현실세계에 대한 절대 부정, 메시아 심판 그리고 새로운 미래에 대한 소망 등이 그것이다.[53] 다시 말해 묵시문학가들은 현실 역사 속에서의 신적 개입을 말한 예언자들과 달리 역사를 종말과의 관계에서 고찰했던 것이다. 이로써 묵시문학의 종말론적 역사 이해

---

53) Joshua Block, *On the Apocalypic in Judaism* (Philadelphia: The Propsie College, 1952), 128.

는 종종 이원론이라 불리기도 한다. 하지만 이것은 우주 내에 동등하게 선악의 두 원리들이 존재한다는 존재론적 이원주의와는 달랐다. 묵시문학가들의 이원론은 당대 현실의 좌절 경험으로부터 비롯된 것으로서 천국과 지상, 의인과 죄인, 하느님과 세계사이의 분리를 존재론적 차이가 아니라 일종의 '영적 양극성'으로 보았기 때문이다.[54] 영적 양극성으로서의 역사의식은 현실 역사에 대한 근본적인 부정을 전제했다. 일반적으로 이러한 묵시적 의식은 내적, 외적인 절대한계 경험 속에서 생겨난다. 구약의 묵시문학가들은 외국에 대한 포로의 경험, 이방화(헬레니즘화), 타민족 지배에 대한 두려움 등 물리적, 외적인 한계 상황에 있었고 그 와중에서 투쟁하고 고통받으며 죄의식을 느끼고 죽음을 생각하는 등 인간의 내적인 한계 상황 역시 경험하고 있었다. 그럼에도 분명한 것은 이러한 한계 의식은 자기 자신과 자신이 몸담고 있는 세계를 예리하게 관찰할 수 있는 감수성을 지닌 사람, 곧 그 시대의 창조적 소수자에게만 발생할 수 있다는 사실이다.[55] 창조적 감수성을 지닌 묵시문학가들은 자신들이 살고 있는 세계에서 스스로를 국외자로 느낄 만큼, 즉 그들 의식이 역사의식과 초월(신비)의식으로 분열되었으나 그럴수록 초월과의 신비적 하나 됨의 상태에 이르기를 힘썼다.[56] 즉 묵시문학가들은 저마다 자기 초월적 체험, 곧 환상을 강조했고 자신들 내면(무의식)의 소리를 듣고자 자기 서술로서의 창조적 감수성 또는 카리스마적

---

54) Th. P. van Baaren, "영지주의의 정의에 대하여", *The Origin of Gnosticism* (Leiden: Eg Bill, 1967), 117. 이은선·이경 편, 앞의 책에서 재인용.
55) 이은선·이경 편, 앞의 책, 59.
56) 위의 책, 60-64.

상상력을 발휘했던 것이다. 창조적 자기 서술로서의 초의식과 상상력(환상)에 의해서만 악한 현재는 부정되며 미래로의 전환이 가능할 수 있다. 이신은 에녹서에 나와 있는 묵시자의 자기 서술을 예로 들고 있다.

> …나 에녹은 위대하신 주님과 왕을 찬송하였노라. 보라! 파수꾼들이 나에게 이르되 '에녹아 너 의로운 기자야, 가서 파수꾼에게 외치라. …너는 이 세상의 대 파멸을 기록하였도다. …그러나 너희는 자비와 평화를 보지 못하리라'.57)

> 나는 모든 바람들의 보물들을 보았노라. 나는 당신께서 이것들로서 이 세상의 모든 피조물들과 견고한 기초들을 풍성히 하신 것을 보았노라. 또한 나는 이 세상의 모퉁이 돌을 보았노라. 나는 (세상 그리고) 천국을 지탱하고 있는 네 가지 바람들을 보았노라.58)

이 두 예문 속에서 우리는 "나는 보았다"라는 표현이 많이 나온 것을 볼 수 있다. 묵시문학가가 과거와 현재는 물론이고 본질적으로 미래와 관련된 예시적 환상, 예언적 이미지들을 보는 자로 나타나고 있다. 이런 묵시문학의 자기 서술은 미래적 환상을 통해 영적 양극성을 보여주는 데 그 목적이 있다. 이뿐 아니라 묵시문학 곳곳에서 우리는 "내 영이 심히 흔들렸다", "내 몸이 떨렸다", "내 마음이 나를 비통하

---

57) 에녹서 12:1-6
58) 에녹서 18:1-2

게 억누르기 시작했다"는 등의 표현들을 발견하는데, 이것들 모두는 자신들에게 한계를 강요한 역사적 현실과 그것을 넘어서려는 의식의 초월 지향성 사이의 영적 양극성의 표현들이다.59) 그러므로 묵시문학적 의식은 자의식의 상실이 아니라 한계상황 속에서의 고양된 의식이고, 환상을 동반하는 의식이며, 초의식일 수 있다. 다시 말해 묵시문학적 환상은 자아와 환경, 내면과 외부세계, 개인의 의지와 집단의 의지, 자유와 운명 사이의 극단의 대립 속에서 생겨난 묵시문학가들의 초월 체험이란 말이다.60) 여기에서 우리는 다음 두 가지 사실을 정리할 수 있다. 첫째는 말씀만이 진실이라고 믿고 하느님 말씀만을 전해 준 예언서의 내용과 달리 묵시문학은 침묵과 환상을 통하여 인자와 하느님 나라에 대한 시각적 이미지를 전달하고 있다는 점이다. '보는 것'을 원죄와도 같이 여겼던 유대종교 전통 속에서 말씀의 우위를 뒤집은 것은 획기적 사건이 아닐 수 없다. 예수를 보이지 않는 신(神)의 살아 있는 상(image)으로 본 것은 이 점에서 묵시적 자의식에 기초한 이미지 신학의 일환이라고 말할 수 있을 것이다.61) 둘째는 예측 불가능하며 자율적인 꿈과 무의식의 종교적 근거를 추구하는 시도들처럼, 묵시문학가의 자의식과 그로부터 생겨난 환상이 심리학적 현상으로 환원될 수 없는 초자연적 예시적 현상이라는 사실이다. 이것은 시인 보들레르의 말, "상상이란 무한과 인척 관계에 있는 것으로 상상하는 인간은 자신을 내맡긴 무한한 것으로부터

---

59) 이은선 · 이경 편, 앞의 책, 59-60.
60) 위의 책, 62.
61) 레거스 드브레/정진주 옮김, 『이미지의 삶과 죽음』 (시각과 언어, 1994), 89-94.

힘을 얻는다"라는 사실을 환기시킨다.[62]

한편 이신은 이런 묵시적 의식과 자기 초월적 환상이 인류의 종교사, 문화사뿐만 아니라 인간 활동의 전 영역에서 반복 재현될 수 있으며, 현재로서는 아방가르드(전위) 예술운동(avant-garde movement)을 통해 일어나고 있다고 보았다. 묵시문학적 자의식을 슐리얼리즘과 같은 현재의 문화적 체험 속에서 읽는 것은 묵시적 의식이 인간의 '보편적 모체'가 된다는 확신에 따른 것이다. 이신은 이들 간의 관계를 '역사적 일관성이 없는 유사성'(kinship w-ithout historical coherence) 또한 '우연의 일치에 의한 혈족 관계'(coincidental consanguinity), 다시 말하면, 역사적으로 '관계없는 관계성'(relationship without relationship)이라고 표현했다.[63] 그렇다면 이들 간에는 어떤 유사성, 혈족 관계가 있는 것이다. 어떻게 이들이 간주관적(intersubjectivity)인 체험의 상관물일 수 있을까? 이신은 묵시문학가들과 현대 문화의 아방가르드(전위사상가)간의 수평적 관계를 제시한다.[64] 이들은 모두 당대의 지적인 엘리트였으며, 그들 자신의 상상력과 감수성으로 말미암아 사회로부터 소외되었고 극도로 고통받은 번민가였고 그럴수록 미래적 환상에 의지하여 현실에 대한 투쟁의 열정을 불사른 존재였다는 것이다. 이런 사안을 정리하면 다음과 같다. 이신에 따르면 묵시 가들은 무엇보다 당시의 현인이며 카리스마적 지식을 지닌 예언적 환상가라는 것이다.[65] 그러나 묵시 가들이 소유한 지식은

---

62) 위의 책, 37.
63) 이은선 · 이경 편, 앞의 책, 66.
64) 위의 책, 66-80.
65) G. von Rad, 앞의 책, 306-307.

아카데믹한 지식뿐 아니라 대중적인 통속성과도 구별되는 지성으로서 미래 지향적 유토피아를 창조하는 상상력의 산물이었다. 상상적 감수성으로 미래를 예견하며 현실을 비판하는 아방가르드들은 그 사회에서 고통을 경험하지 않을 수 없다. 그들 영혼이 번민치 않고서는 현실세계가 대 파멸을 향한다는 비관주의적 역사 이해를 전달하지 못했을 것이다. 이신은 우리 시대의 전위파들로 키에르케고르, 니체 그리고 도스토예프스키 등을 예로 들었다. 이들은 모두 미래적 유토피아를 위해 자신의 삶을 산제사로 바친 창조적 번민 가들이었다. 이런 전위파들은 사회에서 대중으로부터 소외된 구도자였으며, 소수파로서 다수의 문화에 대한 반항을 삶의 정조(ethos)로 삼았다. 그들의 정체성은 동시대적 삶의 방식, 전통적 신념 그리고 세속화된 다수의 문화적 조류에 대한 근본적인 부정이었던 것이다. 그럴수록 현실세계에 대한 투쟁의 열정은 강렬할 수밖에 없었는데, 1910년 이탈리아에서 있었던 소위 미래파 화가 선언은 묵시문학적 자의식을 재현시킨 생생한 사건으로 이신은 통찰했다. 9개 항목으로 전개된 미래파 선언의 첫 조항은 다음과 같다. "어떤 형태의 모방이든 이는 경멸해야 할 것이고, 어떤 형태의 창조성이든 이는 영광스러운 것으로 높여야 한다."[66] 이 말을 받은 이신은 기독교 신앙 역시 모방

---

66) 이 선언은 이탈리아 밀라노에서 '미래파'로 불리는 일군의 작가들이 기성 전통에 도전하는 내용을 담고 있다. Umberto Boccioni, Carlo Carra, Gino Severni 등이 참여하고 있다. 9개의 항목은 다음과 같다.
① 어떤 형태의 모방이든 이는 경멸해야 할 것이고 어떤 형태의 창의성이든 이는 영광스러운 것으로 높여야 한다.
② 우리는 조화의 미라든지 귀족 취미 따위의 언어가 갖는 난폭성에 대해 항거한다.

이 아니라 자기 나름의 창의력, 상상력을 발휘하여 자신의 생을 꽃피우는 인격과 해방, 자유에 있다고 하였다. 예수를 따르는 일은 단지 예수를 모방하는 것만이 아니라 그분의 생이 창조적으로 하느님 나라를 열망하였듯이 자신의 상상력을 통해 인생을 거룩하게 승화시키는 것이라고 여긴 것이다. 이것이 바로 예수를 따름에 앞서 먼저 제 십자가를 지라는 예수 말씀의 의미라고 이신은 생각했다.67) 미래파 선언이 이신에게는 회고적 정통주의, 교리지상주의를 외친 신학에 대한 항거로 들렸던 것이다.68) 실제로 당시 미래파 선언 가들은 파리를 점거했던 나치의 폭정, 즉 정치적일 뿐만 아니라 사상적인 억압을 가져온 나치주의에 대해 철저하고 극렬하게 항거했던 경력을 지녔다. 이들에게서 종교적, 정치적 그리고 사상적 전체주의, 획일주의는 견딜 수 없는 고통이었다. 후술하겠으나 이신이 저항의 신학자 본회퍼를 고독의 철학자 키에르케고르 만큼이나 좋아했고,

---

③ 미술평론 따위는 무용한 것 아니면 오히려 유해한 것이다.

④ 강철과 같은 생명력과 정열과 긍지 그리고 돌진하는 속력과 같은 현대생활의 소용돌이치는 것을 표현하기 위해서 모든 낡아빠진 것과 진부한 주제를 깨끗이 일소해 버려야 한다.

⑤ 탄압받는 개혁자들에게 항상 뒤집어 씌우는 비난의 소리 '미친 놈'이란 말은 오히려 훌륭하고 명예로운 이름으로 받아들여야 한다.

⑥ 회화에서 콤플멘탈리즘은 시에서 자유체나 음악에서 대위법이 필요한 것처럼 절대로 필요하다.

⑦ 힘에 넘치는 감동처럼 회화와 우주적 힘이 표출되어야 한다.

⑧ 어떤 질적 요소보다도 진실성과 순결성은 자연을 해석하는 데 없어서는 안 될 중요한 요소이다.

⑨ 운동과 빛은 물체의 질을 변화시킬 수 있다.

67) 이은선 · 이경 편, 앞의 책, 154.
68) 위의 책, 153.

구한말 사회적 폭정에 대항했던 최제우를 묵시문학가로 보았던 것 역시 이들이 모두 모방을 거부하고 제 십자가를 진 삶을 살았기 때문 이었다.69) 그러나 여기서 우리는 미래파 선언 자들의 전위적 역동 성, 곧 미친놈 소리를 들을 만큼 과격했으나 그 속에서 우주적 힘을 표출하고 메시아적 열망을 드러낼 수 있었던 것은 그들 삶 자체가 진실하고 순결했기 때문임을 기억해야한다. 이것은 이신 자신의 삶 속에서도 발견될 수 있는 진리였다. 이들 속에는 남을 의식하여 남과 다르기를 바라는 마음보다도 초월적인 것과 하나가 되려는 마음, 곧 자신이 가진 모든 것을 팔아 보화가 묻힌 밭을 사려고 했던 타협 없는 농부의 순수한 열정이 불타고 있었던 탓이다. 결국 묵시문학적 전위파들은 미래적 환상에 자신들의 현재적 삶을 바칠 수밖에 없었 다. 현실적 삶의 고통과 좌절 속에서 미래를 예견할 수 있는 예민한 감수성이 자랐고 그로부터 상상된 묵시적 환상이 그들의 삶을 제물 로 요구하고 있었던 것이다.70) 바로 이 점에서 이신은 (재생 반복되는 문화 현상으로서의) 묵시적 의식의 이런 지향점을 기독교가 온전하게 자각함으로써 자신의 본래적 창조성을 회복할 수 있다고 믿었다. 우리가 이신을 특별히 예술 신학자로 부르는 것은 그가 현대 문화, 이른바 문학, 미술 등의 예술 분야에서 아방가르드 정신을 파지했고 묵시적 의식으로서의 미래적 환상을 소유할 만큼 예민한 감수성과 비상한 상상력을 지닌 까닭이었다. 이신 스스로가 그림을 그리는

---

69) 위의 책, 75.
70) Soren Kierkegard, *Philosophical Fragment* (Princeton Univ. Press, 1967), 101-106.

화가이자 시인으로서 많은 작품을 남겨 놓았는데, 그 작품들 모두가
묵시적 자의식의 표상이었다. 이신은 이러한 아방가르드 정신, 곧
묵시적 의식을 낳게 하는 인간 상상력을 성령의 역할과 활동으로
보고 하느님 영에 취한 카리스마적 삶에 지대한 관심을 보였다. 이
점에서 이신의 신학은 슐리얼리즘의 신학 또는 환상의 신학으로 불
리고 동시에 성령의 신학이라고도 말해지는데, 그에게서 슐리얼리
즘, 묵시적 전위의식 그리고 하느님 영의 감동이 구별되지 않은 하나
였던 탓이다. 이것은 그림이나 시와 같은 예술 작품 속에서 하느님
영의 현존을 이해할 만큼 이신은 인간 상상력의 초월-예견적 역할과
인간과 하느님 영 사이의 간주관적 관계를 확신하였다. 다음 장에서
이런 신학적 배경 하에서 전개된 이신의 예술신학을 탐구할 것이며
그 맥락에서 한국적 신학을 꿈꾸었던 그의 창조적, 신앙적 열망을
정리할 생각이다.

III. 초현실주의 신학으로서의 영의 신학: 카리스마 해석학

이신에게서 묵시문학적 의식은 초현실적 환상에 대한 의식이었
고, 그것은 매 시대 인간 문화 속에서 재현 가능한 신화로 이해되었
다. 그러나 누차 강조하였듯이 초현실적 환상은 현실 도피적인 것이
아니라 오히려 암울한 현실에 대해 예민한 감수성과 저항적 상상력
을 지닌 창조적 소수자들의 발견물이다.[71) 다시 말해 묵시적 환상은
항시 어떤 것의 드러남, 곧 계시와 불가분리의 관계에 있는 의식의

표상으로서 예술가들의 경우 창조적 작품과 비유될 만했다. 전위 묵시문학이 그렇듯 의당 우리 역시도 감수성과 상상력을 통하여 현실 속에서 계시적 사건을 만들어 낼 책임이 있다. 이신은 이러한 작업을 슐리얼리즘의 신학으로 명명했고 다음과 같은 묵시문학적 환상의 세 본질적 계기를 신학 화시키고자 했다. 그것은 앞서도 언급했던 '초의식'과 '부정을 통한 초극' 그리고 묵시문학적 환상의 지향점이자 원형인 인자사상과 메시아 왕국이다.72) 우선 초의식에 대한 것을 신학적으로 이해해 보자. 이신은 가톨릭 신학자 토마스 아퀴나스의 말을 인용하여 인간 상상력의 산물인 환상을 하느님 의식의 지각적 형태로 보았다. 다시 말해 초의식을 환상의식으로서 하느님 계시에 의해 강화된 의식, 곧 하느님 본질 자체를 드러내는 지적 양식이라고 했다. "환상 안에서 하느님은 자신의 본질을 나타낼 것이고 하느님의 본질 자체는 그런 지적인 양식으로 이해될 것이다."73) 여기서 중요한 것은 환상의식(초의식)이 하느님 계시를 수동적으로 받는 것이 아니라 오히려 상상력이 하느님을 능동적으로 구성할 수 있는 힘을 지녔다는 점이다. 환상의식 속에서 환상의 의식 대상과 의식 주관이 동시 발생하고 있다고 본 것이다.74) 이 점에서 이신은 독창적으로 생존했던 일련의 사상가들인 반 고흐, 니체, 키에르케고르, 도스토

---

71) 위의 책, 81.

72) 위의 책, 81-103 참고.

73) Thomas Aquinas, *The Summa Theologia* (Chicago: William Benton Publischers, 1952), vol. 7., 61-62, 위의 책, 108에서 재인용.

74) Owen Borfield, "dream, Myth and Philosophical Double Vision", in *Myth, Dream and Religion*, edited by J. Campbell(New York, 1970), 221-223.

예프스키 등의 천재적 사상가들의 의식 상태를 고양된 의식, 감각 고양 현상, 의식의 비상한 특별 상태 등으로 명명한 칼 야스퍼스 견해에 동의했다.[75] 세상은 그들을 병적인 존재, 광기의 사람으로 판단했으나 세상이 오히려 그들의 진단을 받아야만 한다는 것이다. 초의식을 통하여 이들이 경험한 환상은 궁극적인 실재와의 대면에서 비롯한 것으로 미래의 여명을 밝힐 수 있는 힘을 갖고 있기 때문이다. 따라서 이신은 동서고금을 막론하고 세계 도처에 존재해 왔으나 특별히 현대에 이르러서 예술가들의 초의식 속에서 생겨난 묵시적 표상을 독해함으로써 이 세계를 넘어서는 슐리얼리즘의 신학의 길을 정초코자 했다.

이런 연유로 이신의 슐리얼리즘 신학에서 죄는 거듭 강조하거니와 의식의 둔화를 뜻할 수밖에 없다. 그러나 의식의 둔화란 의식 기능의 정지가 아니라 자신의 의식이 둔화되어 있는지조차도 느끼지 못하고 사는 대내외적인 일에 대한 인격의 무반응, 무감각을 뜻한다. 이신은 이러한 상태를 초의식에 대해 반의식(anti-consciousness)이라고 명명했다.[76] 반의식이란 인간 의식이 인간 의식을 해치고 상처 내는 일종의 자학행위와 같은 것이다. 실상 이런 상황은 개인의 문제라기보다는 우리 사회의 문화적 풍토로 말미암아 야기되었다. 그럼에도 불구하고 의식의 둔화됨을 지적하는 깨달은 자를 우리 사회는 간절히 요구하며 그런 사람을 인정할 수 있는 열린 눈을 절실히

---

75) K. Jaspers, *General Psychopathology* (Chicago Univ. Press, 1964), 551; 이은선·이경 편, 앞의 책, 109-110.
76) 위의 책, 157.

필요로 한다. 이런 점에서 슐리얼리즘의 신학을 이신은 영(靈)의 신학이라고 불렀다.77) 슐리얼리즘의 본질이 말해 주듯이 그것은 기존 문화를 해체하고 초현실의 경지를 구하기 때문이다. 영의 목소리는 결코 세상적 언어, 현실적 어법에 메이지 않는다. 영의 소리를 전달하기 위해서는 비논리, 반논리로 보이는 듯한 격식 파괴가 전제되지 않을 수 없다. 여기에서 이신의 성육신 이해는 참으로 독특하다. 말씀이 한곳에 머무르지 않고 육신을 지향하여 육신이 되었다는 성서 증언은 초현실적인 것이 역사적으로 사건화되었음을 뜻하는 것으로서, 고정 불변한 유일회적 사건이 아니라 그때도 생겨났으며 지금도 생겨나야 할 사건이었다.78) 다시 말해 이것은 말씀이 언어라는 교리 속에 안주할 수 없고 항시 그 껍질을 깨고 새로운 몸을 입고 출현해야 한다는 것이다. 이러한 초현실적인 성육신 사상은 로고스 기독론은 물론 예수를 하느님의 한 은유(metaphor)로 보는 최근 구성 신학적 기독론의 모습과도 다르다.79) 초현실주의 입장에서 볼 때 성육신론은 지금 여기서 불가능한 절대의 세계를 의식하는 경지인 탓이다.80) 종래의 신학은 말씀에만 지나치게 의존한 나머지 지금 여기서의 절대의 세계를, 하느님 영이 현존하는 세계를 보지 못했다. 이 점에서 이신은 슐리얼리즘이 어떤 'ism'이 되는 것을 우려했다. 그것은 소리 없는 소리요, 형태 없는 형태로서 마치 그루터기(無)와도 같이 새로움(有)이 항시 그로부터 비롯하는 그 어떤 것이어야 하기 때문이다.

---

77) 위의 책, 161.
78) 위의 책, 165.
79) S. Mcfague, 앞의 책, 14-29.
80) 이은선 · 이경 편, 앞의 책, 156.

이신은 이러한 슐리얼리즘의 세계를 동양 정신과 크게 다르지 않다고 보았다.[81] 동양의 성현들 모두가 초현실, 곧 말씀의 세계에 대한 현실적 의식을 투철하게 지녔던 존재였던 까닭이다. 그래서 그는 슐리얼리즘을 노자의 '無' 사상과 동일 맥락에서 이해하기도 하였다. '無名', '無爲'란 아무것도 하지 않는 것이 아니라 사실은 자기의식 없이 모든 것을 다 행하는 것을 뜻하기 때문이다. 기독교 신학이 하나의 교리적인 말거리로 머무는 한 그것은 무엇을 이루는 말이 되지 못하고 쓸데없는 소리가 될 것인 바, 슐리얼리즘은 이 점에서 사람은 누구든 자신이 맺은 열매를 통해서 참 말씀을 증거할 것을 신학에게 요구했다. 짧은 생애로 말미암아 많은 신학적 논문을 남기지 못했으나 이신은 성령론에 관하여 아주 중요한 글을 남겼다. 현대 신학 사상의 성령론에 대한 문제점을 지적한 "현대신학과 성령론"이 바로 그것이다.[82] 영적인 것을 놓쳐 버린 서구신학의 한계를 여실히 지적한 논문이었다. 그러나 동시에 그는 오순절 성령운동에 대해서도 동일하게 비판했다. 성령이란 인간이 조작 가능한 소유물이 아니라 오히려 그에 의해 우리가 소유 당함으로써 절대 자유 한 인격을 갖기 때문이다. 따라서 성령은 주관적 체험의 표현이 아니라 하느님 성질을 부여받은 초의식의 상태를 적시한다. 성령 중심의 신학은 이신에게서 지금 여기서 절대를 체험하는 초의식의 신학이었던 것이다.

묵시문학적 환상의 두 번째 본질은 '부정을 통한 초극'이다. 앞서 보았듯 묵시적 환상 의식은 현재에 대한 강한 부정과 함께 그를 통해

---

81) 위의 책, 168.
82) 위의 책, 173-189. 이하 내용은 이 글의 요약정리다.

새로운 세계의 현실 도래가 본질이다.[83] 물론 이런 환상은 실증적인 현실도 아니며 그렇다고 전혀 없는 관념적 세계도 아니다. 묵시적 환상은 비실증적 현실을 현(現) 세계에 두면서 미래를 향한 역사의 전환을 위해 현실을 강하게 부정하고 있다.[84] 현재에 대한 철저한 부정(상태)은 역사의 전환점을 가져오기 위해 불가피한 일이었다. 이점에서 이신은 묵시문학적 환상의 장소를 가시적 세계와 불가시적 세계의 중간 지점에 놓았다. 묵시적 환상 자체가 의식의 대상이긴 하지만 그것이 돌이나 나무 같은 구체적인 객체는 아닌 것으로서 인간 의식 안에서 주객의 동시 동조적 현상, 곧 주관성에 의해 침투된 초의식적 현실이라 불릴 수 있기 때문이다.[85] 그리하여 묵시적 환상은 황폐한 광야에 역사 전환의 씨를 뿌릴 수 있는 역설적인 변증법적 운동의 모체가 되는 것이다. 이신은 묵시문학이 역사에 대한 부정으로부터 절대적 긍정으로 향하는 가장 적합한 청사진이며 또한 전위파 예술 작품 속에서도 이런 상상력을 충분히 통찰할 수 있다고 하였다.[86] 묵시문학적 환상이 아방가르드적 예술 양식, 예컨대 시, 회화, 음악 등의 작품에서 나름대로 표상되었다고 본 것이다. 따라서 이들 예술 작품들이 현실에 대한 비판(저항)과 초월적 전환의 힘으로 세계 역사에 작용할 때 이들 예술이 예술신학의 차원을 가질 수 있다. 실제로 이신은 앞에서 언급한 슐리얼리스트 화가들에 의한 미래파 선언 (1910)의 내용을 소개하며 모방을 거부하고 창조성만을 강조하는

---

83) 위의 책, 89.
84) 위의 책, 같은 쪽.
85) K. Jaspers, *Truth and Symbol* (New York: Twyne Publishers, 1959), 135.
86) 이은선 · 이경 편, 앞의 책, 87-89.

이들의 취지를 현금의 기독교가 배워야만 할 것을 강조했다.87) 따라서 이신은 시대와 성향을 달리하는 키에르케고르와 본회퍼의 두 사상가를 전위신학자로 보고 이들의 공통 요소를 엮는 일에 관심을 기울였던 것이다. 외형적으로 볼 때 고독(실존)과 저항(정치)이란 말로 각기 다르게 언표된 이 두 신학자들의 사상적 차이를 전통에 대해 항거하는 묵시적 자의식으로 수렴시키고자했던 것이다.88) 이들 모두는 루터파에 속했던 신학자들로서 아카데미즘에 빠진 신학에게 그 본래적 역동성과 창조성을 되찾아 주려고 항거했던 창조적 소수자, 즉 묵시적 환상의식의 소유자였다. 단독자 개념을 주창한 키에르케고르가 공동체성을 주장하는 본회퍼의 정치성을 충분하게 담보하지 못했고 또한 인간의 내면성(주체성)을 추상적인 것으로 보고 오로지 타자와의 관계성 속에서만 신앙을 보려고 했던 본회퍼 역시 미흡했으나, 이들은 저마다 역사적 상황과 만나서 해석된 진리의 창조적 모습들로서 옳고 그름을 시비할 성질의 것이 아니라고 변호했다.89) 이들 모두는 당시 상황에서 역사적 전환점을 가져오도록 하는 창조적 이벤트 메이커들로서 묵시적 환상의 소유자, 우리 시대의 아방가르드였음이 자명한 탓이다. 묵시문학적 환상은 바로 현실에 대한 극단적인 반발과 미래 지향적인 역사 변환 사이에서 그 실존적인 정열을 불러일으켰다. 그러나 묵시문학적인 미래는 개인의 피안적

---

87) 위의 책, 153-154.

88) 위의 책, 120-143 참고; J. Macquarrie, *Twentieth Century Religious Thought* (New York: Harper & Row, 1963), 331.

89) 위의 책, 142-143; P. Tillich, *Systematic Theology* (New York: Univ. of Chicago Press, 1967), 3-8.

인 행복이나 영혼 불멸성과 같은 형태로 묘사되지 않고 하느님 정의의 승리, 곧 전적으로 새로운 세계의 도래를 예시한다. 기독교의 부활신앙이 선과 악, 삶과 죽음의 심판에 대한 존재론적이며, 궁극적인 전제가 되는 것은 이런 이유에서다.

따라서 묵시문학적 환상의 세 번째 마지막 본질 계시로서 우리는 역사 변환의 표증인 원형(Archetype)을 들 수 있는 바, 그 하나는 의로운 자, 택함 받은 자를 뜻하는 메시아사상이고 다른 하나는 하느님 나라(메시아 왕국)라 하겠다.[90] 묵시적 환상의식이 한 인간의 내면적인 궁극성과 인류 역사와 전 우주의 미래와 그 목적을 표상화하고 있다는 말이다. 묵시적 환상에서 메시아상(像)은 초월적, 천상적 존재일 뿐만 아니라 힘과 정의, 긍휼과 자비를 두루 갖춘 온전한 인간이기도 하다. 그래서 메시아는 역사 속에 실현된 새로운 인류의 전조가 될 수 있다. 그가 현실 역사 속에 출현할 때 이 땅은 심판받을 것이며, 사람들은 이 새 인간으로 말미암아 달라짐을 경험하게 된다. 무력한 존재가 힘 있게 되고 부패하고 타락한 성품들이 성실하게 되며 적대적 인간관계가 긴밀한 관계로 바뀔 수 있다는 것이 바로 메시아 환상의 요체다. 반면 메시아 왕국은 인간 사회가 지닌 일체 모순으로부터 해방된 새로운 공동체를 적시한다.

이것이 내가 본 환상이니 … 메시아의 때가 되면 그는 모든 나라들을 모을 것이니 세상에 있는 모든 것을 낮추시고 그는 보좌에 평화로

---

90) 위의 책, 115-116.

좌정하실 것이다. 기쁨과 안식이 실현된 것이요. … 맹수들이 숲 속에서 나와서 사람에게 수종들 것이며 독사가 그 구멍에서 나와서 어린애에게 순종한 것이다. … 그러므로 예언한 것이 여기서 이루어지고 모든 악에서 떠나 있어 영생이 그 가운데 있음이라.91)

묵시문학적 메시아 왕국은 이렇듯 천상에 세워질 왕국이 아니며 하늘과 땅의 전 역사적 흐름을 변화시키는 자유와 평화와 기쁨의 공동체다. 이런 공동체를 위해 인류는 저마다 자신이 발 딛고 있는 도상에서 노력해 왔지만, 이신은 창조적 이벤트 메이커들인 전위파 예술가들을 역사의 전환점을 이룬 존재들로서 평가했다. 물론 신학자들을 위시하여 예수를 따르는 사람들 역시 이런 반열에 서는 사람이 되어야 할 것이다. 묵시문학이 표상하는 메시아 왕국, 하느님 나라는 그야말로 하늘·땅·인간(天地人) 모두의 변용, 즉 메타모르포시스(Metamorphosis)의 상태로서 공의에 역행하는 인간 현실태를 근본적으로 비판하고 심판하는 상징(암호)으로 작용하기 때문이다. 그러기에 이신은 현실의 부패한 이미지를 비판함은 물론 묵시문학적 환상을 소유할 만큼 의식의 진보를 이루지 못하고 있는, 즉 자유인이 되지 못한 채 문자(도그마)에 노예가 되어 있는 그리스도인들을 향해 창조적이 되라고 사자후를 토했다. 그렇기에 일평생 베르자예프를 좋아했고 그의 생각을 삶으로 살았던 이신은 다음의 말로 박사학위 논문을 맺을 수 있었다. "인간의 노예상은 인간의 타락과 죄를 말해

---

91) 위의 책, 117; 바룩2서 71:2, 72:2, 74:4 참고.

주는 것으로서 극복될 수 있는 것이 아니다. 왜냐하면 이 타락은 특이한 의식 구조를 갖고 있어서 단순히 회개하고 속죄하는 그것만으로 극복될 수 있는 것이 아니라 인간의 모든 창조적 활동에 의해서 극복될 수 있는 것이다."92) 바로 이것이 이신이 묵시문학 주제를 학위논문 주제로 택한 이유이자 묵시적 연상선상에서 그림을 그렸고 신학을 했으며 자신의 삶 자체를 창조적 이벤트 메이커로 몰아갔던 단초이다. 이신에게서 의식의 둔화, 그것은 인간을 노예로 만드는 것 외에 다른 것이 아니었으며, 그것이야말로 하느님을 거역하는 죄였던 것이다.

이상과 같은93) 묵시적 환상의 세 가지 본질을 토대로 이신은 자신의 영(靈)의 신학을 카리스마적 해석학이라고 새롭게 명명하며 독자적인 조직신학적 체계를 구축했다. 누차 지적했듯이, 이신은 인간의 의식 상태가 둔화되고 오염되어 하느님 말씀을 이해하지 못하게 된 것을 한탄했다. 이것이 바로 현대인들의 죄의 실상 이었던 것이다. 따라서 카리스마 해석학은 성서의 세계관을 현대 인간이 이해할 수 있도록 비신화화하자는 불트만식의 논의에 동의하지 않았다. 하느님 말씀에 의해서 우리들 스스로가 해석되는 것이 급선무라고 보

---

92) Nicolai Berdyaev, *Slavery and Freedom* (New York, 1944), 268; 위의 책, 119. 베르자예프의 *Slavery and Freedom*은 이신에 의해 1984년 현대사상사에서 『노예냐 자유냐』의 제목으로 번역 출간되었고 2015년 늘봄 출판사에서 재출판되었다. 이 과정에서 이은선 박사가 오탈자는 물론 상당부분 오역을 바로잡았다.
93) 위의 책, 191-203.

왔기 때문이다. 막힌 우리의 눈과 귀과 열리고 뚫리는 실존적 문제가 먼저 해결되어야 한다는 것이다. 이점에서 이신은 하느님 영의 체험을 급선무로 보았다. 하느님 영은 언제든 인격적으로 말을 걸고 구체적 응답을 요구하는 것이기에 성서는 "주의 영을 피하여 어디로 가며 주의 영 앞에서 어디로 피할 수 있을 것인가?"를 물었던 것이다. 따라서 성서는 교리서가 결코 아니었다. 그렇기에 하느님의 영, 곧 성령의 목소리를 율법의 틀로부터 자유케 하려는 것이 바울과 종교개혁자들의 과제였다. 영의 목소리를 듣고 깨닫는 일은 어떤 식으로 가능할 수 있는 것일까? 이신은 이런 깨달음은 위로부터 주시는 것이지 인간의 학습이나 능력 또는 노력에 의해서 주어지는 것이 아니라고 했다.94) 다시 말해 카리스마적 해석학은 물리가 터지는 상태와 같은 것이기에 일상 언어적으로는 말문이 막히는 초의식적 신학일 수밖에 없다. 예수를 그리스도로 믿고 따른다는 것은 매 순간 그분의 목소리를 듣고 깨달아 그와 동시성(contemporary)을 얻어야 하는 것인데, 이를 위해 성령의 주도적 역할에 자신을 내맡길 수밖에 없다.

이상과 같은 이신의 카리스마 해석학, 곧 슐리얼리즘 신학은 "하느님은 영이시다"(요 4:24)라는 사실 위에 세워진 것이다.95) 여기서 靈이란 말은 인간에 의해 개념화 될 수 없는 하느님의 존재 방식을 일컫는다. 다시 말해 영이란 하느님 말씀이 인간 내면에 전달되어

---

94) "바요나 시몬아 네가 복이 있도다. 이를 네게 알게 한 이는 혈육이 아니요 하늘에 계신 내 아버지시니라"(마 16:17).
95) 위의 책, 204-229.

인격적(실존적)으로 동화 시키는 자발적 동인(動因)을 지시한다. 하느님 영을 받는다는 것이 무(無)인격적인 어떤 것으로 환원될 수 없는 깨달음, 곧 새로운 의식의 발아를 동반하기 때문이다. 하느님 영의 현존은 크고 강한 바람 가운데서 지진, 불과 같은 표면상의 경험과 같은 것일 수 없다.96) 영이신 하느님을 깨닫기 위해 인간 마음의 청결함이 반드시 필요하다. 마음의 청결함이란 인간 자의식의 난파이자 지극히 작은 자에 대한 관심의 촉발을 지시한다.97) 지극히 작은 자 속에서 위대한 하느님 모습을 보는 것만큼 인간 의식을 난파시키며 혼미하게 하는 일은 없다. 역사적으로 살던 예수에게서 하느님 현존을 발견하는 것은 율법 세계에 갇혀 살던 유대인들의 의식 상태로는 전혀 가당치 않은 일이었다. 바로 이 점에서 이신의 슐리얼리즘 신학 속에 종교신학적인 면과 민중해방신학적인 면이 통합되어 있음을 본다. 정확하게 말하자면 하느님 영의 세계와 만나면서 이신은 종교신학과 민중해방신학을 예술신학의 경지로 한 차원 끌어올렸던 것이다. 물질적인 궁핍만이 신학에게 동기를 부여할 수 없으며 동서 종교 어디서나 발견되는 인간 의식의 청결함(초의식) 역시 신학 함에서 근본이 된다고 믿음으로써 이신은 자신의 궁핍함을 예술로 승화시킬 수 있었다. 실제로 슐리얼리즘의 사상을 매개로 이신이 그렸던 그림들은 스스로 지극히 작은 자의 상태에서 그렸던 것으로 그림 속에는 초의식, 곧 하느님과의 영적, 인격적 교류의 흔적이 담겨져

---

96) 열왕기상 9-14장 참고.
97) 마태복음 5장 산상수훈 내용, 리차드 빌라데서/손호현 역,『신학적 미학 : 상상력, 아름다움 그리고 예술 속의 하느님』(한국 신학연구소, 2001), 348 이하 내용.

있다. 이신에게서 예술, 특히 그림이란 부르조아들의 장식품이 되어서는 안 될 것으로 역사 속에 전환점을 가져다 줄 창조적 사건(event)으로 이해되었던 까닭이다.98) 이신 자신의 그림에 대한 신학적 평가는 후술하기로 하고 이신의 카리스마적 해석학의 체계 속에 나타난 예수에 대한 이해를 살펴보려고 한다.

하느님을 영(靈)이라고 본 이신에게서 그렇다면 예수는 어떻게 언표 될 수 있겠는가? 우선적으로 이신은 예수를 말씀과 행위의 일치를 이룬 분, 그래서 인류 모두가 신뢰할 수 있는 그루터기라고 고백하였다.99) 다시 말해 예수는 영이신 하느님의 가시화, 곧 육체를 입으신 '영'으로서 상처받는 인격적인 관계가 그분으로부터 치유 받고 새롭게 싹을 피울 수 있는 삶의 그루터기라는 것이다. 오늘날 하느님 영을 받았다고 하는 사람들의 인격 속에서 이런 신뢰의 그루터기를 발견할 수 없다면 그것은 하느님의 영일 수 없다고 보았다. 이러한 예수 상(像)은 19세기 신학자들에 의해 표현된 완전무결한 도덕률의 실천자로서의 예수가 아니라 전위 묵시사상가 들처럼 자신의 전 생애를 역사의 전환점이 되도록 했던 창조적 이벤트 메이커(The Creative event-maker)의 이미지라 하겠다.100) 여기서 우리는 이신의 카리스마 해석학의 동양적 특성을 만날 수 있다. 존재론적인 로고스 기독론에 대한 논의 대신 언행 일치를 이룬 동양적 성인의 이미지

---

98) 위의 책, 149-150.
99) 위의 책, 229-232.
100) 위의 책, 150.

를 느끼게 하는 탓이다. 이신이 예수 그리스도를 하느님 계시로 여기는 것도 존재론적, 형이상학적 진리의 차원에서가 아니라 불고 싶은 대로 부는 하느님 영의 열매, 곧 수행적 진리(performative truth)의 차원이었다. 하느님을 입(제도, 교리)으로는 시인하나 행위로는 거부하고 있는 오늘날의 기독교 문화는 이런 점에서 하느님 영을 시인하지 않는 적(敵)그리스도라 하겠다. 이렇듯 하느님 영을 강조하여 그 뜻대로 살기 위해 육신의 옷을 입은 예수 그리스도는 인간의 삶과 죽음이 생물학적, 종족적, 혈통적 차원이 아니라 정신적으로, 곧 인격적으로 살고 죽는 것임을 가르쳤다.[101] 생리적인 삶의 영속성과는 다른 차원의 영원성이 인간에게 있다는 말로서, 이는 의식의 문화로부터 초의식으로의 질적 변화를 염두에 둔 것이다. 대체 불가능하며, 유일회적이고 종말론적인 특성을 지닌 인간 삶에 대한 새로운 각성이자 요청일 것이다. 본주제와 연관된 성서 본문으로 이신이 채택한 본문이 요한일서 3:14-15인 것에 주목할 필요가 있다. "우리가 형제를 사랑함으로 사망에서 옮겨 생명으로 들어간 줄을 알거니와 사랑치 아니하는 자는 사망에 거 하느니라…."[102] 이신은 예수 그리스도를 추상적으로 개념화시키는 일—신조화, 교리화—에 대해 온몸으로 항거하였고 눌린 자, 억압받는 자, 지극히 작은 자, 총칭하여 이웃과 사랑하는 행위 속에서 성령의 활동을 말했으며, 예수 그리스도와의 인격적 교감을 느꼈고, 기독교의 종말론적 창조성을 보았던 것이다. 다시 말해 묵시문학적 자의식, 곧 초의식 속에서 인

---

101) 위의 책, 234-235.
102) 위의 책, 237.

간은 인격적으로, 영적으로 살고, 그것이 없거나 둔화되어 있으면 살아 있어도 죽은 것이나 다르지 않다. 이신에게서 영생이란 지금 여기서 절대의 세계를 체험하며, 하느님 영과의 교감을 나누며, 스스로 창조적 이벤트 메이커로의 인격적 삶을 사는 일이다. 반면 죽음이란 보아도 보지 못하고, 들어도 듣지 못하는 의식의 둔화, 곧 영과 단절된 삶을 적시할 것이다.

그렇기에 이신은 분열된 조국 한반도 땅 위에서 억눌린 자들과 더불어 사는 화해를 만드는 일로서 영생을 말했다. "무엇이든지 너희가 땅 위에서 매면 하늘에서도 매일 것이요, 무엇이든지 땅 위에서 풀면 하늘에서도 풀릴 것이다"[103]라는 말씀처럼 영생이란 하늘과 땅 사이에 동시 동조적 감응을 불러일으키는 초의식, 곧 지금 여기서의 절대의식일 수 있다는 것이다. 다시 말해 영생(부활)은 눌린 자의 하느님에 대한 재발견으로서 지금 여기서 육화된 하느님 계시를 증거 한다. 이신은 초현실주의 화가 살바도르 달리(Salvador Dali)의 작품 중 〈내전의 전조〉라는 그림을 민족을 위한 묵시 사건으로 이해하였다.[104] 한 인간이 상체와

삶은 콩으로 만든 부드러운 구조물,
내전의 전조

---

103) 마태복음 16:19 이하 참고.
104) 위의 책, 257.

하체로 분단되어 있어 상체로 하체를 억압하고 있고, 하체는 상체를 괴롭히고 있는 그림으로서 그것을 한국 내의 총체적 분열상, 교회 내의 분열상을 알리는 상징적, 묵시적 표상화로 받아들였다. 이런 상황에서 하늘의 평화와 화해를 이 땅에 이루려 힘쓰는 일이야말로 그에겐 종말론적, 창조적 사건이었다. 한국교회가 이런 역할을 도외시하고 스스로 분열하여 분쟁 속에 휩쓸려 있다면 그것이야말로 하느님 영에 대한 이단(異端, hairesis)이 될 수밖에 없다고 단언했다.105) 분열의 역사적 현장에서 화해 공동체를 세우는 것을 하늘 아버지 뜻의 실현이라 보았고, 그것을 또한 자신의 일로 생각하였던 것인데, 이는 묵시적 자의식의 발로로서 본인 자신의 카리스마 해석학의 결론이었다. 이신의 묵시적 자의식은 이제 전위 예술신학의 한 형태로서 그의 한국적 신학 형성을 위한 노력으로 이어졌다.

IV. 전위 예술신학으로서의 한국적 신학

1971년 학위논문 제출과 동시에 한국 땅을 밟았던 이신에게 조국과 교회의 현실은 그의 기대와는 전혀 다른 모습이었다. 묵시적 상상력, 전위 예술가의 초의식(Surrealism)을 공부하고 돌아온 그의 눈에 한국교회 상황은 철저하게 부정, 변환되어야 할 대상이었다. 급진적

---

105) 위의 책, 251. 이신은 성서에 이단이라는 말이 모두 14번 나오는데 우리말 성서에서 이단이라고 번역된 곳은 4번뿐이고, 그 나머지는 당파, 파, 당, 편당 등으로 번역되어 있음을 밝혀주었다.

으로 성장한 대형화된 교회 제도에 안주하면서 교리와 신조만을 최고로 알고 성직자의 권위를 드높였으며, 그러면 그럴수록 눌린 자의 하느님에 대한 의식은 옅어졌고 하느님 나라라는 묵시적 의식의 원형을 흔적도 없이 지워 버린 채 그리고 여전히 사상적으로 서구 기독교와 문화에 종속되어 있는 한국교회의 현실은 보고도 보지 못할 만큼, 들어도 듣지 못할 만큼 의식의 둔화나 이미지의 부패를 드러냈다. 이신의 묵시적 자의식, 곧 영적 양극성을 지닌 묵시적 환상은 현실 교회와 충돌할 수밖에 없었고 교권주의자들과 갈등하였으며 여전히 상전인 척하는 서구 선교사들을 수용할 수 없었다. 이런 갈등과 투쟁의 상황에서 이신의 묵시적 감수성, 초의식은 시와 그림으로 나타났고, 그 속에서 한국적, 주체적 기독교, 하느님 영이 주도하는 카리스마 공동체로서의 한국적 교회를 표현했다. 여러 편의 신학적 논문을 내기보다는 그림을 그렸고 시를 썼으며, 유학 후 신학박사 학위를 얻었음에도 스스로 가난하고 낮은 자가 되어 교회와 민중을 섬기는 실천적 삶을 사는 것을 그는 소중하게 생각했다. 전위 예술가들이 그랬듯이 이신은 종말론적 창조적 이벤트 메이커로서의 자의식을 갖고 살기를 원했던 것이다. 세상에 공개되지 않은 수많은 그림들을 남겼으며, ‘포에티스트’라는 시 동호회를 만들어 시작(詩作)을 지속했고, 출판되지 않은 시집을 여러 권 묶어냈으며, 후일 그가 몸 담았던 그리스도교회를 중심으로 일종의 토착화 선언을 했다. 즉 ‘한국적 그리스도교 선언’을 통해 한국인의 신앙과 신학의 방향성을 제시했고, 수운 최제우를 묵시적 환상가로 해석해 냄으로써 슐리얼리즘의 신학, 하느님 영의 신학의 한국적 가능성을 실험하기도 하였다.106) 고통받고 있는 민중을 한울로 체험하며 여자 노비들을 며느리와 수양딸로 삼을 만큼 개벽의 이상을 몸소 실천했던 수운 최제우를 李信은 묵시적, 전위적 의식의 소유자로, 창조적 이벤트 메이커로 자리매김했다. 이렇듯 그의 한국적 자의식은 앞선 신학적 작업들과 내적인 연관성 하에 신학적으로 재구성되었는데 그에게 한국적 신학은 언제든 전위 예술신학이었다.

이하에서 우리는 李信이 그린 세 그림을 통하여 그 속에 담긴 묵시적 환상이나 초월적 상상력의 내용을 살피고자 한다. 예술신학으로서의 한국적 신학의 실상을 알기 위함이다. 첫 번째 그림은 〈흑과 백〉107)이란 제목을 갖고 있다. 여기서 흑과 백은 세계 내의 분열상, 남북의 분열상, 계층 간의 분열, 남녀의 분열을 포함한 일체의 분파, 분열 등을 상징한다. 새 하늘과 새 땅의 환상을 보았던 묵시문학가들처럼 이신은 흑과 백이 서로 손을 잡고 함께 걸어가는 모

흑과 백

---

106) 이 논문이 쓰여 진 연대가 기록되지 않았으나 1970년대 중반이라고 사료된다. 빛바랜 200자 원고지에 빽빽한 한문으로 쓰인 최제우에 대한 논문은 읽기에 난해하다. 그러나 李信은 이 글에서 최제우의 이름이 제시하듯 그의 민중, 농민 구원의 의지를 다산 정약용의 목민심서와 비교하여 살피고 있다.
107) 1972년도 작품으로 필자의 집에 소장되어 있다.

습을 그렸다. 흥미로운 것은 백의 손에는 물고기가 들려 있고, 흑의 손에는 달이 쥐어져 있다는 사실이다. 물고기가 백의 손에 들려 있다는 것은 부유한 나라, 계층적으로 위편에 있는 사람들, 경제적으로 우위에 속해 있는 자들이 모두 서구에 속해 있음을 암시한다. 반면 흑의 손 위에 놓여 있는 달, 그것은 이 땅에 사는 힘들고 어려운 자들이 바라고 원하는 간절한 정신적 소원과 희망을 뜻한다. 눌리고 억압받은 자들의 위안에 대한 간절한 염원이 담겨 있는 이미지다. 이들이 만나 함께 손을 잡고 백이 가진 물고기로 함께 배부르며 흑의 손에 쥐어진 그 열망과 소원이 나누어짐을 묘사한 〈흑과 백〉의 그림은 현실 비판적이면서도 하느님 나라의 묵시적 원형을 드러내 보인다. 다시 말해 여전히 갈등과 분열로 점철된 오늘의 한국 현실에 대해 이 그림은 부정을 통한 초극, 변형의 길을 적시했다. 이 그림이 이신의 슐리얼리즘의 신학, 카리스마 해석학에서 '영생', 즉 부활을 표상화한다고 봐도 좋을 것이다.

　두 번째 그림은 〈예언자〉[108]란 작품이다. 광야 한가운데 정상적 모습을 하지 못한 예언자가 키만큼이나 큰 지팡이를 짚고 태양이 보이는 그곳을 향해 홀로 걷고 있는 강렬한 이미지를 주는 작품이다. 이 작품은 초의식을 지닌 한 예언자의 고독과 저항을 이미지화하고 있다. 예언자는 그 사회에서 언제는 몰이해를 받는 법이다. 정상인의 눈에 그는 이상한 존재로 보이고 그려진다. 언제든 예언자는 현실을

---

108) 본 그림은 1975년도 작품이다.

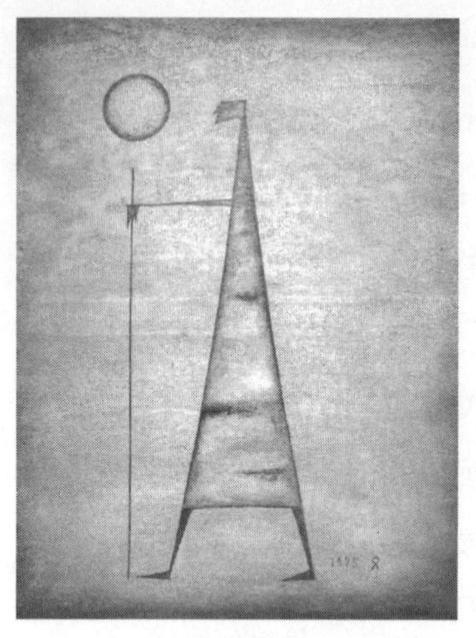

예언자

비판하며 현실에 안주하기를 거부하기 때문이다. 그래서 그는 항시 고독하다. 이신이 키에르케고르와 본회퍼를 좋아하고 그들 사상에 심취했던 것도 모두가 고독과 저항을 온몸으로 감당해낸 당대의 예언자들이었기 때문이다. 그래도 예언자가 광야의 고난과 역경을 견디며 존재할 수 있는 것은 그를 비추는 태양이 있음으로 해서다. 그 태양 빛을 마음으로 느끼며 고독과 저항을 사랑하면서 예언자는 오늘도 광야를 걷고 있다. 태양이 비추기에 예언자가 존재할 힘을 얻듯이 예언자가 있음으로 해서 태양의 빛은 소멸되지 않는 법이다. 예언자는 이 그림 속에서 종말론적, 창조적 이벤트 메이커로서 이신 자신과 동일시되었다.

마지막 그림109)은 제목이 붙어 있지 않다. 인간과 하늘의 감응, 공명을 보여 주는 대단히 의미 깊은 작품으로 제목을 붙이지 않은 이유가 궁금할 정도다. 인간의 마음속에는 하늘과 소통할 수 있는 상상력, 곧 초의식이 있으며 그것으로 인간은 자신을 뛰어넘어 하늘과 연합을 이루어 낼 수 있음을 보여 준다. 그러나 이것은 동시에

---

109) 1975년도 작품으로 앞의 두 그림과 비교하여 작은 규모이다.

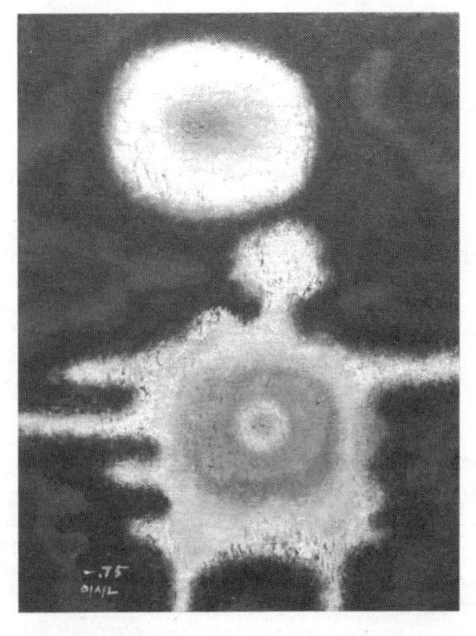

절대 세계에 대한 현실 체험을 강조하고 있다. 현실로부터 분리된 초월세계를 말하는 것이 아니라 하나의 풀잎과 돌에서도 하느님 영을 느끼는 그런 경지를 나타낸다. 보아도 보지 못하고, 들어도 듣지 못하는, 그래서 자신의 의식이 둔화되어 있다는 사실조차 모르고 있을 만큼 둔화된 의식이 밝아지는 경지를 뜻한다. 따라서 이 그림은 인간

마음 속에 붉은 기운을 강하게 색칠하여 놓았다. 이 그림은 인간과 하늘이 상호 교합하여 말씀이 육신이 되고, 또한 육신이 영이 되는 묵시적 자화상을 표출하고 있다고 보인다.

한편 이신은 1960년대 초반 유학 이전 시기부터, 갱지 위에 시를 써서 여러 권의 시집을 묶어 남겨 놓았다. 그의 시작(詩作)은 유학생활 중에도 계속 되었고, 앞서 말했듯 이후 귀국하여서도 많은 시를 썼다. 그의 예술적 감수성, 상상력이 그림만이 아니라 글로도, 시의 형태로 표출된 것이다. 그러나 그의 필체를 해독하기 어렵고 때론 한문과 헬라어를 섞어 쓴 것도 있어 쉽게 독해되지 않는 것도 많다. 그러나 몇몇 핵심적인 시를 통해 우리는 그의 묵시적 전위학자로의 이신의 일관된 모습을 발견할 수 있다. 우선 1960년대 유학 시절에 썼던 시 2편 "神과 主體的 遭遇", "나사렛의 한 목수"와 귀국 후 쓴 "자유, 창조"를 소개하도록 하겠다.

'自然'的인 現像만을 보는 눈으로 神과 만날 수 없습니다.

그것은 恒常 토막토막 잘라진 斷片이기 때문에 산 歷史로서 보지 못합니다.

神은 그런 곳에 계시지 않으니 말입니다. 神은 그 위에 숨어 계시기 때문입니다. 아니 숨어 계신다는 것보다 本來가 그런 분이 아니기 때문입니다.

神은 이 自然的인 現像의 斷片 사이에 계십니다. 그것은 神만이 이 토막토막을 生命 있는 歷史로 연결하시는 고리시기 때문입니다. 그래서 神은 우리 눈앞에 전개되어 있는 現像에 뜻(意味)이라고 하는 生氣를 불어넣습니다.

소리만 들을 수 있는 귀는 말을 알아들을 수 없습니다. 그에게 그것은 그저 소리, 소리의 토막토막이기 때문이지요. 이 소리에다 뜻을 불어넣을 때 말이 되는 것이 아닙니까. 이것을 알아들을 수 있는 귀는 따로 있지 않습니까.

우리 눈앞에 되어지는 現像의 뜻을 더듬는 분은 神과 만날 수 있습니다. 소리 속에 있는 말을 더듬는 분은 뜻을 알게 되고 뜻을 더듬는 분은 말한 분과 만날 수 있는 것처럼 말입니다.

_〈神과의 主體的 遭遇〉

아무에게도 매인 바 되지 않았던 나사렛의 한 목수, 그분은 決코 우리들을 奴隷로서 다루지 않았습니다. 어디까지나 자유로운 人格으로 所重히 여기십니다. 그동안 사람들이 여러 가지로 奴隷的인 자리에서 苦生하고 있는 것을 그분은 끌러 주려고 노력하시는 解放者십니다.

그러니 나는 당신의 종입니다 하는 말을 그분은 제일 싫어하십니다.

그것은 사람들이 奴隷的인 살림 가운데서 버릇이 돼서 그 전에 그 상전에게 아첨하던 버릇을 못 벗어 버리고 하는 소리입니다.

그분은 우리들에게 이제부터는 나를 너희들의 친구이라고 고분고분히 일러 주십니다.

그러니 그 전처럼 남에게 붙어살지 말고 獨立해서 살아 보라고 하십니다.

그러니 그분은 나를 믿어 달라고 요청하시는 것보다 내 속을 좀 알아 달라고 하십니다.

그것은 믿는다고 말할 때는 그에게 기대는 종의 버릇으로 대하기 쉽기 때문입니다.

그러나 그저 믿는다고 말하는 것보다 그분이 말씀하시는 말씀의 뜻을 깨달을 줄 아는 귀를 가지기를 원하십니다.

그래서 이제는 나를 模倣하지 말고 네가 서 있는 그 자리에서 너희를 나름으로 사람답게 살아가라고 하십니다. 너희들 나름의 創意力을 가지고… (중략)

종으로 살 때처럼 남의 눈치나 보고 살아가지 말고 너희 속에 無限히 펼쳐 나가는 힘이 賦與되어 있으니 그것을 마음껏 創意力을 가지고 活用하라고 하십니다… (중략)

…참으로 두려운 것은 사람 사는 것이 죽는 것보다 못한 떳떳하지 못한 삶이라고 말씀하십니다.

_〈나사렛의 한 목수〉

공중의 새를 보라 機械도 안 만들고 돈도 안 버는데 날아다지니 않나.

날개 없는 마음이 공중을 나를 때 새가 되고 벌레가 되고 구름이 되고

꿈이 되고 하여도 푸른 하늘은 맑기만 하면서 넓어진다.

새야 새야 資本 없는 새야, 새야 새야 技術 없는 새야.

누가 너를 공중 없게 만들었느냐 날개 없이 만들었느냐.

아무튼 녹두밭에 기거들랑 울지 말고 날아라. 날아라."

_〈自由, 創造〉

　　이상의 세 시(詩)에서 우리는 이신의 슈리얼리즘의 신학, 곧 카리스마 해석학의 진수를 재확인한다. 첫 번째 시에서 이신은 아방가르드의 예민한 감수성, 시대를 느끼며 앞서가는 전위 묵시적 의식을 강조했고 그 속에서만 하느님과의 만남이 이루어짐을 강조하였다. 의식이 둔화된 사람들에게서 하늘의 징조, 하느님의 뜻이 읽혀질리 없다. 토막 난 현실, 그래서 전혀 무의미한 것처럼 보이는 그 속에서 하느님의 소리를 듣기 위해서 우리 모두는 초의식, 예민한 상상력의 소유자가 되어야 한다. 두 번째 시 '나사렛의 한 목수'는 이신의 기독론을 재현시킨다. 그에게서 예수를 믿는다는 것은 예수의 속내를 진정으로 아는 것이 되고, 예수를 안다는 것은 우리들 스스로를 예수와 같이 종말론적, 창조적인 이벤트 메이커로서 이 땅에 사는 일을 의미했다. 그래서 이신은 오늘 우리에게 창조적 상상력을 갖고 이 땅 위에서 자유로운 삶을 살 것을 권면한다. 이것이 영생이고 부활이며, 참된 구원의 길이기 때문이다. 따라서 묵시적 환상은 이 땅 위에서 인간을 자유롭게 할 수 있는 하느님의 계시와 같다. 우리 모두가

하느님 영을 받음으로 하느님 영을 받은 예수를 알게 되며, 말씀이 육신이 되는 사건을 자신 속에서 재현할 수 있게 되는 것이다. 그러나 예수를 믿음의 대상으로 만들고 고백적 신조로 떠받드는 한 말씀은 무엇을 이루는 말이 되지 못하며 영원히 살아 있는 말씀이 될 수 없다.110) 마지막으로 귀국 후 쓴 시는 처음부터 제목을 '자유, 창조'라고 할 만큼 하느님 영의 활동에 기초한 인간의 상상력을 강조하였다. 우리들 스스로가 나르는 것 자체가 목적인 새처럼 마음껏 사색하며 초월하면서 의식을 첨예화할 때, 즉 다시 말해 인간 마음이 초의식 상태가 되고 감수성과 상상력으로 충만해질 때 세계는 한없이 넓어지고 차별의 세계가 사라지는 하느님 나라가 현전할 수 있다. 그래서 이신은 인간이 현실에 안주하며 의식을 둔화시키기보다 창조적 상상력의 세계로 비상하도록 요청했다. 개작된 시의 제목이 '날아라 날아라'로 되어 있는 것도 이런 이유에서다. 이신은 영이신 하느님, 이 땅에 성육하신 말씀이 진정 무엇을 이루는 말씀이 되기 위해서 우리 스스로가 둔화되고 경직된 의식 세계에 빠져 있거나 타락한 이미지의 현실 속에 젖어 있어서는 안 된다고 역설 또 역설하고 있다. 하느님 소리를 하느님 소리로 깨달을 수 있을 만한 '영적 자각'을 통해 예수의 삶을 자신의 삶으로 옮겨 놓는 일이 필요한 탓이다. 이것이 바로 성육신의 의미인 것을 우리는 앞서 전술했다.

이렇듯 예술적 감각으로 표현된 이신의 슐리얼리즘 신학은 그가 몸담았던 그리스도교회의 환원운동 속에서 장엄하게 꽃피웠다. 이

---

110) 이은선 · 이경 편, 앞의 책, 170.

신의 아방가르드적 묵시의식이 기독교 서구에 대한 한국교회의 주
체적 자각과 성서로 돌아가서 교회의 순수성과 단일성 회복을 위한
개혁을 요청했기 때문이다.[111] 예나 지금이나 그리스도교회가 교
세의 작음 탓에 학문적으로도 주목받지는 못했으나 역사적 존재 의
의는 결코 작지 않았다. 이신의 주도하에 1974년 3월 25일 한국그리
스도교연합회 이름으로 공포된 이 '한국 그리스도인 선언'은 1960년
대 초반 감리교신학 내 토착화신학 논쟁 이상의 의미를 지닌 탓이다.
1960년대 토착화신학은 신학자 개인의 차원에서 시작된 것이지만
한국그리스도교연합회의 교회 선언은 적어도 12교회 이상의 목회
자들과 평신도의 참여하에서 성사되었다.[112] 먼저 이 선언문은, 이
땅에 전래된 기독교 복음은 한국 민족이 지닌 특별한 역사와 전통
그리고 풍토에 따라서 기독교 서구와는 다른 모양과 형태로 표현될
수 있다고 강조했다. 교권과 조직력을 지닌 로마 가톨릭교회, 비교적
이고 신비적인 희랍교회, 합리적이며 귀족풍의 성공회 그리고 개혁
적인 프로테스탄트교회 또한 자유와 평등을 근간으로 수백 가지 분
과로 나누어진 미국적 기독교의 모습들 모두 복음의 표현 양태에
있어서 차이를 드러냈기 때문이다. 또한 이 문서는 한국교회가 서양
선교사들이 전해 준 교회의 모습을 모방한 채로 율법주의, 문자주의

---

111) 위의 책, 264. 이신의 "한국 그리스도의교회 선언(1974. 3. 25)"(한국그리스
　　도교연합회). 이 선언문 전문이『李信의 슐리얼리즘과 靈의 신학』, 278-282
　　에 실려 있다.
112) 이때에 서명한 교회 대표들 명단에는 목회자만 아니라 장로들도 포함되어
　　있다. 신학자, 목사, 평신도까지 참여한 이 선언문의 의미는 절대 과소평가할
　　수 없을 것이다.

에 길들여지고 있다고 비판하였다. 한국적 신학, 한국적 교회에 대한 자각 자체가 전무하다는 지적이다. 서구의 신앙 양식과 성서 해석을 한국교회에 그대로 이식하는 일을 무자각한 사대주의라 여겼다. 신앙마저 외국의 식민지 영역으로 남겨 놓을 수 없다고 믿은 것이다.

이러한 큰 원칙하에서 본 선언문은 그리스도교단 내부로 관심을 돌렸다. 그리스도교회가 초대교회로 돌아가려는 환원운동을 통해 이 땅에 그리스도의 교회를 세우려는 취지는 옳으나, 그들의 성서 해석과 가르침 역시 절대 바르지 않다고 했다. 그리스도교회가 추진한 환원운동이 개체 교회를 극단적으로 강조한 나머지 교회들 간의 통일성, 유기체적 관계성에 소홀하여 미국식 개인주의적 교회 상(像)을 낳았고, 세례, 성만찬의 예식을 중시하여 신앙의 내면성, 인간의 영적 자각에 대한 관심에 소홀했다는 것이다. 미국식 환원운동에 대한 이런 비판은 분명 이신의 슐리얼리즘의 신학으로부터 나올 수 있는 발상이었다. 하느님 영의 체험을 통한 신앙의 주체적 결단을 강조하였고 전위사상가로서 가난한 자들에 대한 배려, 인류 모두가 대망하는 메시아사상을 신학의 본질로 삼았기 때문이다. 이신에게 '그리스도의 교회'는 결코 성서적 환원 운동을 완성시키지 못한 제도였다. 진정한 그리스도 교회란 성령의 내적 역사에 자신을 내맡김으로 가능하다고 일침을 놓았던 것이다. 성령의 역사란 신앙의 내용과 현실을 일치시키는 사건으로서 이 땅에 사는 신앙인들을 전위적 묵시의식의 소유자, 창조적 이벤트 메이커로 만들 수 있어야 하기 때문이다. 성령의 역사를 통해 성서가 한국인들에 의해 독자적으로, 인격적으로 재해석되고 한국교회의 나아갈 방향이 올바르게 제시되기를 이신은 간절히 바랐다. 그리스도교회로의 환원운동은 이신에게는 하느님 영의 활동이자 성육신 신학의 결과였던 것이다. 다시 말해 이신의 예술신학은 아방가르드 신학이었고, 하느님 영의 신학이었으며, 말씀의 신학이었고, 성서적인 교회를 위한 신학이었으며, 더구나 한국인 자각에 의해 이해된 토착화 신학이었던 것이다. 한국인에 의해서 주체적으로, 인격적으로 성서가 해석되고 그로써 한국화된 교회가 현존할 때 그것이 바로 영의 활동의 확실한 증거라고 이신은 믿었다.

V. 짧은 마무리

이상과 같은 '한국적 그리스도교회의 선언'은 특정 교단만의 것으로 그 의미를 제한할 수는 없다. 당시로서는 주목받지 못했으나 이 선언문은 1960년대 초의 한국 토착화 신학 논쟁보다도 일면 진일보된 시각을 담고 있다. 신학만이 아니라 교회 현장을 중시하며 교회 자체를 한국적 자각에 의해서 새롭게 정초코자 했기에 1960년대 토착화 논쟁과 비판적 연장선상에서 이해할 사안이다. 모두가 이구동성으로 영성의 시대, 성령의 시대의 도래를 말하는 시점에서 영적 양극성의 묵시적 환상을 지닌 인간을 신앙인의 모습으로 그렸던 이신, 그 스스로 묵시적 환상에 젖어 글을 썼고 그림을 그렸으며, 가난을 친구삼아 고독과 저항의 삶을 살았던 이신은 말씀만 난무하며 교리만 무성한 이때, 그래서 성육화된 신학을 감히 꿈꾸지 못하는 현실에서 이 땅의 스승으로, 예언자로서 평가되어야 할 것이다. 그에게서 예술이란 하느님 영에 취한 이들의 자유로운 상상력의 산물로서, 눌린 자, 소외된 자를 사랑하는 삶이며, 하느님 나라의 도래를 삶의 중심부에 새기며 자신을 종말론적 이벤트 메이커로 역사 한가운데 던지는 일이었다. 그래서 그의 예술신학은 묵시적 환상의 신학이었고, 슐리얼리즘 신학이었으며, 하느님 영의 신학이었고, 토착화된 교회의 신학이었다. 이신이 죽음을 앞두고 혼신을 다해 번역했던 베르자예프의『인간의 운명』의 말미에 그를 대신하여 역자 후기를 썼던 변선환 박사는 다음과 같이 이신의 삶을 평했다. "키에르케고르에서 시작하여 윌리암 브레이크에게 이르는 사상적 편력에서, 초현실적인 미술 창작을 계속하며 연구하던 이신 형의 삶은 베르자예프가 걸어갔던 것과 비슷한 고독한 운명과의 싸움으로 점철되고 있다."113) 실로 이신의 이론 죽음이 안타깝기 그지없으나 그의 삶이 남긴 올곧은 족적은 오늘 우리 시대에 더욱 진실하게 빛을 발할 것으로 믿어 의심치 않는다.

---

113) N. 베르자예프, 이신 옮김,『인간의 운명』(현대사상사, 1984), 367-368.
고 변선환 박사는 이신이 미처 탈고하지 못했던 이 책의 3부 "종말론적 윤리" 부분을 직접 번역하여 주었다.

참고문헌

드브레, L/정진우 옮김.『이미지의 삶과 죽음』, 시각과 언어 1994.

리프킨, J/이정배 옮김.『생명권 정치학』, 대화출판사 1996.

유평근 · 전병준.『이미지』, 살림 2001.

위탱 세르쥬/황준성 옮김,『신비의 지식, 그노시즘』, 문학동네 1991.

이신/이은선, 이경 엮음,『이신의 슐리얼리즘과 靈의 신학』, 종로서적 1992.

이정배.『선한 벗들과 함께 신학하기』, 한들 출판사 2001.

정귀영.『초현실주의 문학론』, 의식, 1987.

카우프만, G.『신학방법론』, 기독교통합학문연구소 편, 한들 출판사, 1990.

Berdyaev, N, *Slavery and Freedom*, New York, 1944.

Block, J, *On the Apocalptic in Judaism*, Philadelphia, 1952.

Brett, R.L/신명호 옮김,『공상과 상상력』, 서울대 풀판부, 1987.

Jaspers, K, *Truth and Symbol*, Newyok, 1959.

Jaspers, K, *General Psychopathology*, Chicago Univ. press, 1964.

Jonas, H, *The Gnostic Religion*, Boston, 1967.

Mattews, S.M, *Toward the Poetics of Surrealism*, Syracuse Univ. press, 1976.

Mafague, S. *Metaphorical Theology*, Fortress press, 1982.

2부

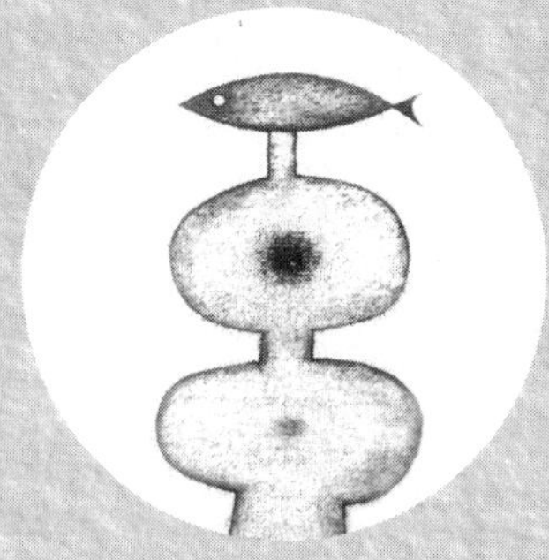

이신(李信)의 슐리얼리즘: 영원과 사랑의 묵시 _ 김성리

이신(李信), 묵시적 미술과 돌 소리의 미학 _ 심은록

이신(李信)의 슐리얼리즘
: 영원과 사랑의 묵시

김 성 리 *

삼라만상은 태양에 의해서 조명되는 듯하지마는 사실은 보다 밝은
빛에 의해서 개발되어가는 것을 시각적인 면에서는 도무지 알지
못한다.
_ 이신, 산문 "병든 영원(永遠)" 중에서

I. 들어가며

이신은 시각적으로 보이는 모든 것들을 '영(靈)의 눈'으로 보고자
했다. 하지만 이신의 '영(靈)의 눈'은 성 보나벤투라가 말한 '영의 눈'

* 인제대학교 의과대학 의예과 외래교수

과는 다른 관점으로 보아야 한다. 성 보나벤투라가 말하는 '영의 눈'은 '관상의 눈'과 같은 의미로 해석할 수 있으나, 이신이 말하는 '영'(靈)은 철저하게 인간의 삶 속("삼라만상")에서 진리를 찾고자 했기 때문이다. 가난한 신학자였지만 남편과 아버지라는 인간의 굴레를 기꺼이 메고 54년의 삶을 살다 간 이신은 여러 편의 글과 연구서 그리고 그림을 남겼다. 이 글에서는 이신의 시와 산문을 분석하여 그가 추구한 진리를 찾아보고자 한다.

앞의 인용 글에서 말하는 태양보다 더 밝은 빛은 어떤 빛이며, 그 빛에 의해 개발되어가는 것은 무엇일까? 이신은 '그것은 시각적인 면에서는 도무지 알지 못' 하는 것이라고 정의 내린다. 태양에 의해 드러나는 삼라만상은 우리들의 눈으로 충분히 볼 수 있다. 그렇다면 이신이 말하는 그것은 눈으로 볼 수 없는 것이며, 더듬어 만질 수 없는 것이다. 다만 이신은 그것을 "그처럼 어두운 밤이 연속되면 하나의 형상도 산천의 수려함을 닮아서 더욱 우습게 영원성을 부각해"[1]내는 것이라고 표현한다.

하지만 이신은 우리의 눈으로 볼 수 없는 것은 비극이 아니며 "보다 비극적인 것이란 시각이 시각 노릇을 하려면 빛보다도 오히려 빛 아닌 것에 의해서 보장을 받아야"[2]하지만 '공간의 작난(作亂) 때문에 눈이 환각을 일으키므로 어리석은 일'이라고 일갈한다. 오히려 그러한 작난으로 자유를 함부로 해서는 안 된다고 경고한다. 태양보다 밝은 빛에 의해 개발되어가지만 우리의 눈으로는 볼 수 없고 어두

---

1) 이신, "병든 영원(永遠)",『돌의 소리』(동연, 2012), 125.
2) 위의 글, 125

운 밤에 더욱 우습게 영원성을 부각해내는 것, 그것은 묵시이다. 종말론적인 묵시가 아니라 새로운 미래를 꿈꿀 수 있는 희망의 묵시이다. 이신은 묵시를 통하여 빛보다 밝은 어둠을 찾고 시각을 초월한 영(靈)을 보고자 했다.

이신의 묵시는 어떤 형상으로 영원성을 구현했을까? 이신은 묵시로부터 무엇을 얻고자 했을까? 이 글에서는 이런 의문에 대한 답을 찾기 위해 그가 남긴 연구서를 참고하여 그의 시와 산문을 분석하여 해석할 것이다. 그 과정에서 신학적인 해석보다 현상학적인 해석 방법을 적용하고자 한다. 이신이 신학자로서 목회자로서 지닌 무게도 크고 소중하지만, 같은 인간이면서 인간의 구원을 기도하는 삶을 살다 간 '실존적인 인간'의 모습이 너무나 숭고하기 때문이다.

먼저 이신의 묵시를 이해하기 위하여 그의 시와 산문에 나타나는 시간성을 영원에 중점을 두고 살펴볼 것이다. 이신은 시각을 초월한 영(靈)을 알기 위해서는 공간의 작난(作亂)을 벗어나야 한다고 했는데, 공간의 작난을 벗어나는 것은 실존적 시간이다. 다음으로는 사랑을 살펴볼 것이다. 이신은 가난한 이들의 목회자[聖]였으며, 가족을 사랑한 시인[俗]이었다. 성(聖)과 속(俗)을 가로지르며 두 개의 속성을 함께 지니고 지상에 현존하는 것은 사랑이다.

II. 영원에 이르는 길: 無

하이데거는 시간성을 하나의 지평으로 보았다. 인간의 시간은 과

거와 현재와 미래가 각각 제한적이지 않으면서도 하나의 결합체로
서 유기적인 연관성을 지니고 있기 때문이다. 이와 달리 이신은 산문
"병든 영원(永遠)"에서 "과거와 현재가 마주치는 곳에 어떤 강이 흐른
다면 거기다 미래라는 배를 띄워 장난을 해도 재미있을 것이지마는
이것은 도저히 불가능한 일"3)이니 시간이 지닌 가치의 특유한 기능
을 마련하자고 한다. 그것은 "시간과 영원의 신화를 다시 만들어 내
는 것"이다.

　이신이 보는 시간은 두 개의 세계를 형성하고 있다. 하나는 영원으
로서 봄이며 어린 아이와 같다. 영원은 희망("봄")이 지속적으로 찾아
오고, 생명의 에너지가 내재된("어린 아이") 순환적 시간이다. 영원이
지닌 시간성에 대해 이신은 "영원은 오히려 더 찬란한 변화"라고 설
명한다. 이신에게 영원은 시간의 경계가 무의미한 신화의 시간과
같은 것이다. 그리고 죽음을 향해 가는 시간을 장년기를 넘어선 노인,
가을을 넘어선 겨울과 동일시한다. 그 이유는 "시간이란 상황 속에서
모든 것이 죽음의 방향으로만 변화해 가고"있는 사망의 독과 같은
것으로 생각하기 때문이다.

　이신은 '공간의 작란'에 갇힌 시간을 병이 든 영원으로 인식하고
"병든 시간 안에서 이 병든 것을 치유해 보려는 부단한 투쟁을 엮은
책"을 묵시록으로 본다. 하지만 영원히 시들어 없어지는 죽음도 있고
앞날의 쾌유를 위한 취침으로서의 죽음도 있기 때문에 "묵시록의
투쟁은 외적인 투쟁이 아니라 정신적인 투쟁"이라고 표현한다. 이

---

3) 앞의 글, 127.

말은 묵시란 인간의 종말이라는 한계상황을 내포한 물리적인 시간
보다 정신의 힘으로 극복할 수 있는 영원의 관점으로 보아야 한다는
뜻이다.4) 이신이 말하는 영원은 어떤 모습일까?

無가 망각되면 그 다음에 남는 것이 있는데 그것은 無가 無를 먹고
또 남는 無를 먹고 또 먹고 또 먹고 또 먹고 또 無를 먹고 또 먹고
또 먹고 또 먹고 또 먹고 또 먹고 또 먹고 또 먹어 치워 버려서 뒤로
내놓는 똥이 있는데 이것을 영원이라고 한다.
_ "영원(永遠)에 관한 논리" 중에서

존재(存在)가 존재 노릇을 하려면
무(無)를 침식(侵蝕)해야 하는데
그것은 정신을 소리 없는 곳으로 보낸 다음
경험적인 투여(投與)를 계속하면
거기서 퇴락된 존재가
하나의 비아(非我)의 입장에서
필연적인 태세를 갖추게 된다.
_ 산문 "병든 영원(永遠)"에 삽입된 시 중에서

---

4) "묵시문학자의 의식은 역사 의식과 초월 의식으로 분열된 의식이었다. 역사 의
식에서 묵시문학자들은 '한계상황'을 체험했다. '한계상황'에 이른다는 것은 이
저자들이 궁극적 위기를 체험하는 것은 물론이요 근원으로 향하는 만물의 운동
을 체험하는 것을 의미한다." 이신/이은선 · 이경 엮음, 『이신의 슐리어리즘과
靈의 신학』(동연, 2012), 60.

이신이 말하는 無는 아무 것도 없음이 아니라 물리적 시간성을 초월하여 무엇을 만들어 내는 무시간성5)으로, 이는 영속의 의미를 지니고 있다. 無가 망각된 후 남는 것이 똥인데, 그것은 無가 無를 먹고 또 먹어 뒤로 내놓는 영원이며 주체적 시간이자 경험적 시간이 지닌 생성의 힘이다. 베르쟈예프는 "시간은 그것이 객체적 형식이 아닌 경우에만이 극복될 수 있고, 시간 자체에서 소외된 실존에서 초래된 결과에서만이 시간 극복이 가능한 것"6)으로 말했다. 즉 이신의 無는 앞서 죽음으로 향하는 시간인 병든 영원을 치료하는 무시간적 성격을 지닌다.

無가 먹고 먹고 또 먹는 행위는 일련의 사건이 일어나고 사라지는 역사적 성격을 띤다. 역사적 성격의 시간은 철저하게 인간의 시간이며 종말이 예정된 시간이다. 그런데 역사적인 시간의 순환 끝에 나오는 것이 똥이며 영원이라는 표현은 '먹고 싸는' 행위 자체가 주체적이며 외부의 간섭 없이 이루어지는 '정신적인 투쟁'7)이라는 의미이다. 정신적인 투쟁은 '먹고 싸는' 인간 삶의 경험 안에서 이루어진다. 그러나 영원이 성립되려면 이것만으로 완전치 못하다고 이신은 말한다.

시 "영원(永遠)에 관한 논리"의 2연에서는 존재론적인 인간의 역사에 대해 표현한다. 그것은 주체("자기가 자기를 의식하는 것")와 객체("자기가 자기를 의식하지 못하는 것")가 "교체되면서 감각이 무서운 고

---

5) "영원은 무한한 시간이 아닌, 무시간성, 즉 물리적 시간을 초월하고, 이 시간 밖에 있는 경험의 한 성질을 의미한다." 한스 마이어호프, 김준오 옮김, 『文學과 時間現象學』, 삼영사, 1987, 80.
6) N. 베르쟈예프, 이신 옮김, 『노예냐 자유냐』, 도서출판 인간, 1979, 330-331.
7) 이신, 『돌의 소리』, 132.

뇌를 겪으면" 거기서 생기는 생각("아들")은 "고민하는 의식을 달래"
주는 것이다. 3연에는 인간다운 인간의 길을 제시한다. 그저 가슴에
있던 그 무엇("사랑") 때문에 길을 가는 어떤 사람이 있다. 그 사람에
게는 "나를 사랑해 달라"라는 말처럼 어려운 말이 없지만 서로 사랑
한다면 "인간 최대의 모험"이 만들어진다. 왜냐하면 "사람은 그저
살아가는 것이 아니"(4연)기 때문이다. 타인의 "비극을 보고도 오히
려 우습기만"하다는 "여인도 자기 얼굴에 있는 흉터"에는 눈물을 흘
린다. 인간 본성에는 이타심과 함께 자기 연민의 감정이 숨어 있는
것이다.

1연의 역사적인 시간이 영원이 되려면 고뇌하고 사랑하고 슬퍼하
는 인간의 역사적 시간이 있어야 한다. 죽음이 예정된 인간 역사의
시간이 실존의 시간으로 변화할 때 비로소 묵시가 그 모습을 드러내
기 때문이다. 1연의 무(無)가 인간의 역사적 사실이 돌고 돌아 새로
운 생명인 영원으로 변화하기 위해서는 2연과 3연 그리고 4연의 인
간적인 모습이 있어야 한다. 인간의 시간이 무시간성인 무로 변화하
는 그 지난한 과정과 시간을 거쳐야 비로소 영원이 되는 것이다. 이
과정을 이신은 띄어쓰기가 없고 한 두 개의 문장이 한 연을 이루는
시의 형태로 시각화한다.

이신이 말하는 무는 무엇일까? 존재가 존재자("존재 노릇")로 되려
면 무를 먹어야("침식") 하는데 그 과정은 다음과 같다. '정신을 소리
없는 곳으로 보내고 ― 경험적인 투여를 하면 ― 퇴락된 존재가 ―
비아(非我)의 입장'이 된다. 즉 '무를 침식하는 것 = 비아의 입장'이라
는 등식이 성립된다. 이 말은 "인간은 자신 속에 신의 원리, 곧 신의

말씀을 가지고 다닌다."8)는 베르쟈예프의 말과 같다. 인간은 자기 발전과 자기 변화를 통하여 존재에서 존재자로 거듭나게 되는 것이다. 위의 두 시에서 이신이 공통적으로 말하는 것은 인간이 지닌 변화의 가능성이며 그 가능성은 곧 영원에 이르는 무시간성을 말한다.

하지만 인간의 시간이 시간의 경계가 해체된 영원의 시간성인 무(無)가 되려면 인간 자신이 시간 자체에서 스스로를 소외하는 과정이 있어야 한다.

늙는 것과
세상을 떠나는 것을
우리는 슬퍼하고
좋지 않게 생각한다.

그러나
그러지 말고
시간의 경과를
전진으로
그리고
더 드높은 지경으로
고양되는 것으로
생각하면 얼마나 좋겠는가.

---

8) N. 베르쟈예프/이신 옮김, 『인간의 운명』 (현대사상사, 1984), 71.

영원한 자리에로의

옮김으로

드높은 곳으로의

올라감으로

생각하면

얼마나 좋겠는가.

_ "영원에의 전진" 전문

이신은 죽음이 기다리는 시간을 '병든 영원'으로 인식하는데, 병듦을 치료하는 방법으로 늙어 죽음을 맞이하는 시간을 슬퍼하거나 피하지 말고 태어나서 죽음에 이르는 그 시간의 흐름을 더 드높은 경지에 닿는 것으로 생각하자고 제안한다. 늙고 죽는 것은 인간의 시간인데 그것을 오히려 영원한 자리로 올라가는 것으로 받아들이려면 인간 스스로 실존의 가치를 현재적인 시간이 아닌 초월적인 시간에서 찾아야 한다. 그것은 세속적인 시간으로부터 내가 소외되는 것이 아니라 스스로 소외를 선택함으로써 가능해진다.

스스로를 자신의 시간으로부터 소외시키는 방법 중의 하나가 자신을 인격적인 주체자로 보는 것이다.9) 이신은 여기 이 지점에서 슐리얼리즘의 숨은 의미를 발견해내고 자신만의 슐리얼리즘, 즉 '靈

---

9) "인격에는 죽음이란 없다. 그러므로 사람을 객체적인 면에서 본다면 죽음이 있지마는 사람을 인격적인 주체자로 볼 때 인간은 불사(不死)다. 부활과 영생은 인간을 이러한 주체적인 인격으로 볼 때 말하는 소리다." 이신, "인격", 『돌의 소리』, 135.

의 신학'을 생성해 낸다. 영의 신학을 이해하기 위해서는 먼저 이신의 '영'(靈)을 초현실적인 신비라는 뜻보다 '현실을 초극하는 정신'이라는 의미로 접근할 필요가 있다.[10) 이신은 예수의 부활을 "과거와 현재와 미래로 분열된 시간에서 이뤄지는 것이 아니고 영원한 사실"[11)이며 이것이야 말로 그리스도가 우리에게 제시한 진리라고 말한다. 이는 이신이 예수를 육체적인 죽음 이후에 부활하는 초월적 인물이 아니라 인간의 시간, 역사의 시간을 건너서 실존의 시간인 영원에 이르는 존재로 본 것이다.

이신의 주체적인 인격에는 죽음이 없기 때문에 인간이 죽는다는 것은 눈에 보이는 객체적인 몸이 죽는 것이지 실존의 나는 인격적인 주체로 생존하고 있다. 즉 영원한 자리이자 드높은 곳은 주체적인 인격이 객체적인 몸을 떠나 정신으로 존재하는 것이다. 그러기 위해 인격 자체가 목적이 되어야 한다는 게 이신의 생각이다. 그렇다면 인격 자체가 목적인 삶의 모습을 찾아야 하고, 그 삶의 모습에서 현실을 초극하는 정신인 '영'이 발현되는 현상을 볼 수 있어야 한다.

그 분이 신이었다는 결론은

죽음을 몰랐다는 데

---

10) 이신은 부활에 대해 다음과 같은 논지를 펼친다. "객체적인 모든 것들이 환각되어 있는 시간 안에서 부활은 없는 것이다. 이 시간이 종말을 짓고 그 영원 안에서 '인격의 됨됨이' 그대로 부활하는 것이다.(…)부활은 이 인격적 실존의 영원성을 믿는 신앙에서만 확실한 것으로 비로소 부각되어 올라오는 것이다." 이신, "부활(復活)이 의미하는 것", 위의 책, 136~137.
11) 이신, "사도들의 오해", 위의 책, 142.

있는 것보다

그처럼 죽음으로

삶에

새로운 의미를

불어넣은 데 있습니다.

_ "나사렛의 한 목수상(木手像) ― 새 그리스도로지" 중에서

이신의 시에서 예수가 지닌 신성(神性)은 삶에 새로운 의미를 불어넣는 죽음으로 현현한다. 인간 예수의 죽음은 인간적 육체의 종말이지만 그 종말이 우리에게 주는 것은 새로운 삶이다. 신이란 인간이 알지 못하는 신화적인 공간에서 탄생하는 게 아니라 인간적 공간의 작난을 초월하여 새로운 정신으로 탄생할 때 그 자체가 신인 것이다. '삶의 새로운 의미'인 신으로서의 예수는 우리들에게 말한다. "이제는 나를 모방하지 말고 / 네가 서 있는 그 자리에서 / 너희들 나름으로 / 사람답게 살아가라("나사렛의 한 목수상(木手像) ― 새 그리스도로지")" 라고 한다.

이신은 시 "나사렛의 한 목수상(木手像) ― 새 그리스도로지"에서 예수의 목소리를 차용하여 자신이 생각하는 묵시의 모습을 구현한다. 그것은 죽음이 새로운 삶으로 변환되는 부활이며 이 부활은 묵시적 환상이다.12) 이때의 "환상 의식의 지향점은 현재의 부정에서

---

12) "변환이나 부활이 일어날 때, 거기에는 종말론적인 파국의 환상에서 소망의 환상으로의 변증법적인 전환이 있게 된다." 이신, 『이신의 슐리어리즘과 靈의 신학』, 91.

만 그치는 것이 아니다. 그것은 타락한 역사의 전환을 의미한다.”13) 타락한 역사란 병든 영원과 같은 것으로 인간이 스스로 긋는 한계이다. 이신이 보는 한계상황은 “사람 사는 것이 죽는 것보다 못한 / 떳떳하지 못한 삶(“나사렛의 한 목수상(木手像) ― 새 그리스도로지”)”이다.

여기에서 이신은 예수가 “마지막 숨을 거둘 때/하나의 결정적인 인간상을/“사실”이라고 하는 엄격성 속에/담아 두고 떠”났으며 “그것을 죽음으로 보지 않고/삶으로 본 것이/부활에의 깨달음”이었음을 말한다. 이신은 이러한 ‘깨달음’을 지혜이자 카리스마적인 것으로 본다.14) 그것은 ‘말씀’이다. 하나님의 말씀을 듣고 눈이 밝아지는 것이 성령의 목소리를 알아듣는 해석학이자 카리스마적인 것15)이며 새로운 지혜이다. 우리가 깨달음으로 성령의 목소리를 알아들을 때 우리는 자신의 한계를 초극할 수 있으며 인간 안에서 신성이 구현되는 ‘영’을 체험할 수 있다.

눈이
소리 없이 나리면
달이
소리 없이 뜬다.

---

13) 위의 책, 89.
14) 이신, 「깨달음이 있는 신앙」, 『돌의 소리』, 167, 175~176.
15) 이신, 『이신의 슐리어리즘과 靈의 신학』, 196~197.

개가

짖으면

산촌은

달빛을 받아

더욱 고요해진다.

_ "눈, 달빛" 전문

눈이 내리는 동안 달은 보이지 않으나 하늘에 떠 있다. 우리는 눈이 내리는 것만 보지만 달은 눈 내리는 소리를 듣고 소리 없이 떠오른다. 소리 없이 떠오른 달을 보고 짖는 생명체는 개이다. 개의 소리에 산촌은 더욱 고요해지고 달빛만 산촌을 비춘다. 마치 아름다우면서도 환상적인 한 폭의 그림을 보는 것 같은 시이다. 이 시에서 우리 귀에 들리는 소리는 오직 개가 짖는 소리뿐이지만 삼라만상 모든 것에는 소리가 있다. 내리는 눈도 소리를 지니고 있으며 떠오르는 달도 소리를 지니고 있다.

이 시의 의미는 '나리면 – 뜬다', '짖으면 – 고요해진다'라는 서술 구조 속에 숨겨져 있다. 그것은 한계상황(내리다, 짖다)을 극복하고 '깨달음'(뜬다, 고요해진다)으로 나아가는 모습이다. 소리 없이 내리고 뜨는 대상은 하늘에 있다. 짖으면 고요해지는 것은 땅 위에 있으나 짖음을 침묵 속으로 끌어당기는 것은 하늘의 달빛이다. 우리들이 살아가는 세상의 소리를 잠재우고 빛으로 고요함을 주는 현상 자체가 '영'(靈)의 발현과 같다. '영'(靈)은 역동성을 지니고 세상을 고요한 빛으로 인도한다. 우리가 '영'(靈)을 느끼고 그 뜻을 알려면 어떻게 해야 할까?

이신은 그에 대한 답을 앞의 시 "나사렛의 한 목수상(木手像) ― 새 그리스도로지"에서 제시한다. 이신은 보이는 것만 믿지 말고 "그를 그저 믿는다고 말하는 것보다/그 분이 말씀하시는 말씀의 뜻을/깨달을 줄 아는 귀를", "그분의 인격의 됨됨을/그분의 하신 일을 통해서/볼 줄 아는 눈을"가져야 한다고 말한다. 그것은 돌의 소리를 듣는 것과 같다. 돌의 소리는 "무엇인가 결정적인 것을 구하는 것을 넘어서 절대의 것을 탐색하는 사람들에게 문제 된다"16) 왜냐하면 청각만으로 들을 수 있는 소리가 아니라 그 소리에서 뜻을 깨닫는 것이 '영'의 체험이기 때문이다.

앞의 시에서 인간의 청각으로 들리는 소리인 개 짖는 소리를 제외하면 풍경만 남는다. 그 풍경은 인간(산촌)과 자연(눈, 달빛)이 조응하는 시간이며 죽음이 없는('눈이 나리면 달이 뜬다') 시간이며, 어둠이 달빛과 흰 눈을 통해 밝은 빛의 시간으로 변환하는 묵시의 시간이다. 그리고 공간의 작난을 벗어난 자유가 있는 시간이다. 이신이 생각하는 묵시는 종말이 아니라 새로운 평화("더욱 고요해진다")가 그 모습을 드러내는 것이다. 묵시에 의해 만들어지는 평화를 알기 위해서는 깨달음으로 말씀을 들어야 한다. 이신은 한 폭의 풍경화 같은 시에서 예수가 남긴 말씀이 '영'으로 현현하는 공간이 바로 우리가 사는 곳("산촌")이며 '영원' 그 자체라고 말한다.

---

16) 이신, 「돌의 소리」, 『돌의 소리』, 146.

III. 성(聖)과 속(俗)의 사다리: 사랑

신학자이며 목회자로서의 이신은 예수의 숨은 뜻을 묵시에서 찾고자 했다. 이신의 묵시는 시간적인 종말을 초극하여 영원한 정신으로 현존하는 것이며, 그 표상을 예수의 말씀에서 찾았다. 이신의 예수는 초월적인 존재로서의 모습이 아니라 인간으로서의 고통을 극복하고 우리들의 삶에 새로운 의미를 불어넣으며 인간 곁에서 현존한다. 예수를 위에서 인간을 내려다보는 절대 신의 모습이 아니라 죽음의 고통과 슬픔을 새로운 삶으로 승화시키는 과정에서 신성을 지니게 된 현존재로 본 것이다. 따라서 이신의 신학은 자연적으로 인간 중심의 신학이 될 수밖에 없었다.

신학자 이신에게도 한계상황은 있었다. "이 한계상황은 인간의 삶에서 회피할 수 없고 수정할 수 없는 우연성"17)이지만 인간의 의식을 고양시키는 계기이기도 하다. 시와 산문을 쓰는 묵시문학자이기도 한 이신에게 가족은 어쩔 수 없는 한계상황이자 자신이 신학자로서 나아가야 할 중요한 이유 중 하나였던 것으로 보인다. 가족은 늘 우리들에게 삶의 문제를 부여한다. 가족이기에 생길 수밖에 없는 인간적인 문제를 하나씩 풀어나가다 보면 한계상황을 극복하기도 하지만, 또 다른 한계상황이 만들어지기도 한다.

귀뚜라미 소리 이국의

---

17) 이신, 『이신의 슐리어리즘과 靈의 신학』, 59.

창밖에 들리고

가난과 굶주림 속에서

멀리 멀리 떠나가 버린

딸의 이름 '은혜'(恩惠)를

천정을 향해 불러 본다.

그리고

귀를 종그리고

그의 대답을 기다린다.

_「이국(異國)의 가을」 전문

　자녀에게 주어지는 가난과 굶주림만큼 부모의 가슴을 아프게 하는 현실은 없다. 그러나 이 시에는 딸이 왜 어떻게 죽었는지를 한탄하는 회한보다 아버지로서의 고통과 딸에 대한 절절한 그리움이 있다. 그 표현에는 자신의 무능에 대한 자책과 가족에 대한 미안함이 스며 있다. 귀뚜라미 소리가 들리는 고요한 방에 앉아 천정을 향해 딸을 불러보고 딸의 목소리가 들려오지 않을까 집중하는 이신의 모습에는 한계상황을 벗어나지 못하는 데에서 오는 깊은 슬픔이 배어있다. 그것은 다른 어떤 경험으로도 대체할 수 없는 가장 원초적인 고통에서 오는 감정이다.

　고통은 그 본질상 우리의 행동을 요구하지만 고통을 좀 더 깊이 생각하고 따져보아야 하는 경우는 고통 자체가 삶의 문제가 될 때이다.18) 이신이 그리는 은혜는 "하얀 박꽃 같고, 고분고분 따르며 핼쭉핼쭉 웃으며 다가오던(〈딸 '은혜(恩惠)' 상(像)〉)" 어린 딸이다. 어리고

착한 딸의 죽음은 그 무엇으로도 대체할 수 없는 슬픔이며 지향적일수 없기 때문에 쉽게 극복할 수 없는 삶의 문제를 생성한다. 그러나이신의 시에서는 상실의 슬픔과 그리움은 있으나 고통에 대한 부정성을 찾기 어렵다.

그 이유는 무엇일까? 이신은 시 〈'과거'의 역설〉에서 "정말 사랑은어떤 과거도 무(無)로 돌릴 수 있다. 그보다도 그 상처 많은 과거때문에 더 순결할 수 있다. (…) 영원은 불견자(不見者)의 아들도 옥동자로 탄생시키기 때문이다"라는 표현으로 사랑의 정체성을 규정한다. 그리고 앞의 시에서 이신은 딸의 사실적인 죽음이 슬프고 고통스러우나 그 죽음을 새로운 현상으로 변환시킨다. 가난과 굶주림이라는 현실의 상처를 안고 떠난 어린 딸을 하얀 박꽃처럼 둥글디 둥근기억으로 재탄생시키는 것이다. 자신이 딸을 사랑한 기억보다 딸이아버지에게 주었던 사랑을 더 많이 기억함으로써 딸의 짧은 생에깊은 의미를 부여하고, 아버지는 슬픔을 견뎌내고자 한다.

이러한 감정 처리는 "에고(ego)를 죽이고 그 에고를 모든 이기심에서 해방시켜 천상계로 용해"[19]시키려는 동양적 사고와 닿아 있다. 시에서 이신이 보여주는 동양적인 사고는 새로운 의미를 생성하는 묵시이다. 그래서 아버지로서의 감정은 에고이지만 그가 신학자로서 지닌 감정은 딸의 죽음과 자신의 슬픔을 합일시켜 사랑이라는새로운 의미를 생성해 내는 것이다. 아버지로서의 인간성과 신학자로서의 초월성 사이에서 아픔을 겪으며 인격을 신장시켜 나간 것으

---

18) 손봉호, 『고통받는 인간』, 서울대학교출판부, 2008, 46~47 참고.
19) 이본느 뒤플레시스, 조한경 옮김, 『초현실주의』, 탐구당, 1983, 113.

로 보인다.

　딸과의 이별로 인한 지극한 슬픔을 사랑으로 견뎌내는 이신이지만, 강아지의 죽음 앞에서는 슬픔을 절절이 나타낸다. 시 〈'피-스'의 죽음〉에서 '젖도 떼기 전에 어미를 잃은 강아지에게 젖꼭지를 사서 물러 주었던 일, 어미를 못 잊어하던 모습, 친구 강아지를 만나 슬픔을 이겨내던 기억' 등을 서술하며 안타까운 마음을 숨기지 않는다. 그리고 "산청의 양지바른 곳을 / 너의 안식을 위해 / 너를 묻었으니 / 차가운 흰 눈이 내리면 / 달을 향해 / 마음껏 짖기나 하여라"라는 당부를 잊지 않는다. 자신의 곁을 떠난 강아지 '피-스'에게 마치 또 다른 아이 대하듯이 조곤조곤 지난 일들을 들려주는 것이다.

　현실의 고통을 외면하지 않고 시와 산문을 쓰고 그림을 그리는 이신의 예술 행위는 신학과는 다른 방식으로 사랑을 실천하는 행위이다. 이신의 시와 산문에는 사랑이라는 단어가 거의 나오지 않는다. 그러나 작은 강아지의 죽음도 소홀히 하지 않았다는 것은 그가 사랑으로 가득찬 삶을 살았다는 증빙이다. 그에게 사랑은 자신의 의지를 실천하는 도구이자 "말살된 인격이 그리스도의 말씀에 의해서 그 인격의 권위와 품격을 도로 찾는"[20] 용기와 같은 것이다. 대상을 불문하고 이별의 고통을 시로 나타내는 이신에게 예술은 고통을 표현하는 장이었다. 그리고 고통을 표현함으로써 현실의 또 다른 고통에 참여한 것으로 보인다.

---

20) 이신, 「사도들의 오해」, 『돌의 소리』, 143.

그 눈동자에는 깊숙이

불빛을 머금은 채

한번은 하늘을 쳐다보고

또 땅을 쳐다본다.

가난에 지친 채 목은 길어지고

발걸음은 느리지만

속에는 큰 바람이 일고 있다.

맑고 밝은 것을 좋아하는

성벽(性癖)이

가난으로 승화(昇華)하고

저 하늘에 별빛을 계수(計數)하면서

살다가 이제는

그것도 던지고

끝없는 여로(旅路)를 떠난다.

_「가난한 족속」 전문

이신이 생각하는 인간의 인격과 품위는 물질적인 것이 아니라 정신에 있음을 앞서 살펴보았다. 위의 시에서 가난에 지친 삶은 하늘 보고 땅 보며 살지만 삶에 대한 희망을 버리지 않고 있다. 가난은 발걸음을 떼기에도 버거운 삶을 주었지만 내면적인 성숙은 막지 못한다. 그 가난 속에는 큰 바람이 불고 있다. 즉 가난에 지쳐 늘어진 목과 느린 발걸음은 삶에 지친 육체의 형상이지만 정신의 힘은 큰 바람으로 내재되어 있다. 가난으로 인한 인간의 고통도 이신이 지향하는 인격의 탄생과 인간 자신의 본성을 꺾지 못한 것이다.

가난은 정신의 힘("맑고 밝은 것을 좋아하는 성벽")이 승화한 것이기 때문에 하늘의 별을 벗 삼아 살 수 있다. 그러나 그것마저 버리고 끝없는 여행을 떠난다는 것은 자신이 속해 있던 세계로부터 자신을 스스로 소외시키는 주체적인 삶을 산다는 것을 의미한다. 그래서 끝없는 여행은 자유를 말하며, 그것은 완전한 가난의 모습이다. 이 시에서 눈 여겨 보아야 하는 것은 제목이다. '가난한 족속'이라는 제목에는 힘없고 희망 없는 삶을 사는 하층민의 이미지와 그들을 바라보는 이신의 시선이 숨어 있다.

이신은 가난한 족속을 연민의 시선으로 보지 않는다. 오히려 딸의 죽음 앞에서도 드러내지 않았던 고통의 감정을 드러낸다. 다만 그 감정을 승화와 여로(旅路)라는 단어로 감추고 있을 뿐이다. 시는 살면서 경험한 것을 언어로 표현한다.[21] 이 시에서 이신은 신의 말씀을 고통받는 타자의 모습에서 찾고자 한다. 왜냐하면 나사렛의 목수가 '신이었다는 결론은 그처럼 가장 약한 자처럼 돌아가신 데에 있'기 때문이다. 이신이 가난한 족속의 얼굴에서 본 것은 신이 된 나사렛의 목수이다.

이신은 가난한 타자의 모습으로 현현한 나사렛 예수를 보며 가난 그 자체로 상처받을 수 있지만, 바로 그 때문에 스스로를 지켜낼 수 있다는 사실도 깨달았다. "가장 낮은 것은 가장 높은 것과 결합한다."[22]

---

21) 앤터니 이스톱, 박인기 옮김, 『시와 담론』, 지식산업사, 1994, 21 참고.
22) 엠마누엘 레비나스, 강영안 옮김, 『시간과 타자』, 문예출판사, 2001, 138.

이신은 곤궁하고 무력한 타자에게서 자신의 모습을 반추하고 목회
자로서의 책임을 다하고자 한다. 삶에 지친 타자에게 가난과 승화를
동일시하고 그럼으로써 삶의 자유를 얻을 수 있음을 말해준다. 그것
은 고통받는 타자에 대한 위로이며 치유의 방법이다.

고요한
두메산골입니다.
비 오는 소린 줄 알고
문을 열어 봅니다.
그러나
어느새 가을이 와서
나뭇잎이 떨어지는
소립니다.

나는 그대를 무척 사랑합니다.
목마른 자처럼
그대의 사랑을
마십니다.
그러나
갈증은 가시지 않습니다.
맑은 가을 하늘
구름 한 점 없는
당신의 마음 하늘 위에

저 잎새처럼

날아보고 싶습니다.

_ 「가을과 당신」 전문

　한 인간으로서 이신은 자신의 고통을 어떻게 치유했을까? 이신은
그의 시 〈신(神)과 주체적(主體的) 해후(邂逅)〉에서 "자연적인 현상
만을 보는 눈에는 / 신과 만날 수 없습니다. / (…) / 신은 이 자연적인
현상의 단편 사이에(within) 계십니다"라고 말한다. 또 이신은 '목마
른 자처럼 그대의 사랑을 마시지만 갈증이 가시지 않는다'고 고백한
다. 그가 사랑을 고백하는 당신은 가을의 모습을 하고 있다. 가을은
나뭇잎 떨어지는 소리로 두메산골의 고요함을 깨우며 온다. 구름
한 점 없는 맑은 하늘로 나타난다. 자연적인 현상의 단편 사이, 즉
나뭇잎과 하늘 사이에 가을의 모습으로 온 당신을 보며 이신은 자유
를 꿈꾼다.

　가을의 나뭇잎과 맑은 하늘은 자연적인 현상이다. 이신은 이 자연
적인 현상인 가을을 '무척 사랑한다.' 이신이 사랑하는 가을은 "사회
를 지배하는 인습적인 이데올로기가 존재하지 않으며, 대상이 온전
하게 자신의 본래성을 지니고 있는 곳"23)이다. 모든 것이 주체적으
로 존재하는 공간이기도 하다. 그곳에서 이신은 날아보고 싶은 꿈을
키운다. 딸의 죽음을 통하여 인격을 신장시키고, 고통받는 타자로부
터 나사렛 목수를 보며 고통을 향유한 이신은 비로소 가을의 얼굴을

---

23) 김성리, 「김춘수 무의미시의 지향적 체험 연구」, 인제대학교 박사학위 논문,
　　2009, 49.

한 당신에게 사랑을 고백한다. 이신이 가족을 염려하고 타인의 고통을 함께 짊어져야 하는 현실 세계와 무한한 하늘로부터 신의 얼굴을 볼 수 있는 영(靈)의 세계 속에서 동시에 현존할 수 있었던 것은 그가 지닌 사랑의 힘이었다.

IV. 나오는 글

이신은 묵시를 통하여 빛보다 밝은 어둠을 찾고 시각을 초월한 영(靈)을 보고자 했는데, 이 글에서는 이신의 묵시를 이해하기 위하여 그의 시와 산문을 현상학적으로 살펴보았다. 그의 문학에서 묵시는 영원과 사랑으로 모습을 드러내고 있었다. 영원은 경계가 해체된 무시간성과 현실을 초극하는 정신인 '靈'의 형상으로 표상되고 있었다. 먼저 실존적인 시간은 죽음이 예정되어 있는 인간 역사의 시간이 지난한 과정을 거쳐야 가능한 것이다. 즉 인간의 시간이 무시간성인 無로 변화하는 그 지난한 과정을 거쳐야 비로소 영원이 된다.

이때의 無는 아무 것도 없음이 아니라 물리적인 시간성을 초월하여 무엇인가를 생성하는 시간이다. 이신이 작품에서 말하는 것은 인간이 지닌 변화의 가능성이며 그 가능성이 곧 영원에 이르는 무시간성이었다. 늙고 죽는 것은 인간의 시간인데 그것을 오히려 영원한 자리로 올라가는 것으로 받아들이려면 인간 스스로 실존의 가치를 현재적인 시간이 아닌 초월적인 시간에서 찾아야 한다. 그러기 위해 이신은 세속적인 시간으로부터 내가 소외되는 것이 아니라 스스로

소외를 선택하였고, 여기서 자신만의 슐리얼리즘인 '靈의 신학'을
생성해 낸다.

따라서 이신의 '靈'은 초현실적인 신비라는 뜻보다 '현실을 초극하
는 정신'이라는 의미를 지닌다. 이신은 죽음으로 삶에 새로운 의미를
불어넣은 예수를 그 전형으로 보았다. 인간에서 신의 자리에 오른
예수의 삶은 현실을 초극하는 정신의 결과이며, 이는 예수를 비현실
적인 초월적 인물이 아니라 인간의 시간, 역사의 시간을 건너서 실존
의 시간인 영원에 이르는 주체적인 인격으로 본 것이다. 주체적인
인격에는 죽음이 없기 때문에 인격 자체가 목적인 삶의 모습을 찾아
야 하고, 그 삶의 모습에서 현실을 초극하는 정신인 '靈'이 발현되는
현상을 볼 수 있어야 한다.

이신은 깨달음으로 성령의 목소리를 알아들을 때 우리는 자신의
한계를 초극할 수 있으며 인간 안에서 신성이 구현되는 '靈'을 체험할
수 있는 것으로 보았다. 그것은 맹목적인 믿음이 아니라 예수가 남긴
'말씀'과 예수가 행한 일들 속에서 깨달음을 얻을 때 가능하다. 이신
은 시에서 예수의 목소리를 차용하여 자신이 생각하는 묵시의 모습
을 구현했다. 그것은 예수의 죽음이 인간의 삶 속에서 지속됨으로써
부활이 이루어지며 이 부활은 인간 삶을 새로운 형태로 변환시키는
묵시적 환상이다.

이신의 작품에서 사랑은 육신의 사랑, 고통받는 타자에 대한 윤리
적 책임, 신에게 간구하는 사랑 등으로 나타났다. 육신의 사랑은 딸
의 죽음과 자신의 슬픔을 합일시켜 사랑이라는 새로운 의미를 생성
해 낸다. 아버지로서의 인간성과 신학자로서의 초월성 사이에서 아

픔을 겪으며 인격을 신장시켜 나간 것이다. 고통받는 타자에 대한 책임은 그가 목회자로서 가졌던 사랑이다. 이신은 가난으로 고통받는 타자를 연민의 시선으로 보는 것으로 그치지 않고, 고통을 위로하고 치유하고자 했다. 이신은 가난한 타자의 모습으로 현현한 나사렛 예수를 보며 가난 그 자체가 상처받을 수 있지만, 바로 그 때문에 스스로를 지켜낼 수 있다는 사실도 깨달았다.

한 인간으로서의 이신은 신에게 사랑을 고백한다. 자연으로부터 신의 모습을 찾은 이신은 목마른 자처럼 갈증을 호소하며 신의 마음인 하늘 위에서 날아다니는 자유를 꿈꾼다. 딸의 죽음을 통하여 인격을 신장시키고, 고통받는 타자로부터 나사렛 목수를 보며 고통을 향유한 이신은 비로소 가을의 얼굴을 한 당신에게 사랑을 고백함으로써 무한한 자유를 꿈꿀 수 있게 되는 것이다. 고통을 부정적인 감정으로 표현하는 대신 고통을 통하여 사랑이라는 새로운 깨달음으로 나아가는 이신의 사유는 그가 늘 깨어 있었음을 말해준다.

요약하면, 신학자이며 목회자로서의 이신은 예수의 죽음이 지닌 뜻을 묵시에서 찾고자 했다. 이신의 묵시는 시간적인 종말을 초극하여 영원한 정신으로 현존하는 것인데, 그 표상이 예수였다. 이신의 시에서 예수는 인간의 고통과 슬픔을 초극함으로써 신성을 지닌 '말씀'으로 부활했고, 예수의 '말씀'을 깨닫는 인간은 새로운 삶을 살 수 있다고 믿었다. 따라서 이신의 묵시는 종말이 아니라 삶의 새로운 의미를 찾아가는 새로운 시작이며 영원이다. 사랑이 사람답게 살아가는 방법이라고 말해주는 예수의 말씀에 따라 주체적인 인격으로 어둠을 밝히는 것이 이신의 묵시이며 '靈의 신학'이었다.

　이신에게 예술은 이러한 삶에서 오는 고통을 표현하는 장이었으며, 예술을 통하여 타자의 고통에 참여한 것으로 보인다. 즉 이신에게 시와 산문을 쓰고 그림을 그리는 예술 행위는 현실의 고통을 외면하지 않고 신학과는 다른 방식으로 사랑을 실천하는 치유적인 행위이다. 그에게 사랑은 자신의 의지를 실천하는 도구이자 말살된 인격이 그리스도의 말씀에 의해서 그 인격의 권위와 품격을 도로 찾는 용기와 같은 것이다. 그러므로 이신이 추구한 '영(靈)의 신학'은 인간의 삶속에서 예수의 '말씀'이 새로운 생명력으로 흐르고, '말씀'이 인간에게 '찬란한 변화'의 희망이 되는 묵시였다.

참고문헌

김성리.「김춘수 무의미시의 지향적 체험 연구」, 인제대학교 박사학위 논문, 2009.
손봉호.『고통받는 인간』, 서울대학교출판부, 2008.
앤터니 이스톱/박인기 옮김.『시와 담론』, 지식산업사, 1994.
엠마누엘 레비나스/강영안 옮김.『시간과 타자』, 문예출판사, 2001.
이본느 뒤플레시스/조한경 옮김.『초현실주의』, 탐구당, 1983.
이신/이경 엮음.『돌의 소리』, 동연, 2012.
이신/이은선·이경 엮음.『이신의 슐리어리즘과 靈의 신학』, 종로서적, 1992.
한스 마이어호프/김준오 옮김.『文學과 時間現象學』, 삼영사, 1987.
N. 베르쟈예프/이신 옮김.『노예냐 자유냐』, 도서출판 인간, 1979.
N. 베르쟈예프/이신 옮김.『인간의 운명』, 현대사상사, 1984.

이신(李信), 묵시적 미술과 돌 소리의 미학

심은록 *

I. 서론: 현대 미술은 "현대의 진단학" 그리고 세상에 대한 '문제화' 과정

수업에서 예술작품과 연결하려는 어떤 진지한 시도도 보이지 않았다.
특히 현대 예술에 대한 관심을 기대하는 것은 거의 절망적이었다.
이 학교는 자신들이 사는 시대에 대한 책임감을 전혀 갖지 않았다.[1]
_ 발터 벤야민

자크 데리다는 루브르 박물관에서 '눈먼 자의 기억'(Mémoires
d'aveugle, 1990-1991)이라는 전시 기획을 하고 도록 글을 썼으며,

---

* 미술기획 및 비평가

1) Walter Benjamin, *Enfance berlinoise vers 1900* [Berliner Kindheit um
   Neunzehnhundert] trad. de Pierre Rusch. Paris: Hermann. 2014.

미셸 푸코는 마네, 마그리트, 벨라스케스 등 여러 작가의 작업에 대한 뛰어난 글을 썼고, 질 들뢰즈 역시 프랜시스 베이컨을 비롯한 여러 작가를 통해 자신의 사상을 깊이 있고 감각적으로 전개했다. 이외에도 자크 라캉, 자크 랑시에르, 모리스 메를로-퐁티, 장 프랑수아 리오타르, 알랭 바디유 등 다수의 현대 프랑스 사상가들이 미술에 지대한 관심을 보이고, 이를 통해 그들의 사상을 펼쳤다. 이신(1927-1981) 역시 초현실주의 미술적 관점에서 그의 신학을 전개했다. 그 자신 직접 그림을 그리고 시를 썼으나, 오히려 자신의 미술에 대한 이야기는 자제했다는 점이 독특하다. 이전에도 많은 사상가가 예술에 반대하든 찬성하든 관심이 있었지만, 지금 같지는 않았다. 현대에 접어들면서, 사상을 전개하는데 이처럼 적극적으로 미술의 '눈'을 빌리는 이유는 무엇일까? 미술이 팝아트의 영향으로 대중화되고, 자본주의 구조에 어울리는 자산 축척의 한 방식이 되면서 중요성이 두드러진 것은 사실이다. 그러나 무엇보다 발터 벤야민, 미셸 푸코, 프리드리히 니체 등이 말했듯이, 현대 미술은 현재의 문제를 판단하는 "현재의 진단학"(diagnostique du présent)이기 때문이다. 고전 철학이 시공간을 벗어난 진리나 영원성을 다룬다면, 현대 철학은 hic et nunc(현재의 공간성과 시간성)의 문제를 다루고 있다. 그래서 현대 철학을 특징지을 때, "캘린더나 지도가 없는 것은 다루지 않겠다"라는 푸코의 언급이 회자된다. 현대 철학이나 현대 미술은 세상에 대한 '문제화' 과정을 중요시한다. 그런데 머리로 이론을 구축하는 사상가들과는 달리, 미술가들은 특성상 자신들의 신체를 통해 공간(캔버스, 아틀리에, 전시장 등)과 마티에르(작품을 만드는 재료)와 직접 부딪혀야 한다.2) 그래서 현대 철학은 미술의 ‘눈’을, 좀 더 정확히는 ‘몸’을 빌리고 있다.

 “묵시문학이 꽃을 피운 것은 바로 이 삶의 자리 Sitz im Leben에서”(이신, 2011, 52)3)라고 말하는 이신 역시 “캘린더와 지도”를 중요시한다. 그래서 그는 20세기를 살면서, 세상의 종말을 말하는 ‘묵시문학’과, 종말과 같은 세계대전을 겪고 나온 ‘초현실주의’에 관심을 두게 된다. 현대는 여전히 세 개 원본의 죽음을 겪고 있기 때문이다. 즉, 헤겔의 “예술의 종말”, 니체의 “신의 죽음”, 미셸 푸코의 “인간의 사망”이 그것이다. 바로 이러한 죽음 때문일까? 21세기는 9.11테러의 커다란 굉음과 비명으로 시작되었다. 세계 여기저기에서 이 같은 굉음과 무고한 피해자들의 울부짖음이 들리고 있다. 또한, 묵시문학적인 특성대로, 이신은 이 삶의 자리에서 현재와는 다른 다가올 시대를 알려준다. 그에 의하면, “묵시문학적 신학의 특성은 종말론적 이원론으로서의 두 시대, 즉 현재와 다가올 시대를 명확히 구분하는 것”이다(이신, 2011, 51). 그리고 이 두 다른 세계를 연계시키기 위해 ‘초현실주의 미술의 상상력’이 요청된다. 우리는 본문에서 이러한 것들을 중점으로 다루도록 하겠다.

---

2) 심은록, 『양의의 예술, 이우환과의 대화 그리고 산책』(서울: 현대문학, 2014), 76-111 참조.
3) 이신/이은선, 이경 엮음, 『슐리얼리즘과 영靈의 신학』(서울: 도서출판 동연, 2011), 52. 이하 (이신, 2011, 페이지)로 본문 중에 바로 표기.

화가로서의 이신

이신은 화가, 시인, 학자, 목사이며 행동가였다. 이 글은 다른 무엇보다 이신의 남아 있는 십여 점의 그림을 중심으로 살펴볼 것이기에, 화가로서의 이신에 초점을 맞춘다. 그는 1927년 7월 7일(음력) 칠석에 전라남도 돌산에서 태어난다. 돌산도는 여수에서 500m 정도 떨어진 섬으로, 8개의 아름다운 산이 있어 '팔대산'(八大山)에서 '돌산'(突山)이라는 이름이 생겼다고도 하고, 돌이 많은 섬이라서 '乭山'(돌산)이 '突山'(돌산)이 되었다고도 한다. 특히 돌산의 향일암 일출은 유명하다. 출생 때부터 얽인 '돌'에 대한 인연이 후에 '돌의 소리'라는 '한국쉬르리얼리슴 연구소'의 연구지를 발간되게 한 것일까? 또한, 그의 그림에 자주 등장하는 태양도 바로 그가 어렸을 때 보았던 향일암 일출이 무의식적으로나마 영향을 끼친 것일까?

이신은 해방 전, 부산에서 초량상업학교(부산상고 전신)를 다니면서 그림을 그리고, 또한 부산시립도서관의 미술 서적을 모두 탐독했다. 1944년 고등학교 졸업 후, 은행에 취직하고 결혼도 하며 평범하고 안정된 생활을 누릴 수 있게 되나, 해방 직후인 1946년 성직에 소명을 갖고 감리교신학대학에 입학한다. 1951년 그리스도의 교회 목사로 일하면서 '만수'(萬修)에서 좀 더 신실(信實)한 이름인 '신'(信)으로 개명한다.

1966년 도미, 네브래스카 크리스천 대학에서 신학사를, 1971년 내슈빌의 밴더빌트 대학에서 박사 학위를 취득한다.[4] 그는 유학 기간에 작품 판매로 자신의 체재비 및 한국 가족의 생활비도 충당했다고 한다. 예나 지금이나, 작가로 생활할 수 있다는 것은 쉬운 일이 아닌데, 그만큼 작품이 인정받았다는 의미이기도 하다. 전성기의 작품이 미국 유학시설에 이뤄졌다고 본다. 또한, 그는 박사 논문을 준비하면서도 미술관계 서적, 특히 초현실주의 예술과 관련된 잡지, 서적 등을 연구했다. 이 글은 이신의 남아 있는 소수 작품을 중심으로 '초-현실주의'와 '초-인'을 포함하고 있는 '돌 소리의 미학'이라는 주제로 전개된다.

II. 어린이의 상징

어린아이는 천진난만이요, 망각이며, 새로운 시작, 놀이,
자신의 힘에 의해 돌아가는 바퀴, 최초의 운동, 거룩한 긍정이다.
그렇다. 나의 형제들이여. 창조의 놀이를 위해서는 거룩한 긍정이 필요하다.
정신은 이제 자기 자신의 의지를 의욕하며,
세계를 상실한 자는 자신의 세계를 되찾는다.
_ 니체, "세 변화에 대하여"[5]

---

4) 이신 박사논문: "전위 묵시문학 현상-묵시문학 해석을 위한 현상학적 고찰" (The Phenomenon of Avant-garde Apocalyptic Phenomenological Research for the Interpretation of Apocalyptic), 내쉬빌: 밴더빌트 대학, 1971.
5) 프리드리히 니체/정동호 역,『차라투스트라는 이렇게 말했다』니체전집 13 KGW VI 1 (서울: 책세상, 2000), 41.

〈그림 1〉 1959

세계적인 작가 제프 쿤스는 그림을 그리고 있는 자녀를 지켜보다가 "주변 색과 비교하여 자신이라면 절대 선택하지 않았을 색깔을 아이들은 아무런 편견 없이 사용하는 것을 보며, 바로 이러한 편견의 부재가 그림을 순수하고 아름답게 함을 깨달았다"라고 한다.6) 아이들의 순수함에 반해 그들이 그리는 방식을 모방하면서 만들어진 작품이 〈플레이-도〉 연작으로, 제프 쿤스는 "아이들처럼 어떤 편견도 없이 작품을 하려고 의식적으로 노력했다"라고 한다.7)

이신 역시 "요즘 어른들에게는 동화(童話)라는 것이 절실히 요구되는 시대"(이신, 2012, 150)8)라고 말한다(이러한 동화 같은 것이 차후 초현실주의를 받아들일 수 있는 바탕이 된다).

그는 그림도 아이들처럼, 동화처럼 그리려고 노력했다. 〈그림 1〉

---

6) 심은록,『세상에서 가장 비싼 작가 10, 무엇이 그들을 그토록 특별하게 만드는가?』. 파주: 아트북스, 2013, 116.
7) 위의 책.
8) 이신,『돌의 소리』, 이경 엮음, 서울 : 도서출판동연, 2012, 150. 이하 (이신, 2012, 페이지)로 본문 중에 바로 표기.

의 화면 왼쪽부터 여자, 나무, 남자가 있다. 여자와 남자의 발 방향을 보아, 화면 오른쪽에서 왼쪽으로 나아가고 있다. 또한 이 발의 방향 때문에, 여자가 가장 앞에 있고, 그다음에 나무가 그리고 마지막에 남자가 있다고 상상하게 된다. 여자는 팔을 자신의 머리를 감싸듯이 둥글게 하는 것 같기도 하고, 태양이 그의 머리 뒤에 있어 오버랩 되는 것도 같다. 여자는 뒤에 있는 나무와 남자가 잘 따라오고 있는 지 염려되는 듯 상반신이 약간 뒤로 기울어졌다. 나무도 여자를 쫓아 가느라 급한 마음 때문인지 살짝 앞[왼쪽]으로 기울어졌다. 기우뚱한 나무를 잡아주려는 것일까? 그 뒤에서 쫓아오는 남자는 오른 손으로 나뭇가지를 잡으며, 걸음을 계속한다. 남자는 팔을 크게 양쪽으로 벌 리며 십자가의 모습[상반신]을 취하고 있다. 걸어 다니는 십자가일까?

어린아이 풍의 그림은 미술의 한 유형으로 여러 작가에게서 볼 수 있다. 이신과 비슷한 세대인 장욱진(1917~1990)이나 초현실주의 미술 작가 중의 한 명인 호안 미로(1893-1983)에게도 어린이처럼 순 수함이 발견된다(예를 들면, 호안 미로 Joan Miró, 〈여자들 Femmes〉, 1948). 그런데 자세히 보면, 장욱진의 〈그림 2〉는 어린이의 느낌이 나는 어른이 그린 그림임을 금방 알 수 있다. 고르고 매끈한 선에서 느껴지는 필력과 완벽한 균형이나 구성 등은 어린아이는 할 수 없는 오랜 경험과 훈련의 산물이다. 반면에, 〈그림 1〉에서 이신의 필법은 정말 어린이의 것과 같다. 두 인물과 나무는 선으로만 그려졌는데, 아직은 연필 잡는 것도 어색하고 손의 힘도 약한 어린아이가 그린 것처럼 힘없고 꾸불꾸불한 선이 되도록 덧칠을 했다. 그래서 선은

〈그림 2〉 장욱진, '자화상', 캔버스에 유채,
27.5x22cm, 1973 ©장욱진미술문화재단

때로는 아슬아슬하게 이어지다가 끊어지기도 한다. 어린아이들의 선처럼 하기 위해, 이신은 제대로 그어진 선을 일부러 좀 더 가늘게 하거나 끊어지게 한다. 어린아이 같은 척이 아니라 정말 어린아이 같아지려고 노력한다. 그의 자녀나 사역한 교회 어린아이들의 그림을 모방하면서 연구하지 않았나 싶다.

제프 쿤스는 아이들의 순수함을 '색'으로 표현했다면, 이신, 장욱진, 미로는 '선'으로 재현하고, 기본적인 도형인 원, 세모, 네모를 사용하며, 또한 '태양'을 등장시킨다. 남아 있는 이신의 초기 작품과 후기 작품의 공통점은 이러한 어린이 같은 느낌이 지속된다는 점이다.

〈그림 1〉은 미국 가기 전, 이신이 '한국 그리스도의 교회' 목사로 활동할 당시(30대 초)에 그려진 그림이다. "모든 교파의 분열을 거두고 신약시대의 교회로 돌아가자는 교회의 순결과 일치 운동"(이신, 2011, 13)을 추구했던 그리스도 교회의 이념이 표현된 그림이다. 숨겨진 자신의 이익을 생각하며 화합의 손을 내밀지 못하는 그런 어른이 아니라, 어린아이같이 순수한 마음으로 분열을 막자는 의미이다. 그러기 위해 가장 단순하고 어린이답게 표현했다. 어린아이는 주변

의 것을 새로운 눈으로 보며 무한한 호기심을 갖고 순수한 눈으로 편견과 선입견 없이, 모든 것을 '에포케'하며 바라본다.

어른이라면 함께 나란히 두지 않을 색을 어린아이들은 사용하는 것처럼, 그렇게 서로 다른 세계나 교파들이 아무런 편견 없이 공존할 수 있기를 이신은 바랐다.

어린아이의 또 다른 중요성은, 니체가 말했듯이, "신성한 긍정"을 통해 "창조의 놀이"를 한다는 점이다. 그러나 주인의 명령에 순응하고 "무거운 짐을 모두 지고 […] 사막을 향해 서둘러 달리는 낙타"는 가장 낮고 불쌍한 삶의 상징이다.9) 그래서 이신은 예수님은 그의 노예라고 할지라도, 자유의지와 창조성이 없는 노예상태는 거부한다고 하며, "'나는 당신의 종입니다'라는 말을 그분은 제일 싫어하십니다"(이신, 2012, 65)라고 말한다.

〈그림 3〉 1960

〈그림 3〉에는 두 인물과 잎이 무성한 나무 그리고 원경에 노란 지붕의 집이 보인다. 〈그림 1〉의 구성 인물들이 〈그림 3〉처럼 발전했으며, 여전히 단순한 어린이 스타일의 그림은 그대로 유지되나, 작가의 고유한 특성이 확연히

---

9) 프리드리히 니체, 앞의 책, 41, 39.

드러나기 시작한다. 자코메티의 조각상처럼 뼈대만 묘사된 것 같은 〈그림 1〉보다 1년여 뒤에 그려진 〈그림 3〉에는 제법 살이 붙었다. 그래서일까? 나무 역시 잎이 무성하다. 〈그림 3〉은 이신의 예술 과정에 중요한 기점이 되는데, 초현실적인 터치가 가미된 것과 앞으로의 그의 작업에서 나올 전형적인 인물 형태가 잡혔기 때문이다. 〈그림 1〉의 남자는 〈그림 3〉에서는 튜닉을 입고 등장한다. 튜닉을 입은 남자라고 보는 이유는 바로 이 남자가 〈그림 12〉 '예언자'의 모습에서 거의 비슷한 형태로 다시 등장하기 때문이다.10)

　〈그림 3〉의 왼쪽의 키가 큰 인물은 마치 높은 탑 같고, 머리는 탑 끝에 달린 네모난 깃발 같다. 오른쪽 인물은 〈그림 4 〉 '흑과백'의 인물 둘과 형태가 비슷하다. 타원형 얼굴과 사다리꼴 몸통이다. 〈그림 3〉의 왼쪽 인물은 이목구비가 생략된데 비해, 오른쪽 인물은 두 눈과 입이 확실하게 구별된다. 흥미로운 것은 눈의 모양과 색깔인데, 인물의 오른쪽 눈은 하늘색 네모이고, 왼쪽 눈은 붉은색 타원형으로 되어 있다. 두 개의 다른 세상을 보고 있거나 품고 있다. 이처럼 한 인물의 눈이 각각 다른 색으로 표시되는 것은 〈그림 4〉와 〈그림 6〉에서도 마찬가지다. 그리고 머리카락이 있어야 할 부분에, 푸르스름하거나 불그스름한 다섯 개의 작은 삼각형이 있는데 빛을 상징하는 것이 아닌가 싶다. 〈그림 1〉에서 왼쪽 인물의 두상 부분이 태양과

---

10) 작가는 〈그림 4〉에 대해 어떤 언급도 하지 않았기 때문에, '여자'와 '아이', 혹은 그저 상징적인 '두 생명체'라는 가능성도 배제할 수는 없다. 바로 이러한 점에서 현대 작가들은 "저자의 죽음"(롤랑 바르트)을 선호한다. 너무 지나치게 왜곡된 해석이 아니라면, 다의적인 해석이 가능하기를 바라기 때문이다.

오버랩된 것 같으며 〈그림 4〉에서도 얼굴의 주변이 빛으로 표현되었기 때문이다. 〈그림 3〉의 인물들의 팔다리는 몸에 비해 가늘고, 손가락이 네 개 혹은 다섯 개인 데 손 모양이 별을 닮았다(〈그림 14〉의 빨간 별 참조). 왼쪽 인물은 걸어가는 것 같고, 오른쪽 인물은 하늘을 향해 두 팔을 올린 채 뛰어가는 것 같다.

　〈그림 3〉의 오른쪽 인물의 얼굴은 '정면'인데 비해, 발은 '측면'으로 그려진 것을 보며, 작가의 의도를 읽을 수 있다. 오른쪽 인물의 상징적인 얼굴을 상세히 보여주기 위해서는 '측면'보다 '정면'이 더 좋고, 반면에 동적인 모습과 움직이는 방향을 보여주는 발은 '측면'이 더 좋다. 고대 이집트 벽화를 보면, 머리는 '측면'에서 본 모습이나 눈은 '정면'에서 보았고, 어깨와 가슴은 '정면'이나, 팔다리는 '측면'에서 본 모습을 묘사함으로써 인체의 특징이 잘 나타나게끔 각도를 혼합하고 있다. 또한, 기하학적 형태, 규칙성, 반복성, 비례, 완벽한 균형 등의 이미지를 통해 영원성에 다다르는 것은 이집트 미술의 뛰어난 점이다. 영원성(신)과의 교류를 중요시하는 이신의 예술에서도 이러한 기하학적 형태, 규칙성, 반복성, 비례, 균형 등이 중요시된다. 그러나 이신의 작품은 고대나 근대와 같이 규칙이나 비례를 엄격하게 고집하는 것은 아니고, 어느 정도 자유로움을 허용하고 있다.
　〈그림 3〉에 이신의 작품 유형에서 낯선 오브제가 하나 등장했는데, 바로 원경에 있는 노란 지붕의 집이다. 창문도 문도 없는 이 집에서 두 인물이 떠나는 듯하다. 이신의 삶에 비추어 보면, 〈그림 3〉의 안정된 집을 떠나, 〈그림 5〉에서처럼 산업 혹은 자본주의 '황야'로

가고 있다고 볼 수 있다.

〈그림 3〉의 배경은 굵은 붓을 사용해 가로로 칠했다. 근경은 어둡고 진하게, 원경은 흐리고 연한 색으로 하여 자연스럽게 원근감을 느끼게 한다. 〈그림 1〉에서와 마찬가지로 여기서도 이신의 특징이 보인다. 배경과 인물(그림 주제)이 단순히 선으로만 구분되고 있다. 물론 인물에 좀 더 색을 가미하여 배경과 명료하게 구분되게 하기도 하지만, 대부분 배경색이 인물 내에도 그대로 드러난다. 이러한 방식은 이후 작업에도 계속된다. 배경과 인물을 구분하는 선이 점점 흐려지다가 사라지면(즉, 경계가 무너지면), 인물은 다시 배경으로, 자연으로(예를 들어, 흙에서 태어나 다시 흙으로 돌아가는 것처럼), 우주로 되돌아가는 것을 시각화하고 있다. 이처럼 만물이 어디서 나와서 어디로 다시 돌아가는지를 〈그림 8〉과 〈그림 9〉에서 좀 더 명료하게 보여준다.

〈그림 3〉에 등장하는 인물의 형태는 약간의 변주를 가지고 앞으로의 이신의 그림에 적용된다. 〈그림 3〉은 이신 예술의 기본적인 형태, 테크닉, 초현실주의적인 터치, 우주적인 회귀 등 앞으로 이신의 작업에 기틀이 되는 중요한 작품이라고 하겠다.

III. 양의성의 유희: 상상력과 유랑

[…] 성(性)은 특별히 의식 행위의 대상이 아니면서도
내 경험의 특권적 형태에 동기를 부여할 수 있다.

이처럼 *양의적 상황* 때문에, 성은 삶과 동일한 외연(外延)을 갖고
있다.
달리 말한다면, *애매성은 인간 존재에 본질적이며,*
우리가 살고 사고하는 모든 것은 늘 여러 의미를 지닌다.
_ 메를로-퐁티11)

'흑과 백'의 양의성

〈그림 4〉 '흑과 백'에는 검은빛 덩어리와 하얀빛 덩어리가 서로
어깨동무를 하며 산책하고 있다. 검은빛 덩어리의 오른손 손바닥
위에는, 비록 초록 새의 다리가 관
람객의 눈에는 거의 띠지 않을 정
도로 얇고 가늘지만, 확고하고 균
형 있게 서서 두 빛 덩어리가 나아
가는 방향을 바라보고 있다. 검은
빛 덩어리는 새가 편안히 서 있을
수 있도록, 손가락을 모으고 손바
닥을 위로 하여 떠받치고 있다. 하
얀빛 덩어리는 주홍색 물고기가
혹여 그의 몸에 닿아 다칠까 봐 왼
손을 몸에서 멀리 떨어트린 채 들

〈그림 4〉흑과 백(1972)

---

11) Maurice Merleau-Ponty, *Phénoménologie de la perception,* tel Gallimard,
1945, 197. cf. 이탤릭은 필자 강조.

고 있다. 새는 '자유와 창조'(혹은 성령)를[12], 물고기는 '사랑과 희생' (성자)을 상징한다. '밤'은 만물이 잠들기도 하지만, 카오스 같은 꿈 (상상력, 창조성)이 활발하게 활동하는 시간이기도 하고, 낮은 그 꿈을 현실에 맞게 수정하며 실천하는 시간이기도 하다.

얼굴에 빛이 발산되고 있으며, 두 개의 빛이 의인화되었다. 작품 제목이 〈흑과 백〉이니, 우선 먼저 '밤'과 '낮'으로 생각할 수 있다. 밤의 '달'과 낮의 '태양'일 수도 있다. 또한, 흑과 백을 상징적으로 해석할 경우에는 악과 선, '무거운 것과 가벼운 것, 얇은 것과 두꺼운 것, 찬 것과 뜨거운 것, 비존재와 존재'(cf. 파르메니데스[13]), 여성과 남성, 어둠과 빛, 감성과 이성, 혹은 묵시문학적 신학의 관점에서 "현재와 다가올 시대"(이신, 2011, 51)일 수도 있다. 그런데 이 두 인물은 다정하게 어깨동무를 하고 앞을 향해 나아가고 있다. 흑과 백으로 나뉘어 25세기 이상 싸워왔던 이원론의 모습이 아니라 화해한 다정한 모습이다. 하지만 화해했다고 할지라도, 이원론이 갑자기 일원론이 될 수 있는 것은 아니다.

사실, 서구는 제1차 세계대전과 제2차 세계대전을 겪으면서, 25세기 넘게 지속하여 왔던 이원론의 병폐를 최대한 빨리 치유하기

---

12) 이신은 "자유, 창조"(이신 2012, 106)라는 시에서 '새'를 그 상징으로 삼고 있다.
13) "이것이 기원전 6세기 파르메니데스가 제기했던 문제다. 그의 말에 따르면, 이 세상은 빛-어둠, 두꺼운 것-얇은 것, 뜨거운 것-찬 것, 존재-비존재와 같은 반대되는 쌍으로 양분되어 있다. [⋯] 파르메니데스는 이렇게 답했다. 가벼운 것이 긍정적이고 무거운 것이 부정적이라고. 그의 말이 맞을까 ? 이것이 문제다. 오직 한 가지만은 분명하다. 모든 모순 중에서 무거운 것-가벼운 것의 모순이 가장 신비롭고 가장 미묘하다." - 밀란 쿤데라, 『참을 수 없는 존재의 가벼움』 [세계문학전집 234] 이재룡 옮김, 서울 : 민음사, 2009, 13.

위해서 너무나 성급하게 이원론을 일원론으로 만들어 버렸다. 칸트의 물자체처럼 생각할 수 없는 부분은 제거해 버리거나, 두 개의 양극적인 요소를 동전의 앞면과 뒷면처럼 붙여버려, 그 사이의 무한한 '상상력'의 시공간을 없애 버렸다.

이 작품 제목이 〈흑과 백〉이니, 우선 검은 색깔에 대해 말해보자. 아니쉬 카푸어가 천문학적인 금액을 주고 검은색 '반타(VANTA: Vertically Aligned Nano Tube Arrays 수직으로 정렬된 나노튜브의 배열) 블랙(Black)'의 독점권을 구입한 것이 알려지자(영국 일간지 데일리메일, 2016년 2월 27일 자), 작가 한 명이 색깔을 독점할 수 있는지를 문제시 하며 미술계의 커다란 스캔들이 되었다. 이 반타블랙(Vantablack)은 빛을 99.96% 흡수해 우주의 블랙홀만큼이나 검게 보이며, 육안으로는 반타블랙에 형성되는 음영을 분간할 수 없기에, 반타블랙이 칠해진 울퉁불퉁한 표면을 정면에서 보면 평면으로 인식된다. 결국, 우리가 아는 검은 색은 '절대'적인 흑과는 거리가 먼 '상대'적인 것일 뿐이다. 칸트가 우리 인식의 '한계'에 대해 잘 알려주었듯이(칸트, "유한성에 대한 분석론 Analytique de la finitude"[14]), '절대' 혹은 '절대자'라는 것은 인간의 범위에 있지 않다. 우리는 한 극과 또 다른 극의 중간에서 오가며 번민하고 방황할 뿐이다. 우리가 바라보는 것, 그것에 대해 사유하는 것은 이미 관계성 속에 머문다. 메를로-퐁티가 말하듯이, 관계는 '절대적 혹은 객관적 신체'가 아니라 '현상학적 신체'에서 발생하며[15], 우리와 관계성 속에 있는 오브제

---

14) 질 들뢰즈, "인간의 죽음과 초인에 대하여" in 『푸코』, 권영숙, 조형근 공역, 새길 아카데미, 1995, 194.

도 절대적 객관적 오브제가 아니라 현상학적 오브제이다. 이신은
바로 이러한 점에서 현상학에 관심을 가지고 또한 이러한 인식을
얻기 위해 '현상학적 환원' 혹은 '에포케'에 관심이 있었으며, 후설보
다 신체와 지각에 더 많은 중요성을 주는 메를로-퐁티의 현상학에
매료되었다. 관계론적인 상황에서는 절대적인 양극은 존재할 수 없
으므로 사실은 양극(혹은 다극)이 없는 양의성이 된다.16) 양의성은
상상력이 유희할 수 있는 '장' (champ)이며, 상상력은 양의성의 시공
간적 장에서 예술적 표현으로 승화될 수 있다. 이원론의 부정적인
이미지와 오래 굳어진 편견 때문에, 필자는 메를로-퐁티의 "애매
성"(ambiguïté)17)을 참조해서, '이원론'이라고 말하는 대신에 '양의
적'이라는 말을 사용하고 있다. '양의성' (ambiguïté 애매성)18)의 장이
란, '여기'와 '저기'(혹은 '영혼', '정신', '몸' 등)처럼, 두 개(혹은 두 개 이상)
의 극이나 모순 사이를 오고 가는 그 '번민'이나 '유랑자'적인 태도를
의미한다. 밀란 쿤데라는 파르메니데스의 말을 인용하여 '가벼운'
것이 긍정적이고 '무거운 것'이 부정적이라지만, "짐이 무거우면 무
거울수록, 우리 삶이 지상에 가까우면 가까울수록, 우리 삶은 보다
생생하고 진실해진다"라며, "짐이 완전히 없다면 […] 그 움직임은
자유롭다 못해 무의미해지고 만다"라고 했다.19) 이신 역시 절대적
이 아닌 시공간적인 관계성에서의 이원론에 대해 아래와 같이 쓰고

---

15) Merleau-Ponty, 앞의 책, 123 (note 1).
16) 심은록, 앞의 책, 2014, 307-8.
17) Merleau-Ponty, 앞의 책, 197.
18) 위의 책.
19) 밀란 쿤데라, 앞의 책, 12-3.

있다.

> 묵시문학의 이러한 종말론적 역사 이해는 일종의 이원론을 내포하고 있다. […] 묵시문학의 이원론은 당대의 분열과 좌절 경험들로부터 나온 열매의 일종이다. […] 이 이원론과 역사의식에는 다른 것에 의해 거의 모방될 수 없는 굉장한 긴장성과 역동성이 표현되어 있다. (이신, 2011, 69, 70, 71).

또한 이신은 오헨 바필드(Owen Barfield)를 인용해 다음과 같이 말한다.

> 환상의 은유적 기능metaphorical function은 인간 실존의 이원적인 대립의 긴장 가운데서 발생하는 것으로 여기고, 이 특수 의식인 환상 경험은 예술가의 표현 양식과 일맥상통하는 것이라 말한다(이신, 2011, 157).

이원론적인 긴장성 및 역동성과 예술가의 표현양식과 관련하여, 우리는 동양화에서 좀 더 쉽게 그 실례를 찾아볼 수 있다. 다수의 산수화에는 화면 위에 그려진 '산'과 화면 아래에 그려진 '물' 사이에 넓은 여백이 존재한다. 실력 없는 화가가 그린 그림이면 이 '산'과 '물'은 여백에 의해 완전히 분리되어, 비록 같은 화면에 있음에도 어떤 관계도 느껴지지 않는다. 하지만, 팔대산인과 같은 화가가 그린 '산'과 '물' 사이에는 때로는 짙은 안개가, 때로는 깊은 계곡이 놓인

듯 강한 연계성과 팽팽한 긴장감이 발생된다. 이처럼 "긴장성과 역동성이 표현"되고 승화되면, 이때 '차별'과 '절대적 분리'로서의 고전적 의미의 이원론은 극복이 되고, '차이, 다름'으로써의 '관계적인' 초-현실주의적 이원론이 된다. 〈그림 4〉는 서두르지 않으며(즉, 성급하게 결합시키려고 하지 않고), '이원론' 혹은 두 개의 다른 세계에 대해서 표현하고 있다. 이 두 세계에 역동성과 긴장감을 주기 위해, 즉 고전적 위계적 이원론을 극복한 관계론적인 양의성 혹은 이원론으로 두 세계가 연관을 가질 수 있도록 이신이 요청한 방법은 초현실주의적인 '상상력'이다. 이제 그렇게 이신은 미술에서뿐만 아니라 신학에서도 본격적으로 초현실주의를 연구하고, '돌의 소리'라는 초현실주의 연구지도 기획한다.

IV. 돌의 미학

1979년 4월 20일 발간된 '한국쉬르리얼리슴연구소'(이신, 2012, 180)의 간행물 이름이 「돌의 소리」이다. 이신은 '돌의 소리'가 필요한 이유를 다음과 같이 밝히고 있다.

"이리가 어린 양과 함께 거하며 표범이 어린 염소와 함께 누우며 […] 젖 먹는 아이가 독사의 구멍에서 장난하며 젖 뗀 어린아이가 독사의 굴에 손을 넣을 것이라"라는 소리는 사실 말이지 요즘 현명하다는 사람들에게는 얼토당토않은 소리로 들릴 것이다. 그러나 그들의 이론

으로는 더욱더 전쟁과 다툼만 자아내기 때문에 '돌의 소리'와 같은
소리가 필요하다(이신, 2012, 150).

　연구지의 커버 그림을 이신이 그렸는데, 의인화된 돌이 표지 대부
분을 차지한다(그림의 싸인이 'ㅇ ㅅ'이 아니라, 'ㄹ ㅅ'으로 되어 있는 것을
보아, 당시 이름을 '이신'이 아니라 '리신'으로 했던 것 같다). 가로가 긴 타원
형의 돌이 얼굴을 대신하고, 이 돌의 한가운데는 오로지 입술만 있다.
돌이라는 질감과 약간의 입체감을 주기 위해 작은 점을 무수히 찍었
다. 두 눈은 돌 바로 위의 허공에 그려져 있다. 이 눈과 입술이 자연스
럽게 돌과 하늘을 하나로 연결한다. 그림에서만 가능한 설정이다.
의인화된 돌의 사다리꼴 몸은 이신의 다른 그림들과 같이 단순화,
동화적으로 표현되었으며, 팔다리는 존재한다는 것만 시늉하려는

돌의 소리 표지(1979)

듯 여전히 가는 네 개의 선으로 그려졌다. 이 형상은 이신의 전형적인 스타일로 우리는 이미 〈그림 3〉과 〈그림 4〉에서 마주쳤다. 반면, 원경에는 공업 혹은 산업지역이 검은 실루엣으로 전개되며, 여러 공장에서는 검은 연기가 뿜어 나온다. 바람이 왼쪽에서 오른쪽으로 강하게 불고 있다. 이 바람을 헤치고, 돌의 소리가 전달되도록 저 산업적 광야와 같은 곳으로 가야 한다. 생활이 보장된 안정되고 따스한 '집'(〈그림 3〉 참조)에서 부지런히 나와 공장지대 혹은 자본주의의 광야로 간다. 자연(돌)이 비자연(산업) 지대로 들어간다.[20]

연구소 이름을 '한국 쉬르리얼리슴'이라고 할 정도로, '초현실주의 미술'은 이신에게 지대한 영향을 끼쳤다. 그가 한국에 있었을 때 이미 초현실주의에 대해 흥미를 느끼고 이를 자신의 작품 〈그림 3〉에도 다소 적용했다. 미국에서 박사 논문을 쓰면서, 그는 좀 더 깊이 있고 체계적으로 초현실주의를 연구하고 이를 묵시문학적 환경에 적용했다. 〈그림 5〉에서 초현실주의적 인물이 오른손에 들고 있는 VVV는 뒤에서 상세히 다루도록 하겠다.

---

20) 여기에서 이신의 '돌'과 '산업'의 비유는, 이우환의 조각을 연상하게 한다. 이우환은 초창기에는 다양한 재료를 사용하다가, 후에는 돌과 철판이 그의 주된 소재가 된다. 그는 "오랫동안 작업을 한 결과, 현대의 문제가 '자연'과 '산업사회'라는 것으로 모든 문제가 수렴된다고 생각하고, '자연을 대표할 수 있는 것으로' 지구처럼 오랜 시간성을 내포하고 현재에도 그리고 먼 미래까지도 어디서나 볼 수 있는 것'으로 '돌'을 보았다. 그리고 산업사회를 대표하는 것 중의 하나로 '철판'을 보았다. 이러한 철판과 돌을 어떤 연관 속에 두면서, 산업사회와 자연의 대화가 가능하도록 했다." - 심은록, 앞의 책, 2014, 67-8.

1. 원본 상실의 시대, 3D(death)의 묵시적 환경

이신이 유학을 하게 된 60년대 미국은 3D(death)의 묵시적 환경이 팽배하던 시기였다. 이 세 종류 원본의 죽음은, 헤겔이 말한 '예술의 종말', 니체가 말한 '신의 죽음' 그리고 미셀 푸코가 말한 '인간의 죽음'이 그것이다. 이외에도 또 다른 상징적인 죽음이 있다면, 지그문트 프로이트의 '무의식'의 등장으로 말미암은 의식의 약화, 칼 마르크스의 물질과 생산성의 신화(神話)화로 인한 정신의 죽음 등이 있다.

1) 예술의 종말과 팝아트

1964년, 콤바인 페인팅으로 유명한 팝아티스트 라우센버그가 베니스 비엔날레의 그랑프리(Grand Prize)를 수상했다. 이는 유구한 역사와 권위를 자랑하는 유럽 미술계에 팝아트의 도래를 선포한 것이다. 유럽의 유망한 작가들을 제치고, 미국 팝아트의 선두주자가 수상된 것에 유럽 미술관계자들은 놀랐으며, 심사위원들 간에도 논쟁이 있었다. 이는 미술의 중심지가 유럽에서 이미 미국으로 바뀌었음을 보여준 하나의 증표였다.[21]

미술뿐만 아니라 이미 중요한 사상가들과 각 분야의 리더들도 1, 2차 세계대전을 피해 미국으로 이주하여 활동함으로써, "19세기 수도가 파리"(발터 벤야민)였다면, '20세기 수도'는 뉴욕이 되었다.

---

21) 베니스비엔날레 홈페이지에서 http://www.labiennale.org/en/art/history/pop_art.html

1913년 아모리 쇼를 통해 전위 미술과 다다 운동이 미국에서 본격적으로 시작되고, 초현실주의 그리고 팝아트가 등장했다. 팝아트의 위세에도 불구하고, 60년대 미국에는 다양한 미술 사조가 있었다.

이신이 미국에 도착했을 당시, 향후 한국 현대미술을 이끌어갈 한국 작가들도 도착하기 시작했는데, 그 현황은 다음과 같다. 1963년, 백남준은 미술사에서 공식적인 비디오 아트의 시작이자 그의 첫 개인전인 "음악의 전시-전자 텔레비전"을 독일 부퍼탈 파르나스 갤러리에서 개최하고, 그다음 해 뉴욕에 가서 첼로 연주자인 샬럿 무어먼과 비디오 아트를 시작한다. 1967년 백남준의 "오페라 섹스트로니크"에서, 샬럿 무어먼이 누드 퍼포먼스를 하고, 이 때문에 뉴욕 경찰에 체포되어 사회적 스캔들이 된다. 그러나 이로 인해 예술 현장에서의 누드는 처벌할 수 없도록 뉴욕 법이 개정되는 획기적인 사건이 된다.

1965년, 김환기와 김창열은 록펠러재단의 장학금으로 미국 유학을 한다. 이들은 재단의 후원을 받으며 미국의 모든 대도시의 미술관과 미술대학을 방문한다. 필자와의 대담에서 김창열은 그 당시 받은 인상을 다음과 같이 술회했다. "팝아트의 세상이었다. 드 쿠닝, 마크 로스코, 잭슨 폴록, 애쉴 고르키, 재스퍼 존스, 로버트 라우센버그, 앤디 워홀, 클래즈 올덴버그, 로이 리히텐슈타인과 같은 당시 미국 거장들이 지배했다. 모든 사람이 이 유행을 따랐으며, 전체적으로 영향력을 행사하고, 그로 인해 다른 장르의 미술들은 무시당했다. 이러한 획일성 때문에, 나는 정신적으로 한국전쟁 때보다 심한 고통을 받았다." 1966년에서 1968년까지, 김창열은 아트 슈튜던트리그

(Art Students League)에서 판화를 공부했으며, 뉴욕에서 체류하는 4년 동안 아르바이트로 생활했다.

이외에도 수 명의 한국 화가들이 있었으나, 이신은 이들과의 교류가 없었다. 우선은 지역적으로 다른 곳에 있기도 했지만, 도미한 목적이 서로 달랐기 때문이다.

1964년, 미국 미술의 커다란 전환점이 되는 사건이 발생한다. 뉴욕의 스테이블 갤러리에서 워홀이 〈브릴로 상자〉를 전시한다. 이를 보고, 미국 철학자이자 미술비평가인 아서 단토는 헤겔의『미학』에서 제기된 "예술의 종말"의 실현을 확인하고, 이를 "예술계"(The Art world)[22]라는 제목으로 발표한다. 헤겔은 예술사를 물질성에서 정신성으로 이행하는 '정신의 실현'으로 본다.[23] 따라서 고대의 피라미드와 같은 거대한 건축물에서, 부피가 훨씬 작은 그리스의 조각품들로(헤겔은 정신과 물질이 잘 조화된 그리스 조각을 가장 뛰어난 예술로 취급한다) 그리고 17세기에는 음악이, 19세기 이후는 시가 주도적 예술이 되면서 종말이 도래한다.[24] 헤겔의 예측은 미술 자체 내에서도 이뤄졌다. 1910년대, 뒤샹은 "더는 그림을 그리지 않겠다"라고 선포하고, '개념'만으로 예술을 했다. 워홀의 〈브릴로 상자〉가 나오

---

22) Arthur C. Danto, "The Art World," Journal of Philosophy 61 (571-584), 1964.
23) 이는 헤겔이 '역사는 세계정신이 자유를 실현하는 과정'이라고 보는 것과 관련된다. Cf. 헤겔,『정신 현상학』.
24) Georg Wilhelm Friedrich Hegel, *Esthétique* [Vorlesungen über die Aesthetik], trad. par Samuel Jankélévitch, Paris : Flammarion(« Champs. Classiques »), 2009.

기 반세기 이전이었다. '개념미술'은 뒤샹의 첫 레디-메이드(ready-made) 작품인 〈자전거 바퀴〉(1913)부터 시작되었으며, 유명한 작품 〈샘〉(1917년 미국 독립예술가협회Society of Independent Artists에 제출)에 의해 세계적으로 알려진다. 1917년 뒤샹은 〈샘〉과 관련하여 "중요한 것은 '선택'이며 예술가의 '아이디어'(개념)가 더 중요하다"라고 함으로써, '정신[개념]의 실현으로써의 예술의 종말'을 확인했다. 이처럼 예술의 종말은 워홀에 앞서 이미 뒤샹의 작품으로 실현되었다. 그리고 개념미술가 조셉 코수스(Joseph Kosuth)의 〈하나이자 세 개의 의자〉(One and Three Chairs, 1965), 솔 르윗(Sol LeWitt)의 개념미술 작품들과 저술 『개념미술에 대한 문단』(*Paragraph on Conceptual Art*, 1967) 등 개념미술(Conceptual Art 1967- 70년대)은 이신이 미국에서 유학했던 시기가 그 전성기였다. 20세기 예술에서는 이처럼 '마티에르'가 아니라 '개념'이 미술을 하기 시작했다. 이에 대해 단토는 '예술의 종말은 사실상 미술가의 해방'을 가져왔다며, 다음과 같이 말한다. "역사의 짐에서 해방된 예술가들은 자신이 원하는 어떤 방식으로든, 자신이 원하는 그 어떤 목적을 위해서도, 혹은 어떠한 목적도 갖지 않고 자유롭게 예술을 만들게 되었다."[25] 아무런 제약 없이 모든 것이 가능해졌다. 또한, 뒤샹은 〈샘〉에 사용된 소변기를 본인이 직접 만든 제품이 아님에도 'R. Mutt'란 가명으로 서명함으로써 예술 작품의 '원본성'(Originality)을 부정한다. 이는 워홀의 〈브릴로 박스〉의 경우도 마찬가지다.[26] 이렇게 원본이 사라지고

---

25) 아서 단토, 『예술의 종말 이후-컨템퍼러리 미술과 역사의 울타리』, 이성훈, 김광우 역, 서울 : 미술문화, 2004, 62.

원본에서 나오는 아우라도 사라진다.

20세기 중반, 단토에 의해 재해석된 '예술의 종말'은 미국에서 유럽 구석구석까지 페스트보다 더 빠른 속도로 전염되며, 세계미술계를 동요시켰다.

2) '초인의 요청'으로서의 '신의 죽음'

이신이 미국에 유학을 한 시기(체류기간 : 1966-1971)는 린든 B. 존슨 정부가 3만 명의 미군을 파병한 베트남 전쟁(1955-1975) 확전에 반대하여 닉슨 정부의 철군 계획인 '닉슨 독트린'이 발표되는 등 극적인 상황이 전개되는 때였다. 이 전쟁은 미국의 압도적인 참여와 개입으로 네이팜탄과 같은 대량살상무기를 투하하고 화학 무기를 사용하여 민간인도 무차별적으로 희생시켰다. 미국 내에서 반전 운

---

26) 비록 워홀의 〈브릴로 상자〉는 합판으로 만들어졌지만, 외양상으로는 세탁세제인 진짜 브릴로 상자와 똑같다[예술 작품의 중요성이 '시각적이고 물질적'인 것에서 '정신적인 개념'으로 이동되는 것을 보여주는 대표적인 실례 중의 하나]. 캐나다 국경을 넘을 때 예술품은 비과세 항목이다. 하지만, 워홀의 작품 〈브릴로 박스〉는 공산품으로 취급되어 관세가 부과되었고, 이에 워홀은 소송을 건다. 한 인터뷰에서, 이 소송과 관련하여 캐나다 정부 대변인이 '워홀의 작품은 오리지널이 아니다'라고 언급한 것에 대해 묻자, 워홀은 자신의 작품이 "오리지널이 아니다"라고 긍정하며, "일상의 아이템을 복사했다"고 대답했다 (Andy Warhol interview 1964. Cf. http://www.artnews.com/2009/11/01/the-brillo-box-scandal/). 바로 이러한 의미에서 단토는 "예술작품을 그것이 가지고 있을지 모르는 어떤 특수한 속성들에 의거해서는 정의내릴 수 없다는 결론이 나오게 된다"라고 말한다. - 아서 단토, 앞의 책, 63.

동을 촉발시켰을 뿐만 아니라, 냉전 시대에 강국의 대리전쟁 성격까지 띠면서, 외국의 군사개입에 대한 정당성이 크게 제기되었다. 인류의 가장 큰 비극이자 참상인 전쟁에 직면하면, 인간은 신의 존재, 특히 그의 현존에 대해 그리고 '신정론'(theodicy 神正論) 혹은 '신의 죽음'에 대해 묻는다. 이 신정론은 묵시문학이 발생하게 된 중요한 문제 중의 하나였다.

니체가 말한 '신의 죽음'을 일반적으로 '인간이 만든 최고 가치의 상실'로 해석하는데, 여기에는 종교적 진리는 물론이고 25세기 동안 진리로 여겨졌던 플라톤의 이데아나 형이상학 등도 포함된다. 이처럼 확고했던 최고 가치의 상실로 사람들은 니체식의 '니힐리즘'의 사막, 혹은 지그문트 바우만의 "액체 근대"를 살게 된다. 이 사막에 순종하면 '낙타'로 살아야 한다. 이를 극복하기 위해서는 '초인'이 요청되며, '인간-형태'(la forme-Homme)로의 전환이 필요하다. 니체는 초인을 요청하기 위해서 신의 죽음을 전제로 삼았을 뿐이다. 그래서 질 들뢰즈는 "니체가 관심을 두는 것은 인간의 죽음"으로, "신이 존재하는 한, 즉 신-형태(la forme-Dieu)가 기능하는 한 인간은 존재하지 않는다"라고 설명한다.27) 그러면 "신의 죽음을 서술한 최후의 사상가"는 누구인가? 니체가 아니라 "포이에르 바흐"였다고 들뢰즈는 대답한다.

---

27) 질 들뢰즈, 앞의 책, 199.

3) 인간의 죽음

1966년 이신은, 1945년에 설립된 사립 교육기관인 네브래스카 주의 기독교 대학(Nebraska Christian College)에서 수학하고, 1968년 남부 테네시 주 내슈빌 시에 위치한, 1873년에 설립된 명문 사립인 밴더빌트 대학교(Vanderbilt University)를 다닌다. 이때 프랑스발 68혁명이 도착하고[28], '인간의 죽음'을 알리는 부고도 함께 도착한다.

> 최근 발견물인 겨우 2세기 된 인간, 우리 지식의 단순한 주름 그리고 지식이 새로운 형태를 발견하는 즉시 사라지리라 […] 인간은 해변의 모래사장에 그려진 얼굴처럼 이내 지워지게 되리라.[29]

푸코는 『말과 사물』에서 18세기에서 20세기 중반의 근대(moderne)의 에피스테메는 '역사'(histoire)나 '인간'(homme)이라고 규정한다. 칸트의 '유한성에 대한 분석론'(analytique de la finitude) 덕분에 무한한 신과의 관계인 '신-형태'(la forme-Dieu)가 아니라, "인간 내부의 힘들이 외부로부터의 유한한 힘들과 관계를 맺으며 '인간-형태'(la forme-Homme)로 전환된다. 이처럼 '유한에 대한

---

28) 68 혁명은 미국에서는 베트남 전쟁 반대로 확대된다. 사실, 68혁명의 불씨는 베트남 전쟁이었으며, 베트남 인들의 반제국주의 투쟁에서 시작되었다고 볼 수 있다.

29) Michel Foucault, *Les mots et les choses, une archéologie des sciences humaines*, nrf Gallimard, 1966, 15, 398.

사유'가 가능해 지면서 "인간이 시작된다(Incipit Homo)."[30] 덕분에 인간은 인식의 '주체'이자 동시에 '대상'으로 설정되는, "낯선 초월적 -경험적 이중체"(Etrange doublet empirico-transcendantal)[31]를 경험한다. 하지만, 새로운 에피스테메가 형성되면, 역사적으로 구성된 근대적 인간을 바탕으로 설립된 모든 개념이나 체제도 바뀌게 되며, 그렇게 특정한 시대의 산물이었던 인간의 죽음이 도래하게 된다.

68혁명과 함께, 세계 미술계에는 이탈리아의 아르테 포베라(Arte povera 1967-1972), 프랑스의 쉬포르/쉬르파스(Support/Surface), 일본의 모노하(Monoha 1968-70년대), 미국의 랜드아트(Land Art) 등, 새로운 미술운동이 등장한다. 헤겔의 예술 종말과는 반대되는 현상으로, 물질을 재고하고 물질 자체가 전시의 주체가 되는 움직임 이다.

2. 초-현실주의

미국에서의 5년여 간이 그에게서 제일 안정된 시간이 아니었나 여겨 진다. 물론 부인과 네 명의 어린 자식을 고국에 놓아두고 생활비까지 책임져야 했던 고된 시간이기는 했지만, 그는 이 기간에 그림도 많이 창작할 수 있었고, 여러 번의 개인 전람회를 통해서 학비와 생활비도

---

30) 질 들뢰즈, 앞의 책, 194.
31) Michel Foucault, 앞의 책, 329. "un étrange doublet empirico-tran-
    scendantal, puisque c'est un être tel qu'on prendra connaissance en
    lui de ce qui rend possible toute connaissance."

조달하면서 창조적인 생활을 할 수 있었다. 그러나 애석하게도 이때 그린 그림들은 그가 귀국한 후에 분실되어 오늘 전혀 전해지지 않고 있다. 다만, 귀국하고 어려운 상황에서 그린 그림들과 도미 이전의 작품들만 남아 있다(이은선 "머리말" in 이신, 2011, 16).

『슐리얼리즘과 영靈의 신학』의 엮은이이자 이신의 딸인 이은선은 위와 같이 회상한다.

이신이 짧은 유학 기간에 "미국에서 열 차례의 개인 전람회"(이신, 2012, 11)를 개최할 수 있었던 것과 미국에서의 본인 생활비뿐만 아니라 한국에 있는 가족들 생활비까지도 작품 판매로 충당할 수 있었다는 것은 정말 대단하다. 당시 미국이 미술 경기가 좋았던 때이기는 하나, 어느 나라에서든 작가가 작품 판매로 생활할 수 있다는 것은 그때나 지금이나 극히 소수만이 누릴 수 있는 행운이다. 미국에서 이신의 작품 스타일이 어떠했기에 미국인 컬렉터의 관심을 끌었는지 상당한 호기심을 불러일으킨다. 초현실주의에 대한 그의 꾸준한 열정, 관심과 도미 전 그의 초현실주의적 경향의 순수한 작품으로 미루어 보아, 살바도르 달리나 다른 초현실주의 작가들보다는 미로의 영향을 더 받았을 것으로 추측된다. 세계적인 작가 미로는 미국에서도 역시 인기 있는 작가 중의 한 명이었다. 그는 제2차 세계대전 후 1947년 미국으로 가서 신시내티 호텔 벽화, 하버드 대학 벽화를 그리며 미국의 전위운동에 이바지했다. 그러나 이신이 미국에 도착했을 때, 미로는 이미(1948년) 귀국하여, 바르셀로나와 파리를 왕래하면서 활동하고 있었다.

1) 미로에서 길을 찾다

〈그림 6〉

이신의 〈그림 6〉과 호안 미로의 〈세상의 탄생〉(La naissance du Monde, 1925), 이 두 작품의 배경 전체의 색조나 톤, 두 개의 동그라미, 검은 세모, 즉흥적으로 그은 듯한 선 등의 느낌이 비슷하다. 특히, 두 작품 모두 초현실주의 특징 중의 하나인 '오토마티즘'(automatism, 자동기술법)을 사용하고 있다. 앙드레 브르통은 "미로는 아마도 우리 중에 가장 쉬르레알리스트[초현실주의자]"(Miró est probablement le plus surréaliste de nous tous, 1928)라고 했으며, '오토마티즘'에 대해『초현실주의와 회화』(Le Surrealisme et la peinture, 1928)에서 다음과 같이 설명한다.

초현실주의의 근본적인 발견은 […] 어떤 선입견적 의도도 없이 쓰기를 재촉하는 펜과 그리기를 재촉하는 연필이, 잠깐의 유행이 아니라 최소한 시인이 자신 안에 감추어 둔 감정적인 모든 것을 드러내줄 수 있는, 매우 고귀한 내용을 만들어내는 것이다.

미로의 친구 화가 아다미(Adami)가 흥미로운 언급을 하는데, "미로에게 있어서 그림은 일종의 기도하는 방식이었다"(La peinture était pour lui une manière de prier)라고 한다. 미로의 작품에서 오토마티즘 기법의 우연히 그린 듯한 선, 점, 기하학적 도형 등은 상반된 것, 대조적인 것을 '편견 없이' 서로 공존하게 하고, 순수한 대화를 가능하게 한다. 이런 점이 미로와 이신의 스타일을 비교 가능하게 한다.

〈그림 6〉은 일필휘지처럼 한 번에 그려졌다. 오른 쪽 아래의 선에서 시작해서 그리다 보면, 한 번도 붓을 뗄 필요 없이 왼쪽 아래의 선에서 끝나게 된다. 물론 왼쪽에서 먼저 시작해도 상관없다. 단지 형상의 눈의 역할을 하는 까맣고 파란 작은 두 개의 원만 따로 그려졌다. 이신이 종종 즐기는 이러한 테크닉은 〈그림 7〉 '유랑자의 수기'와 〈그림 13〉에서도 비슷한 사례를 찾아볼 수 있다.

〈그림 7〉 '유랑자(流浪者)의 수기(手記)'에서도 무심한 듯 그려진 가로와 세로의 여러 선이 교차되면서 면이 되고, 형상이 된다. '유랑자의 수기'라는 시집의 제목에 미루어 추론한다면, 이 가로 세로의 선으로 우연히 만들어진 주된 형태가 '유랑자'일 것

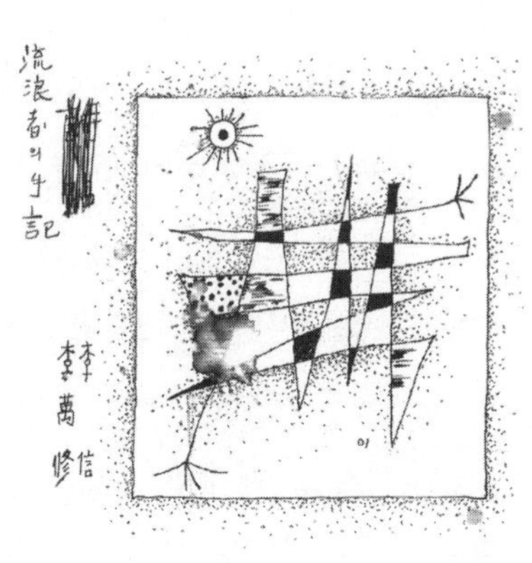

〈그림 7〉 유랑자의 수기

이다. 오랜 유랑을 하면서 유랑자의 모습과 주변의 환경이 서로 영향을 주고받으며 지나온 시공간적 흔적(과정)을 보여준다. 내부와 외부가 엮여서 유랑자가 형성되고 또다시 새롭게 형성된다는 의미이다(이러한 내부와 외부의 소통은 〈그림 8〉과 〈그림 9〉에서 좀 더 명료하게 재현된다). 화면 왼쪽 상단에는 사람의 눈동자를 연상시키는 태양이 떠 있다. 이 태양은 유랑자가 지구상에서는 닿을 수 없는 목적지이기에, 그의 유랑은 지상에서는 끝나지 않는다. 〈유랑자의 수기〉에서 그의 옛날 이름 '이만수'와 새로운 이름 '이신'이 모두 한문으로 세로로 나란히 적혀 있다. 원래 제목 '시첩'(試帖)이 '유랑자의 수기'로 바뀌었다. 작품의 이전 제목은 삭제하면서도, 반면에 작가의 과거 이름과 새 이름을 그대로 둔 것은, '이만수'에서 '이신'으로 그리고 또 다른 새로운 사람으로의 변화와 유랑의 길을 상징한다.

〈그림 7〉 '유랑자의 수기'는 호안 미로의 〈피난 사다리〉 (Joan Miró, 'The Escape Ladder', oil on canvas, 1940)의 몇몇 요소를 연상시킨다. 미로의 〈피난 사다리〉는 야곱의 사다리처럼 하늘로 향하고 있다. 이신의 〈그림 7〉에서도 유랑자가 향하는 곳은 하늘이며, 그는 이 세상을 다니며[혹은 세상에 잠시 머물며] 하늘을 알리고 있다. 미로 작품 속의 사다리는 선과 선이 가로 세로로 겹치고, 겹치는 면에 검은 색이 균형 있게 칠해졌다. 이신의 〈그림 7〉 '유랑자의 수기'도 비슷하다. 단지 미로의 경우에는 사다리(사물)가 하늘로 피신할 도구로 사용되나, 〈유랑자의 수기〉에서는 사람 자체가 그 매개체로, 타자는 이 유랑자를 통해 하늘에 닿는다. 〈유랑자의 수기〉에서 화면의 대부분을 차지하고 있는 지그재그 선은 하나의 선으로 연결된다. 화면

아래 왼쪽에 마치 유랑자의 오른발로 연상되는 4개의 짧은 선분 중에 하나[정확하게는 관람자가 볼 때, 왼쪽에서부터 두 번째 선분]에서 시작된 선이 상하(上下)로 지그재그 그어졌다가 다시 좌우(左右)로 지그재그 그어진 다음에 유랑자의 왼손[오른쪽 상단]으로 짐작되는 4개의 짧은 선분[손가락] 중의 하나[정확하게는 왼쪽에서부터 두 번째 선분]에서 끝난다.

손가락의 개수에도 관심을 가질만하다. 〈그림 7〉에서는 네 개, 〈그림 5〉에서는 형상의 왼쪽 손가락[관람객이 볼 때는 오른쪽]은 다섯 개이고 오른쪽 손가락은 네 개이다. 〈그림 1〉에서 남자의 왼쪽 손가락은 두 개, 〈그림 3〉에서 [관람객이 볼 때] 왼쪽 형상의 오른쪽 손가락과 왼쪽 손가락 모두 네 개이고, 오른쪽 형상의 오른쪽 손가락[관람객이 볼 때는 왼쪽]은 다섯 개 왼쪽 손가락은 네 개이다. 〈그림 12〉에서는 손가락이 두 개이거나 세 개이고, 〈그림 13〉에서는 네 개이다. 한 손의 손가락이 다섯 개를 넘는 경우는 없는데, 손가락 수가 모자란 경우는 대부분이다. 구성상 손가락 느낌만 주면서 최대한 간략하게 하려는 작가의 의도가 읽혀진다. 또한, 손가락 하나가 모자람으로써 부족함과 겸손함을 표시하는 것일 수도, 그래서 모자라는 손가락을 대신할 외부의(혹은 초월적인) 다른 손을 기다리는 것일 수도 있다.

이신의 〈그림 8〉과 〈그림 9〉는 호안 미로의 〈태양 먹는 자〉(Joan Miró, 'Mangeur de soleil', 1955)를 떠올린다. 〈그림 8〉은 미로의 〈태양 먹는 자〉의 '태양을 먹는다'라는 주제와 붉은 톤, 푸른색, 초록색, 검은색 등 사용한 색이 비슷하다. 이신의 〈그림 9〉는 미로의 〈태양

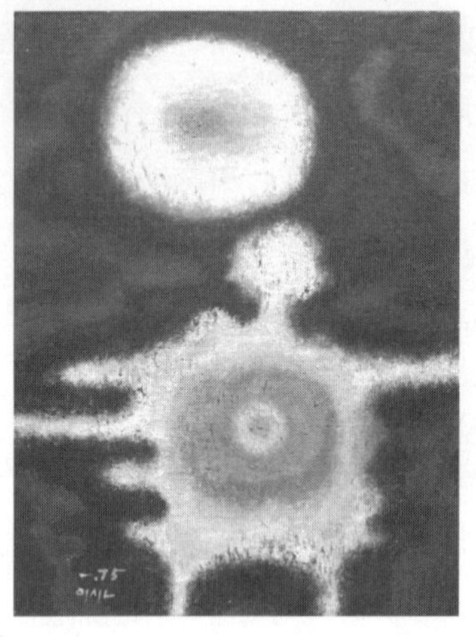

<그림 8> 1975   <그림 9> 1980

먹는 자〉의 큰 구도나 형태[둥근 얼굴, 선으로 구성된 네모난 몸]와 비슷
하다. 〈그림 8〉에서는 태양 혹은 빛을 담고 있다. 사람이 빛을 몸에
담았다는 상징적인 형태일 수도 있다. 이정배가 말했듯이, "인간과
하늘의 감응, 공명"[32]을 보여준다. 내가 네가 되고, 네가 내가 된
듯한, 내가 공기가 되고 흐름이 되고, 흐름이 내가 되고 네가 되었다.
신을 상징하는 태양, 혹은 태양 같은 신이 내재화되었다. 이처럼 빛
이 내재화 되는 것은, 그가 도미하기 전에 그린 1960년대 〈그림 3〉과
귀국 후에 그린 1972년대 〈그림 4〉에서도 보인다. 내면에 있는 빛이
창문과 같은 눈을 통해 비치고 있다. 또한 1975년도 〈그림 10〉에서
도 붉은빛과 노란빛이 내재화되어 있다.

---

32) 이정배, "이신의 예술신학연구 – 묵시문학적 상상력과 슐리얼리즘의 해석학",
  「신학과 세계」, 2002년 봄호 통권 44호.

〈그림 9〉에서는 큰 사람의 형상 안에 또 다른 작은 두 사람이 담겨 있다. 큰 남성은 미로의 〈태양 먹는 자〉와 비슷한 사각형의 몸통을 가지고 있고, 이 사각형에서 위의 가로 선분과 세로 선분이 더 지속되어 각각 팔과 다리가 된다. 그리고 이 사각형 몸통은 십자가처럼 4등분 되어 그 안에 작은 남자와 작은 여자를 품는다. 여성의 모습은 우리가 이미 〈그림 1〉에서 본 여성과 비슷하며, 작은 남성은 이 그림의 큰 사람의 모습과 같다. 선분이 점점 더 중첩되고 집중되어서, 마치 거미가 거미집을 짓듯이, 그렇게 선이 하나 둘씩 자아져서 존재자의 형태(forme)가 드러났다.

〈그림 8〉과 〈그림 9〉는 내부와 외부, 너와 나, 신과 인간, 빛과 어둠, 존재와 비존재, 등이 서로 밀접하게 소통되는 것을 보여준다. 〈그림 8〉에서는 점점 더 번져 나간다면, 〈그림 9〉에서는 점점 더 집중되는 느낌이다. 〈그림 8〉에서는 내부에 빛을 담은 존재가 번져 나가는 만큼, 희석(稀釋)화되고, 타자(他者)화 된다. 〈그림 9〉에서는 큰 남자와 작은 남자의 형태가 동일하게 두 번 반복이 됨으로써, 이 큰 남자가 또 다른 더 큰 사람[존재]의 내부에 있는 것이 아닌가 상상하게 된다. 그리고 마치 거미줄에 작은 곤충이 걸리면, 멀리 있던 거미가 그 미세한 진동을 느끼고 곤충을 포획하러 가듯이, 그림 속의 거미줄에서도 어느 한 곳에 진동[슬픔, 기쁨, 사건, 등]이 울리면, 그 진동을 모두[인간, 공간, 자연, 신, 등]가 공유하게 된다. 이 '진동'이나 '바이브레이션'은 바로 이신이 말하는 '긴장감과 역동성'(이신, 2011, 71)이며, 이우환이 말하는 "생성의 장 혹은 여백의 현상"33)이다.

여기서 '빛'[혹은 '인스피레이션', '숨'. 〈그림 13〉의 설명 참조]이나 '선'

(線)은 존재자를 가능하게 하는 근거로, '탈은폐'(a-letheia)되면서 동시에 '은폐'(letheia)되는 '존재'(sein, 하이데거)이자, 특정한 장소와 특정한 방식으로 '현존재'를 드러나게 하는 역할을 한다.

2) VVV(미국초현실주의 잡지)

이제 우리는 〈그림 5〉「돌의 소리」 연구지의 표지 그림에서 의인화된 돌이 그의 오른손에 VVV를 들고 있는 것에 대해 살펴보겠다. 〈그림 5〉에서 의인화된 돌의 왼쪽 손가락은 다섯 개이고 오른쪽 손가락은 네 개이다. 오른쪽 세 개의 손가락 끝은 정확하게 V라는 글자를 각각 하나씩 받치고 있다. VVV를 받치기 위해서는 세 개의 손가락이면 충분한데 하나가 더 있다. 그렇다고 하나를 더 그려서 다섯 개의 손가락이 있는 일반적인 손으로 재현하지도 않는다. 이신은 묵시문학 신학의 전개를 위해 초현실주의 미술을 차용하고 있다. 그 경우에 네 번째 손가락은 또 다른 V(승리)를 거두기 위한 자리로, 궁극적인 V(승리)인 "우주적인 자유 공동체"(이신, 2011, 143)를 기대하는 것일 수 있다.

1966년 앙드레 브르통의 죽음으로 초현실주의가 끝났다고 했던 바로 그 해에 이신은 미국에 도착했다. 정확히는 이신이 미국에 도착하고 3개월 후에 브르통의 사망 소식을 듣게 된다. 한국에서 초현실주의에 대해 이미 알고 있었겠지만, 미국에서 초현실주의자들의 작

---

33) 심은록, 앞의 책, 2014, 309.

품을 직접 보고, 그들의 글을 직접 읽으면서, 이신은 깊은 감동과 함께 새로운 국면의 초현실주의를 만났을 것이다. 유럽과 미국에서 초현실주의의 발전 양상은 각각 다른데, 그는 사유적인 프랑스 쪽에 더 가깝게 다가간다. 유럽에서는 다다에서 초현실주의로의 전개가 자연스럽게 이뤄졌다면, 미국에서는 2차 세계대전으로 인해 망명한 미술가들 덕분에 초현실주의가 유럽계, 라틴아메리카 작가 등에 의해 국제적인 양상을 띠는 동시에 헬렌 룬데버그(Helen Lundeberg, 1898-1978), 로저 페이텔슨(Lorser Feitelson, 1908-1999), 찰스 레인, 마샬 글레지어, 거트루드 아베크롬비 등의 예술가들에 의해 미국적인 특성이 가미되었다. 그리고 미국 초현실주의 미술에 중요한 역할을 했던 'VVV' 등과 같은 잡지가 발간되었다. 이신의 '한국쉬르리얼리슴 연구소' 연구지의 커버 그림과 초현실주의 잡지의 커버 그림에는 흥미로운 공통점이 보이는데, 이 점은 아래 '초-현실주의와 초-인' 부분에서 다루도록 하겠다.

미국에서 초현실주의 잡지가 발간되기 전에, 이미 파리에서 그 전례가 있었다. 파리에서 출간된 초현실주의 잡지로는, 조르쥬 바타이유(Georges Bataille)에 의해 발간된 '무두인無頭人'(Acéphale, 1936-1939)과 초현실주의 저널인 '문서'(Documents 1929-1930), 앙드레 브르통의 '초현실주의 혁명'(La Révolution surréaliste, 1924-1929), 출판업자인 알버트 스키라(Albert Skira)의해 출간된 '미노타우로스'(Minotaure, 1933-1939) 등이 있었다. 특히 '미노타우로스'의 창간호(no. 1, 1933) 커버에 피카소의 〈미노타우로스〉가 게재되었으며, 이후, 앙드레 마송, 르네 마그리트, 마티스, 달리, 등이 역시

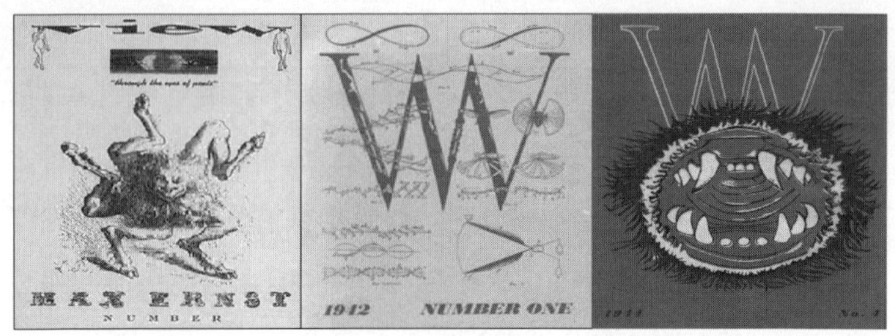

[左] '뷰'(View, 1942년 4월호) - 이 잡지에서 앙드레 브르통은 "막스 에른스트의 전설적인 삶과 새로운 신화의 필요성에 대한 짧은 논설" (André Breton, The Legendary Life of Max Ernst preceeded by a brief discussion on the need for a new myth)이라는 중요한 글을 게재한다.
[中] VV (초현실주의 잡지, 미국에서 발행, 1942년 창간호)
[右] VV (초현실주의 잡지, 미국에서 발행, 1944년 4호)

〈미노타우로스〉를 주제로 커버 그림을 그렸다.

'VVV'는 데이비드 헤어(David Hare, 화가)가 마르셀 뒤샹, 앙드레 브르통, 막스 에른스트 등 초현실주의자들의 중요 인물들과 협력하여 1942년부터 1944년까지 4호까지 발간했다. 1942년 창간호에는 이신이 그의 박사논문에서 언급했던 브르통의 "제3차 초현실주의 선언을 위한 서문 혹은 아닌"(Prolegomena to a Third Manifesto of Surrealism or Else, 1942)도 발표되었다. 창간호 표지에는 에른스트의 작품이 게재되었으며, 1944년 마지막 4호는 칠레 출신의 미술가 로베르토 마타(Roberto Matta, 1911-2002)의 〈미노타우로스〉가 게재되었다. 이 잡지에 게재된 키리코, 브르통, 마송, 이브 탕기 등 많은 주요 작가들은 자동주의 기법으로 제작된 초현실주의 경향의 작품을 보여주었다.

〈그림 5〉'돌의 소리'에 나오는 'VVV'에 대해, 이신은 V자 세 개는 우선 정신 해방을 가로막는 모든 것에 대한 세 번의 승리를 의미하며,

따라서 쉬르리얼리슴의 키 포인트는 '인간의 전면적인 해방'을 말하는 것이라며, VVV 선언을 다음과 같이 인용한다. "살기에 적합한 세계로 돌아가자는 열망으로서의 V(승리) 곧 현재 지상에 맹위를 떨치고 있는 역행과 죽음의 세력에 대한 승리뿐만 아니라 이중의 V, 즉 이 최초의 승리를 극복한 V, 인간에 의한 인간의 노예화를 영구히 존속시키려는 것에 대한 V, 또는 이 VV, 이중의 승리를 넘어선 인간의 해방이 그 선결조건인 정신의 해방에 대립하는 일체에 대한 V…"(VVV선언).

세 개 V는 승리(Victory)도 의미하지만, 동시에 다음과 같은 단어의 이니셜이기도 하다. 브르통에 의하면 세 개의 V는 각각 "퇴보의 힘에 대항하여 승리(Victory/victoire), 우리 주변 보기(View/vue)와 우리 내면 보기(View/vue), 어떤 일이 일어나고 있는 베일(Veil/voile) 밑의 형성 과정에서 신화"34)라고 설명한다.

이신의 VVV 로고는 미국 초현실주의 잡지의 로고와 약간 다르다. 미국의 로고는 이 세 개의 V를 펜을 떼지 않고 한 번에 쭉 쓸 수 있도록 연결되어 있으나, 이신의 로고는 세 개의 V가 겹쳐 있어서, 두 번 펜을 띠었다가 다시 써야 한다.

앞에서 이미 언급한 것처럼 초현실주의는 다다에서 나왔다. 너무나 부조리한 1, 2차 세계대전의 참혹함에 좌절한 다다이스트들은 이전까지의 모든 사상과 사고를 부정하며 뒤엎는다. 그러다 보니

---

34) 앙드레 브르통의 VVV선언에서 - "La victoire sur les forces de la ré-gression, la vue autour de nous, la vue en nous [...] le mythe dans le processus de formation sous le voile de ce qui se passe."

스스로도 부정하게 되는 모순에 부딪혀 해체되고 초현실주의가 태어난다. 한국인 이신은 일제강점기, 1950년 6.25전쟁, 남북 분단 등을 겪으며 '종말'의 단편을 맛보았을 것이며, 미국에서 다시 '베트남 전쟁'을 보았고, 3D(death) 시대를 겪으면서, 이러한 위기에 가장 적절한 미술 사조는 초현실주의라고 보았다. 이신은 쉽지 않은 여건에서도 '한국쉬르리얼리즘연구소'를 설립하고, 연구지를 만들었으며, 표지 그림 〈돌의 소리〉와 글도 준비했다. 미술비평가인 마티가 서윈(Martica Sawin)은 "이미 파리에서 경험이 있는 브르통은 미국에서도 출판물을 발간하게 하여 초현실주의자들의 신작 작품 발표와 설명을 가능하게 했고, 이들을 모이게 하고, 새로운 지지자들을 얻는 중요한 역할을 했다"라고 보고 있다.[35] 이처럼, 이신도 연구지를 통해 새로운 사상을 발표하고, 소통하며, 협력자를 찾으려고 했을 것이다, 세 번의 승리와 어쩌면 궁극적인 네 번째의 승리를 위해….

3) 초-현실주의, 초-인[36]

이신은 예술 양식과 묵시문학의 공통점을 아래와 같이 말하고 있다.

어떤 심각한 예술 양식이든 그것은 묵시문학적 환상 속에 있는 심각성

---

35) Martica Sawin, *Surrealism in Exile and the Beginning of the New York School*, Cambridge: MIT Press, 1995, 213.
36) 여기에서 '초인'에 '-'를 삽입하는 이유는, 이 초인은 니체, 푸코, 들뢰즈가 해석한 '초인'과도 다르며, 묵시문학적 방법론으로서의 '초-현실주의'라는 관점에서의 '초-인'이기 때문에 구별을 위하여 이 챕터에서만 '초-인'으로 사용한다

과 상통하는 면이 있다. 시, 회화, 소설, 음악 등 어떤 예술 양식이든 그것은 각기 나름대로의 방식으로 그 환상 경험을 표상화한 것이다. 진정한 의미의 예술은 '환상'의 수단을 통한 유비적인 의식의 고양에서 창조된다. 그리고 그 예술 작품은 심판과 초월적 전환의 힘으로 인간과 세계에 도전한다(이신, 2011, 132).

많은 유형의 예술 가운데도 초현실주의를 선택한 것은 묵시문학과 많은 공통점이 있기 때문이다. 또한 이신이 도미했을 때 팝아트가 지배적이었음에도 초현실주의 미술 유형을 선택한 것은 초월적이며, 고양되고 승화된 예술을 추구하는 이신의 예술철학 때문이다. 묵시문학은 위기 시의 문학으로, 유대 민족의 어려운 상황을 위로하고 희망을 주기 위해서 쓰였다. 이신은 현 시대의 전쟁과 폭력이 지배하는 3D(death) 시대를 위기라고 여겨 묵시문학적 해석을 하며, 그 현대적인 해석 방법론으로 초현실주의 미술을 다루고 있다. 그는 환상과 꿈, 상상력의 요청, 상징의 중요성['물고기', '새' 등], 총체적이고 우주적인 관점['해', '별' 등]이 상징적으로 등장하는 것에서 묵시문학과 초현실주의의 공통점을 보았다. 이처럼 이신은 상징과 상상력을 사용하여 우주적인 관점을 도입하면서, 예상치 못한 서로 다른 것들과의 만남, 외부로 향한 선입견 없는 지평[에포케], 그로 인해 열리는 '새로운 세계'를 다음과 전망한다:

[…] 우주적인 전망 속에서 역사 전체의 문제를 포괄하고 있는 것이다. 묵시문학자들은 역사의 문제를 조감도의 시각으로 바라보고서,

하늘과 땅, 정신적인 것과 물질적인 것의 총체적인 전환을 기대하는 전망을 제시한다. […] 메시아 왕국의 묵시문학적 환상은 이 우주적인 자유의 공동체를 실현하기 위한 전조적 동인 premonitory causative(이신, 2011, 143)이다.

"우주적인 자유 공동체"를 실현하거나 그곳의 일원이 되기 위해서는 "자기를 초극할 수 있는" 초인이 되어야 한다. 이신에 의하면, 스스로[자신]에서 벗어난 사람들이 "자기 초극self-transcendence"(이신, 2011, 314)을 하며, "하나님의 영이 있는 곳"(이신, 2011, 315)에 다다른다. 그 반대되는 유형은 '자기본위 egocentricity' 혹은 '자기애 self-love'(이신, 2011, 314)이며, 이는 "자기 속에 갇혀 있기 때문에 또는 자기 자신에 도취되어 있기 때문에 '자기 초극'을 할 수 없게 하여 결국에 가서는 망하게 되는 것"이다(이신, 2011, 315). 푸코의 사유 목표 역시 "스스로부터 벗어나는 것"(se déprendre de soi-même)[37]이다.

질 들뢰즈는 푸코를 인용하며, "초인이란 살아있는 인간의 사라짐이 아니라 개념의 변화"라고 하며, 이는 "신도 인간도 아니면서 이전의 두 형태보다는 나으리라고 증명되기를 바라는 새로운 형태의 출연"[38]을 예고하는 것이라고 설명한다. 이도 저도 아닌, 신도 인간도

---

[37] Michel Foucault, *L'usage des plaisirs*, Paris, Gallimard, 1984, 14. Cf. 푸코의 경우, 그의 사유에 대한 작업은 '모든 형태나 시스템의 정상적인 것에 대한 문제화 작업'이라고 할 수 있는 것으로, 마치 근대의 '완전성'을 극복해야 하는 것처럼, 정상적인 것이라고 생각하는 것을 극복한다는 의미다.
[38] 질 들뢰즈, 앞의 책, 203.

아닌 '힘의 의지'가 강한 형태나 혹은 '창조적 힘'을 가진 형태로, 둘 혹은 둘 이상의 세계와 교류한다. 옛 그리스 시대의 신과 자연과 직접 교류하는 '영웅'들이거나, 구약시대의 '선지자'들이 그러하다. 이들과 반대는 노예들이다. 이신은 특히 현재 자본주의 제도, 문명의 이기, 기계, 등의 노예 상태에 대해 다음과 같이 한탄하고 있다.

> […]사람들을 자본주의의
>
> 노예로 삼고 목매서 끌고 가고 있습니다.
>
> […] 자본 축적을 해야 한다는 생각 때문에
>
> 사람답게 사는 것이 무엇이라는 인간성의 요구를 잊어버리고
>
> '맘몬'의 종이 되어 가고 있습니다.
>
> […] 현대 문명이라는 이기(利器)도 […]
>
> 인간의 정신력을 좀먹는 흉기로서
>
> 인간을 노예화하는 도구로 화해가고 있습니다.
>
> _ "전위적 역사의식" in 이신, 2012, 117-118

앞의 이신의 한탄을 통해 우리는 '돌의 소리'의 배경 그림이 왜 '산업지역' 혹은 '자본주의 지역'인지 알게 된다. 그는 베르자예프를 인용하며, "인간의 노예성은 인간의 타락이며 죄"이고, 이 죄는 "회개와 속죄로만 극복될 수 있는 것이 아니라, 인간의 모든 창조적 힘의 활동에 의해서도 극복되는 것"이라고 말한다(이신, 2011, 143).

이신은 복음을 받아들일 때도 수동적이나 기계적으로 하면 안 되며, 행위도 습관적으로 하는 것이 아니라, 창조적으로 할 때야말로

그 안에 생명이 있다고 한다. "복음은 기계적인 도덕주의가 아니다. 그것은 우리가 만일 바리새주의로 전락되지 않을 때 발견되는 '생명력'을 속에 감춘 하나의 종자와 같다"(Néstor Paz, "Christian," *The Guerilla journal*, 재인용 〈이신, 2012, 152〉).

　이신은 이론적으로 '자기-초극'을 하는 초-인을 정립하기 전에 이미 그의 그림에서 이러한 형태를 재현하고 있었다. 〈그림 3〉에서 집을 부지런히 떠난다는 것은 자신의 안정되고 확고한 것(자기 세상, 자기 자신)으로부터 떠난다는 의미이며, 이 그림에서 오른쪽의 인물은 그의 눈에서 이미 두 세계[하늘색 네모의 세상을 보는 오른쪽 눈, 이와 전혀 다른 타원형 붉은색의 세계를 보는 왼쪽 눈]를 보고 있다. 이신은 그의 그림에서 인간 형태를 자주 재현하는데, 좀 더 정확히는 "인간도 신도 아닌", "인간도 보고 신도 보는" 혹은 "인간이기도 하고 신이기도 한" 형태로서 자신을 초극한 초-현실주의적인 초-인의 모습들이다.
　〈그림 10〉도 〈그림 4〉 '흑과 백'처럼 사람일 수도 또한 그 이상의 상징을 의미할 수도 있다. 〈그림 5〉 '돌의 소리'에 등장하는 형태도 역시 '자연도 보고 돌도 보는' 혹은 '자연이기도 사람이기도 한' '돌-사람'의 모습이다. 절대적인 타자와도 외부와도 소통할 수 있는, 외부가 적극적으로 개입할 수 있도록 열어둘 수 있는 그러한 초-현실주의적인 초-인의 형태이다.
　〈그림 5〉나 〈그림 10〉처럼 서로 다른 세계가 한 몸이 되는 경우는 초현실주의 미술에서는 쉽게 찾아볼 수 있는 것이며, 이신이 여러 번 읽었을 VVV 잡지의 창간호에도 이러한 그림이 게재되었다. 앞에

서 언급했던, 파리나 뉴욕에서 출간된 초현실주의 잡지의 창간호 커버에는, 사람의 머리가 없는 '무두인'이나 동물의 머리로 대치된 '미노타우로스'가 등장한다. VVV의 4호의 커버 그림에서도 로베르 토 마타(Roberto Matta, 1911-2002)의 〈미노타우로스〉가 게재되었 다. 막스 에른스트의 〈무제, 새-인간〉(Max Ernst, 'Untitled- The Bird People', Colored crayons on orange wove paper 455 x 355 mm, 1942)도 VVV에 게재되었다. 이 작품에서 주제의 상체는 새이나 하 체는 사람의 모습이다. 1, 2차 세계대전을 일으키게 한 로고스 중심 주의적이며 자기동일성적인 머리는 있는 것보다는 없는 것이 낫다 는 비판이며, 자아의식 없이 외부를 향해 에포케된 상태로 열어두겠 다는 의미이기도 하다. 또한, 차라리 감성적인 동물의 머리가 좋다는 의미이기도 하다. 동시에 이신도 "요즘 현명하다는 사람들"은 "그들

〈그림 10〉 1975

〈그림 11〉 장욱진, '진진묘' (眞眞妙, Zinzinmyo, My Wife's Buddhist Name) , 캔버스에 유채, 22.8x16.2cm ©장욱진미술문화재단

의 이론으로는 더욱더 전쟁과 다툼만 자아내기 때문에 '돌의 소리'와 같은 소리가 필요하다"(이신, 2012, 150)라고 보고, 사람의 머리를 돌로 대치했다(〈그림 5〉). 그리고 〈그림 10〉에서는 예수를 상징하는 물고기를 머리의 위치에 두었다.

르네 마그리트의 〈공동의 발명〉(René Magritte, 'Collective Invention', oil on canvas, 1934)에서 보면, 상체는 물고기이고 하체는 사람이다. 마그리트의 〈공동의 발명〉의 주체는 '인어공주'와 정확히 반대의 상태이다. 즉, 인어공주는 도시(사람의 세계)로 오고 싶어 한다면, 〈공동의 발명〉의 주체는 자연(바다)으로 가고 싶어 한다. 바다는 무한한 자연이자, 존재의 원천이다. 마찬가지로, 이신의 〈그림 10〉은 예수(물고기)를 닮기를 원한다. 두 작가의 그림의 근본적인 의도가 비슷하다.

르네 마그리트의 〈보물섬〉(René Magritte, 'Treasure Island', lithograph, 1942~43)에서는 새와 식물이 융합되었다. 풀 혹은 나무의 상반부는 새이고, 하반부는 식물이다. 늘 땅에 뿌리를 묻고 움직일 수 없는 식물과 반대로 늘 떠돌아다녀야 하는 새가 소통한다. 어쩌면 하늘과 땅의 만남이기도 하다.

앞에서 언급한 것처럼, 이신의 〈그림 10〉에서 '물고기'는 예수 그리스도를 상징하며, 머리가 되는 예수를 의미한다. 가슴은 '붉은 태양'과 같은 정열과 창조력이며, 하반부는 '달빛'처럼 차가운 이성의 빛이 비친다. 초현실주의자들의 모토가 된, "해부대 위에서의 우산과 재봉틀의 기이한 만남"(로트레아몽, '말도로르의 노래')처럼, 그렇게 물고기와 태양과 달빛이 함께 만나서 세상을 비춘다. 이신이 그의 예술을 통해 재현한 초-현실주의적 초-인의 개념이다.

〈그림 10〉의 구성은 또한 장욱진 작가의 〈그림 11〉 '진진묘'(1973)의 두 번째 작품을 떠오르게 한다. 장욱진은 그의 부인이 경전을 읽는 신실한 모습을 형상화 했다['진진묘'는 그의 부인의 법명]. 〈진진묘〉는 크게 세 개의 원으로 구성되었는데 부처를 닮아가는 얼굴[가장 작은 원], 가슴에 손을 모아 기도드리는 중간 원 그리고 가부좌를 하고 앉은 아래의 큰 원이다.

절대자와 인간, 절대 타자와 자아, 너와 나, 하늘과 땅, "불가시적인 영역"과 "가시적인 영역", 누가 이것과 저것의 그 엄청난 거리와 차이를 연결할 수 있을까? 이와 같이 "양극의 중간에 놓여 있는" 대표적인 인물은 이신에 의하면, 바로 묵시문학자들, 예언자들이다.

〈그림 12〉 '예언자', 1975

그는 이처럼 엄청난 거리를 이어주는 것을 표현하기 위해 예언자를 '긴 사닥다리'나 '높은 탑'처럼 재현한다. "묵시문학적 환상의 위치는 단순히 객관적으로 경험할 수 있는 가시적인 세계에 있지도 않으며, 그렇다고 절대적인 의미에서의 불가시적인 영역에도 있지 않고, 다만 양극의 중간에 놓여 있다. 이와 같이 그것은 특수한 변증법적 위치를 점하고 있다. […]

그 환상은 의식 안에서 객관적인 것과 주관적인 것의 동시 발생적 현실이다. 그 환상에는 현재와 미래, 객관성과 주관성 사이의 변증법적 동시 발생의 요소가 있다"(이신, 2011, 134).

과연 초-인들은 어떤 언어로, 어떤 소리로 이야기할까 ? 이신은 그들은 "초월적인 언어, 초월의 암호"를 사용한다고 한다.

묵시문학자들은 환상 체험을 그들의 상징적 표현이나 '암호 언어'에 의해 비유적으로 매개했다. '개념, 표상, 관념은 의식 일반의 매개 속에서 ─여기서 나는 가능한 실존으로서 어떤 초월적인 언어를 듣는다 ─ 초월의 암호라고 불린다. [⋯] 우리는 세계로부터 벗어날 수 없기 때문에, 주체와 객체, 인간과 세계 그리고 현상 일반 등을 사라지게 할 전달 가능한 신비적 체험의 경우만을 제외하고, 우리는 본질적이고 유효한 것─우리가 이러한 것일 수 있으며 이러한 것에 의해서 우리가 존재하는─을 의식하기 위해 현세의 기호들과 암호들을 필요로 한다(이신, 2011, 104).

"초월적인 언어, 초월의 암호" 중의 하나가 '돌의 소리'이다. 앞에서 본 〈그림 5〉에서의 돌의 소리는 "묵시문학자들이 그 역사적 지평에 있어 광야에서 외치는 자의 소리"(이신, 2011, 46)이기도 하다. 〈그림 12〉에서 이 예언자는 '광야'에 있다. 이 광야는 사막일 수도 또한, '돌의 소리'의 배경처럼 도시의 사막일 수도 있다. 그는 땅 위를 다니면서, 그가 체험한 '돌의 소리'를 전한다.

이신은 이러한 '예언자'를 자신의 예술을 통해 어떻게 시각화하고 상징화하나? 〈그림 12〉 '예언자'는 기하학적 형태의 작품으로 바탕색인 황색이 지배적이다. 예언자의 얼굴은 정면으로 태양을 바라보고 있다. 예언자의 발은 땅에 닿아 있고, 그의 얼굴은 태양과 같은 높이에 있다. 이처럼 하늘과 땅을 이어주는 아주 키가 큰 예언자의 몸은 높은 탑처럼 삼각형으로 되어 있다[이 예언자의 형태는 이미 〈그림 3〉의 왼쪽 인물에서 볼 수 있다].

그의 큰 키 때문에 마치 얼굴이 탑 위에 달려 바람에 흔들리는 깃발처럼 보인다. 하늘과 땅, 신과 인간, 초월과 내재, 등의 차이를 표현하려는 것일까? 어찌 보면 예언자의 몸은 높은 산을 닮았는데 그 산에 하얀 구름이 지나가고 그 구름 사이로 파란 하늘이 언뜻언뜻 보이는 것 같다. 두 세계를 연결하고 있는 예언자는 또한 묵시문학자이며, 동시에 예술가이기도 하다. 그의 쭉 뻗은 오른팔과 지팡이는 직각을 이룬다[왼팔은 그림을 최대한 단순화하기 위해 그리지 않았다]. 지팡이 위는 정확하게 태양의 중간을 가리킨다. 어디에도 그림자를 만들지 않는 정오의 태양이 내리쬐고 있다.

"아직 위와 아래가 있는 것일까? 무한한 허무를 통과하고 있는 것처럼 헤매고 있는 것이 아닐까?"39) 니체의 광인의 소리처럼, 예언자는 사막 위를 걷고 있다. 신의 죽음, 인간의 죽음, 물질성과 관련한 예술의 죽음 등 확고하고 단단했던 '고체(固體)적 가치의 상실'로 사람들은 '니힐리즘'의 사막, 혹은 "액체 근대"40)를 살게 된다. 확실한

---

39) 니체,『즐거운 학문, 메시나에서의 전원시, 유고 (1881년 봄-1882년 여름)』 "125 광인"[니체전집 12(KGW V2)], 안성찬, 홍사현 역, 서울: 책세상, 199.

목적이었던 '신의 죽음'과 더는 의심할 수 없었던 자아 혹은 '인간의 죽음' 등으로 이제 인간이 의지할 단단한 기반[고체]이 사라진 "액체 근대"에 내던져져 있다. 이제 비현실적이고 가상적이며 디지털적인 세계, 위[신]도 아래[인간]도 없는 '무한한 무를 통과'하고 있다. 이 니힐리즘의 사막에서는 최고의 가치가 무화되고, 가치를 측정했던 진리가 무화되고, 따라서 이성과 감성, 영혼과 육체, 하늘과 땅, 아래와 위 등으로 나뉘었던 '이원론'조차도 무화된다. 그래서 니체의 "니힐리즘은 다시 자신의 건강한 삶을 회복"할 수 있는 바탕이 될 수 있다.

6. 우리는 참된 세계를 제거해 버렸다. 무슨 세계가 이제 남아 있는가? 현상의 세계일까? … 아니다! 참된 세계와 더불어서 우리는 소위 [현상의] 세계도 없애 버렸다!(정오 가장 짧게 그늘이 지는 순간, 가장 긴 오류의 끝, 인류의 정점, 차라투스트라의 등장).[41]

'정오'의 태양이 비추는 세계는 모든 곳에 골고루 빛을 비추기에 그늘이 없다[혹은 "가장 짧게 그늘이 진다"]. 이신의 〈그림 12〉'예언자'에는 예언자의 그림자도, 지팡이의 그림자도 없다. 하늘과 땅의 구분도, 형이상학적 세계와 현상 세계의 구분도 모호해 진다. 반면에

---

40) 지그문트 바우만, 『액체 근대』, 이일수 역, 서울: 강, 2009.
41) 프리드리히 니체, 『우상의 황혼』 "어떻게 '참된' 세계가 결국 우화가 되어 버렸는지. 어떤 오류의 역사. 6." in 『바그너의 경우, 우상의황혼, 안티크리스트, 이 사람을 보라, 디오니소스 송가, 니체 대 바그너(1888-1889)』, (니체전집 15 KGW VI 3), 백승영 역, 서울 : 책세상, 2002, 104.

플라톤의 "동굴의 비유"에 의한 세계를 보면, '이데아'의 태양이 비추는 밝은 세계와 동굴 안의 불빛에 의한 그림자의 세계가 있다. 이데아의 세계가 밝아질수록, 현상 세계의 그림자는 점점 더 짙어지고, 이원론의 경계도 점점 더 뚜렷해진다.

〈그림 13〉은 전반적인 회색 톤 배경에 몇 개의 어설픈 선이 어떤 형체를 만들고 있다. 화면 아래에 한 쌍의 다리와 발이 보이는 것을 보니 사람으로 추측된다. 이 발의 방향이 왼쪽을 향하고 있으니 이 인물은 왼쪽으로 가는 중이다. 이 인물의 머리가 흩날리고 있다. 바람이 분다. 그것도 아주 강한 바람이 불어 머리카락이 흩날리고 있다. 길고 가는 팔은 하나만 보이는데, 그 팔도 바람 때문에 주체를 못하고 휘어져 있다. 강한 바람은 앞으로도 불고 뒤로도 불기에 옷이 양 방향으로 휘날린다. 이신의 "어느 그림의 인간상(人間像)"(이신, 2012, 62)

〈그림 13〉

이라는 시가 떠오른다.

머리카락 휘날리며

광야에

오직 한 곳을

바라보며

꼿꼿이 서 있다.

배경이 우연에 의해 만들어진 것 같지만, 가만히 바라보고 있으면 산 같기도 계곡의 능선 같기도 하다. 또 다른 광야다. 이신은 "전위파와 같이 묵시문학자도 변민가"이며, "그는 극도로 비판적인 정신적 경향으로 역사에 접근한다"(이신, 2011, 111)고 적고 있다. 〈그림 13〉의 인간상은 '변민자'이다. 바로 위기 시대에 '돌의 소리'를 전하려는 이신과 같은 사람을 말함이다. 그의 자화상이다.

예술가이면서도 계시문학자였던 이신은 외부로부터 혹은 하늘로부터 받는 '인스피레이션'에 대해 다음과 같이 말하고 있다.

예술가의 인스피레이션… 예술가의 경우와 계시문학자와의 경우는 유비적인 관계에 있다고 할 수 있다. 이런 의미에서 계시문학자가 환상의 경험을 했을 때 그것은 위에서부터 받은 것인 동시에 그것을 그가 표현할 때는 환상의 표상화가 되는 것이다(이신, 2011, 156).

〈그림 13〉을 자세히 보면, 머리카락과 옷자락이 바람에 의해 뒤로

도 그리고 앞으로도 날리고 있다. 즉, 바람이 동과 서에서 동시에 불며, 외부에서 내부로, 내부에서 외부로 양방향으로 분다. 이 바람의 종류는 '인스피레이션'(inspiration)이다. 인스피레이션은 중세에는 "신의 영향으로 말미암은 영혼의 움직임"(mouvements de l'âme dus à une influence divine, Psautier Cambridge, 17, 15 ds T.-L.)을 말한다. 어원적으로는 숨, 영혼이 내부로 불어 들어오는 것이다(라틴어: inspirare ⟨in "in-" + spirare "to breathe"⟩). 이 바람은 단지 영감이나 영혼을 움직이는 것만이 아니라, 창세기 2장 7절42)을 보면, 이 덕분에 흙과 신 사이의 존재인 인간이 될 수 있다.

V. 결론: 무시점(無視點)의 통전적 유희

〈그림 14〉는 이신이 두 번째 시집의 표지 그림으로 사용하려던 작품이다. 다행히 2012년『돌의 소리』라는 시집이 출판되었고, 커버 그림이 되었다. 이 그림의 세계는 양의성을 극복하여 다의성으로 넘어가는 총체적인 우연과 유희의 세계이다. 우선 그림의 네 곳에는 네 개의 상징이 자리 잡고 있다. 묵시문학자들이 청각적 "언어의 상징성"을 사용했다면, 이 네 개는 묵시문학적인 '시각적 상징성'이다. 우선, 이신은 상징성에 대해 다음과 같이 말하고 있다.

---

42) "여호와 하나님['루아흐(히브리어ruach)', '퓨뉴마 (헬라어pneuma)']이 땅의 흙으로 사람을 지으시고 생기[혹은 '숨' 네샤마 neshamah]를 그 코에 불어 넣으시니[inspiravit ⟨ inspirare] 사람이 생령이 되니라."

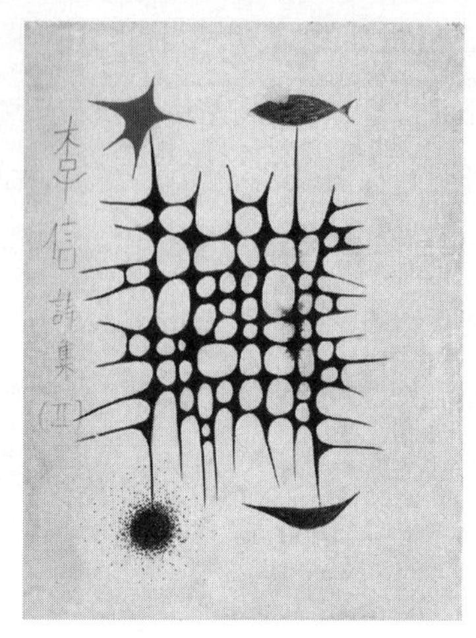

<그림 14> 이신시집(II)

언어의 상징성: 묵시문학자들은 엄청난 외래어를 사용하고 환상적이고 기괴한 형상을 그리면서 그들의 상상력을 충분히 발휘했다. 이러한 사실은 심볼리즘이 묵시문학의 언어라고 할 수 있을 정도였다. 이 심볼리즘의 일정 부분은 묵시문학자들이 꿈과 환상 등의 경험을 통해 얻은 그들 자신의 풍부한 상상력에 기원을 두고 있었음은 의심의 여지가 없다"(이신, 2011, 55).

왼쪽 상단에 빨간 상징을 '별'이라고 가정해 보자. 이 별의 모양을 가만히 보면, <그림 3>의 두 인물의 손을 닮은 듯하다. 별은 '희망'의 은유이기도 한데, 희망은 손으로 실천하며 가꿀 수 있다는 것일 수도, 기도하는 손을 의미할 수도 있다. 오른쪽 상단에는 우리가 이미 본 초록색 물고기가 있고, 왼쪽과 오른쪽 하단에는 '해'와 '알 수 없는 네 번째 상징'이 있다. 우선은 이 네 번째 상징을 〈그림 4〉에서 추론하여 단순화된 '새'라고 가정해 보자['달'이라고 볼 수도 있다]. 새의 모양은 명확하지가 않다. 어쩌면 유실된 이신의 작품에 이와 같은 모양의 상징이나 기호가 좀 더 명료하게 나와 있을 수도 있다. 새라고 가정하는 경우에는 성부[해], 성자[물고기], 성령[비둘기]으로까지 확대 추론해 볼 수도 있다. 현대는 텍스트 해석에 최대한 자유를 주는 "저자 죽음"의 시대이기도 하니, 다의적인 해석이 가능하다. 더욱이 이 상징들은 가운데에 있는 그물망 같은 도형을 통해 더욱더 다의적인 유희를 즐긴다.

이 상징들 가운데 있는 도형은 어찌 보면 사다리 게임과도 비슷하고, 혹은 관계의 그물망 같기도 하다. 태양과 물고기가 하나가 될 수도, 별과 물고기가 만날 수도 있다. 이신은 "쉬르리얼리슴은 동서를 가릴 것도 없고 절대의 합일점인 Surrealite를 물질과 정신, 의식과 무의식, 신화와 역사, 성과 속 등의 통전계(通全界)를 추구하는 것"(이신, 2012, 148)이라고 했다. 해, 별, 새(?)와 물고기가 아무런 논리적 이유 없이도 함께 만나고 소통할 수 있다. 이 네 가지를 엮는 관계의 그물망은 하늘과 땅 그리고 신적인 것과 죽을 자들이 서로 소통하고 교류하는 공속의 차원이다. 동서남북 세계의 네 방역이 열려 있어, 모든 사물을 일깨워 존재자의 존재를 가능하게 하고 서로 역동적이며 자유로운 존재관계를 의미한다(cf. 하이데거의 "사방세계 Weltgevierte"). 물고기가 태양과 달을 만나 서로 교류할 수도[그림 10], 물고기와 새가 만날 수도[그림 4], 혹은 사람 안에 태양을 담을 수도 있다[그림 8]. 인간은 이제 이러한 것들과 교류하면서, 하늘과 땅과 신적인 것에 책임을 지고 본래의 관계를 회복해야 한다. 이것이 원본이 상실된 3D(death) 시대의 묵시문학적 세계에 사는 인간들의 책임이다.

필자가 본 이신의 전체적인 작품의 경향을 현재로서는 아래와 같이 정리할 수 있다.

우선, 이신은 어떤 경계를 넘거나, 서로 낯선 것들이 공존하는 것을 개의치 않는다. 마찬가지로 현실과 초현실을, 구상과 추상을 공존시키기도, 혹은 이 두 형태를 적절히 섞기도 했다. 그는 〈그림 5〉처럼 구상적인 원경을 배경으로 놓고, 또한 인물 형태에 사실적인 눈과 입을 그려 넣었다. 반면에 입은 돌 안에, 두 눈은 허공에 있는 초현실적인 구상으로, 현실과 초현실을 자유자재로 넘나들고 있다. 그래서 구상을 보며 편하고 쉽게 다가갔다가 추상으로 빠지며 점점 더 깊이 생각하게 되고, 초현실적인 상상력을 자극하여 관람자로 하여금 자유롭게 상상할 단초를 제공한다. 더욱이 어린아이같이 그림에 임하는 자세는 더욱더 많은 상상력을 불러일으킨다.

두 번째, 어린아이 같은 순수함과 단순함을 주기 위해 대칭형 구도가 많다. 인물, 나무, 집 등 좌우 대칭구도를 보이나, 완벽한 좌우대칭에서 오는 지루함이나 단조로움은 피하고 있다. 따라서 안정감, 균형감, 통일감을 느끼게 하면서 시각적인 효과를 극대화한다.

세 번째, 비슷한 형상이나 상징을 여러 작품에서 반복적으로 사용함으로써 작가의 의도가 부각되고, 동시에 반복된 요소를 통해 일종의 오토-스토리텔링처럼 관람객이 자유롭게 상상력을 발휘하며 그 전개에 참여하게 한다.

네 번째, 이신의 작품은 다시점(多視點)적이다. 르네상스 때부터 발달된 '원근법'(遠近法)도 아니며, 그렇다고 그 반대의 '역원근법'도 아니다. 360도 사방을 볼 수 있게 하는 '파노라마 시점'이나 입체파적인 '원형 시점'도 아니며, 동양화의 자연 속에서 인간의 시선을 상하좌우로 움직이며 그려지는 '시점이동법'도 아니고, 고원, 평원, 심원의 삼원법을 적용하지도 않는다. 다만, 고대 이집트에서 사용했던, 필요에 따라 시점을 바꾸는 다시점과 유사하다. 사실 입체감과 시·공간감이 부재하니 그곳에서 원근법을 찾는 것조차가 어불성설인지도 모른다. 사물이 있어야 할 공간에 있지도 않으며 공간 자체가 존재하지도 않는다. 즉, 다시점도 아닌 '무시점'(無視點)이 이신에게는 좀 더 정확할 수 있겠다. 시공간도 없고, 편견이나 선입견도 없는 어린아이 같은, 에포케된 시점이다. 〈예언자〉에서 태양과 예언자의 얼굴은 거의 같은 높이에 있다. 입체감과 원근법을 없앰(에포케)으로써 2차원적 회화가 가질 수 있는 유희를 극대화했다. 또한, 초현실주의 작가들이 사용했던 데페이즈망 기법을 사용하여 낯선 시공간에서 사람과 사물이 만나 새로운 관계성을 엮어내어 상상력을 자극한다.

사물의 비례감도 작가의 주관에 의해 자유롭게 결정된다. 얼굴의 한쪽 눈은 태양이고 또 다른 눈은 달일 수도 있다. 사람이 태양을 담을 수 있고, 사람 안에 또 다른 사람이 들어갈 수도 있다. 르네상스 작가들처럼 객관적 비례가 아닌 주관적 비례를 사용하는 것 역시 평면적인 회화의 묘미이다.

이신이 1971년 박사 학위 후 귀국하면서, 안타깝게도 그가 미국에서 작업한 모든 회화 작품들이 유실되었다. 아무도 그의 미국시절 작품들을 보지 못했다. 필자 역시 그의 귀국 이후의 작업 두세 점만 직접 감상할 수 있었고 나머지 작품들은 사진으로만 보았다. 이러한 제한 때문에 좀 더 세밀하고 깊이 다룰 수 없었기에 많은 아쉬움이 남는다. 그래도 필자는 미국의 어느 가정집이나 미술관에 그의 작품이 걸려 있을 수도 있다는 희망을 갖는다. 1966년과 1971년 사이에 그려진 작품으로, '이신', '리신', 'ㄹ ㅅ', 'ㅇ ㅅ'[가로, 세로 방향 모두]이라는 사인이 적힌 작품이 있는지 관심을 가지고 볼 일이다. 혹은 도록이나 초대장만이라도 발견할 수 있어도 좋겠다. 이러한 작은 발견이 이신의 예술철학과 예술신학에 새롭고 더욱 풍성한 국면을 가져올 것이다.

참 고 문 헌

이신,『돌의 소리』, 이경 엮음, 서울: 도서출판동연, 2012.
_____.『슐리얼리즘과 영靈의 신학』, 이은선, 이경 엮음, 서울 : 도서출판 동연, 2011.

니체, 프리드리히.『우상의 황혼』in『바그너의 경우, 우상의황혼, 안티크리스트, 이 사
람을 보라, 디오니소스 송가, 니체 대 바그너(1888-1889)』, (니체전집 15
KGW VI 3), 백승영 역, 서울: 책세상, 2002.
_____. "125광인" in『즐거운 학문, 메시나에서의 전원시, 유고 (1881년 봄-1882년
여름)』[니체전집 12(KGW V2)], 안성찬, 홍사현 역, 서울: 책세상.
_____.『차라투스트라는 이렇게 말했다』(니체전집 13 KGW VI 1), 정동호 역, 서울:
책세상, 2000.
들뢰즈, 질. "인간의 죽음과 초인에 대하여" in『푸코』, 권영숙, 조형근 공역, 새길 아카데
미, 1995.
단토, 아서.『예술의 종말 이후 : 컨템퍼러리 미술과 역사의 울타리』, 이성훈, 김광우,
서울: 미술문화, 2006.
바우만, 지그문트.『액체 근대』, 이일수 역, 서울: 강, 2009.
심은록.『양의의 예술, 이우환과의 대화 그리고 산책』, 서울: 현대문학, 2014.
_____.『세상에서 가장 비싼 작가 10, 무엇이 그들을 그토록 특별하게 만드는가 ?
[Why them?], 마르틴 키펜베르거, 마우리치오 카텔란, 장 미셸 바스키아, 데이
미안 허스트, 제프 쿤스, 리처드 프린스, 피터 도이그, 애니시 카푸어, 천이페이,
쩡판즈』. 파주: 아트북스, 2013.
이정배, "이신의 예술신학연구 - 묵시문학적 상상력과 슐리얼리즘의 해석학" in「신학과
세계」, 2002년 봄 호 통권 44호.
쿤데라, 밀란.『참을 수 없는 존재의 가벼움』[세계문학전집 234] 이재룡 옮김, 서울:
민음사, 2009.

Barthes, Roland. « La mort de l'auteur » in *Dans Le bruissement de la langue. Essais
critiques IV*, Paris : Seuil. 1984.
Benjamin, Walter. *Enfance berlinoise vers 1900* [Berliner Kindheit um
Neunzehnhundert] trad. de Pierre Rusch. Paris : Hermann. 2014.
Danto, Arthur C. "The Art World," *Journal of Philosophy* 61, 1964, 571-584.
Foucault, Michel. *Les mots et les choses, une archéologie des sciences humaines*, nrf

Gallimard, 1966.

______. *L'usage des plaisirs*, Paris, Gallimard, 1984.

Hegel, Georg Wilhelm Friedrich. *Esthétique* [Vorlesungen über die Aesthetik], trad. par Samuel Jankélévitch, Paris : Flammarion(« Champs. Classiques »), 2009.

Merleau-Ponty, Maurice. *Phénoménologie de la perception*, tel Gallimard, 1945.

Sawin, Martica. *Surrealism in Exile and the Beginning of the New York School*, Cambridge: MIT Press, 1995.

3부

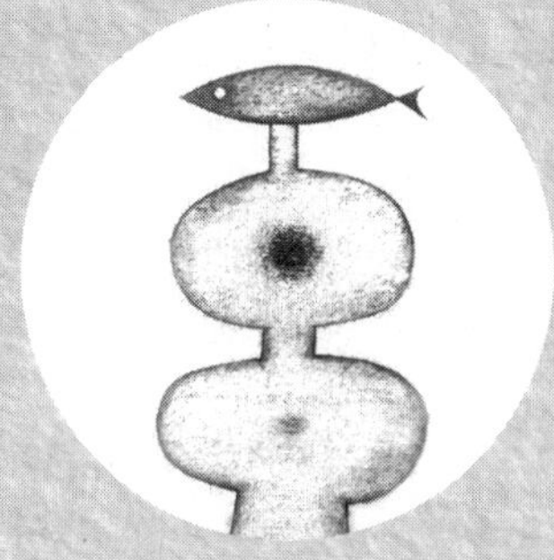

‘유대-기독교적인 것’ : 벤야민과 이신 _ 정혁현

저항의 주체, 환상의 주체— 이신(李信)의 슈리얼리즘에 대하여 _ 박일준

이신(李信)의 꿈, 초현실주의 신학 _ 신익상

환 상 과 저 항 의 신 학

'유대-기독교적인 것'
: 벤야민과 이신(李信)

정 혁 현 *

I. 글을 시작하며

이신의 글을 읽다보면 어느새 발터 벤야민을 손에 들고 뒤적이게 된다. 이 부지불식간의 행동은 아마도 두 학자 사이의 공통점 때문일 것이다. 두 사람 모두 중요한 학문적 성취를 앞두고 죽음을 맞았다. 벤야민은 19세기 파리의 잔해들로부터 파시즘의 위기 속에 있는 세계의 구원을 간직한 변증법적 이미지를 찾으려는 방대한 프로젝트를 진행 중이었다. 그러나 망명에 실패하고 고립된 그는 자살을 선택한다. 이신은 초현실주의 신학을 통해서 기독교의 가르침을 대안적인 세계를 향한 구상의 초석으로 삼으려는 작업을 진행하던 중 1980년대 벽두에 암으로 세상을 떠난다. 그러나 두 사람의 진정한 공통성

* 한살림교회 목사

은 생물학적 죽음이 초래한 기획의 중단, 혹은 세속적인 의미의 실패가 결코 이들이 구상하던 작업의 의미를 규정하지 못한다는 점이다. 다만 그들의 비상한 정신이 열어놓은 가능성에 힘입어, 현실과 대면할 수 있었을 후대들에게 큰 아쉬움을 남길 뿐이다. 두 사람의 작업은 모두 인간을 규정하는 한계의 최전선에서 이를 넘어서는 사유를 모색하는 것이다. 그 사유의 기저에 신학이 있다.

우리는 이들이 남긴 글들을 재발굴해서 그 빛바랜 원고에 적힌 문자의 의미들을 읽고 또 읽어야 하였다. 거기에는 우리가 아직 들어보지 못한 음성들이 적혀있다. 프랑스 68혁명의 열기가 현실주의에 의해 퇴조하고 신자유주의 반동이 유일한 현실성으로 대두된 1970, 80년대에 벤야민이 다시 읽히기 시작된 것은 결코 우연이 아니다. 역시 신자유주의에 점령된 남한이 '헬조선'의 실상을 드러내기 시작한 2000년대 초반에 이신의 유고들이 그의 죽음 이후 20년 만에 다시 소환된 것도 결코 우연일 수 없었다.

우리가 숱한 잔해 더미 속에서 두 사람의 글을 다시 찾아 읽어야 하는 이유는 우리 시대가 처한 위기를 진단하고 제대로 대처하기 위해서이다. 벤야민은 결국 파시즘으로 귀결되는 자본의 위기 속에서 다른 방식의 길을 찾기 위해서 시간의 결을 거슬러 과거로부터 현재의 흐름을 중지시킬 가능성을 찾으려 하였다. 이신은 박정희 독재정권 하의 경제개발이 진행되는 과정에서 교회는 물론 사회 전반에 걸쳐 인간의 자유가 물질적인 풍요에 양도되는 현상을 간파하였다. 그의 초현실주의 신학은 "목소리"로 상징되는 주체의 언어를 회복하여 기계적인 언어 혹은 "차갑고 인간을 억누르는 말"로 표현되는 자본주의의 도구적 합리성을 중지시키려는 기획이었다.[1] 광주 항쟁과 함께 시작된 1980년대 한국 사회는 저항의 열기로 뜨거웠지만, 속류 유물론에 이끌린 저항은 손쉽게 자본주의 체제에 포섭되었다. 이른바 '87년 체제'가 승리도 타협도 아닌 포섭된 결과라는 사실을 확인하기 위해서는 다시 한 세대에 걸친 질고의 시간이 필요하였다. 우리는 이신과 함께 1980년대를 지나와야 하지 않았을까?

벤야민의 사상과 이신의 초현실주의 신학은 다른 선택을 하지 않을 수 없는 오늘의 위기 상황에서 기독교 신학과 더불어 우리 사회 전체가 놓치지 말아야 할 것이 무엇인지를 지적해 줄 것이다. 비판적인 정신은 오늘의 현실에서 '일어나야 했지만 일어나지 않은 일'을 다시 당겨오기 위해서 시간의 결을 거슬러 과거를 섬세하게 더듬는 작업을 반복한다. 이신을 벤야민과 함께 검토하는 작업은 오늘 여기에서 다시 딛어야할 우리의 발걸음을 추스르기 위해서 과거로 되돌아가는 과정이다.

II. 묵시문학, 혹은 신학

두 인물이 펼치는 사상의 기저에는 신학이 있다. 벤야민은 독일에서 태어난 유대인으로서 유럽적 사유의 영향 속에서 사상가로 성장

---

[1] 이신,『슐리얼리즘과 영의 신학』, 동연: 2011, 218. 앞으로 이 책의 인용은 본문에 쪽수로 표기하기로 한다. 이 글은 특별히 이경이 번역한 이신의 박사학위논문 "전위 묵시문학의 신학"에 집중한다.

한다. 그는 당시 유럽 유대인들의 관심을 끌었던 시온주의운동의
영향 속에서 게르숌 솔렘을 만나 유대교신학의 영향을 받는다. 그의
"역사의 개념에 대하여"는 그의 마지막 원고이자 가장 유명한 글로서
유물론과 신학이 결합한 기적적인 사유를 보여주고 있다. 하지만
벤야민이 시온주의운동에 일정한 거리를 두고 있었으며 유대교신학
에서는 수용하기 어려운 유물론과의 결합을 모색했다는 점에서 그
의 신학은 유대교 신학과도 구별되어야 한다. 그럼에도 분명 그는
당대의 위기를 돌파할 가능성을 신학적인 것에서 구했으며, 이 신학
적인 것이 유대교학자 게르숌 솔렘과의 교류에서 구체화된 것이라
는 점에서 그의 신학을 일단 '유대적인 것'으로 이름 붙여보자. 이
'유대적인 것'의 정체를 규명하기는 녹록치 않다. 이 문제는 잠시 미
뤄두자. 벤야민의 사상이 신학적이라 해서 어떤 신학이든 그의 사상
과 만날 수 있는 것은 아니다. 대개는 그 반대일 것이다. 하지만 벤야
민과 이신은 가까이서 만날 수 있다. 두 사람 모두 초현실주의에 강력
한 영향을 받았지만 그보다 더 근원적인 사실은 유대-기독교적인
것을 공유하고 있다는 사실이다.

1. 이신의 묵시문학적 의식

이신의 박사학위 논문은 묵시문학에 관한 것이다. 그는 묵시문학
에 '전위' 개념을 붙임으로써 묵시문학을 아방가르드운동과 유사한
것으로 규정하고 있다. 그에 따르면 일종의 아방가르드운동으로서
묵시문학운동은 기독교신학의 모체였다. 그러므로 그의 묵시문학

연구는 기독교신학의 전위성을 회복하려는 시도이다. 이를 위해 이신은 에벨링을 인용하여 "묵시라고 알려진 문학적 형식으로서"의 묵시문학과 "특수한 신학적 동기라는 의미에서의 묵시문학"(44)을 구별하면서 연구의 초점을 묵시문학의 신학적 동기와 역동성의 연원을 규명하는 데 둔다.

묵시문학 연구자 호슬리는 이 제2성전기의 유대교 문서들을 비전적인 의미를 갖는 묵시문학이라는 장르개념으로 통칭하는 데 의문을 제기한다. 그에 따르면 구약성서의 율법서, 예언서, 성문서와는 다른 성격을 갖는 이 문서들은 신약성서의 요한계시록과 비슷하다는 이유에서 '묵시록'으로 분류되었다. 이 개념은 이 문서들을 검토할 때 초자연적이며 비의적이고 이원론적이며 종말론적인 요소에 초점을 맞추게 만든다. 그리하여 각각의 문서들이 갖는 구체적인 특징들과 역사적 맥락 그리고 텍스트들의 상호연관성을 흐려놓는다. 호슬리는 묵시문학이 팔레스타인이 제국의 시민지로 전락한 제2성전기, 특히 그리스제국의 지배 이후 이에 저항하는 유대서기관들의 투쟁의 산물임을 밝힌다.[2] 하지만 호슬리의 문학비평적 접근은 묵시문학이 왜 그와 같은 독특한 문학적 형식을 갖게 되었는지를 충분히 해명하지 못한다. 그것은 아마도 호슬리가 오늘날의 그리스도교를 반제국적 저항으로 이끄는 데 관심하기 때문일 것이다. 우리는 여기에서 '저항은 여전히 유효한가?'를 물어야 한다. 후기산업사회의 자본주의는 체제에 대한 저항을 오히려 자신의 동력으로 삼는 관용주

---

2) 리처드 A. 호슬리, 『서기관들의 반란: 저항과 묵시문학의 기원』, 박경미 옮김, 한국기독교연구소: 2016, 16~24를 보라.

의 세계이기 때문이다. 이와 같은 사회에서 저항성은 일종의 브랜드가 되어 체제에 편입된다. 오늘날의 묵시문학 읽기가 그 종말론적 성격에 집중하지 않을 수 없는 이유가 여기에 있다. 이때 관심은 저항을 넘어 이 세계의 삶의 양식과 단절할 수 있는 가능성에 집중된다. 우리는 자본주의에 포획되지 않는 다른 삶의 양식을 구성할 수 있을까? 벤야민과 이신이 귀중한 이유는 그들이 이 문제와 씨름했기 때문이다.

다시 이신의 묵시문학 연구로 돌아오자. 그의 탁월성은 당대의 묵시문학연구를 다양한 측면에서 꼼꼼하게 검토하면서도 그 시대적 한계를 감지하고 이를 판단중지하는 데 있다. 그는 자신의 연구를 묵시문학에 대한 당대의 연구의 연속성 안에 두려하지 않았다.

묵시문학은 전적으로 다른 사유방식에 그 뿌리를 두고 있기 때문에, 역사적 배경의 진정한 관점을 파악하기란 거의 불가능한 것처럼 보인다. 묵시문학의 성격을 파악하기 위해서는, 해석자가 종교사 이해를 위한 색다른 해석학적 방법을 도입하는 것이 희망적일 것이다. 따라서 인간본성의 고유한 구조의 관점에서 역사를 바라보는 것이, 역사를 단지 역사적 사건들의 인과관계로 다루는 것보다 더 타당할 것이다.(47)

그는 당대의 묵시문학 연구를 차분하게 검토하고 나서, "현상학적 역사 해석"을 통해 묵시문학 연구의 시대적 한계와 모호성을 뛰어넘어 기독교의 모체인 이 문서들이 갖는 생생한 현재성을 복구한다.

그것은 "묵시문학의 자율적 본질"(63)을 파악하는 것이다. 즉 당시의 묵시문학연구에 대한 판단중지와 더불어 묵시문학에 공시적으로 접근하는 "인간본성의 고유한 구조의 관점"을 채택함으로써, 이를 20세기 초의 아방가르드 예술운동은 물론 현재의 위기의 시대 속에서 생생하게 재구성할 수 있는 토대를 마련한다. 그리하여 "묵시문학은 하나의 보편적인 현상으로서 역사에서 반복적으로 재생하는 사건"3)이 된다. 나아가 제2성전기에서 묵시문학으로 나타난 이 현상은 종교의 영역을 넘어 문화사 전체에서 다양한 형태를 지니면서 나타날 수 있다. "아방가르드 운동"은 현대 문화에서 나타난 묵시문학적 현상이다(80).4)

　이제 묵시문학에 집중하는 이신의 의도는 분명해진다. 그것은 기독교신학의 모체인 묵시문학을 현재의 경험으로 파악하는 것이다. 묵시문학은 역사에서 반복적으로 재생하는 사건이기 때문에, 그리고 그것은 기독교신학의 모체이기 때문에, 오늘 여기에서 기독교신학은 우리의 현실을 구원하는 사유로서 묵시문학적 의식을 가진 정신을 통해서 생생하게 되살아난다. 오늘 우리의 삶에 신앙인으로서

---

3) 위의 책, 80.
4) 이신의 주장을 따라서 기독교의 모체인 묵시문학 현상이 20세기 초반 아방가르드 운동에서 나타났다고 본다면 아방가르드 운동은 당대의 가장 생생한 기독교적 현상, 즉 하느님의 활동 거점이었다고 볼 수밖에 없다. 이와 같은 주장을 성급하게 제도교회를 부정하는 주장으로 이해해서는 안 된다. 이신의 입장은 아방가르드 운동과 같은 묵시문학적 현상 앞에서 제도교회는 위기에 놓이지만 그러한 현상을 내면화하여 교회를 재구성하는 방식으로 위기를 돌파해야 한다는 것이다. 이때 교회는 교회 외부의 계시사건을 가리킴으로써 계시의 장소가 아니라 계시의 증인이 된다.

개입하기 위해서, 혹은 우리 자신의 삶에 개찬interpolation(83)하기 위해서 되살려야할 묵시문학적 의식은 어떤 것일까? 이신은 묵시문학자의 의식이 그가 존재하는 상황을 드러낸다고 본다. 묵시문학자는 "보는 자"(100)이며 그의 의식은 자신이 처한 상황을 통찰한다. 그는 자신이 처한 상황의 구체적인 문제로부터 시대적 과제를 파악하는 자이며, 나아가 이러한 인식으로 인해 "전 인격의 동요를 체험하는"(95) 자이다. 이 동요는 묵시문학적 의식의 분열로 이어진다. "묵시문학자들의 의식의 지향점은 두 가지 방향으로 인도되었는데, 그 하나가 역사적 상황이며, 다른 하나는 초월이다"(101).

한편으로 역사적 상황에 대한 비상한 관심이 있다. 역사적 상황은 객관적인 위기상황일 수도 있다. 그러나 비록 범상한 시선에서는 상황이 평화적으로 나타난다고 할지라도 상황의 본질을 꿰뚫는 묵시문학적 의식이 보는 상황은 한계상황으로 드러날 수 있다. 한계상황에 대한 의식의 고양은 물리적인 조건들에 영향 받을 뿐만 아니라, 자기 자신과 세계를 예리하게 관찰할 수 있는 감수성을 충분히 가지고 있는 사람들에게서 항상 일어난다(101). 벤야민은 "억압받는 자들의 전통은 우리가 그 속에서 살고 있는 '비상사태'(Ausnahmezustand, 예외상태)가 상례임을 가르쳐 준다"고 주장한다.5) 이신의 묵시문학자와 벤야민의 역사적 유물론자는 역사와 상황에 대한 유사한 감수성을 보여준다. 다른 한편으로 묵시문학적 의식은 이 한계상황에 이른 시간의 흐름을 중지시키고, 질적으로 새로운 시간의 차원에 진입한

---

5) 발터 벤야민, "역사의 개념에 대하여", 최성만 옮김, 『발터 벤야민 선집 5』, 도서출판 길, 2009, 337.

다. 이것이 묵시문학자들의 초월의식이다. 비상한 감수성으로 역사를 통찰하면서 한계상황에 이른 역사를 넘어 새로운 역사를 여는 것, 이것이 묵시문학적 의식의 이원성이다. 일견 동반될 수 없는 것처럼 보이는 역사의식과 초월의식은 묵시문학적 의식 속에서 상황의 한계를 돌파하기 위해 공조한다. 이신에게 이와 같은 이원성이 발견되는 역사적 순간은 묵시문학적 순간이다. 그것은 제2성전기의 묵시문학운동과 무관하게 역사에서 반복적으로 발생할 수 있다. 심지어 그것은 종교사나 제도종교로서의 기독교 외부에서도 발생할 수 있다. 묵시문학적 의식, 즉 인간의식의 이원성은 기독교신학의 모체일 뿐만 아니라 인간조건의 보편적 모체이기 때문이다. '묵시문학은 인간조건의 '보편적 모체'로부터 방출되는 재발적 형태의 한 예이자 역사의 표면에 등장하는 기능적 분열의 한 예일 뿐이다(105).

호슬리에 의하면 묵시문학의 저자들은 제2성전 시대의 서기관들이었다. 그들은 성전의 고위 사제들에게 봉사하는 사람들이었으며 이 임무를 수행하기 위해서 율법에 관한 지식을 연마하였다. 그리스제국이 팔레스타인을 식민화한 이후 그들의 의식은 분열될 수밖에 없었다. 그들이 봉사하는 성전의 고위 사제들은 그리스제국이 팔레스타인을 지배하는 매개자로서 우상숭배를 포함한 이방문물의 수용에 적극적이었던 반면, 그들이 충성해야 할 율법은 이를 금지하고 있었기 때문이다. 그들은 자신들이 봉사해야 할 성전의 고위 사제들과 성전체제 자체가 자신들이 충성해야 할 율법의 정신과 괴리된다는 사실로 인해 분열된다.[6) 이처럼 존재와 의식의 분열을 야기하는 상황에서 율법에 충실한 서기관일수록 상황의 한계를 절감했을 것이며, 상황의 한계를 절감할수록 그들의 의식은 한계를 실험하는 극한까지 밀어붙여졌던 것이다. 이신에 따르면 묵시문학자들은 이 한계상황에서 역사의 근본적인 방향을 재조정한다. 묵시문학서에 일반적인 이른바 '역사개관'은 이러한 시도의 결과였다.

역사적 상황에 대한 의식은 한계상황에 대한 지각으로 이어지며, 여기에서 발생하는 동요는 묵시문학자의 의식을 초월로 이끈다(101). 여기서 유의해야 할 점은 묵시문학자의 초월이 단순히 탈현실이 아니라는 점이다. 묵시문학자들의 상황에 대한 비상한 의식은 그들이 존재하는 상황이 '비-현실'임을, 다시 말해서 율법에 충성하는 자가 존재할 수 있는 현실이 아니라는 것을 확신하는 데에 이른다. "그들은 그들이 살고 있는 세계에서 자신들을 낯선 사람으로 생각했다. 묵시문학자들이 그들 자신의 나라에서 자신들을 국외자로 느꼈듯이, 그들의 사고방식은 전 세계에 대해 이질적인 것이었다. 이러한 소원의 상황에서 그들의 의식은 초월적 지점으로 이끌렸다"(101). "이러한 '의식의 고양'이나 '초의식' 상태에서 창조적 개인은 불합리한 무질서와 병적인 상태 그리고 인간 본성의 근원적인 파산상태에 놓인 인간의 삶 전체를 파악하기도 한다"(130). 따라서 그들의 초월은 탈현실이 아니라 비현실로 존재하는 현실에 적극적으로 개입하는 방식이다. 묵시문학서의 기술이 환상적인 이유가 여기에 있다. 이는 초월 체험의 기술이며 "묵시문학적 문서들의 기술적 환상은 그 환상 체험의 '표상화'이다." "환상의식(vision consciousness)의

---

6) 호슬리, 앞의 책, 36~39; 89~93을 보라.

지향점은 바로 역사에 대한 철저한 부정과 전환의 변증법적 운동"(40)이다. 묵시문학자들의 비상한 상황인식에 대한 기술이 환상으로 표상될 수밖에 없는 이유는 초현실주의 문제를 다루면서 좀 더 자세하게 검토할 것이다. 여기서는 묵시문학적 의식이 현실을 근본적으로 재검토하면서 자신이 존재하는 상황을 비현실로 규정하며 이러한 상황의 국외자로서 초월에 이른다는 점을 재확인해 두자. 여기에서 초월이라는 개념은 정확히 자신과 함께 존재하는 현실의 부정이라는 점에서 철저하게 새로운 존재와 새로운 세계를 조망하는 행위를 지시하고 있다.

2. 벤야민의 '신학'

이신이 정의하는 묵시문학적 의식이 벤야민의 사유와 연결되는 지점을 찾는 일은 일견 난망해 보인다. 벤야민에 터해 자신의 사상을 전개하는 아감벤은 벤야민의 '메시아의 시간'이라는 개념에서 묵시자가 서있는 시간을 배제하기 때문이다.[7] 아감벤은 분명 묵시문학에 관한 통념에 의지하고 있다. 그러나 기억해야 하는 것은 이신이 묵시문학에 관한 통념을 구성한 연구에 대해 판단중지를 하고 있다는 점이다. 이 판단중지는 분명 역사주의적 시각에 의해 과거 속에

---

[7] "묵시자는 최후의 날, 분노의 날에 자신을 위치시킨다. 그는 종말이 완수되는 것을 보고나서 자신이 목격한 것을 기술하는 것이다. 이에 비해, 사도가 살고 있는 시간은 종말이 아니다…. 사도의 관심사는 최후의 날, 시간이 끝나는 순간이 아니라 수축하며 끝나기 시작하는 시간이다." 조르조 아감벤, 『남겨진 시간: 로마인들에게 보낸 편지에 관한 강의』, 강승훈 옮김, 코나투스: 2008, 107~8.

유폐된 묵시문학을 생생하게 되살려 "현재의 문화적 체험으로 가져다 놓는 작업"(106)을 위한 것이다. 여기에서 우리의 과제는 벤야민의 메시야주의라는 개념과 이신의 묵시문학에 대한 이해 사이의 연관성을 찾는 것이다. 핵심적인 문제는 이신의 묵시문학연구가 우리가 세계를 보는 지점을 결과적으로 어느 시점(時點)에 두는지를 파악하는 것이다. 이 문제에 관한 최종적인 대답은 벤야민과 이신이 공통의 관심으로 기술하고 있는 초현실주의 문제를 다루면서 제시될 것이다. 여기에서는 우선 벤야민의 '신학'이 무엇인지를 파악할 것이다. 이를 위해 메시아주의라는 개념이 정련되고 있는 "역사의 개념에 대하여"를 검토하는 것이 필수적이다.

테제 1을 보면, '역사적 유물론'이라고 불리는 장기를 두는 인형에 대한 유명한 알레고리가 나온다. 벤야민은 수수께끼 같은 알레고리를 추가한다. "그 인형은 오늘날 주지하다시피 왜소하고 흉측해졌으며 어차피 모습을 드러내서는 안 되는 신학을 자기편으로 고용한다면 어떤 상대와도 겨뤄볼 수 있다."8) 이 '신학'의 정체에 관한 논의는 분분하지만, 야콥 타우베스는 유대신학과의 연속성 안에 있는 바울신학으로 보아야 한다고 주장한다. 그는 젊은 벤야민의 짧은 단상인 "신학적·정치적 단편"이 로마서 8장과 13장에 대한 주석이며, 이를 벤야민의 마지막 논문인 "역사의 개념에 대하여"의 초고로 간주할 수 있다고 주장한다.9) 조르조 아감벤은 로마서 1장 1절을 주석하는

---

8) 발터 벤야민, "역사의 개념에 대하여", 최성만 옮김,『발터 벤야민 선집 5』, 도서
   출판 길: 2009, 330.
9) 야콥 타우베스,『바울의 정치신학』, 조효원 옮김, 그린비. 2012: 173~4

자신의 책에서 바울의 이름이 사울에서 개명한 것임을 지적한다. "시그마를 피로 변경시키는 것은 왕가에서 천민으로의 이행, 큰 것으로부터 작은 것으로의 이행을 의미"하며 "라틴어 '파우로스(paulus)'는 '작고 보잘 것 없는' 자라는 의미이다."10) 이는 그가 타우베스의 주장을 지지하고 있으며, "역사의 개념에 대하여"에서 신학의 알레고리로 등장하는 난쟁이 꼽추가 바로 '작고 보잘 것 없는 자'라는 이름을 가진 사람의 사상, 곧 바울의 신학이라고 생각하고 있음을 보여준다.

신학의 조종을 받는 역사적 유물론의 임무는 진보라는 개념에 의해 규정된 역사를 균질하고 공허한 시간의 연속체에서 폭파하는 것이다. 역사적 유물론의 역사서술은 "균질하고 공허한 시간을 채우기 위해 사실의 더미를 모으는 데 급급한"11) 보편사의 그것이 아니다. 반대로 역사적 유물론자의 역사 서술은 정지를 포함하는 서술이라는 구성의 원칙을 갖는다.

사유에는 생각들의 흐름만이 아니라 생각들의 정지도 포함된다. 사유는 그것이 긴장으로 가득 찬 상황[성좌(星座), Konstellation] 속에서 갑자기 정지하는 바로 그 순간에 그 상황에 충격을 가하게 되고,

---

10) 조르조 아감벤, 『남겨진 시간: 로마인들에게 보낸 편지에 관한 강의』, 강승훈 옮김, 코나투스: 2008, 25. 아감벤은 역시 "사울이 바울이 되었다"는 전통적인 기독교적 통념에 의지한다. 사울과 바울 사이에는 회개를 통한 인격적 전환의 관계가 아니라 히브리어 인명과 그리스어 인명 사이의 관계가 있을 뿐이다. 하지만 바울의 극적인 삶의 전환은 분명한 사실이며 그 전환의 의미를 질문하는 것은 여전히 신학적으로 의미 있는 일이다.
11) 발터 벤야민, 앞의 책, 347.

또 이를 통해 그 상황은 하나의 단자(單子, Monade)로 결정(結晶)
된다. 역사적 유물론자는 역사적 대상에 다가서되, 그가 그 대상을
단자로 맞닥뜨리는 곳에서만 다가간다. 이러한 단자의 구조 속에서
그는 사건의 메시아적 정지의 표지, 달리 말해 억압받은 과거를 위한
투쟁에서 나타나는 혁명적 기회의 신호를 인식한다.12)

우리는 '단자' 혹은 '성좌'라는 개념의 이미지에서 이신의 '모체'
혹은 '원형'이라는 개념의 울림을 들을 수 있다. 벤야민은 이 "긴장으
로 가득 찬 성좌", 또는 "단자"로 표상되는 메시아적 중지의 순간을
포착하는 것이 역사가의 임무라고 주장한다. 이 "휙 지나가는" 과거
의 진정한 이미지, "인식 가능한 순간에 인식되지 않으면 영영 다시
볼 수 없게 사라지는 섬광 같은 이미지"13)는 "위험의 순간에 역사적
주체에게 예기치 않게 나타나는 과거의 이미지"14)이다. 이 정지의
순간이 역사적 유물론자가 역사를 구성하는 "지금시간(jetztzeit)으
로 충만한 시간"이다. 벤야민에게 폭파되어야 할 시간의 연속체는
이신의 묵시문학적 의식에서는 근본적인 방향설정이 다시 이루어져
야 할 전통과 의식(102)이다. 벤야민에게 휙 지나가 버리는 섬광 같
은 이미지는 이신에게는 묵시문학적 의식이 체험하는 근원으로 향
하는 만물의 운동(101)이다. 이신은 "묵시문학의 저자들은 과거의
유명한 인물의 입을 통해서 그들 자신의 신념과 세계관을 드러낸

---

12) 위의 책, 348.
13) 위의 책, 333.
14) 위의 책, 334.

다"(84)라고 쓴다. 이는 분명 묵시문학자들이 그들 앞에 전개되는 한계상황 속에서 과거로부터 소환되고 있음을 보여준다. 묵시문학자들이 선택한 과거의 유명한 인물의 이름은 묵시문학자들이 처한 당대의 상황을 통찰하는 입점인 동시에 그 상황에서 가능한 구원을 지시하는 예표이다. 묵시문학자에게 구원의 예표인 과거의 유명한 인물은 상황의 한계를 극복하고 계약백성의 삶을 실현한 구원의 이미지일 것이다. 묵시문학자는 자신을 이 구원의 표상인 과거의 유명한 인물과 동일시함으로써 그가 처한 시대의 한계와 절망을 넘어 구원이 임박했음을 선언할 수 있었다. "우리는 이 지상에서 기다려졌던 사람들이다. 그렇다면 우리에게는 우리 이전에 존재했던 모든 세대와 희미한 메시아적 힘이 주어져 있는 것이고, 과거는 이 힘을 요구하고 있는 것이다."15) 이신 자신은 초대교회 성령운동에 의해 소환된다. 그의 환원운동에의 참여는 과거에 의해 소환된 의식의 행위, 곧 묵시문학적 의식의 실천 혹은 자신에게 주어진 희미한 메시아적 힘에 대한 자각이다.

이제 벤야민의 팽팽하게 당겨진 시적 기술을 조금 느슨하게 풀어 보자. 역사적 유물론자는 억압받는 자에게는 상례인 비상상태 속에서 역사를 사유한다. 그가 역사의 결을 거슬러 되짚는 목적은 억압받는 자들의 해방, 즉 현재의 구원을 위해서이다. 그가 역사를 시간의 자연스러운 흐름 속에서 사유할 때 그는 해방의 불가능성에 직면한다. 이 흐름은 언제나 승리자의 입장에서 구성된 것이기 때문이다.

---

15) 위의 책, 331~2.

"파시즘이 승산이 있는 이유는 무엇보다 그 적들이 진보의 이름으로 파시즘에 대처하기 때문이다."16) 그는 이 흐름에서 벗어나 사유하지 않으면 안 된다. 역사가가 균질적인 시간의 흐름에서 벗어나기로 결정하는 순간 그는 이 시간의 흐름 속에서는 듣지 못했던 목소리, 혹은 보지 못했던 이미지와 맞닥뜨린다. "이제는 침묵해버린 목소리들의 메아리들이 울리고 있는" 그 이미지는 "구원을 지시하는 은밀한 지침"과 같은 것이다. 그러나 이 은밀한 지침은 오늘 억압받는 자들이 지배자의 지위를 찬탈하여 그 전리품을 나누어 가질 수 있는 승리의 비결 같은 것은 아니다. 억압받는 자들의 투쟁은 비록 "투박한 물질적인 사물을 둘러싼 투쟁"이지만, 이 투쟁의 과정에서 억압받는 자들이 획득하는 전리품은 지배자들의 전리품과 같은 투박한 물질적인 사물이 아니다. 그것은 오히려 "확신, 용기, 유머, 간계, 불굴의 투지"와 같이 "섬세하고 정신적인 것"으로서, 투박한 물질적인 사물을 획득한 "지배자의 승리를 의문스럽게 만드는 것들"17)이다.

벤야민은 물질적인 세계를 지배자들에게 양보하고 억압받는 자들은 관념의 세계로 퇴각하여 유토피아를 건설하자는 것일까? 벤야민은 물론 유물론자로서 투박한 물질적인 것들 없이는 "섬세하고 정신적인 것들도 있을 수 없다"18)라는 사실을 잘 알고 있다. 그러나 구원을 지시하는 과거의 은밀한 지침은 분명 투박한 물질을 획득하기 위한 투쟁 속에서 억압받는 자들이 획득한 것을 지시하고 있다.

---

16) 위의 책, 337.
17) 벤야민, 위의 책, 333.
18) 벤야민, 위의 책, 333.

그리하여 과거는 부러움의 대상이 된다. 반면 물질을 획득하는 기술의 진보 과정 속에 있는 공장노동이 정치적 업적을 나타낸다는 환상에 빠진 노동자계급은 타락할 수밖에 없다. 그들은 승리자의 전리품을 부러워하기 때문이다. 생산력을 증대시키는 기술의 진보에서 노동의 미래를 보는 속류 마르크스주의적 "노동 개념은 자연 지배의 진보만을 보고 사회의 퇴보는 보려고 하지 않는다."[19] 그러므로 구원을 지시하는 과거의 이미지는 착취의 대상으로 전락한 자연을 지배자의 수중에서 빼앗는 투쟁, 그들의 전리품을 "그 자연의 품속에 가능성으로 잠들어 있는 산물들을 출산시킬 능력이 있는 노동"[20]의 대상으로 전유하는 투쟁을 우리에게 요구한다. 이와 같은 주장에서 로마서 8장 19~22절의 울림을 듣는 것은 자연스럽다.

피조물은 하나님의 자녀들이 나타나기를 간절히 기다리고 있습니다. 피조물이 허무에 굴복했지만, 그것은 자의로 그렇게 된 것이 아니라, 굴복하게 하신 그분이 그렇게 하신 것입니다. 그러나 소망은 남아 있습니다. 그것은 곧 피조물도 사멸의 종살이에서 해방되어서, 하나님의 자녀가 누릴 영광된 자유를 얻는다는 것입니다. 우리는 모든 피조물이 이제까지 함께 신음하며, 해산의 고통을 함께 겪고 있다는 것을 압니다.

메시아의 시간은 단지 균질적인 시간의 흐름이 중지되고 사실들의 연속체가 폭파되는 순간만은 아니다. 그것은 물질적인 것을 둘러

---

19) 위의 책, 342.
20) 위의 책, 342.

싼 투쟁 속에서 지배자들이 전리품으로 얻는 것에 비할 바 없이 소중한 것을 획득하는 억압받는 자들의 승리가 선포되는 순간이기도 하다. 벤야민은 테제 1에서 분명 역사적 유물론이라는 꼭두각시 인형을 신학이 은밀하게 조종한다면 늘 이기는 게임을 할 것이라고 단언하였다. 그 과정은 변증법적이다. 억압받는 자들은 투박한 물질을 얻기 위해 투쟁한다. 비록 이 투쟁에서 패배하지만 그들은 투쟁과정에서 지배자의 승리를 의문스럽게 만들 만한 섬세하고 정신적인 것들을 얻는다. 억압받는 자들이 그들이 획득한 정신적인 것들에 의거해서 지배자의 승리를 의심할 수 있다면, 그들은 이를 바탕으로 물질적인 것들도 지배자의 수중에서 빼앗아 그 잠재성을 실현할 수 있다. 메시아의 시간은 오늘 여기에서 억압받는 자들을 위한 투쟁을 전개하는 자들이 진보적인 역사적 기술에 의해 허무한 패배로 규정되었던 과거의 투쟁이 실은 지배자의 승리를 의심스럽게 만들 정도로 귀중한 것을 획득하는 과정이라는 사실을 각성하는 순간이기도 하다. 여기에서 십자가는 금욕과 패배와 빈곤의 상징이 아니라 승리와 영광의 순간으로 역전된다. 이 순간 역사주의의 기술은 내부에서 파열된다. 그러나 이 순간은 신중하게 기술되어야 한다. '억압받는 자가 이겼다'가 아니라 '억압받는 자가 지지는 않았다', 혹은 '억압받는 자는 비-패배했다'가 적절할 것이다. 단순한 긍정은 메시아의 시간을 단선적인 역사주의의 시간 속에 위치시키지만 이중부정은 시간의 잉여를 발생시킨다.[21] 이 시간의 잉여는 공간의 잉여를 동반한

---

21) 하느님이 그 어떤 지배자의 광휘 속에서보다 십자가에 달린 가장 비참한 인간의 모습에서 그 진정한 본 모습을 드러냈다는 기독교 신앙은 바로 이 이중부정

다. 권력과 투쟁하는 이스라엘의 예언자들이 보았으며, 제국 및 그 앞잡이들과 맞섰던 묵시문학자들이 체험한 "새 하늘과 새 땅"이 그것이다. 바울서신들의 내용이 단순히 고통의 인내를 독려하는 수준에 그치지 않고 그리스도의 승리에 근거한 충만한 은총의 삶을 확언할 수 있었던 이유가 여기에 있다. 그렇다면 벤야민이 염두에 둔 신학이란 지배자의 전리품을 선망하는 태도를 버리고 오히려 자신들의 투쟁에서 획득한 섬세하고 정신적인 것들을 바탕으로 지배자의 승리를 의심하는 능력일 것이다.

III. 초현실주의

아방가르드 예술운동인 초현실주의는 벤야민과 이신의 공통 관심사이다. 벤야민은 "초현실주의"라는 논문을 기점으로 전기의 형이상학적 관심을 후기의 인간학적 유물론으로 도약시킨다. 이신은 묵시문학운동과 아방가르드 예술운동을 동일한 매트릭스에서 파악하는 작업을 바탕으로 초현실주의 신학을 구성한다. 그러므로 초현실주의에 대한 두 사람의 태도를 비교해보는 것은 벤야민의 인간학적 유물론과 이신의 초현실주의 신학이 어디에서 만나고 어디에서 갈라지며, 이와 같은 만남과 헤어짐이 두 학자요 실천가를 따르는 우리에게 무엇을 요구하는지를 가늠해보는 기회를 마련해 줄 것이다.

속에서 발생하는 잉여를 보여주고 있다. 이에 관해서는 슬라보예 지젝,『분명 여기에 뼈 하나가 있다』, 정혁현 옮김, 인간사람: 2016, 549 이하를 보라.

　　19세기의 마지막 몇 년과 1914년의 일차세계대전 사이의 기간은 이른바 모더니즘이라는 개념으로 그 연관성을 파악할 수 있는 다양한 분야의 정신적 폭발이 진행된 진정한 혁명의 시간이었다. 슬라보예 지젝은 이 시대에 발생한 인간 정신의 비약이 담지하는 의미를 표현하기 위해서는, 이러한 혁명의 시간이 일차세계대전의 발발로 중지된 것이 아니라, 일차세계대전이 이 시대의 정신적 혁명을 저지하기 위해 도발된 반동이었다고 기술해야 한다고 주장한다.

　　기존의 세계관을 허물어뜨리던 전위예술과 과학 및 정치학의 폭발. 그 양상은 카프카에서 조이스에 이르는 문학에서, 그리고 쇤베르크와 스트라빈스키의 음악에서, 또 피카소와 말레비치와 칸딘스키의 회화에서의 모더니즘, 정신분석학, 상대성 이론과 양자이론 그리고 사회민주주의의 발흥 등등으로 나타났다. 예술적 전위의 '놀라운 한 해'anus morabilis인 1913년에 응축된 이러한 파열은 우리의 사변적인 역사기록학 내부에 새로운 공간을 열어젖히는 너무나도 근본적인 것이어서, 우리는 1914년 일차세계대전의 발발은 '정신의' 관점에서 볼 때, 이러한 사건에 대한 반동이었다고 주장하고 싶은 유혹에 빠진다.[22]

---

22) 슬라보예 지젝, 앞의 책, 261.

1. 이신의 초현실주의

아방가르드 운동의 시대는 그 자체로 구원을 지시하는 변증법적 이미지로 충만했을 뿐만 아니라 과거의 목소리들이 가독성을 획득하는 구원의 기간, 즉 진정한 정지의 시간이었다. 이신이 신학의 울타리를 넘어 이 사건에 주목할 수 있었던 것은 먼저 그의 예술적 열정 때문이었을 것이다. 이신의 '초현실주의' 개념은 1924년 앙드레 브르통 초현실주의 선언과 함께 시작된 일련의 예술운동을 주목하고 있지만 이에 국한되지는 않는다. 그가 1910년의 미래주의 선언을 중요하게 다루고 있으며, 묵시문학에 아방가르드라는 수사를 붙여 그 성격을 표현하는 점에 비추어 볼 때, 그의 '초현실주의'는 지젝이 위에서 언급한 아방가르드운동 전반을 지시하는 것으로 보인다. 아방가르드운동은 일차세계대전 중에도 취리히 다다를 통해 지속되었으며 전후에는 초현실주의를 필두로 원근법적 세계, 즉 일안의 시선으로 세계를 포획하려는 근대 초기의 세계상을 완전히 무너뜨렸다. 이신이 주목하는 묵시문학적 현상이 이것이다. 어떻게 현실세계가 그 자체로 붕괴된 것으로 보이는가? 그러한 시선은 어떻게 가능한가?

이신이 묵시문학과 아방가르드 예술에서 공통적으로 발견하는 것의 핵심은 환상의식이다. 다니엘서 5장에 나오는 묵시문학적 장면은 환상의식이 무엇을 지향하는지를 잘 보여준다. 벨사살왕의 떠들썩한 잔치자리에 손이 나타나 벽에 왕의 몰락을 선언하는 글씨를 쓴다. 이신에 따르면 이 장면은 묵시문학의 환상의식이 먼저 현실의 부정과 중지, 즉 종말론적 역사심판을 지향하며 다음으로 역사의 전환, 미래 혹은 다른 삶의 양식으로의 전환을 지향하고 있음을 명시적으로 보여준다. 바로 이 환상이 묵시문학을 아방가르드 예술과 연결시키는 매개이다(132).

묵시문학적 환상은 허무주의적 절망으로 역사와 세계의 종말을 선포한다. 묵시문학자는 전심의 열정을 가지고 허무주의적인 방식으로 현 역사를 철저하게 부정한다. 현재에 대한 철저한 부정은 역사의 전환점을 가져오기 위해서 불가피한 것이다. 묵시문학적 환상이야말로 타락한 역사에 대한 영속적인 '걸림돌(skandalon)'이자 부단한 도전이다.(133)

이신에게 묵시문학적 환상은 "징계의 천사"(133)이다. 이 천사는 타락한 세계의 시간을 끝장낸다. 벤야민은 파울 클레의 〈새로운 천사(Angelus Novus)〉를 진보라는 시간의 폭풍에 맞서 이를 정지시키기 위해 분투하는 존재의 이미지로 해석한다.[23] 가는 선으로 구성된 이신의 마지막 회화작품은 화면구성에서 〈새로운 천사〉와 동일하다. 마치 강한 충격을 받은 자동차 유리의 균열처럼 가는 선들이 화면을 잘게 부수고 있다. 이 균열들이 인물의 이미지를 형성한다. 〈새로운 천사〉처럼 양팔을 벌린 존재는 역시 그처럼 팔을 벌린 남자와 여자의 이미지를 품고 있다. 그들은 "역사에 출현하리라고 기대되는 새로운 인간상을 표상한다"(139). 그들의 이미지는 한 세계가 붕

---

23) 벤야민, 앞의 책, 339.

괴되는 공간에서, 그 세계의 시간이 중지되는 순간에 어렴풋이 나타
난다.

이신에게 환상은 시간과 공간의 중간에 위치한다. 그것은 실증적
현실과 관념적인 절대계의 중간(132)에 위치하며, 현재와 미래, 객
관성과 주관성을 매개한다(134). 환상은 비동시적인 것이 동시적으
로 발생하는 순간의 이미지이다.

이렇게 환상의 표상화는 묵시문학자의 고양된 의식 속에서 궁극적인
현실에 직면한 데 대한 그들 나름의 총체적인 반응의 표현이다. 그는
그의 환상을 현세에 둠으로써 현재의 역사를 궁극적 현실과의 의미
있는 관계로 가져다 놓으려고 시도한다(130).

환상은 심판의 이미지인 동시에 구원의 가능성을 향해 열려있는
이미지이다. 환상은 실증성에 근거하여 추상성을 배제하지 않으며,
미래를 내세워 현재에 눈감지도 않는다. 주체의 환상은 한 공간에
공존할 수 없는 두 개의 차원이 만나는 순간의 이미지이다. 이 순간은
다른 차원의 시간과 공간이 공존하기 때문에 강화된 압력, 긴장 혹은
중력으로 가득 차게 된다. 바로 이 긴장과 압력으로 인해 시간과 공간
은 휘어진다. 이 휘어진 세계가 이신의 초현실의 세계이다. 이신의
초현실주의 신학은 "두 현실의 병치"24)에서 진정한 시적 현실을 찾
으려 했던 초현실주의 운동처럼, "사실로서의 의식의 둔화"(211)를,

---

24) 앙드레 브르통, 『초현실주의 선언』, 황현산 옮김, 미메시스: 2012, 84.

"어떤 문화적인 풍조 때문에 한 그릇된 방향으로 자리 잡혀져" 있는 의식을(215) 깨뜨려, 기독교신앙을 두 차원이 변증법적 긴장 속에 있는 전환의 순간으로 가져오려는 시도이다.

한편 이신이 자신의 신학의 모티브를 초현실주의 운동에서 찾을 수 있었던 것은 그것이 영적인 운동이기 때문이다. 따라서 그의 초현실주의 신학은 영의 신학이다(216). 초현실주의의 자동기술법은 무의식의 발견에 크게 영향 받고 있다. 프로이트는 무의식의 형성물로 꿈, 농담, 말실수에 주목함으로써 언술의 맥락이 깨지는 순간에 주목하였으며, 그의 정신분석임상은 초자아의 검열을 최대한 배제하는 환자의 자유연상에 의지하였다. 무의식의 발견은 우리가 의식하는 현실뿐만 아니라 눈앞의 세계를 현실로 인지하는 자아주체를 세계와 사유의 중심에서 축출하였다. 무의식의 발견이 함의하는 미학적 정치적 의미를 프로이트 자신보다 아방가르드 예술가들이 먼저 포착한 것은 인간 정신이 연출하는 아이러니의 한 실례이다. 그런 점에서 이신이 묵시문학적 의식이나 아방가르드적 상상력을 설명할 때, 이 상상력을 촉발시킨 역사적 계기인 무의식의 발견에 대해 상술하지 않거나 조심스럽게 융에게 의지하는 데는 프로이트의 책임도 있다. 프로이트는 그의 연구 활동의 후반기에 예술적 창조성에 대한 왕성한 정신분석학적 관심을 보여주었지만 그의 예술관은 불행하게도 근본적으로 보수적이었다. 그는 동시대의 아방가르드 운동에 무관심했다. 프로이트가 예술을 약한 "보상적인" 쾌락과 연관시켜 삶의 작은 결여들을 틀어막는 잠정적인 수단이나 미미한 실망들에 대한 완화제로 파악하고 있을 때25), 당대의 아방가르드 운동가들은 예술을 통해서 현실을 견디는 것이 아니라 흔들고 뒤집으려 하였다.

이신의 영의 신학을 초현실주의 아방가르드와의 연관성 속에서 파악한다면 그것은 현실을 심판하여 비현실로 규정하고 새로운 현실로의 전환을 모색하는 신학이지, 오늘날 뉴에이지 영성주의운동과 같이 현실을 견디는 능력을 기르는 신학으로 이해할 수는 없다. 초현실주의에 대한 정당한 정신분석적 이해는 초현실주의 아방가르드와 긴밀한 연관 속에서 프로이트를 재구성한 라깡을 경유해야 한다. 프로이트는 예술을 통해서 "원시적 감각들"이나 "육감적 즐거움"을 승화할 수 있다고 본 반면, 라깡은 예술적인 승화를 통해서 "두려움과 연민"을 일소할 수 있다고 생각하였다. 라깡은 이 "두려움과 연민"의 일소를 통해서 초자아가 우리에게 굴종을 강요하는 상상적 이상으로부터 해방될 수 있다고 보았다. 즉 예술은 현실을 절대화하는 모든 이상들에 대한 죄책감과 두려움을 떨치고, 현실 너머의 가능성을 향해 자유롭게 접근할 수 있는 힘을 북돋운다는 것이다. 바로 이것이 이신이 "초현실주의 신학은 영의 신학이다"라고 선언했을 때 의미하는 것이다. 이 선언은 또한 이신 자신이 주도한 기독교 환원운동이 궁극적으로 무엇을 목표로 했는지를 밝혀준다. 초대교회 환원운동은 묵시문학적 긴장과 폭발력으로 가득한 공동체를 오늘 이 땅에서 구현하려 했던 것이다. 이 공동체는 땅의 현실을 육박해오는 하느님나라의 현실로 동요시키는 공동체이지, 영원히 지연되는 하느님나라에 대한 기대 속에서 땅의 현실을 감수하는 공동체가 아니

---

25) 조운 콥젝,『여자가 없다고 상상해봐』, 정혁현 외 옮김, 도서출판b: 2015, 22~23을 보라.

다. 묵시문학적 의식이 행하는 철저한 자기부정은 자신의 시대에 한계 지워진 의식, 따라서 주어진 현실을 자연스러운 것으로 받아들이면서 그 너머를 사유하지 못하는 자기의식을 무너뜨리는 행위이다. 그것은 초현주의 운동의 목표였으며, 이신의 초현실주의 신학이 하고자 했던 것이다.

2. 벤야민의 초현실주의

벤야민이 파리 체류 중 직접 체험하는 초현실주의 운동은 그의 사상의 분기점을 이룰 정도로 중요한 영향을 미친다. 『초현실주의 선언』에 나오는 브르통의 문장과 "초현실주의: 유럽 지식인들의 최근 스냅사진"에 나오는 벤야민의 언급을 비교해보면 그가 초현실주의 운동에서 얼마나 큰 충격과 감동을 받았는지를 가늠해 볼 수 있다.

현전하는 두 현실의 '관계를 정신이 붙잡았다'고 주장하는 것은 잘못이다. 그는 처음에 어떤 것도 의식적으로 붙잡지 않았다. 그것은 어떤 특별한 빛, 이미지의 빛이 뿜어낸 두 항의 우연한 접근인 바, 그 빛에 우리는 무한히 민감함을 드러낸다. 이미지의 가치는 얻어진 섬광의 아름다움에 달려있다. 그것은 따라서 두 전도체 간의 전위차의 함수이다. 이 전위차가 비유에서처럼 거의 존재하지 않을 때는, 섬광이 일어나지 않는다.[26]

---

26) 앙드레 브르통, 앞의 책, 106.

정신적 조류들은 낙차에 도달할 수 있는데, 그 낙차는 비평가가 거기
에 발전소를 세울 수 있을 정도로 충분히 클 수 있다. 그러한 낙차를
초현실주의에 대해서 프랑스와 독일의 수준 차이가 만들어내고 있
다… 똑똑한 사람들은… 이 작은 개울로는 결코 발전기의 터빈을 돌
릴 수 없을 거라는 확신에 도달한다.
독일인 관찰자는 그 원천에 서있지 않다. 이 점은 그에게 호기이다.
그는 계곡에 서 있다.[27]

브르통은 이미지의 병치가 발생시키는 섬광을 말하고 있다. 벤야
민은 프랑스 지식인들, 즉 초현실주의자들과 독일 지식인인 자신
사이의 낙차를 통해 스스로 "밤 가운데 가장 아름다운 밤, 번갯불의
밤"[28]이 되어 거대한 사상의 발전기를 돌릴 에너지로 충전된다. 이
에너지는 그의 생의 마지막까지 지속된다. 그의 마지막 논문의 첫
머리에 나오는 장기 두는 꼭두각시와 이를 조종하는 꼽추 난쟁이의
알레고리는 결국 가늠할 수 없는 낙차 혹은 전위차를 갖는 신학과
역사적 유물론의 만남이 일으키는 폭발과 섬광을 목적으로 한다.
　초현실주의와 만남 이후 그의 죽음까지 그의 작업의 큰 줄기는
미완의 수고로 남은『아케이드 프로젝트』구성하는 작업이었다. 그
는 이 작업의 모티브를 루이 아라공의『파리의 농부』에서 얻는다.
그는 1935년 5월 31일 아노르노에게 보낸 편지에 이렇게 쓴다.

---

27) 발터 벤야민, "초현실주의: 유럽 지식인들의 최근 스냅사진",『발터 벤야민 선
　　집 5』, 도서출판 길: 2009, 144
28) 브르통, 앞의 책, 107.

작업 시작 시점에『파리의 농부』가 있는데, 그날 밤 침대에서, 나는 두세 페이지 이상을 읽을 수 없었고, 가슴이 너무 세게 뛰어서 책을 내려놓아야만 했었지요. 충격적인 계시! 나와 그 많은 독서 사이에 놓여야만 했던 그 모든 세월들을 돌아보게 만들다니! 그렇지만『아케이드 프로젝트』의 초안들은 이 시기에 작성되고 있었습니다.[29]

벤야민이 1928년에 발표한『일방통행로』는 그의 번역 개념을 따른다면 아라공의『파리의 농부』를 베를린 판본으로 번역한 것이라고 해도 무방하다. 또한『일방통행로』는 이후 그의 전 생애에 걸친 프로젝트인『아케이드 프로젝트』를 예시하고 있다. 이 프로젝트는 벤야민 당대에는 백화점에 밀려 퇴락한 파리 파사주를 중심으로 파리라는 자본주의의 수도를 초현실주의적으로 파악하는 시도이다. 그는 숄렘에게 보낸 편지에서 프로젝트는 "초현실주의를 철학적으로 사용함으로써 그것을 지양하는 것이자 역사의 이미지를 현존재의 눈에 띄지 않는 고착들, 말하자면 그것의 쓰레기들 속에서 확인하고자 하는 시도"[30]라고 설명한다. 프로젝트의 프랑스어판 개요의 서문에서 벤야민은 그 의도를 간명하게 기술한다. "우리의 연구는 어떻게 해서 우리가 지난 세기에 얻어낸 삶의 형식들, 그리고 경제적 기술적 토대 위에서 구축한 창조물들이 이처럼 문화가 물화된 형태로 재현된 결과, 판타스마고리아의 우주로 진입하게 되는지를 보여준다."[31] 벤

---

29) 정의진, "발터 벤야민의 루이 아라공 비판이 제기하는 문제들",『인문학논총 제30집』, 136에서 재인용.
30) 김현강, "발터 벤야민의 사유에 나타난 주체, 이미지, 기술 사이의 관계",『인문논총 제69집』, 319에서 재인용.

야민은 마르크스의 '상품물신'을 이데올로기적 전치 이상의 것, 즉 이데올로기의 감각적 현전으로 보았으며, 이 개념을 자본주의적 도시 그 자체로 확대하였다. 벤야민에게 도시, 특히 자본주의의 수도에서의 삶이란 그 자체로 판타스마고리아의 체험이었다. 오늘날 더욱 화려해진 백화점과 복합 쇼핑몰 그리고 도시 자체의 젠트리피케이션의 형태로 변형된 이 판타스마고리아를 탐색하는 벤야민의 목표는 분명하다. 그것이 보여주는 "위엄과 광휘 그리고 스스로 안전하다고 여겼던 환각이 실제로는 믿음직한 상태가 아니"[32]라는 것, 나아가 신상품의 새로움이라는 것이 기실 예전부터 있어왔던 낡아빠진 것에 불과하며, 이에 도취된 삶이 끔찍한 저주 속에 있다는 사실을 보여주는 것이었다. 하지만 이 프로젝트는 단순한 이념교육이 아니다. 꿈 혹은 도취는 단순히 교정되거나 제거되어야 할 상태가 아니다. 이 세속적인 것은 메시아적 집약성의 반대방향을 향하는 방식으로 "메시아왕국의 도래를 촉진할 수 있기"[33] 때문이다. 그런 점에서 "꿈꾸는 일은 역사를 형성하는 데 관여해 왔다."[34] 각성은 꿈에서 깨어나는 것이다. 꿈이 없다면 각성도 없다. 삶이 가치가 있으려면 "깨어 있음과 잠 사이에 놓인 문지방이 닳아 문드러져야"[35] 한다.

---

31) 발터 벤야민, "19세기의 수도 파리: 『파사주』 프랑스어판 개요", 『발터 벤야민 선집 5』, 222.
32) 위의 책, 223.
33) 발터 벤야민, "신학적·정치적 단편", 최성만 옮김, 『발터 벤야민 선집 5』, 도서출판 길: 2009, 130.
34) 발터 벤야민, "꿈 키치", 최성만 옮김, 『발터 벤야민 선집 5』, 도서출판 길: 2009, 135.
35) 발터 벤야민, "초현실주의: 유럽 지식인들의 최근 스냅사진", 144.

진정한 삶이 가능한 진정한 현실은 판타스마고리아 안에도 그 밖에도 존재하지 않는다. 그것은 잠과 깨어남의 치열한 변증법적 관계 속에 있다. 그리므로 초현실주의자들에게 도취는 역설적으로 판타스마고리아의 이완으로서의 각성으로 기능한다. 벤야민은 이 천재들의 개인적인 경험을 억압받는 집단의 경험으로 전이시키려 하였다.

IV. 유대-기독교적인 것

이신이 초현실주의 신학, 혹은 환상의식으로 대처하려는 것은 "사실로서의 의식의 둔화"였다. 벤야민과 이신은 공히 초현실주의의 자장 안에서 가상을 통해 가상을 이완시키는 방식으로 주어진 현실을 상대화하고 현실에 매인 인간과 세계의 잠재성을 개방하는 전략에 공조한다. 이러한 전략은 무의식의 발견을 통해서 의식을 상대화한 정신분석학을 배경으로 해서 가능해진 것이다. 『초현실주의 선언』의 마지막 언명, "삶은 다른 곳에 있다"36)라는 무의식의 정식을 "나는 내가 생각하는 곳에서 존재하지 않으며, 존재하는 곳에서 생각하지 않는다"라고 규정한 라깡을 예견하고 있다. 정신분석학에서 생각하는 곳에서 존재하는 주체는 억압된 주체, 곧 자아주체이다. 벤야민이 역사주의의 시간을 정지시키려 한 것은 억압받는 자는 그 시간

---

36) 앙드레 브르통, 앞의 책, 119.

속에 존재하지 않기 때문이다. 그들은 억압으로 인해 진보의 시간 속에 포로로 잡혀있는 것이다. 1830년의 7월혁명에 봉기한 "새 여호수아들"은 "모든 시계탑 밑에서 그날을 정지시키기 위해 시계판에 총을 쏘아댔다."37) 이신의 묵시문학자들이 환상의식을 통해서 현실을 보는 이유는 제국으로부터 해방되기 위해서는 제국의 질서를 무질서로 볼 수 있는 의식의 고양이 필요했기 때문이다. 정연한 현실과 환상의식 사이에 시차를 만드는 것은 적대이다. 그것은 마치 한스 홀바인의 그림 〈대사들〉을 보는 것과 같다. 금은보화로 치장한 대사들의 모습이 제대로 보이면 그들의 이면의 진실을 상징하는 해골의 형상이 이지러지는 반면, 해골이 제대로 보인다면 대사들의 형상이 얼룩으로 변한다.

하지만 이와 같이 자아주체를 탈중심화하는 사유의 기원에 유대-기독교 전통이 있는 것이 아닐까? 제국에 예속된 상태에서 그리고 국가를 상실한 상태에서 하느님의 백성으로 존속하려는 고투는 결국 십자가에 달린 비참한 인간에게서 참 하느님을 발견하고 하느님의 백성이라는 개념 자체를 탈중심화하는 자기부정에 이른다. 바로 이 지점에서 제국의 광휘를 선망하던 억압된 주체는 해방되며 제국의 질서를 정지시킨 다른 현실이 가능한 삶의 장소로 발견된다.

프로이트는 유럽 전역에서 시온주의운동이 이스라엘이라는 영토국가를 현실적인 가능성으로 만들어가는 한편 반유대주의와 더불어 파시즘의 기운이 발흥하는 상황에서 『인간모세와 유일신교』를 쓴다.

---

37) 발터 벤야민, "역사의 개념에 대하여", 340.

그는 유대민족의 아버지 모세를 이집트인이라고 주장하여 유대인의
민족적 정체성의 중심을 공허하게 만드는 한편 자신의 정체성으로
서 '유대적인 것'을 긍정한다. 그는 유대교의 특징을 구성하는 유일신
사상과 선민사상의 결합을 다음과 같이 풀어낸다.

> 이집트에서 유일신교는 제국주의의 부산물로 성장했다. 말하자면 신
> 은, 광대한 세계제국의 절대적인 통치자였던 파라오를 그대로 반영하
> 는 존재였던 것이다. 유대인의 경우는 정치 상황이 지극히 불리해서,
> 배타적인 민족신의 이념에서 보편적 세계 지배자 이념으로 전개시킬
> 수가 없었다. 바로 이 때문에 이 힘도 없는 조무래기 국가의 국민이
> 오만하게도 위대한 주님의 총애를 받는 백성이라고 주장하지 않았을
> 것인가?[38]

여기에서 '유대적인 것'은 무엇이고 프로이트가 이를 긍정하는 방
식은 무엇인가? 일단 유일신사상에 관해서 프로이트는 이집트 제국
주의의 표현인 유일신교가 다신교에 비해 보편성을 갖는 고상한 종
교라고 보는 것은 분명하다. 특히 유일신교의 우상숭배금지는 종교
의 관심을 일상의 안정과 풍요에서 고도로 정신적인 것을 향해 고양
시킨다. 가라타니 고진이 볼 때 프로이트가 이해한 유일신교의 우상
숭배 금지명령은 "어떤 공동체의 편견(우상)도 거부하고, 따라서 공동
체로부터 배척되지 않을 수 없는 존재방식을 의미한다. 즉 '유대적인

---

38) 지그문트 프로이트, "인간 모세와 유일신교", 이윤기 옮김, 『종교의 기원』, 열
   린책들: 1998, 91.

것'은 어떤 공동체에도 귀속되지 않고 그 '사이'에 서 있는 것이다."39)
따라서 고진에게 유일신사상은 선민사상을 배제한다. 하지만 이렇
게 해석되는 유일신사상은 고진 자신이 부언하듯이 '유대적인 것'이
라는 고유명으로 부를 필요가 없을 것이다. 그것은 단순히 보편성이
며 조무래기 민족의 종교이든 이집트 제국의 종교이든 유일신교가
보이는 보편적인 특징일 것이다. 어떤 공동체의 편견도 거부하면서
도 반드시 공동체로부터 배척되지는 않는, 오히려 공동체를 구성하
는 영웅이 아니라 조무래기의 유일신사상은 불가능한 것일까?

　　라깡과 바디우에 의지하여 프로이트를 읽는 조운 콥젝의 해석은
주목할 만하다. 그는 보편적인 세계지배 경험이 없는 유대인의 선민
사상은 근거가 없기 때문에 유대 유일신교의 기원은 미해결로 남는
다는 프로이트의 진술을 해답으로 받아들여야 한다고 주장한다. 그
는 프로이트가 제국의 유일신사상과 조무래기 민족의 유일신사상을
구별하고 있다고 본다. 제국의 유일신교는 제국의 위대함, 즉 다른
민족을 지배할 수 있는 구체적인 특징으로 정의된 보편성을 갖는다.
이와 같은 보편성은 항상 예외가 있다. "파라오와 그의 기원 민족은
보편성의 구성원이라기보다는 보편성을 규정하는 조건이다. 그들
은 보편성을 파괴하지 않고는 그 안에 포함될 수 없다. 간단히 말해서
이런 보편성은 정복자와 피정복자의 상호배제에 의존한다." 이에 비
해 조무래기 민족의 보편성은 보편성을 규정할 내적인 특징을 갖지
않는다. 제국의 유일신사상은 제국의 한계를 외부에 부과하는 반면,

---

39) 가라타니 코오진, 『탐구 2』, 권기돈 옮김, 새물결:1998, 203

조무래기 민족의 유일신사상은 외부에 부과할 자기 한계가 없다. 따라서 예외 없는 보편성을 갖는다. 한편 그들은 아무런 자격도 없이 신에게 선택받았기 때문에 은총 즉 "역설적인 과잉"에 의해 침해당한다. 유대인들이 선택된 것은 그들이 위대한 지배민족이기 때문도 고난 받는 민족이기 때문도 아니다. 그들은 이유 없이 하느님에 의해 선택되었다. 따라서 그들은 누구도 배제하지 않는 동시에 어느 누구보다도 더 공동체의 구성원이 될 권리를 갖는다. 즉 이유 없는 선택은 공동체의 성원이 될 기준의 배제를 강조하는 동시에 공동체 참여로부터 예상하지 못했던 향유와 마주칠 가능성을 개방한다.[40] 유대교와 기독교 사이에 연속성이 있다면 이 '유대적인 것'을 제거할 수 없는 것으로서 공유하고 있다는 사실에 있다. 단절이 있다면, 이 '유대적인 것'을 폐쇄하고 제국의 욕망과 동일시하는 순간에 있을 것이다. 이 욕망이 항상 우리를 영원한 패배자로 만든다.

콥젝이 제안하는 프로이트 읽기는 벤야민의 메시아주의를 이해하는 방향을 제시한다. 우리를 소환하는 과거의 목소리, 우리에게 주어진 희미한 메시아의 힘은 우리에게 희생을 강요하지 않는다. 오히려 우리를 예상치 못했던 향유에 개방한다. 초현실주의자들이 강조하는 경이 역시 마찬가지이다. "하나의 풀잎에서도 또 하나의 돌에서도 영의 입김을 느끼는"(222) 존재는 낮보다도 밝은 번갯불의 밤을 삶으로 향유하는 것이며, 결코 타자의 욕망에 목숨 걸지 않는다. 예수는 십자가를 지고 골고다로 오르는 자신을 동정하는 자들에게

---

40) 조운 콥젝, 앞의 책, 259~261을 보라.

"예루살렘의 딸들아, 나를 위하여 울지 말고, 너희와 너희 자녀를 위하여 울어라"(누가 23: 28)라고 하고 동정 받을 자가 누구인지를 다시 규정하였다.

V. 글을 마치며

이신은 오랜 시간 우정을 나눈 친구의 아버님이자 은사의 장인이다. 고등학교 시절 친구의 집에 놀러 가면 그분은 늘 연구 중이셨다. 서재 여기저기 걸려 있거나 놓여 있는 그분의 작품은 이해할 수는 없었지만 신기하고 흥미로웠다. 신학생이 돼서는 공부 제대로 해야 한다는 엄한 훈계도 들었다. 철부지 시절 눈빛 몇 번 나누었을 뿐인 그분의 인상이 시간이 갈수록 서서히 뚜렷해진 것은 무엇 때문일까? 생각이라는 걸 겨우 할 수 있게 된 무렵 그분의 유고를 읽을 수 있었다. 글을 읽으면서 그분이 그렇게 일찍 돌아가시지 않았다면 나는 좀 더 이른 시기에 그분의 가르침을 받을 수 있었을까 생각하곤 하였다. 아마도 한껏 바람이 든 망아지가 그럴 수는 없었을 것이다. 그래도 아쉽지는 않다. 내 기억 속에 남아 있는 그분의 눈빛만으로도 충분히 감사하고 행복하다. 그분의 눈빛은 긴 시간을 기다려 나를 기억해 주시고 결국 당신의 책을 펼쳐 음성을 들려주셨다. 그 음성은 나의 마음을 든든하게 해주었다.

이 글은 벤야민을 통해 이신을 이해하는 방법을 구하고 다시 이신을 통해 벤야민의 통찰을 확인하는 과정을 거쳤다. 이 과정은 오늘날 세계적인 위기의 상황에 더욱 유효하고 절실한 '유대-기독교적인 것'이 두 사람이 각자의 당대에서 현실의 한계를 돌파하는 사유와 실천의 근간임을 확인하는 과정이었다. 이 작업은 벤야민이 "번역자의 과제"에서 제시한 방식을 따랐다. 벤야민은 보들레르 번역본의 서문으로 준비한 이 글에서 중세 카발라 학자 이삭 루리아를 암시하면서 이렇게 말한다.

> 어떤 사기그릇의 파편들이 다시 합쳐져 완성된 그릇이 되기 위해서는 가장 미세한 파편 부분들이 하나하나 이어져야 하면서도 그 파편들이 서로 닮을 필요는 없는 것처럼, 번역도 원작의 의미에 비슷해지는 대신 애정을 가지고 또 그 세부에 이르기까지 원작이 의도하는 방식에 자신의 언어로 동화되어 원작과 번역 양자가 마치 사기그릇의 파편이 사기그릇의 일부를 이루듯이 보다 큰 언어의 파편으로 인식되도록 하지 않으면 안 된다.[41]

벤야민이 사용하는 번역이라는 개념을 단순히 하나의 언어로 쓰인 텍스트를 다른 언어로 옮기는 행위라고만 생각할 수는 없다. 그것은 모든 읽기 과정에 적용될 수 있는 개념이다. 그렇다고 최종적인 의미가 끝없이 유예되면서 텍스트가 무한히 확장되는 산포 과정도 아니다. 그것은 텍스트 한 편으로는 구성할 수 없는 하나의 사기그릇

---

41) 발터 벤야민, "번역자의 과제", 최성만 옮김, 『발터 벤야민 선집 6』, 도서출판 길: 2010, 136~7.

을 만들어가는 과정이다. 한 편의 텍스트는 깨진 사기그릇의 작은 파편에 불과하다. 이 하나의 파편으로는 온전한 사기그릇의 형태를 상상할 수조차 없다. 그렇지만 이 작은 파편은 분명 사기그릇의 한 부분이며, 파편의 날카로운 단면은 그것에 어떤 종류의 파편이 덧붙여져야 하는지를 어느 정도 가늠하게 해주는 귀중한 부분이다. 이 글은 벤야민과 이신이라는 작은 파편들이 하나의 사기그릇으로 상징되는 큰 언어 안에서 서로 이어지는 방식을 살펴보았다. 나의 이 보잘 것 없는 글 한쪽이 먼지 한 톨이라도 되어 두 사기 조각 사이의 어디쯤에서 작은 틈이라도 메울 수 있다면 기쁠 것이다.

참고문헌

가라타니 코오진/권기돈 옮김.『탐구 2』, 1998.
김현강. "발터 벤야민의 사유에 나타난 주체, 이미지, 기술 사이의 관계",『인문논총 제69집』
리처드 A. 호슬리/박경미 옮김.『서기관들의 반란: 저항과 묵시문학의 기원』, 한국기독
　　　교연구소: 2016.
발터 벤야민/최성만 옮김. "역사의 개념에 대하여",『발터 벤야민 선집 5』, 도서출판 길,
　　　2009.
＿＿＿. "초현실주의: 유럽 지식인들의 최근 스냅사진",『발터 벤야민 선집 5』, 도서출판
　　　길, 2009.
＿＿＿. "19세기의 수도 파리:『파사주』프랑스어판 개요",『발터 벤야민 선집 5』
＿＿＿/최성만 옮김. "신학적·정치적 단편",『발터 벤야민 선집 5』, 도서출판 길, 2009.
＿＿＿/최성만 옮김. "꿈 키치",『발터 벤야민 선집 5』, 도서출판 길, 2009.
＿＿＿/최성만 옮김. "번역자의 과제",『발터 벤야민 선집 6』, 도서출판 길, 2010.
슬라보예 지젝/정혁현 옮김.『분명 여기에 뼈 하나가 있다』, 인간사람, 2016.
앙드레 브르통/황현산 옮김.『초현실주의 선언』, 미메시스, 2012.
야콥 타우베스/조효원 옮김,『바울의 정치신학』, 그린비, 2012.
이신.『슐리얼리즘과 영의 신학』, 동연, 2011.
정의진. "발터 벤야민의 루이 아라공 비판이 제기하는 문제들",『인문학논총 제30집』
조르조 아감벤/강승훈 옮김.『남겨진 시간: 로마인들에게 보낸 편지에 관한 강의』, 코나
　　　투스, 2008.
조운 콥젝/정혁현 외 옮김.『여자가 없다고 상상해봐』, 도서출판b. 2015.
지그문트 프로이트/이윤기 옮김. "인간 모세와 유일신교",『종교의 기원』, 열린책들,
　　　1998.

저항의 주체, 환상의 주체
— 이신(李信)의 슐리얼리즘에 대하여

박일준*

우리 시대 모든 것이 유물적으로 도착되어버린 시대, 우리의 기도
도 현실 세계에서 물질적인 이익과 연관된 것을 간구하며 믿는 유물
론적 신앙의 시대, 모든 것을 자본으로 환원해서 양화시켜 나가는
시대에 우리의 저항의 원동력은 전혀 비유물적인 환상(vision)이다.
네트워크로 전세계를 연결한 자본주의가 모든 것을 자본으로 통합
해 나가는 시대에 그런 시대에 순응하지 않는 정신들은 하릴없이
꿈을 꾼다. 이 시대가 새롭고 정의로운 시대가 되기를. 모두가 평등
하고 정의로운 세상을 향한 꿈은 거창하지만, 자본주의적 구조에
길들여지고 익숙해진 우리들 대부분의 눈은 자본주의적 구조 바깥
을 내다볼 수 있는 능력을 잃어버렸다. 그래서 꿈과 환상을 통해 새로

---

* 감리교신학대학교 기독교통합학문연구소

운 시대를 선언하는 이들은 환영받지 못하는 예언자가 된다.

여기 한 신학자가 있었다. 그의 생애는 그리 길지 않았고, 길지 않은 활동 기간이어서 남겨놓은 저술도 양적으로 풍성하지 않지만, 우리 시대 필요한 저항적 상상력과 그를 불러일으키는 원천으로서 환상의 구조를 열어 주었다. 불꽃같은 예술혼으로 신학의 언어를 저항과 환상의 언어로 변모시켜 나가고 싶었던 그의 작업은 짧은 삶과 활동으로 인해 많은 이들에게 알려지지 못했고, 그래서 미완성이라 할 수도 있을 것이다. 그럼에도 불구하고, 이신은 한국 신학계에 보기 드문 신학자이다. 신학자이면서 현역 예술가였기 때문이다. 유학시절 가난한 가정의 가장으로서 그림을 그려 번 돈을 모국의 식구들에게 송금했다는 일화는 그를 알고 있는 이들에게 유명하면서 신기한 일화이다. 신학 공부를 하면서 예술적 훈련이나 공부를 하는 사람은 있지만, 현직 화가로서 신학공부를 박사까지 마친 인물은, 필자의 기억으로, 한국 신학계에 전무하다.

이런 맥락에서 이신의 예술 신학을 조명해 보는 것은 한국 신학의 금맥을 캐내는 일이 될 것이다. 하지만 예술에 문외한에 가까운 필자가 예술가의 신학을 평가하기는 무리였다. 그래서 본 글은 들뢰즈의 예술론과의 비교를 통해 이신의 예술 신학을 조명하고, 그 의미를 채근해 보고자 한다. 일견 이신과 들뢰즈의 예술 이해는 서로 상반되는 것으로 보여진다. 이신의 슐리얼리즘은 '초현실'에 대한 환상을 근거로 기존에 대한 저항운동을 전개해 나가는 반면, 들뢰즈에게는 '초월'이 존재하지 않는다. 그에게 예술이란, 특별히 베이컨의 회화는, 내재하는 '보이지 않는 힘'을 보이도록 하는 활동이다. 그럼에도 불구하고 양자는 예술을 기존 세계에 대한 저항 혹은 '판에 박힌 것에 대한 투쟁'으로 본다는 점에서 상통한다. 본고는 이 상반된 입장들 속에서 차이의 불/협화음을 드러내어, 그 차이가 빚어내는 '사이'(the between)의 힘을 고찰하고자 한다.

I. 이신의 슐리얼리즘의 신학

이신의 예술 신학은 저항하는 주체의 신학이다. 그의 저항은 그러나 기존에 대한 반발로부터 비롯되기보다는 기존의 한계를 체감하면서, 기존 세계 너머의 세계를 상상력과 환상을 통해 내다봄으로써, 즉 그렇게 희망의 근원을 찾음으로써 이루어진다. 따라서 그의 저항은 단순한 반발이 아니라, 희망을 일구어가는 저항이다. 그리고 이신에게 그것이 바로 예술이었다.

1. 기존을 벗어난 틀 없는 자유로움의 추구로서 슐리얼리즘

이신의 슐리얼리즘(surrealism)은 "기존 틀을 벗어나서 거짓이 없는 세계 곧 초현실의 경지"를 구하는 것을 의미하며, 따라서 기존의 의식 구조에게는 "괴이하게 들릴 수밖에 없는 것"이다(이신, 2011, 216). 이신은 이 슐리얼리즘을 어떤 하나의 사조나 주의로 규정하기보다는 오히려 특정의 정의나 규정을 갖고 있지 않은 예술 행위로서, 정형화된 틀을 갖고 있지 않다고 말한다(이신, 2011, 219). 슐리얼리즘을 가장 가깝게 표현하는 것은 예를 들어 '초현실-주의'(-ism)가 아니라, 오히려 그 어떤 '초현실-주의'의 형태나 정의도 파기하는 "주의의 파괴자"이다(이신, 2011, 224). 이들이 자신들에게 덧입혀지는 정의나 규정이나 틀을 거부하는 것은 본래 전위예술 자체가 "오늘날의 물질주의적 문명 또는 객체주의적 문화에 대한 강력한 반항운동"으로 시작되었기 때문이다(이신, 2011, 202). 기존의 틀을 거부하고, 그에 대한 대안적 틀을 수립하기 보다는 오히려 그대로 틀 없는 자유로움을 추구하는 정신이 바로 슐리얼리즘의 정신이다.

슐리얼리즘에서 제일 중요한 것은 '자유'이지만 그러나 그것은 추상적 이념으로서의 자유가 아니라 누구나 자신이 원하는 방식대로 기존을 넘어서 표현할 수 있는 자유이다. 그래서, 만일 이 자유를 철저히 적용한다면, 우리는 "누구나 예술가"라고 말할 수 있을 것이다. 절대 자유를 발휘하여 "자기의 마음을 털어놓"는 것이 바로 이신에게는 예술이었다(이신, 2011, 217). 여기서 각 개인의 표현의 자유는 단지 '자유라는 이념'을 말하기 위한 것이 아닌, 가장 구체적인 개인의 표현으로서 기존을 넘어서는 것을 의미하며, 이는 문법의 '구조'로는 대변될 수 없는 것이다. 문법의 규칙들은 수많은 가상성(virtuality)을 담지하고 있지만, 결국 '언어'가 아니라 '말'은 특정한 개인의 입을 통해 구현되어질 때 말이 되고, 의사가 전달된다. 그러한 표현의 자유란 곧 가장 구체적인 각 개인의 음성에 귀기울임, 즉 보편적 단독자(universal singular)의 음성에 귀기울임을 강조하는 자유이다. 즉 기존 안에서 없는 자(*ta me onta*; 고전 1:28)로 간주되는 이의 음성을 통해 '기존'의 너머로부터 도래하는 음성을 듣는 귀 기울임 말이다.

가장 구체적인 일상의 가장 구체적인 개인을 통해 표현되어지지만, 그 표현은 언제나 기존에 대한 거부를 동반하기 때문에, 슐리얼리즘(surrealism) 혹은 초현실주의는 기존을 넘어선다는 의미에서 '초월'을 지향한다. 그래서 이신은 슐리얼리즘을 "Neo-tran-scendentalism"에 가깝다고 말한다(이신, 2011, 222). 여기서 초월이란 세상 너머의 초월이 아니라 "가장 가까운데 있는 초월"로서 "우리가 보고 들을 수 없는 초월이 아니라 우리가 보고 듣고 만지면서도 우리가 의식 못하고 [그래서] 가장 가까이 있으면서도 먼" 초월을 의미한다(이신, 2011, 222). 그래서 이 초월은 우리 삶의 구체적인 일상 속에 뿌리깊이 박혀있지만, 너무나 가까워 도저히 '초월적'으로 느껴지지 않는다. 그렇게 초월을 향한 문이 닫혀있는 것은 우리가 "욕심의눈으로"[1] 필요하다고 여겨지는 것만 보기 때문으로서, 그러한 우리의 눈에 "욕심이상의세계에속하는것은우리의눈에보이지않는다"(이신, 2011, 284).

이 욕심으로 충만한 삶의 구조는 사실 우리 안에 내재하는 이기적인 '종적 생명,' 혹은, 이신의 용어로, "BIOS(생물학적삶)"로부터 비롯

---

1) 이신은 『카리스마적 신학』에서 자신만의 독특한 구문법을 전개하는데, 그것은 바로 문장에 '띄어쓰기'를 거부하는 것이다. 이 띄어쓰기의 거절이 평범을 거부하는 슐리얼리즘의 정신인지, 혹은 '띄어쓰기'라는 형식이 서구식 문법의 영향으로 보고, 탈식민지적 정신을 발휘하여 수행된 것인지는 본서를 통해 드러나지 않는다. 다만 '문법'이란 기존의 주어진 것, 주어진 체계를 상징하는 거대한 시스템이라는 점에서 그에 대한 저항의 몸짓을 수행하는 것만은 분명해 보인다. 그리고 띄어쓰기가 되어있지 않은 문장들을 읽는 것은 독자에게 기존의 문장들을 읽는 것과는 다른 '감각'의 출현을 가져다준다.

된다. 리차드 도킨스가 그의 유명한 책『이기적 유전자』에서 논증하 듯이, '우리'라는 유기체는 언제나 유전자의 자기-복제와 전달을 위 해 이용당하는 운반체에 불과하다. 즉 유기체라는 존재는 언제나 유전자의 이기적 욕심 혹은 욕망을 위해 봉사하는 운반기구라는 말 이다. '우리' 인간이라는 유기체가 종으로서 담지하고 있는 '불멸을 향한 희구'는 사실 우리 자신의 욕망이 아니라는 말이다. 이신에 따르 면 사람은 "생리적으로종족적으로혈통적으로죽지않고영속적으로 목숨을이어가기마련"이라고 한다(이신, 2011, 304). 개체는 죽어도 '종'으로서의 생명은 멸종이라는 대참화가 발생하지 않는 한 영원하 다는 것이고, 유전자는 우리에게 끊임없이 이 영생과 불멸을 욕망하 고 희구하도록 우리의 생각과 감정을 본능을 통해 추동한다. 이러한 모습이 우리의 가족중심 이기주의, 민족주의, 배타주의, 종교적 갈 등의 모습으로 나타난다고 이신은 본다(이신, 2011, 305). 이러한 인 간의 삶은 그대로 "생리적인삶"이다. 따라서 이 생리적인 삶 속에서 사실 '죽음'은 그다지 문제되지 않는다. '나'의 죽음이 유전자가 동일 시하도록 추동하는 '나'의 죽음을 의미하는 것은 아니기 때문이다. 이러한 본능적 삶의 문법 구조가 '나는 죽어도 국가는 산다'라든지, 백인종의 우월한 순수 혈통 보존이라든지의 모습으로 문화 가운데 등장하게 된다. 이러한 생명의 모습이 우리에게 가져다주는 궁극적 지평은 "허무주의"이다(피어슨 2005, 26). 즉 존재하는 것은 유전자이 고, "그리고 우리는 그것이 연주하는 음악에 맞추어 춤"출 뿐이라는 것이다(피어슨 2005, 26). 들뢰즈는 이 생명의 허무주의적 반복을 넘 어서는 작용을 찾으려 하며, 이것이 들뢰즈의 '차이'이다. 이 차이는 외부로부터 도래하는 것이 아니라 "구성요소들과 구성적 차이들의 내부화를 통해 진화하는 복잡계"에 기반한다(피어슨 2005, 26). 그리고 이러한 차이발생의 생명력은 "계보학적이고 혈통적인 모델"을 통해서가 아니라 "리좀학"적 모델을 통해 해명된다. 하지만 이신은 이 생리학적 삶의 구조를 넘어서기 위해서는 우리에게 초월을 조망하는 제3의 눈이 필요하다고 본다(이신, 2011, 317).

이신은 이러한 욕심과 욕망의 세계 즉 생리학적이고 생물학적인 삶을 넘어서는 인간됨이 "인격적인요소"로 우리에게 담지되어 있다고 믿는다(이신, 2011, 306). 죽음이 문제가 되는 것은 인간이 '종'으로서 생명을 느끼는 이면에서 또한 하나의 고유한 '인격'으로서 생명을 느낀다는 것을 의미한다. 이때 죽음이 인간에게 문제가 되는 것은 '종으로서의 생명성'이 아니라 '한 구체적인 개인 인격'으로서 죽음이 해당 개체에게 종말을 의미하기 때문이다. 여기서 인격적 주체로서의 인간의 삶은 종-중심적 생물학적 삶의 주체와 언제나 충돌한다. 죽음은 여기서 인간 개체에게 "반복불가능한일회적인특이성"으로서 인격적 삶의 가치를 가르쳐 준다. 인격적 주체에게 그 반복 불가능한 일회적 특이성은 "영원"의 지평을 열어주는데, 종적 생명의 반복과 전달과 보존을 통해서가 아니라, 죽음이라는 '반복 불가능한 상실'이 가져다주는 결여의 구조를 통해서 역으로 열려진다. 인격적 주체가 경험하는 영원성은 지금의 시간을 초월한 영원성이 아니라 바로 지금 여기의 반복불가능한 일회성 혹은 특이성으로서의 영원성이다. 이는 시간의 연속적인 흐름을 이어가는 영속성이 아니라, 영원히 대체 불가능한 순간의 포착, 그래서 카이로스적 시간을 접하는 경험 속에 열려지는 영원성을 말한다. 따라서 영원은 종적 생명이 추동하는 본능적 영원집착의 세계 속에서 '초월적으로'(tran-scendentally) 부유하며 삶에 차이를 도입 가능케 해준다.

전위예술이 '반복'을 강박적으로 거부하는 이유는 바로 이 때문이다. 그들은 종적 생명의 영원집착으로 인한 반복이 부여하는 "조화와 안일을 깨뜨리고 그 틈 사이에서 내다보이는 건너편의 세계를 보려" 한다(이신, 2011, 202). 그러한 몸짓으로 그들은 자신들의 예술을 하나의 "이벤트," 즉 반복 불가능한 사건으로 구성하려 한다(이신, 2011, 203). 이 예술적 행위로서의 이벤트는 반복불가하며, 그래서 "단회적이요 종말적"이다(이신, 2011, 203). 이 예술적 행위로서 이벤트는 '반복 불가능한 특이성'이 일상의 루틴 속에서 망각되어져 가기를 거부하고, "무의미와 죽음의 인간생활의 연속" 가운데에 "창조적 사건"으로서 이벤트를 도입하는 행위로서, 이런 의미에서 예술가는 "창조적 이벤트 메이커" 혹은 "종말론적 이벤트 메이커"가 된다고 이신은 말한다(이신, 2011, 202-203).

그 창조적 사건을 창출해내는 인간의 능력이 바로 '상상력' 곧 "이매지네이션"이다(이신, 2011, 204). 이 상상력의 세계는 각 개별 인격의 창조적 차이를 도입하는 공간이지만, 그럼에도 불구하고 "있다면 있는 것이요 없다면 없다고 말할 수 있는 허공과 같은" 세계이다(이신, 2011, 204). 이 공간에는 아무 것도 없지만, 그렇다고 없는 것도 없다. 되는 일도 없지만, 그렇다고 안 되는 일도 없다. 따라서 상상력의 세계는 있다고도 그렇다고 없다고도 말할 수 없는 애매모호한 공간이다. 그러나 그 세계의 창조성은 바로 그 애매모호함으로부터 비롯된다. 기존으로부터 도저히 생각할 수 없는 것, 우리의 삶의 경험으로부터는 도저히 불가능하다고 여겨지는 것, 기존 우리 이성의 합리적인 예측으로는 전혀 도래할 수 없는 것 등을 상상력의 공간에서는 시도해 볼 수 있기 때문이다. 만일 상상력의 공간에 출현하는 것이 즉시로 현실화된다면 이는 불가능한 일이다. 그 상상력을 현실화함으로써 어떤 문제가 야기될지를 가늠하기가 쉽지 않기 때문이다.

상상력 공간의 무한한 잠재력은 창조성의 근원이기도 하지만, 그러나 동시에 부패의 근원이 되기도 한다. 왜냐하면 있는 것은 아무것도 없고, 되는 일도 없다는 의식으로 상상력의 세계를 보면 아무것도 아니기 때문이다. 이렇게 상상력의 힘과 잠재력을 부정하고 나면, 상상력은 더 이상 힘을 발휘하지 못한다. 그리고 그러한 상상력의 결핍 혹은 빈곤은 곧 바로 의식의 둔화로 이어진다. 이는 곧 "보아도 보지 못"하는 의식 상태를 말하는데, 이는 상상력이 부패했음을 나타내는 상태이다. 상상력이 창조성의 공간이 될 수 있도록 해주는 그 애매모호한 힘이, 만일 상상력에 대한 부정적 인식에 부딪히면, 곧 상상력에 대한 부정으로 그리고 의식의 둔화로 이어진다는 점에서, 그 공간은 창조성의 원천으로도 또한 부패의 온상으로도 기능한다. 여기서 의식의 둔화는 결코 '무의식'의 출현을 가리키는 것이 아니며, 오히려 "반의식"(anti-consciousness) 상태의 출현을 가리키는데, 이는 감각의 출현을 전혀 감지하지 못하는 둔화된 의식을 가리킨다 (이신, 2011, 212). 초월은 이 둔화된 의식 속에서 전혀 감지되지 않는다. 바로 지금 여기에 담긴 초월 그래서 가장 가까이 있는 초월을 보기 위해서는 상상력이 창조성의 원천이 되도록 의식의 일깨우는 일이 필요하다. 즉 이 가상의 상상력의 공간을 통해 일상 위에 부유하는 초월의 세계를 감지하려면, "어떻게 하든지 둔화된 의식을 깨우"쳐야 하는데, 문제는 그러한 '깨우침'을 가져다 줄 수 있는 사람은 언제나 "한 문화권 밖에서 도래한 자"여야 한다는 것이다(이신, 2011, 215). 이는 문자 그대로 문화권 밖으로부터 도래하는 사람을 의미할 수도 있지만, 다른 한편으로는 기존의 문화 속에서 기존 문화의 경계를 끊임없이 넘어가 경계를 허무는 사람을 의미하기도 한다. 전자는 물리적으로 문화권 밖의 타자라면, 후자는 의식적으로 끊임없이 기존의 반복에 저항하는 의식과 몸짓을 수행하는 사람이라고 할 수 있을 것이다.

2. 진리의 환상(vision)을 전하는 국외자

이 "밖에서 도래한 자"의 단초는 이신의 묵시문학 연구로부터 비롯된다. 묵시문학은 현 세계와 도래할 세계 사이의 철저한 단절을 전제로 구성된다. 이 이원론적 세계는, 이신에 따르면, "당대의 분열과 좌절 경험으로부터 나온 열매의 일종"으로서, 천국 혹은 하나님 나라는 세계와 대적한다. 세계사는 퇴화하며 "끝없는 심연"으로 가라앉고 있고, 그를 통한 구원은 가능하지 않으며, 만일 구원이 도래한다면, 그것은 언제나 전적으로 세계 너머로부터 도래한다(이신, 2011, 71). 이 현실세계에 대한 철저한 부정이 역설적으로 묵시문학에서는 "전혀 다른 세계"에 대한 "희망"의 근원이 된다(이신, 2011, 45). 그 세계 속에서 창조적 상상력의 능력 즉 환상의 능력을 가진

이들, 이신의 말로, "비전을 전수받은 사람"들은 기존 세계 권력에 저항하며 당대의 "심볼리즘"에 기반하여 "익명" 혹은 "가명"으로 메시지를 전달한다(이신, 2011, 51; 53; 52). 그들은 역사를 굽어보며 "한계상황"을 체험하며, 타락한 세계에 철저히 저항하였다(이신, 2011, 100). 거기서 그들은 자신들을 언제나 기존 세계에 "낯선 사람" 혹은 "국외자"로 의식할 수밖에 없었는데, 환상 혹은 비전을 통한 그들의 의식은 이 세계에 철저히 "이질적인 것"이었기 때문이다(이신, 2011, 101). 그들은 "환상의 고찰자"로서, 상상력을 통해 기존하는 세계 너머를 의식하는 "초월의식"을 고양하면서, "환상의 지평"을 열어가고 있었다(이신, 2011, 90; 104). 이를 통해 이신은 진리는 언제나 세계 너머로부터 즉 밖으로부터 도래함을 인식하게 되며, 그 세계 너머 밖을 의식할 수 있도록 하는 능력이 상상력의 힘으로 무장한 환상체험이었다.

만일 진리가 언제나 세계 너머로부터 도래한다면, 그에 대한 인간 의식의 주체는 인간자신이 아니라 바로 그 세계 너머로부터 도래하는 주체가 될 것이다. 바로 이 밖으로부터 도래하는 주체가 이신에게는 '말씀'이었고, '성령'이었다(이신, 2011, 254; 261). 이신은 불트만 이래의 실존주의적 해석학이 언어를 통해 일어나는 사건의 역동성을 포착하는 데는 한편으로 성공하였지만, 다른 한편으로 그 사건의 언어를 소유한 이는 인간 자신이 아니라, 말씀임을 분명히 하면서, 실존주의적 해석학의 인간중심주의적 시각을 비판한다. 즉 말씀을 듣고 세계 밖으로부터 도래하는 진리를 의식할 수 있도록 하는 이는 우리의 주체 의식이 아니라, 말씀의 원저자인 '성령'이라는 것이다.

그래서 해석학은, 이신에게, interpretation이라기보다는 오히려 성령이 전하는 메시지의 전달(delivering the message)이다(이신, 2011, 259). 이 진리 사건은 단순히 영적인 신비한 능력을 받아 사용하는 것을 의미하기 보다는 오히려 "성령의목소리를알아차리는일" 혹은 성령의 목소리를 통해 의식을 깨우치는 일을 의미한다(이신, 2011, 261). 그래서 성령은 언제나 "깨달음의영"이다(이신, 2011, 275). 그렇다면 우리가 성령을 받는다는 것은 신비한 능력과 방언을 받는 것을 의미할 수도 있지만, 그러한 모든 성령 받음을 분별할 수 있는 근거는 결국 성령의 음성을 듣고 이루어지는 "깨달음"일 것이다.

성령을 받는다는 것은 곧 성령이 나의 인격에 말씀으로 말을 걸어오는 인격적 사건으로서, 그는 비의의 혹은 밀의의 말을 건네 오는 것이 아니라, 우리가 의식을 새롭게 깨우침으로 이전에는 미처 의식하지 못했던 측면들을 모든 삶의 사건들 속에서 발견하도록 인도하시는 사건이다(이신, 2011, 275). 그것은 결국 기적을 통해 현실을 바꾸어가는 능력이 아니라, 깨달음을 통해 이전에 보지 못하던 것을 새로운 상상력의 힘으로 보게 됨으로써, 자연스레 기존의 것을 초월하도록 만들어주는 힘이 된다. 그래서 성령에 의한 이러한 의식적 깨달음은 우리로 하여금 세상 안에서 세상 밖으로 초월하는 사건, 즉 우리로 하여금 탈존(ex-sist)하도록 하는 사건이다. 여기서 초월은 세상 밖으로 가는 물리적인 사건을 의미하는 것이 아니라, 세상 안에서 세상 너머를 볼 수 있도록 하는 힘이다.

이러한 사건은 언제나 사람들에게 "거리끼는 것Skandalon"으로 다가오며, 언제나 "미련한 것"으로 다가온다(이신, 2011, 280). 그래서 환상의 상상력으로 도래할 새 세계를 내다보는 이들은 언제나 성공한 사람이라기보다는 "실패자"의 모습으로 나타난다(이신, 2011, 282). '있는 자들'(ta onta, those who are, 고전1:28)의 눈으로 보기에 '없는 자들'(ta me onta, those who are not)은 철저히 실패한 자들일 수밖에 없다. 그들은 이 무한경쟁의 체제 속에서 경쟁에 뒤처진 자가 되었다는 것을 의미하기 때문이다. 그런데 성령의 말씀은 우리로 하여금 "종의모습"을 한 이들과 "지극히작은 자"를 "익명의하나님" 으로 섬기라고 전한다(이신, 2011, 285). 이는 결국 "세상사람들이생각하는사고방식과는정반대되는것"이다(이신, 2011, 287).

이신의 '카리스마적 신학'에서 카리스마는 무엇보다도 신령한 능력을 의미하는 것이 아니라 성령의 말씀을 듣고 기존의 생각을 뒤엎을 수 있는 능력을 의미한다. 그것은 삶은 우리가 욕망하고 바라는 것을 경쟁을 통해 쟁취함으로 세워지는 것이 아니라, 모든 것을 "기적"으로 볼 수 있는 눈을 가지고 모든 일 속에서 "하나님의임재"를 체험하면서, 기존 삶을 초월한 진정한 삶이 되는 것이다(이신, 2011, 275). 이 카리스마적 성령을 이해하고 분별하는 관건은 결국 진리란 우리가 성령을 받아 '가짐'으로서 도래하는 것이 아니고, 반대로 성령이 우리를 "소유"할 때 다가오는 것임을 인식하는 것이다. 따라서 '성령을 받는다'는 것은 인간의 내적인 능력의 계발이나 극대화를 통해 오는 것이 결코 아니다(이신, 2011, 249). 그렇기 때문에 우리의 인간적 방법으로 성령을 받을 수 있는 길은 없음을 인식하는 것이다(이신, 2011, 250). 성령은 전적인 "하나님의선물"이다(이신, 2011, 250).

이신의 신학은 묵시문학연구로부터 시작하여 슐리얼리즘의 신학과 카리스마적 해석학으로 나아갔다. 이 모든 흐름들을 관통하는 것은 아마도 무엇보다도 '기존의 것을 벗어나는 저항 의식'일 것이다. 그의 슐리얼리즘은 기존의 틀을 벗어나는 저항 운동이었고, 그 저항을 초월의 영역으로 이끄는 즉 초현실(surreality)로 이끄는 힘은 상상력의 힘이었다. 기존 세계 너머를 꿈꾼다는 것은 곧 기존 세계의 한계를 경험하는 것인데, 이는 인격체로서의 자신의 소멸을 의미하는 죽음을 통해 지금 바로 여기 이 순간의 반복 불가능한 일회적 특이성을 깨달음으로써 도래한다. 결국 전위 예술의 이벤트는 이 반복 불가능한 일회성의 망각에 대한 저항 그리고 '무의미와 죽음의 연속'으로서의 삶에 대한 저항이다. 그것은 단순한 반항으로서의 저항이기 보다는 이 세계 너머를 내다보는 상상력 혹은 환상의 능력을 통해 가능한 저항인데, 그러한 현세 너머에 대한 의식은 기존의 세계로부터는 도래할 수 없는 것이며, 언제나 기존 세계 너머로부터 도래해야만 하는 것이다. 그래서 그러한 세계-너머에 대한 환상을 지닌 이들은 당대로부터 '실패자', '낙오자', '낯선 사람', '국외자', '거침돌'로 간주된다. 이러한 낙인이 찍힌 자들에게, 곧 이렇게 철저히 실패한 자들에게 이 세계 밖으로 초월하는 사건이 일어난다. 왜냐하면 오직 그들만이 기존 세계의 한계를 가장 철저하게 깨달을 수 있는 기회가 주어지기 때문이다. 종의 모습을 한 이들과 지극히 작은 자로 간주되는 자들에게는 그래서 성령의 말씀이 인도하는 바를 따라갈 힘이 생기는 것이다. 성령의 카리스마란 곧 그의 말씀을 듣고 기존의 생각을 뒤엎을 수 있는 능력을 의미하며, 그 능력은 기존의 한계를 체감한 자들에게만 열리는 전적인 "하나님의 선물"이다. 그래서 이신은 '저항하는 주체'를 우리에게 가져다준다. 그리고 그의 저항하는 주체는 언제나 기존 세계 너머를 상상력과 환상으로 내다보기 때문에 더욱 더 기존에 저항한다.

II. 들뢰즈의 기관 없는 신체의 예술론

이신의 예술이 창조적 사건을 창출하는 행위의 주체로서 인격체에 초점을 두고 있다면, 들뢰즈는 개별 인격이나 유기체를 넘어 근원적인 힘의 표출로서 예술을 조망한다. 즉 예술은 개인이나 주체를 넘어 모든 것의 근원적인 활동성으로서 '힘'을 포착하는 기술을 의미한다.

1. 보이지 않는 힘의 포착으로서 예술

들뢰즈에 따르면 예술의 핵심은 "형상을 발명하거나 재생산하는 것이 … 아니라 힘을 포착하는 것"이다(들뢰즈, 2008, 69). 그런데 이 힘은 금방 보이지 않는다. 왜냐하면 우리의 눈을 사로잡고 있는 구조들(구상, 삽화, 서술 등)이 그 힘을 가리고 있기 때문이다. 그래서 회화의 임무는 "보이지 않는 힘을 보이도록 하는 시도"이다(들뢰즈, 2008, 69). 이 보이지 않는 힘을 보이도록 표현하는 것이 "형상"이다(들뢰즈, 2008, 71). 즉 이 형상을 포착할 수 있는 "제3의 눈의 구성"이 들뢰즈에게는 예술, 특별히 회화이다(들뢰즈, 2008, 183).

회화가 형상을 포현하기 위해서는 "구상적, 삽화적, 서술적 성격을 피"해야 한다(들뢰즈, 2008, 12). 이를 다른 말로 표현하면, 회화는 "재현할 모델도, 해주어야 할 스토리도 없다"(들뢰즈, 2008, 12). 구상적인 것 혹은 "재현"을 회피하는 이유는 그것이 "한 이미지가 보여준다고 여기는 대상과 그 이미지 사이의 관계로 내포"하면서 회화가 "독자적으로 움직일 가능성을 제거해" 버리기 때문이다(들뢰즈, 2008, 14). 즉 회화에 구상과 재현과 서술이 자리 잡게 되면, 회화는 독자적인 어떤 것이 되기보다는 구상과 재현과 서술에 종속된 어떤 것이 된다는 말이다. 따라서 회화는 그만의 생을 찾아 "사실관계"(matters of fact)로 나아가는데, 이 사실관계란 "서술적이지 않을, 따라서 그로부터 아무 구상도 흘러나오지 않을, 형상들 사이에 존재하는" 새로운 관계를 말한다(들뢰즈 2008, 14).

2. 판에 박힌 것에 대한 투쟁으로서 예술

결국 회화는 "형상을 구상적인 것으로부터 잡아 뜯어"냄으로써 이루어진다(들뢰즈, 2008, 19). 이러한 구상에 대한 거절은 들뢰즈에게 이중의 의미와 이중의 작업을 가리킨다. 우선 구상은 화가에게 기존의 것을 강요하는 체제의 관점이기에 그 안에 화가가 매몰되어 있는 한 회화는 이루어지지 않는다. 하지만 그렇다고 해서 구상이 전적으로 폐기되어지는 것은 아니다. 왜냐하면 주어진 구상들과 단절하려는 몸짓조차 이미 구상의 일부이기 때문이다. 따라서 구상에 대한 거절의 몸짓을 거쳐낸 '구상'이 존재한다. 하지만 거절과 저항의 몸짓 이전의 구상과 이후의 구상은 전혀 같지 않다.

화가의 작업은 백지 위에서 시작하지 않는다. 그의 화폭은 작업이 시작되기도 전에 이미 "사진들과 고정적인 것들"로 "침범"당하고 "포위"되어 있다(들뢰즈, 2008, 21). 화가의 작업 이전에 화폭을 점령하고 있는 그 "온갖 종류의 고정적인 것들"은 화가가 그의 작업을 위해 단연코 "단절"해야 할 것들이다(들뢰즈, 2008, 21). 구상이란 바로 이 이미 고정적으로 화가의 머릿속에 혹은 그 주변에 혹은 화실 안에 기존하고 있는 것을 가리키며 이는 "하나의 사실"이다(들뢰즈, 2008, 102). 회화는 그리고 예술은 곧 이 "판에 박힌 것들에 대한 투쟁"이다(들뢰즈, 2008, 104). 그런데 화가는 언제나 이 "판에 박힌 것"에 저항하는 몸짓을 시도하지만, 그러나 그러한 저항마저도 흔히 "판에 박힌 것들을 양산해" 내기 마련이다(들뢰즈, 2008, 104). 따라서 이 투쟁은 "엄청난 속임수와 반복 그리고 신중함"을 가지고 수행되어야 하며, 그림을 그릴 때마다 매번 "영구히 다시 시작해야 하는 작업"이며, 바로 이것이 형상에 이르는 길이다(들뢰즈, 2008, 112).

이 형상에 이르는 길 즉 판에 박힌 것들에 대한 투쟁은 구상적인 것으로부터의 영원한 탈출을 가져다주는 것이 아니라 "두 번째의 구상적인 것"으로 예인한다(들뢰즈, 2008, 113). 이 두 번째 구상적인 것은 "형상의 결과로서, 회화적 행위의 효과로서 화가가 획득한 것"이다(들뢰즈, 2008, 113). 이 두 번째 구상은 "형상의 현존," 곧 "재현의 회복이고 구상의 재창조"이다(들뢰즈, 2008, 113). 형상은 그렇게 화가를 두 번째 구상으로 이끌고, 이를 통해 "유지되고 있는 구상과 되찾은 구상, 거짓으로 충실한 것과 진짜로 충실한 것" 사이의 분별이 가능해진다(들뢰즈, 2008, 113). 결국 판에 박힌 것은 보이지 않는 힘을 그려내야 할 회화를 기존의 것에 종속시키고, 판에 박힌 것과의 단절은 곧 그 보이지 않는 힘을 그려내기 위한 투쟁이다. 하지만 이는 화가의 '구상' 자체를 전면적으로 거부하는 것이 아니라, 이미 기존하고 있는 작품들의 구상이 감각 위에 작용하고 있는 힘의 이미지를 함축하는 것을 멈추기 위한 몸짓으로서의 단절이다.

3. 손적인 표시, 돌발 표시

이 판에 박힌 것들에 대한 투쟁은 곧 고정적이고 기존의 것들로 가득 찬 화폭으로부터 물러나는 것이 아니라 오히려 "화폭 안을 통과하는 것," 즉 "판에 박힌 것과 가망성 안을 통과"하는 것이다(들뢰즈, 2008, 112). 그가 화폭 안으로 들어가는 것은 그 안을 가득 채운 고정적이고 기존하는 것들에 순응하기 위함이 아니라, 그 화폭으로부터 빠져 나오기 위함이다. 즉 이 화폭으로부터 빠져 나올 기회를 제공하는 것이 "손적인 표시들"이다(들뢰즈, 2008, 112).

손적인 표시들이란 화가가 고정된 구상을 파괴하고, 형상에게 출현할 기회를 주기 위하여 이미지 안에 남겨놓은 "자유로운 표시들"을 말하는데, 이것이 필요한 이유는 형상이 "비가망성 자체"로 출현하기 때문이다(들뢰즈, 2008, 109). 이 표시들은 기존하는 구상의 구조들 바깥으로부터 도래하는 것이기 때문에 기존의 관점에 이것은 "느닷없는 사고"이고 "우연한 것"으로 간주될 수밖에 없다(들뢰즈, 2008, 109). 따라서 기존 구상에서는 전혀 가망성 없는 것일 수밖에 없다.

이러한 표시들은 화가의 우연한 손놀림을 통해 이루어 질 수밖에 없으며, "눈에 보이는 이미지를 움트기 시작하는 판에 박힌 것으로부터 끌어내기 위해" 사용되어진다(들뢰즈, 2008, 109). 따라서 자유로운 표시들이 "우연적"이라는 것은 곧 이것들이 '가망성'이 없는 표시들이라는 뜻이다. 역으로 화폭 위에 '판에 박힌 것'은 곧 기존의 구상 구조 속에서 '가망성 있는 것'을 가리킨다. 이는 기존 구조에 얽혀진 것, 그래서 예측 가능한 것을 의미한다. 손적인 표시들은 그 예측과 가망성 바깥에 놓인 것이 우연한 손의 놀림으로 화폭 안에 유입되었다는 것을 의미한다.

그렇다면 이 자유 표시들은 우연에 의한 "돌발 표시"인 셈인데, 이는 "화폭 위에 내습한 대재난"과 같다(들뢰즈, 2008, 116). 이는 기존 화폭 안의 세계의 질서를 무너뜨리고 도래하는 "다른 세계의 솟아남"으로서, 이 표시들은 "비합리적이고, 비의지적이며, 사고(事故)적이고 자유롭고, 우연에 의한 것"이다(들뢰즈, 2008, 117). 이를 다른 말로 "감각적인 얼룩들"이라 할 수 있을 것이다(들뢰즈, 2008, 117). 판에 박힌 구상의 관점에서 보자면, 지워져야 할 그리고 교정되어야 할 "얼룩" 말이다. 이 얼룩과 흔적이 가져다주는 형상을 '보기' 위해서, 화가는 더욱 더 "구상과는 단절해야 한다"(들뢰즈, 2008, 118). 그렇지만 이는 쉬운 작업이 아니다. 왜냐하면 돌발표시는 사실 "일종의 혼돈이며 대재난"이기 때문이다(들뢰즈, 2008, 118). 이 대재난을 받아들이기가 쉽지 않다는 말이다. 하지만 구상의 구조를 넘어선 입장에 서면, 돌발표시는 "질서 혹은 리듬의 싹"이 된다(들뢰즈, 2008, 118). 왜냐하면 돌발표시는 "감각적인 영역들을" 열기 때문이다(들뢰즈, 2008, 119). 그렇게 화가는 돌발표시를 통해 구상의 손아귀를 탈주하여 "직접 대재난을 통과하여 혼란을 껴안고 그로부터 빠져" 나온다(들뢰즈, 2008, 119).

4. 기관 없는 신체

회화가 드러내고자 하는 '보이지 않는 힘'은 감각과 연관이 되어있는데, 힘이 "신체, 즉 파동의 장소 위에서 행사"되어질 때, 감각되어지기 때문이다(들뢰즈, 2008, 69). 하지만 이때 감각되어지는 것은 "힘이 아니다"(들뢰즈, 2008, 69). 왜냐하면 힘이 감각되는 것으로 이행되는 과정에서 "전혀 다른 것"으로 주어지기 때문이다(들뢰즈, 2008, 69). 회화는 바로 이 변형을 포착한다. 감각은 "쉬운 것, 이미 된 것, 상투적인 것의 반대일 뿐만 아니라, '피상적으로 감각적인 것'이나 자발적인 것과도 반대이다"(들뢰즈, 2008, 47). 감각은 주체적인 면도 아니고 대상적인 면도 아니지만, 동시에 그 둘 다 일수 있다. 왜냐하면 감각은 "세상에 있음"으로서, '나'는 "감각 속에서 되고 동시에 무엇인가가 감각 속에서 일어"나기 때문이다(들뢰즈, 2008, 47). 이러한 '되어감'의 동시성은 신체에서 이루어진다. 즉 "동일한 신체가 감각을 주고 다시 감각을 받는다"(들뢰즈, 2008, 47-48). 여기서 신체는 "동시에 대상이고 주체"가 된다(들뢰즈, 2008, 48). 즉 신체 위에서 "느끼는 자와 느껴지는 자"는 통일성을 이루게 된다(들뢰즈, 2008, 48). 말하자면 "그려지는 것은 감각"이고 "그림 속에서 그려지는 것은 신체"로서, 이때 신체는 "대상으로서 재현되는 것이 아니라, 그러한 감각을 느끼는 자로서 체험된 신체"이다(들뢰즈, 2008, 48). 즉 감각은 "변형의 주역이고 신체를 변형시키는 행위자"이다(들뢰즈, 2008, 49). 감각은 또한 "본질적으로 리듬"이다(들뢰즈, 2008, 86). 이 리듬은 "형상에 종속되어 있고, 기관 없는 신체를 주파하는 진동으로 나타나며, 감각의 벡터로서 감각을 한 층리에서 다른 층리로 넘어가"도록 한다(들뢰즈, 2008, 86).

감각으로 나아간다는 것은 곧 유기체 너머로 나아가, 신체[2]를 발견한다는 뜻이다. 여기서 신체는 유기체의 위계질서적 조직을 갖고 있는 신체가 아니다. 오히려 아르토가 "기관 없는 신체"라 명명한 신체, "물질 덩어리"로서의 신체를 말한다(들뢰즈, 2008, 57). 들뢰즈에게 '신체'란 유기체적 기관을 결여하고 있는 신체 혹은 유기체적으로 구성되고 구획된 신체에 반대하는 신체를 가리킨다(들뢰즈, 2008, 57). 이 신체 위로 "어떤 파장"이 통과하고, 이 파장은 "그의 폭과 변화에 따라 신체 속에다 층리들 혹은 경계를 새긴다"(들뢰즈, 2008, 57). 이 신체는 기관이 아니라 "경계 혹은 층리"를 가진 것으로 구별된다(들뢰즈, 2008, 58). 유기체는 신체 위를 통과하는 파장을 유기체의 서술적 서사적 시각으로 변형시킨다. 그것은 유기체의 시각이

---

2) 들뢰즈에게 신체란 "형상"으로서 곧 "기관없는 신체"를 의미한다. 신체가 형상이라는 말은 곧 신체는 구조가 아니라는 말이다. 신체가 형상이라는 말은 곧 신체는 '얼굴이 아니고' '머리'라는 것을 의미한다(들뢰즈 2008, 31). 신체에서 얼굴은 "구조화된 공간적 구성"으로서, 그를 통해 우리는 신체에 스토리를 재도입하게 되고, 신체는 그 스토리에 종속되어지게 된다(들뢰즈 2008, 31). 그래서 들뢰즈는 신체를 "기"(氣)라 부르는데, 기는 "살아있는 신체의 숨결이고 동물적인 것"으로서 곧 "인간의 동물적 기"를 가리킨다(들뢰즈 208, 31).

부여하는 기존 '틀'로 변형된 세계만을 '우리' 앞에 전시한다. 따라서 유기체는 생명이 아니라 오히려 "생명을 가두고 있는 것"이거나 생명을 변형 왜곡시키는 것이다(들뢰즈, 2008, 58). 신체는 전혀 유기적이지 않다. 감각은 유기적 조직이나 기관을 통해 체계적으로 느껴지는 것이 아니라, 오히려 "살 한가운데서 신경의 파장이나 생생한 흥분 위에 직접 실린다"(들뢰즈, 2008, 58). 그래서 들뢰즈는 기관 없는 신체를 "기"라 명한다(들뢰즈, 2008, 60).

신체가 유기적 구성 아래 놓여 있을 때, 그것은 "유기적 구성과 유기적 요소들을 부서지게 하거나 부풀어 터지게 하고, 그것들에게 발작을 강요하며, 그것들을 어떤 힘들과 관계하도록 놓는다"(들뢰즈, 2008, 182). 이 힘을 감각하는 것은 바로 유기적 구성요소로서 '몸'을 넘어서 신체로, 즉 기관 없는 신체로 나아가는 것이다. 들뢰즈가 '기관 없는 신체'를 통해서 도입하고자 하는 것은 유기체로서의 인간을 넘어 "동물-되기"이다(들뢰즈, 2008, 32). 이러한 인간의 유기체적 구성을 넘어서 동물-되기로 나아가는 방식이 바로 신체를 "살이나 고기"로서 표현하는 것이다(들뢰즈, 2008, 33). 구조나 구성 이전의 신체, 그래서 들뢰즈의 신체는 뼈조차도 유기체처럼 구조화된 것으로 간주한다. 그렇다면 인간의 동물 되기를 추구할 수 있는 곳은 곧 '살' 밖에 없다. 그 살 혹은 고기에서 우리는 "짐승에 대한 연민"을 보며, 거기서 "고통받는 모든 인간은 고기다"는 생각을 떠올리게 된다(들뢰즈, 2008, 35). 즉 "고통받고 있는 인간은 동물이고, 고통받는 동물은 인간이다"라는 인식은 인간과 동물 간의 유기체적 차이를 넘어서서, 생명의 근원적인 현실에서 자행되는 일을 그 자체로 느끼게 하면서,

도살당하는 동물들에 대한 윤리적 책임감을 일깨운다. 따라서 인간을 얼굴이 아니라 얼굴 없는 "머리-되기"로 그려내는 것은 곧 인간의 "동물-되기"를 추구하는 것인데, 이 '되어감' 속에서 신체는 얼굴의 유기적 구조를 빠져 나가, 형상으로서 기관 없는 신체가 "물질적 구조와 합"하여 지기를 추구한다(들뢰즈, 2008, 39). 이 되어감 속에서 신체는 "소리치는 입을 통해" 유기체를 빠져 나가, 그 외침 속에서 '동물-되기'를 경험한다(들뢰즈, 2008, 44).

  기관 없는 신체란 곧 "형상"을 말한다(들뢰즈, 2008, 58). 그리고 기관 없는 신체란 "살과 신경"을 가리킨다(들뢰즈, 2008, 58). 파장이 신체를 통과하여 여러 층리들과 경계들을 새길 때, 감각이란 "신체 위에 작용하는 힘들과 파장과의 만남"으로서 "감각적인 체조"이고 "외침-숨결"이다(들뢰즈, 2008, 58). 이때 감각은 유기체 조직과 기관이 느끼는 것을 두뇌 속에 재현하는 것이 아니라 "사실적인 것"이 된다(들뢰즈, 2008, 58). 현대 회화가 전하고자 하는 것이 바로 이 감각이다. 즉 유기체적 위계조직을 거치지 않고 느껴지는 감각은 인간이 감각을 구별하고 정리하는 범주 즉 기쁨, 고통, 즐거움, 슬픔, 공포 등의 감정으로 다가 오는 것이 아니라, 그저 "외침"으로 다가올 것이고, 이 외침은 바로 생명의 외침이 된다. 사실 생명이 기관 없는 신체를 파동으로 지나가면, 외침은 '히스테리'라는 신체의 현실로 표현된다(들뢰즈, 2008, 62). 그것은 신체가 파동을 신체 혹은 살 위에 작용하고 있는 힘으로 감각하는 형식인 셈이다. 여기서 히스테리는 '느끼는 힘'을 가리킨다. 왜냐하면 히스테리는 감각이 "자신의 현재함을 강요하는 것"이고 그리고 "히스테리적인 것에게는 다른 사물들과 존재들이 현재하고 또 너무나 현재"하기 때문이다(들뢰즈, 2008, 63-64). 따라서 히스테리는 회화와 더불어 "예술이 된다"(들뢰즈, 2008, 65). 즉 회화는 "히스테리"이다(들뢰즈, 2008, 65). 회화가 히스테리를 전환하여 "현재함을 직접 보도록 해주기 때문"이다(들뢰즈, 2008, 65).

외침이란 "눈에 보이지 않는 힘을 포착하거나 탐지하는 것과 같"다(들뢰즈, 2008, 73). 말하자면 소리친다는 것은 우리가 보이지도 느껴지지도 않는 어떤 힘에 사로잡혀, 주변 상황이나 여건을 고려할 정황 없이 그리고 어떤 느낌으로 표현할지를 생각할 시간 없이 '외친다'는 것을 의미한다. 공포는 '외침'을 어떤 스토리 속으로 담아 놓은 것이다. 공포가 있는 바로 그 지점에 "스토리가 재도입되고," 그러면 외침은 공포의 스토리에 종속된 어떤 것으로 전락한다(들뢰즈, 2008, 52). 여기서 들뢰즈가 부정하고 있는 것은 인간 유기체의 지평에서 구성된 세계다. 들뢰즈는 "감정은 없다. 오직 감각의 상태만이 있을 따름"이라고 말한다(들뢰즈 2008, 53). 오직 감각과 본능만이 있는데, 이는 곧 '인간 너머' 생명의 약동으로 나아가기 위한 몸짓이다. 그리고 인간의 조건을 넘어가는 것, 그것을 들뢰즈는 "철학의 의미"라고 규정한다(피어슨 2005, 51).

들뢰즈에게 예술이란 판에 박힌 것에 대한 투쟁과 저항이다. 판에 박힌 것은 유기체적 구상의 틀로 감각으로부터 솟아오르는 것을 길들여, '보이지 않는 힘'을 더욱 더 은폐한다. 이 보이지 않는 힘을 포착하여 보이게 만드는 방식으로서 회화는 우연한 손놀림에 의한 돌발 표시들을 통해서 기존의 틀에 대재난을 야기하고, 그럼으로써 구상과 단절하여 감각적인 영역들을 열어간다. 그것은 곧 구상을 넘어서는 형상으로서 기관 없는 신체에 이르는 것으로서 이는 유기체적 사유를 넘어 리좀적 사유로 나아가는 것이다. 생명의 보이지 않는 힘은 유기체가 아닌 신체, 즉 기관 없는 신체 위에 어떤 파장으로 지나가면서 신체 위에서 작용하는 감각적 힘들과 만남을 통해 외침으로 혹은 발작으로 도래한다. 결국 예술은 감정이 아닌 감각을 통한 생명의 외침이다.

III. 초월을 향한 희구로서 환상과 생명의 힘의 표식으로서 돌발표시

이신과 들뢰즈에게 예술은 기존의 것에 대한 저항 혹은 판에 박힌 것에 대한 투쟁이다. 하지만 이신과 들뢰즈의 저항과 투쟁은 외견상 상반되는 듯이 보인다. 이신에게 저항은 초월을 꿈꾸는 상상력 혹은 현세 너머를 내다보는 환상에 근거하여 이루어진다. 따라서 환상으로 보인 저 너머 세계의 힘이 기존에 대한 저항 의식을 일깨우는 것이다. 물론 여기서 초월은 기존을 저버린 초월이 아니라, 기존의 체제가 보지 못하는 세계를 새롭게 발견하는 초월이다. 우리가 이렇게 초월을 보지 못하는 이유는 우리가 생리적인 삶의 세계에 사로잡혀 욕심으로 세상을 바라보기 때문이다. 따라서 우리의 생물학적 삶의 조건은 우리에게 초월을 꿈꾸어야 할 이유가 된다. 하지만 들뢰즈에게 생명은 생물학적이다. 이 말은 곧 들뢰즈에게 저항이란 초월을 꿈꾸면서 이루어지는 것이 아니라, 보이지 않게 내재하는 힘을 노출시킴으로서 가능하다는 말이다. 그래서 들뢰즈의 저항은 언제나 그 힘의 내재성에 기반한다. 그러한 생물학적 생명의 근원을 우리의 유기적 위계질서 의식으로 억눌렀을 때, 생명은 그 자신의 존재를 외침으로 표현한다. 그것은 수목적 체계로 짜인 세계 속으로 리좀적 사유가 외치는 외침으로 나타난다. 그리고 이 리좀적 사유는 우리에게 저항의 방식으로서 계속적인 탈주선(life of flight)을 제시한다. 바로 여기서 이신과 들뢰즈는, 특별히 인간의 삶과 연관하여, 상반된 생명의식을 보여주는 듯이 보이는데, 이신의 저항은 인간 안에 담지된 생물학적인 삶의 측면들을 초월하는 것과 연관이 있는 것처럼 보이기 때문이다.

두 사람의 예술론에서 드러나는 차이들을 다루기 전에, 우선 이신이 '초현실주의'의 영향을 받은 예술가라는 사실을 우리는 고려해야 한다. 사실 초현실주의(surrelaism)은 1차 세계대전 이전 초기 반예술 운동인 다다이즘으로부터 유래하는데, 근대의 이성중심주의가 세계 문명 특별히 유럽문명의 파괴를 불러왔다고 진단하고, 1924년 앙드레 브르통의 "초현실주의 선언"을 시작으로 르네 마그리트, 살바도르 달리 등을 위시한 유명한 화가들의 작업들로 이어졌다. 초현실주의는 경험을 구성하는 의식의 영역과 무의식의 영역 간의 결합을 통해 현실적 실재(reality)를 넘어선 초현실(surreality)을 창출해내고자 하였다. 즉 꿈과 환상의 세계와 이성적 의식의 세계를 결합하여, 기존의 실재(reality)를 넘어선 초현실의 시공간을 창출하고자 한 것이다. 이런 영향 하에서 이신의 신학이 '초현실의 경지' 즉 기존의 의식 구조에게는 괴상하고 기묘하고 요상하게 들릴 수밖에 없는 세계를 창출한다는 것은 놀랄 일이 아니다. 이 초현실의 세계는 당대 계몽기적 유산인 의식의 자기전개로서 관념의 공간이 아니며, 따라서 특정 이념이나 주의를 추종하는 어떤 '--주의'로서 등장하는 것이 아니다. 초현실주의가 하나의 '-이즘'(-ism)이라면, 그것은 기존의 그 어떤 의식적 틀도 거부하는 자유로움으로 표현될 수밖에 없을 것이다. 여기서 예술이란 형상을 발명하거나 재생산하는 것이 아니라 힘(force)을 포착하는 것이라 규정하는 들뢰즈의 예술론과 이신의 초현실주의 예술관은 접점을 갖는다. 기존의 형상을 포착해내는 눈으로는 발견되거나 발명될 수 없는 힘을 포착하는 "제3의 눈의 구성"은 초현실주의적 예술과 크게 벗어나지 않는다.

이 '초현실'의 시공간은 사실 주관과 객관의 세계와 경험으로 이분화된 우리의 인지적 파악구조로는 전혀 파악되지 않을 공간인 것이다. 주관적 의식 경험의 세계에도 객관적 추상의 세계에도 속하지 않는 실재로서 초현실을 이런 의미에서, 요즘 유행하는 개념으로, 가상(the virtual)의 세계에 더 가깝다. 기존의 이분화된 경험과 실재 구조를 넘어선다는 점에서 초현실은 '초월적'(transcendent)이거나 '선험적'(transcendental)이라고 표현할 수 있지만, 그러나 이 초현실의 가상 세계는 초월이나 선험이라는 말로 포착되지 않는 새로운 실재의 발견이었다. 유발 하라리에 따르면, 이 초현실의 공간을 "상호주관적 실재"(intersubjective reality)로서 인간 존재가 다수의 다른 사람들과 소통하고 세계를 창출해 나가는데 필수적인 요소들이지만, 중세와 근대는 이 공간을 이름할 다른 말을 갖지 못했고, 특별히 근대는 주관적 경험주의나 객관적 실재주의에 빠져, 이 상호주관적 실재들을 세계 서술에서 전적으로 누락시켜왔다(Harari 2015, 143; 144). 주관적 경험에도 속하지 않고 객관적 실재에도 속하지 않는다는 점에서 이 상호주관적 가상 실재들은 '초월'로 기술될 수 있지만, 이신에게 초월이란 우리가 보고 접하는 세계를 넘어선 초월이 아니라 "우리가 보고 듣고 만지면서도 우리가 의식 못하[는, 그래서] 가장 가까이 있으면서도 먼" 초월을 말한다(이신, 2011, 222). 이신의 이 초월에 대한 기술은 우리가 살아가는 이 세계 너머로의 초월이 아니라, 오히려 이 세계의 기존 사유와 인식 방법으로는 전혀 포착 안 되는 것을 가리킨다.

기존의 인식방법으로 포착되지 않는 실재를 조망하는 방법이 바로 '비전' 즉 '환상'이다. 비전은 초월을 조망하는 제3의 눈이다. 비전을 통해 실재를 상상하는 예술가는 그래서 지금까지 상상할 수 없었던 실재를 우리의 세계 인식에 도입하는 "창조적 이벤트 메이커"인데, 이는 곧 기존의 사유방식에 종언을 고하도록 요청하는 비전이라는 점에서, 창조적 이벤트 메이커는 곧 "종말론적 이벤트 메이커"가 된다. 여기서 핵심은 곧 초현실주의가 계몽기 이성의 논리와 추론의 억압을 넘어 의식과 무의식의 경험들을 통전적으로 결합하여 초현실로 만들어 내려했듯이, 비전은 기존의 사유방식을 새로운 상상력의 비전으로 결합하여 이성의 합리적인 예측으로는 상상할 수 없는 세계의 모습을 창출해 낸다는 것이다.

그렇기에 창조적 비전의 예술가는 기존의 영토에 속한 사람이 아닌 "국외자"일 수밖에 없다. 그들이 전하는 비전은 껄끄러운 것이고 거북한 것이며 받아들일 수 없는 것이기에 그들은 기존 체계에서 억압당할 수밖에 없는 힘없는 무력한 사람이 된다. 그 무력함을 넘어서는 힘은 바로 은혜 즉 "카리스마"로부터 온다. 이를 이신은 말씀을 듣고 기존의 생각을 뒤엎을 수 있는 능력으로 규정한다. 바로 이 지점에서 개념의 창조를 통한 가상을 창출하여, 끊임없이 기존의 영토를 탈주해 나간다는 들뢰즈의 생각이 연결된다. 근대 이성의 산물인 무자비한 체제에 대한 저항은 들뢰즈에게 유목적 탈주이다. 그 어떠한 체제의 구성이나 조직이나 체계를 구성해 나가는 몸짓에 저항하는 생명의 차이분화적 힘을 찾아 나가는 탈주. 사실 우리가 살아가는 지금의 지구촌 시장 자본주의 체제는 그 어떤 조직적이고 체계적인 저항을 허락하지 않는다. 우리의 경제 시스템은 자본에 기반한 체제로 단일화되어 버렸고, 그 체제 속에서 자본주의에 대한 저항은 그저 반항을 위한 반항 정도로 밖에 여겨질 수 없는 시대가 되었다. 자본주의에 대한 대안적 체제가 아직 가시화되고 있지 않기 때문이다. 이 소비 자본주의 체제를 관리하고 유지하기 위해 강화되는 감시와 통제 시스템 하에서 들뢰즈가 주장하는 의미 있는 저항의 몸짓은 "지각되지 않는 자가 되기"(becoming-imperceptible)이다(Faber, Krips & Pettus 2010, 164). 이러한 눈에 띄지 않게 사라져 버리는 행위, 즉 감시와 통제의 손길이 미치지 못하는 공간 속으로의 탈주는 어쩌면 우리는 "저항하기에는 이미 너무 늦은" 시대를 살아간다는 의식에서 비롯되는지도 모른다(Faber, Krips & Pettus 2010, 349).3)

---

3) 듀마노스키는 최근 번역된 책『긴 여름의 끝』(2011)에서 우리가 지금 닥치고 있는 기후변화와 생태학적 재난을 방지하기에는 너무 늦었다고 선포한다. 그래

그러나 이신은 기존 세계로부터의 탈주가 아니라, 지금 이 부정의 한 세계로 도래하는 새로운 시대를 꿈꾼다. 이신의 묵시문학적 환상은 그의 '죄'에 대한 이해로부터 비롯된다. 이신에게 우리에게 "죄"라는 행위와 사건들이 벌어지는 이유는 생물학적인 삶이 추동하는 삶의 이기적인 측면, 유전자의 이기적인 목적들이 그 원인이 되는 셈이다. 여기에는 우리의 '생물학적 본능'에 대한 거부감이 전제되어있고, 이는 사실 이신의 묵시문학 연구의 결과와도 상통한다. 묵시문학에서는 현 시대는 철저히 타락한 시대라서 새로운 시대가 도래하여 교체되어야만 하는 시대이다. 이 시대는 개선의 여지가 없다. 하지만 묵시문학 연구 이후 이신은 묵시문학의 이원론적 종말론을 슐리얼리즘으로 대치하면서, 기존 세계에 대한 저항은 상상력을 통한 초현실의 구성으로 대치되었다. 그리고 카리스마적 신학에 이르러 이 초현실적 상상력의 세계는 성령의 말씀으로 대치되어진다. 여기서 성령은 내재적인 면을 분명 갖고 있지만 그럼에도 불구하고 우리의 기존 이해를 뒤집어엎는 깨달음을 가져다주는 영으로서, "선물"로 도래한다.

들뢰즈는 이신과 달리 우리에게 초월적으로 부여되었던 것들이 폭력적으로 변해가는 시대를 관통하며 살았다. 특별히 하나님의 이

서 이제 우리에게 남은 대안은 앞으로 닥칠 재난의 시기를 살아갈 준비를 하는 것이라고 주장한다. 이는 우리가 이미 새로운 생태학적으로 지속력 있는 시스템을 준비하기 위한 의미 있는 저항의 몸짓을 하기에는 너무 늦었으니, 받아들이고, 할 수 있는 유일한 몸짓이란 지금의 풍요로운 체제를 탈주하면서, 재난과 빈곤의 시대를 준비하라는 말일 것이다. 여기서 필자는 들뢰즈의 탈주의 몸짓과 유사한 어조를 듣게 된다.

름으로 600만의 유태인들이 학살당하는 시대를 지나왔던 이들에게 그리고 또한 68혁명의 이름으로 기치를 드높였던 혁명의 이상들이 현실에서 생각과 기대만큼 이루어지지 못했던 현실을 경험하면서, 아마도 그에게는 생명이라는 것은 어떤 급진적 변환을 통해 진보를 이루는 것이 아니라는 삶의 체험이 강했을 런지도 모른다. 아무튼 생물학적 생명의 근본이라고 이신이 보았던 '불멸'에 들뢰즈는 동의한다. 들뢰즈는 우리가 '죽음'을 생물학적인 차원에서 보기 보다는 우리가 구축한 유기체적 문화 혹은 수목적 문화의 눈으로 보기 때문에 죽음은 슬프고 가혹하고 외롭고 처절한 것이라고 본다. 사실 죽음은 한 개체의 죽음이면서, 동시에 다른 생명으로의 시작이기도 하다. 이 눈으로 보자면 삶과 죽음은 서로 동 떨어진 상반성이 아니라, 동전의 앞뒤 면처럼 이어져 있는 것이다. 들뢰즈가 프란시스 베이컨의 그림 속에서 '동물-되기'와 '고기-되기'를 주목하는 이유이다. 전통적으로 인간을 동물과는 구별되는 고유한 유기체적 위계질서를 지녔다는 생각이 소위 진보와 문명의 이름으로 이 땅에서 과학기술의 힘을 빌려 자행하고 있는 폭력이 우리에게는 주목되지 않는다. 우리도 동네 슈퍼마켓에서 팔려나가는 고깃덩어리처럼 마찬가지의 고깃덩어리다. 생명의 근원적이고 기본적인 차원에서 보자면, 생명은 그저 '차이를 느끼는 감각'이다. 그 감각이 공포나 기쁨이나 희열이나 좌절이나 분노나 그 어떤 정서적 감정으로 구별되기 이전에 그 모든 것은 그저 차이를 느끼는 신경세포 위에 작용하는 힘이다. 생명의 힘은 그렇게 미분화된 작용인 것이다. 따라서 들뢰즈에게 판에 박힌 것에 대한 투쟁은 곧 이 생명의 근원적인 차원을 포착하여 우리 삶의

층위로 부각시켜 상기시키는 것이다. 그를 통해 우리가 동물과 동일
하게 될 수는 없지만, 그러나 우리가 그들과 다름없는 생명이라는
사실 그리고 그를 통해 우리가 부여해왔던 인간중심적인 생명과 문
명 이해를 뒤집고 전복할 필요가 있다는 사실을 상기시키는 것만으
로도 이러한 투쟁은 충분한 의미가 있다고 들뢰즈는 보는 것이다.

문제는 기존으로부터 가능한 것으로 여겨지지 않는 것을 찾아 나
가는 들뢰즈의 탈주의 몸짓이 기존 체제에서 없는 자(ta me onta;
고전1:28)로 간주되는 이들을 찾아 나가는 '정의를 향한 저항의 몸짓'
은 아니라는 점이다. 오히려 '정의를 향한' 몸짓이라는 생각 자체가
너무 유기체적이고 인간중심적인 사유라고 들뢰즈는 역으로 비판할
지도 모른다. 하지만 이신은 인간이라는 유기체의 구성 자체가 본능
적이고 이기적인 생물학적인 삶에 대한 저항으로부터 비롯된다고
본다. 그래서 인간에게는 죽음이 문제가 된다. 인간의 특이성으로서
의 인격적인 삶은 정확히 죽음에서 끝이 난다. 인간의 주체적인 삶이
하나님의 영원한 기억 속에서 삶의 자리를 이어간다고 하더라도,
화이트헤드의 과정 철학에 대한 보수적 해석에 따르면, 그것은 우리
의 객체적 불멸(objective immortality) 즉 하나님의 관점으로 기
억된 우리의 삶에 대한 기억일 뿐이다. 하지만 바로 그 인격적 주체의
종말의 시점에서 역설적으로 이신은 그 "반복불가능한일회적인특
이성"의 영원성을 역설적으로 발견한다. 우리가 우리의 삶으로 여기
는 문화의 구조물들은 어쩌면 생물학적인 생명의 근원적인 관점에
서 보자면 본래부터 없는 것을 가상으로 구성해낸 인공물들인지도
모른다. 그러한 관점에서 보자면 가장 근원적인 착각은 내가 나의

주체성을 가지고 의지적으로 살아가고 있다는 삶 자체이다. 우리는 생명의 유구한 흐름 속에 한 순간에 불과한지도 모른다. 그 속에서 우리가 겪는 고통과 좌절과 슬픔과 부정의한 현실은 정말 아무것도 아닌지도 모른다. 그럼에도 불구하고 하나님은 이 아무것도 아닌 것(ta me onta)을 택하셔서 있는 자들을 폐하려 하신다는 바울의 통찰은 "아나빔(anawim)이라 부르는 가난하고 버림받은 사람들과 연대한 까닭에 죽음을 맞은 정치범"이 할 수 있는 최선의 저항이었는지도 모른다(이글턴, 2010, 38). 이런 맥락에서 철학은 "반란의 차원을 욕망"하는 활동이면서, 그 아무 것도 아닌 자들로 망각되고 삭제된 존재들의 "보편성"을 찾아가는 활동이라는 바디우의 주장은 의미 있게 다가온다(Badiou, 2005, 29). 묵시문학에서 도래할 세계가 우리가 살아가는 현 세계와 갖는 철저한 단절은 바로 "당대의 분열과 좌절 경험"으로부터 비롯되며, 이 전혀 다른 세계의 도래가 희망의 근원이 될 수 있는 것은 그 좌절과 상처와 부정의의 경험으로부터 창조적 상상력을 통해 "비전을 전수받은 이들"을 통해서였다. 그들은 환상을 통해 초월의식을 고양하면서, 지금과는 다른 세계를 소망하며, 기존에 대한 철저한 저항의 의식과 몸짓을 발휘한다. 이들의 저항은 우연한 손짓이 아니라, 바로 상상력의 의식적인 발휘였다. 즉 기존에 대한 저항의식이 그들로 하여금 지금과는 다른 세상을 꿈꿀 수 있는 원천이 되었다는 말이다.

IV. 자본주의적 도착을 뛰어넘는 힘으로서 환상

　　지젝은 오늘날 우리들의 기독교적 믿음의 본질을 '도착'에서 본다. 그것은 신에 대한 우리의 이미지에 대한 도착적 전복이다. 즉 전지전능한 신이 인간을 사랑하여서 자신의 모든 힘과 능력을 포기하고 이 땅으로 내려와 인간의 죄를 위하여 대신 죗값을 치른 다음 하늘로 승천하였다는데 믿음의 본질과 혁명성이 있기 보다는 오히려 그 신이 인간 세상으로 내려와 아무 것도 아닌 한 인간이 되었다는 것, 그래서 그 전능한 신이 우리 믿는 자들을 저 하늘나라로 구원하여 데려가는 것이 아니라, 이 땅에서 우리와 더불어 그 고통을 함께 나눈다는 사실에 기독교적 혁명성이 담겨있다고 본다. 그것은 우리가 갖고 있는 전지전능한 신의 이미지에 대한 철저한 배신을 함의한다 (지젝, 2007, 33). 이 혁명의 본질은 바로 우리가 갖고 있는 구원의 환상(fantasy), 즉 전지전능한 신에 대한 우리의 환상을 철저히 배신하는데 놓여있다. 즉 유대인들에 메시아에 대하여 갖고 있던 환상은 잘못된 환상, 즉 철저히 난파되어야만 했던 환상이다. 전지전능한 신이 이 땅으로 내려와 자신의 택한 백성들을 구원하여 하늘나라로 데려간다는 환상 말이다. 그 전능한 신은 인간을 사랑해서, 특별히 너무도 사랑해서, 인간이 되고 말았다. 너무도 인간을 사랑해서, 자신의 신적 능력을 모두 상실한 채 인간이 되고 말았다. 그리고 십자가에서 무기력하게 죽고 말았다. 그렇게 아무런 기적도 전능함도 보여주지 않고 죽어버린 예수가 부활한 그리스도라고 믿었던 이들이 있었다. 그리고 그들은 그리스도의 재림을 믿으며, 귀족과 노예나 그리고 남자와 여자가 그리고 어른과 아이가 서로 형제님과 자매님이라 부르면서 예배를 드렸다. 이 초대교회 공동체가 꿈꾸던 하나님 나라 의 환상은 당대 로마의 제국적 신분질서 하에서는 전혀 용납할 수 없는 환상이었다. 황제를 정점으로 노예까지 수직적으로 질서정연 하게 조직화되어 있는 사회 질서 가운데 갑자기 모든 신분질서를 수평화해 버리면서, 질서를 난장판으로 만들고자하는 무리들이 나 타나, 죽은 자가 부활했다고 주장하는 것이다. 이들의 주장은 황당무 계한 것이었고, 이들의 예배행위는 신분제 질서를 통해 제국을 유지 하던 로마 당국자들에게는 너무도 위험한 행위들이었다. 하지만 그 들은 꿈을 꾸었다. 하나님 나라에서 귀족도 시민도 평민도 노예도 없는 그리고 남자도 여자도 없는 그리고 어른과 아이 간의 구별이 존재하지 않는 세상을 말이다. 이것은 탈주가 아니다.

그렇다면 이신의 환상(vision)은 지젝이 전복하고자 하는 환상 (fantasy)의 구조를 극복하고 있는가? 스탕제(Isabelle Stengers)는 자신의 책『화이트헤드와 더불어 사유하기』(*Thinking with Whitehead*) 에서 사변 철학(speculative philosophy)의 자리를 설명하면서, 임종 의 자리에서 세 아들에게 유산 분배에 대한 유언을 남긴 아버지의 이야기를 소개한다. 아버지는 큰 아들에게 전 재산의 1/2, 둘째에게 1/4을 그리고 셋째에게는 1/6을 유언을 통해 남겼다. 그런데 그 아 버지의 전 재산은 11마리의 낙타였다. 아버지의 유언을 실행하려면, 낙타를 죽여서 갈라 가지든지, 누군가 양보하든지, 혹은 유언을 무시 하고 다시 정하든지 해야 할 판이었다. 이 상황에서 세 아들들은 아버 지의 유언을 이해할 수 없음을 인정하고 현자를 찾아갔다. 세 아들들의 이야기를 전해들은 현자는 아무 말 없이 자신의 늙은 낙타를 그들에게 주었다. 이제 돌아와 아들들은 현자의 낙타 한 마리를 더해 열두 마리의 낙타 중에서, 큰 아들은 6마리의 낙타를, 둘째 아들은 3마리의 낙타를, 셋째는 2마리의 낙타를 유산으로 물려받을 수 있게 되었다. 그리고 그들은 12번째 낙타를 다시 현자에게 되돌려 주었다. 여기서 12번째 낙타가 수행한 것은 무엇인가? 그것은 전체 재산에 더하여 준 것도 그렇다고 빼 준 것도 없다. 처음부터 없던 듯이 결국 문제를 해결하고 난후 다시 본래의 자리로 되돌아갔다. 여기서 그 12번째 낙타는 문제의 "해법을 찾을 수 있는 장의 발명"을 가능케 해 주었다(Stengers, 2011, 17). 12번째 낙타는 환상이었을 런지도 모른다. 처음부터 존재하지 않았다. 하지만 그 열두 번째 낙타를 가상으로 끼워 넣음으로써 그 아들들은 도저히 해결 불능할 것 같은 문제를 풀 수 있었다. 이신의 환상은 이 열두 번째 낙타 아니었을까? 환상(vision)은 우리에게 환상(fantasy)에 불과한 정의의 실재를 가져다 줄뿐이라고 할지라도 그 환상이 실재보다 더한 실재(surreality)로 다가온다면, 그 '반복 불가능한 일회적 특이성'을 위해 저항할 수 있는 정신이 우리에게 필요한 시점이 아닐까? 들뢰즈는 환상(vision)보다는 개념의 창조를 원했다. 새로운 세계를 그려주는 개념의 창조 말이다. 그를 통해 들뢰즈는 기존과는 다른 세상과 영토로 탈주를 꿈꾸었다. 하지만 다른 영토로의 탈주야 말로, 들뢰즈 자신이 거절하는 초월적 마약 아닐까? 우리가 살고 있는 바로 지금 여기의 이 세상을 벗어나 어디로 탈주할 것인가? 여기서 이신은 묵시문학적 환상을 도입한다. 그것은 기존 세계에 대한 철저한 부정이지만, 그렇다고 새 세계로 도피하는 것이 아니다. 오히려 새 하늘과 새 땅이 바로 지금 여기로 도래하는 환상이다. 그래서 이신은 '바로 지금 여기의 반복 불가능한 일회성'으로서의 삶 속에서 영원성을 꿈꾸는 환상의 주체를 제안한다. 그것은 무기력하게 꿈만 꾸는 것이 아니라, 꿈을 현실로 도래케 하려는 저항의 주체이다. 이러한 저항은 칼 마르크스적 유물론적 저항이 아니라, 초현실적 저항이다. 즉 현실/초월의 이분법 속에 그 어디에도 속하지 않는 초현실의 창출, 즉 가상의 창출을 도모하는 저항인 것이다. 그것은 곧 환상을 통해 저항과 해방을 꿈꾸는 이야기의 창출 외에 다름 아니다.

초현실을 환상하는 이신의 저항적 주체는 도저히 출구를 찾을 수 없는 감시와 통제의 시스템 아래에서 지구촌 시장 자본주의의 부정의에 순응하지 않는다. 하지만 꿈과 환상이 사라진 시대에 그 누구도 이 체제를 바꾸려는 생각을 하지 않는다. 그저 이 시대의 종말은 적어도 우리 시대에는 도래하지 않기를 바랄뿐이다. 대안이 없기 때문이다. 자본주의의 종말을 예감하는 담론들이 쏟아져 나오고 있지만, 그래도 아직은 아닐 거야라는 기대감으로 애써 낙관적인척 한다. 그래서 기후변화도 그리고 지속력있는 생태학적 문명의 전환도 대처하기에는 우리 너무 늦었다는 듀마노스키의 말이 무척 가슴에 와 닿는다. 그런데 이렇게 달려가야 할까? 출구를 찾지 못하니, 그저 끝없는 탈주의 몸짓으로 내가 이 체제에 순응하지 않는다는 사실에 자족하며, 같이 종말의 길을 따라가야 할까? 아니면 이 세계와는 다른 세계를 꿈꾸며, 그 환상(vision)을 쫓아, 비록 환상(fantasy)에 그치고 말지라도, 정의의 환상을 외쳐야 할까? 이신의 초현실을 조망하는 환상은 그런 저항의 외침이었고, 적어도 그에게 예술이란 우리 시대의 부적절함을 고발하는 정의의 의식이었다. 비록 탈주의 손짓이 무의미한 것은 아니지만, 홀로 미친 자처럼 되지도 않을 것을 뻔히 알면서도 그럼에도 불구하고, 의식을 깨우치기 위해 외치는 자의 목소리가 더욱 절실해지는 시대가 아닌가? 그러니 더 이상 탈주하지 말자. 하지만 힘으로 맞서지 말자. 초현실성을 창출해가면서, 다른 세상의 환상을 통해 저항을 도모하던 이신의 예술적 주체는 우리가 새로운 세상을 꿈꾸는 이야기의 창출을 통해 저항할 수 있음을 알려준다. 그 새로운 세상은 현세로부터 도피하는 세상이 아니라, 현세 속으로 진입하는 나라, 즉 하나님 나라이다.

참 고 문 헌

들뢰즈/하태환 옮김.『감각의 논리』(*Francis Bacon Logique de la sensation*), 민음사,
    2008.
듀마노스키, 다이앤/황성원 옮김.『긴 여름의 끝: 지구에게 문명과 인류의 생존에 대해
    묻다』(*The End of the Long Summer*), 아카이브, 2011.
이글턴, 테리/강주헌 옮김. 2010.『신을 옹호하다: 마르크스주의자의 무신론 비판』
    (*Reason, Faith and Revolution: Reflections of the God Debate*). 서울: 모멘토.
이신/이은선·이경 엮음.『슐리얼리즘과 영의 신학』, 동연, 2011.
지젝, 슬라브이/김정아 옮김.『죽은 신을 위하여: 기독교 비판 및 유물론과 신학의 문제』
    (*The Puppet and the Dwarf, the Perverse Core of Christianity*), 도서출판 길,
    2007.
피어슨, 키스 안셀/이정우 옮김.『싹트는 생명: 들뢰즈의 차이와 반복』(*Germinal Life:
    The Difference and Repetition of Deleuze*), 산해, 2005.

Badiou, Alain. *Infinite Thought: Truth and the Return to Philosophy*. trans. and edit.
    by Oliver Feltham and Justin Clemens. New York: Continuum. 2005.
Faber, Roland, Henry Krips and Danile Pettus. ed. *Event and Decision: Ontology
    and Politics in Badiou, Deleuze, and Whitehead*. New Castle, UK: Cambridge
    Scholars Printing. 2010.
Harari, Yuval Noah. *Homo Deus: A Brief History of Tomorrow*. London: Harvil
    Secker. 2015.
Stengers, Isabelle. *Thinking with Whitehead: A Free and Wild Creation of Concepts*.
    trans. by Michael Chase. Cambridge, MA & London: Harvard University
    Press. 2011.

이신(李信)의 꿈, 초현실주의 신학

신 익 상 *

I. 들어가는 말

이신이 생전 주장한 초현실주의 신학은 "'말씀이 육신이 됐다'와 '육신이 영이 됐다'를 한꺼번에 다 껴안을 수 있는"1) 신학인데, 그렇다면 우리는 이 신학을 혁명적인 성육신의 신학이라고 명명할 수 있다. 여기서 '혁명적인'이라는 수식어를 단 까닭은 초현실이 인간의 현실로 진입해 들어가는 바로 그 지점에서 인간이 스스로의 한계를 돌파하여 넘어서는 부활을 찾고 있기 때문이다. 그는 하늘에 눌러앉아 있는 신에 만족하지 않았고, 아니 오히려 그러한 신 개념에 저항했고, 지상에서 구체적으로 인간과 뒹굴며 역사를 만들어가는 초현실적 현실로서의 신, 그래서 현실적 초현실의 구체화이기도 한 역사,

---

* 성공회대학교 신학연구원
1) 이신, 『슐리얼리즘과 영의 신학』 (서울: 동연, 2011), 224.

그렇다면 곧 역사의 혁명을 가능케 하는 신 앞에 서 있다. 이것은 그의 꿈인데, 이 꿈은 평생을 빈민교회 목사로 살며 빈민들과 함께 한 그의 삶에 의해 지탱됐었다. 이런 꿈을 산다는 것은 거의 불가능한 일이고, 그런 까닭에 종교적이다. 또한 그런 의미에서, 이런 꿈을 살아내는 불가능한 일에 스스로를 던진 이신은 참으로 종교적인 사람이었다. 그리고 꿈과 삶, 초현실주의 신학과 현실적 생활공간의 교차는 여전히 우리에게 하나의 과제로 남아있다.

이 과제를 다루는 방법 중 하나는 꿈과 삶 사이, 초현실주의 신학과 현실적 생활공간 사이에 서서 이 둘을 잇는 가교를 상상해 내는 일이다. 사실 이신의 작업에서는 초현실주의 신학, 곧 그 열정적인 꿈이 선언되고 주장되긴 했지만 구체화되는 과정에 대한 더 세밀한 상상은 발견되지 않는다. 이걸 굳이 이신의 한계라고 말하고 싶지는 않다. 차라리 꿈과 삶 사이에 남아있는 빈 공간은 후일 누군가가 거할 수 있는 안식처, 그래서 그 속에서 생명의 활기를 되찾는 삶의 의미의 공간으로 받아들이자. 아니면, 과거는 우리에게 단지 재현될 수 있도록 애써야 하는 불변하는 사실이라기보다 새로운 창조를 위해 자신을 내어주는 숭고한 희생이라고 받아들이자. 그리고 이것은 어떤 의미에서 이신 자신이 추구해 마지않았던 바로 초현실주의의 이념이었다. "작품의 보존이 중요한 것이 아니라 예술 활동 또는 창작 행위 자체가 중요한 것이다."[2] 그렇게 해서 현재에 소환되는 과거의 희생은 자신의 창조력을 역설적으로 재현한다.

------

2) 앞의 책, 203.

이 짧은 글에서 이신의 빈 공간은 초월과 내재를 역사 내적으로 다루는 두 가지 작업들과 접속할 것이다. 하나는 함석헌의 씨을 사상이 담고 있는 비이원적 구원론으로서, 본고에서는 이를 '대자불이 구원론'이라고 부를 것이다. 다른 하나는 신경과학적 생명이해의 한 축인 항상성 개념을 통해 도달하는 생명의 역동성으로서, 본고는 이를 '희생의 변증법'이라고 부를 것이다.

본 장에 이어지는 2장은 이 두 작업들과의 접속을 위한 예비 작업으로서 초월 개념을 중심으로 이신의 초현실주의 신학이라는 기획을 개관한다. 이를 통해 이 기획의 빈 공간을 찾아내고, 대자불이 구원론과 희생의 변증법이 그 공간 속으로 비집고 들어가 접속할 수 있는 지점을 마련하게 될 것이다. 3장에서는 함석헌의 씨을 사상으로부터 대자불이 구원론을 추출해 내고, 4장에서는 신경과학적 항상성 개념으로부터 희생의 변증법을 제안한다. 마지막 결론에서는 이신의 초현실주의 신학이 갖는 의의를 대자불이 구원론과 희생의 변증법이 보여주는 역사 내적 내지 생활공간 내적 초월이라는 관점에서 평가하고 이들과 결합시킴으로써 이신의 초현실주의 신학을 딛고서 낼 수 있는 하나의 새로운 신학적 제안을 제시해 보고자 한다. 화이트헤드가 이미 통찰했듯이 부정적인 느낌을 통해 새로움의 직접적 구성에서 배제된 것[빈 공간]이라 할지라도 배제의 형식으로 그 새로움을 구성하는데 기여한다는 점에서 배제된 것[빈 공간]은 그 자체로 창조에 참여한다. 이것은 모든 배제와 주변부를, 포함된 배제와 다중의 형식으로, 포함과 중심의 한복판에 들이미는 아감벤(Giorgio Agamben)이나 네그리(Antonio Negri)와 하트(Michael

Hardt)의 정치적 기획으로 움직일 수도 있다. 이신의 초현실주의 신학이 남긴 빈 공간이 바로 그렇다.

II. 돌의 꿈, 초현실주의 신학

이신의 초현실주의 신학을 이해하기 위해 우리는 우선 주체의 문제에서 출발할 필요가 있다. 주체는 현실과 초현실의 의미를 밝힐 단서가 되어 줄 것이고, 이들은 다시 초현실주의 신학 내에서 초월과 그리스도의 의미로 우리를 안내할 것이다. 그리고 우리는 바로 여기, 초월과 그리스도의 의미 공간 속에서 성육신의 빈 공간을 발견하게 될 것이다.

'한국쉬르리얼리슴연구소'의 취지를 설명하는 글의 제목 "돌의 소리"는 단적으로 초현실주의적 주체의 성격을 암시한다. 이 주체는 "현실에서 형편없이 좌절당하고 … 무엇인가 결정적인 것을 구하는 것을 넘어서 절대의 것을 탐색하는 사람들"[3]이다. 아니면 그의 시 "어느 그림의 인간상"이 말하듯 이 주체는 "머리카락 휘날리며/광야에/오직 한 곳을/바라보며/꿋꿋이 서"[4] 있는 사람들이기도 하다. 하지만 좌절의 현실에서 절대를 탐색하고, 광야에 꿋꿋이 서서 한 곳을 바라보는 사람들이란 도대체 어떤 사람들인가? 이신은 이들을 단 한 글자로 "돌"이라고 불렀다. 그리고 이를 "소리"와 관련시킨다.

---

3) 이신, 『돌의 소리』(서울: 동연, 2012), 146.
4) 앞의 책, 62.

돌은, 현실로는 소리를 낼 수 없지만, 초현실로는 소리를 내는 존재라는 것이다. 따라서 돌은 현실과 초현실이 교차하는 지점이고, 바로 그러할 때에라야 초현실주의적 주체다. 이것이 어떻게 가능한가?

하지만 현실과 초현실의 교차 가능성을 실현하는 주체로서 돌의 주체성을 논하기 이전에, 이 주체성이 말해지는 장소를 먼저 확인해야 한다. 확인은 어렵지 않은데, 이미 인용문에서 드러나듯, 그곳은 '광야로서의 현실'이다. 따라서 초현실주의적 주체가 등장하는 장소는 명백하게 현실이다. 덧붙여, 여기에는 중요하고 핵심적인 단서가 더 달려야 하는데, 그것은 '광야' 또는 '좌절'이다. 따라서 주체는 역사의 문제로서 등장한다. 그것도 부정적인 인식 속에서 등장해야 한다 — "허무주의적 절망"[5]으로 심판과 종말의 임박을 예감하는 주체는 그야말로 처절한 좌절을 경험할 수밖에 없다. 이 좌절은 미래파 선언문에 등장하는 "탄압받는 개혁자"[6]가 겪어야 할 좌절이다. 확실히 이신은 인간이 쌓아놓은 문명더미 속에서 좌절하는 인간의 해방에 온 관심을 집중하고 있다.

그는 문명 속에서의 좌절을 '언어적 형식'이라는 말을 통해 표현한 바 있다. 언어는 그 자체로 초월적이지만 문명이 규정해 놓은 언어적 형식에 의해 그 역사성을 빼앗기고 억압된다는 것이다.[7] 그렇다면 돌의 소리는 애초에 없었던 소리는 아니다. 언어적 형식이 그 초월적 소리를 배제하기 때문이지 돌의 소리는 잠재성으로 돌에게 이미 주

---

5) 이신,『슐리얼리즘과 영의 신학』, 161.
6) 앞의 책, 207.
7) 앞의 책, 226. 참조.

어져 있다. 어쩌면 이신은 오래 전에 오늘날 논의의 중심이 되고 있는 주변부와 배제의 주체성 문제를 사유했었던 것인지도 모른다. 돌은 문화가 규정해 놓은 경계선 언저리에 내몰려서 소리 아닌 소리를 내는 존재, 그래서 문화 내에서 존재감 없이 존재하는 존재들을 대변하는 것일지도 모른다.

그런데 이신은 독자들이 이러한 상상과 추론을 끝내기도 전에 신적 로고스나 원형을 찾아 서둘러 자리를 옮겨버리고 만다. 언어적 형식을 초월하는 것은 결국 육신이 되어 임하는 말씀 이상도 이하도 아닌 것이 되고 만다. 여기서 말씀은 논리를 벗어난 하나의 구체적 역사 내 사건이라는 점에서 역사적인 것일 뿐8) 역사 내에 현실로 있는 돌들이 그러한 역사에 어떻게 참여하는지에 대한 주체적 역량의 문제와 관련된 것은 아니다. 인간 개인의 원형(archetype)으로서 메시아를 제시하고 인간 공동체의 원형으로서 메시아 왕국을 제안할 때는 돌의 주체적 지위가 더욱 의심스러워진다. "죄악에 물든 인간들은 … 신인간의 출현에 의해 변용을 겪게"9) 되는 것이며, 메시아 왕국은 "문화적인 엘리트, 환상가, 정치적 급진파, 예술가들"10)의 투쟁과 노력에 의해 견인되고 있다고 말하고 있기 때문이다. 이렇게 되면 좌절하는 돌들은 역사의 변혁 속에서 수혜자로만 남게 된다는 의심을 지울 수 없다.

초현실주의 신학의 목표는 천상에로의 탈출이 아니라 "역사 전체

---

8) 앞의 책, 227. 참조.
9) 앞의 책, 166.
10) 앞의 책, 167.

의 변환"[11]임은 분명하다. 하지만 부정적 역사에서 좌절을 겪고 그 존재가 하나의 불가능으로 치부되고 있는 존재들이 변증법적으로 도약하여 변환되는 지점에서 맡은 역할은 무엇인지에 대해서 이신은 별로 말하지 않는다. 따라서 현실과 초현실의 교차점인 돌들은 현실에 있어서는 주체적인 주체임에 분명하지만, 초현실에 있어서는 어떤 주체인지가 명확히 해명되지 않은 채로 초현실의 현실에로의 변증법적 진입을 위한 전초기지가 되고 있다.

초현실주의 신학이 주체의 문제를 어정쩡하게 이끌어가고 있긴 하지만, 이 주체가 어떤 방법과 목표를 실현함으로써 변증법적 변환에 이르는 지까지 말하고 있지 않은 것은 아니다. 변증법적 변환의 방법은 환상/계시 내지 상상이다. 계시문학 전통의 환상/계시는 초현실주의의 상상과 만나서 구원 내지 변증법적 변환의 새로운 목표를 선명하게 부각시키는데, 그것은 창조다. 그리하여 예수를 따르는 것은 "우리 나름의 창의력을 가지고 생을 의미 있게 승화"[12]시키는 것이지 예수를 그대로 모방하는 것이 아니다. 다시 말해, 환상과 상상이 일어나는 장소는 우리의 생활공간 한복판이며, 그 목표는 의미 있는 삶의 창조다.

기묘한 점은 초현실주의 신학의 상상과 창조가 원형과 밀접하게 관계된다는 사실이다. 메시아와 메시아 왕국이라는 분명한 원형이 모든 창조가 도달해야 할 방향을 제시하고 있다. 그런데 여기서 원형은 모든 초현실주의적 주체들이 재현하고 모방해야 할 대상으로서

---

11) 앞의 책, 164.
12) 앞의 책, 208.

등장하지는 않는다. 이 사실이 매우 중요한데, 그렇게 함으로써 창조는 어떤 대상화된 목표에 집착하지 않고 창조행위 자체에 집중할 수 있게 되기 때문이다. 그것이 바로 "우리 나름의 창의력"이 뜻하는 바다. 원형은 창조행위를 불러일으킬 뿐, 그 창조행위가 자신의 정확한 재현으로 나타나기를 원하지는 않는다. 초현실주의의 이상은 초현실주의 신학에 그대로 묻어난다 ― "… 중요한 것은 작가의 예술 활동 또는 창조적인 이벤트 자체인 것이다."13)

더욱이 상상과 창조의 장은 의식이 아니라 무의식이라고 말하는 데서14) 우리는 초현실주의의 진정한 목표가 무엇인지를 발견할 수 있게 된다. 우선 상상은, 의식으로 포착할 수 없는 것이기에 "방법이 완전히 끊긴" 그런 방법인 한에서만 방법일 수 있게 된다. 의식의 입장에서 볼 때 상상, 즉 "초현실의 방법은 방법이 아니다."15) 그래서 이 방법 아닌 방법은 "문화권 밖에서 도래한 자"16)와의 관계 속에서만, 말하자면 깨달음(直覺)을 통해서만 실현 가능하다. 이신은 우리의 현실이 초현실주의 신학의 무대이지만, 이 무대만으로 현실을 초월할 수는 없는 것이기에, 초현실의 진입을 요청한다. 즉, 초현실주의의 진정한 목표는 현실의 여실한 현실화다. 그런데 그것은 반드시 초현실의 도래를 통해서 가능하다.

하지만 도대체 현실은 무엇이고 초현실은 무엇인가? 이신이 명시적으로 현실이나 초현실을 정의한 적은 없다. 그래도 현실과 초현실

---

13) 앞의 책, 203.
14) 앞의 책, 210.
15) 앞의 책, 220.
16) 앞의 책, 215.

에 대한 그의 생각을 짐작해 볼 수 없는 것은 아닌데, "슐리얼리즘의 신학"이라는 제목의 짧은 논문 2편을 중심으로 유추해 보는 것은 가능하다. 무엇보다, 초현실은 초자연이 아니다.[17] 따라서 현실 또한 자연이 아니다. 오히려 현실은 문명과 역사, 의식과 언어로 된 의미의 영역이다. 그래서 이신은 어법과 형식의 기존 틀을 벗어나는 것으로부터 초현실주의 신학을 설명해 나가기 시작한다.[18]

그렇다면 초현실은 문명과 의식의 영역을 뛰어넘는 영역에서 출발해야 한다. 이 영역이 자연을 군이 포함하지 않을 이유는 없다. 하지만 이신은 초현실이 자연을 포함할 수 있다는 사실에 관심을 기울이지 않고, 현실과의 대립구도 속에서 어떻게 현실마저 껴안으며 현실을 극복하는가에 온 관심을 기울인다. 혹여 그가 우주적 사건을 말할 지라도, 그에겐 그 사건이 "인간의 전 역사에 새로운 의미를 불어 넣는"[19] 사건이어야만 했다. 인간의 역사 안으로 들어와 의미를 줄 수 없는 것이라면 우주적 사건이라 해도 그저 "시간의 물결에 휩쓸려 가버릴 사건"[20]에 불과하다.

그렇기에 이신의 초현실은 철저하게 역사적이며 문화적인 현실에 붙들려 있다. 역사로 진입해 들어와 의미화되지 않는 초현실을 현실을 사는 우리가 만날 수 있는 방법은 없고, 그럴 이유도 없다.

그의 이 신학적 사유 틀은 초월을 이해하는 방법에서도 그대로 이어진다. 그는 본회퍼(Dietrich Bonhoeffer)의 그리스도 이해를

---

17) 앞의 책, 226.
18) 앞의 책, 216. 참조.
19) 앞의 책, 204.
20) 앞의 책.

수용하면서 이를 바탕으로 초월을 이해한다 — "예수 그리스도의 '다른 사람들을 위한 현 존재'로서의 초월 경험을 하는 구체적 의미에서의 초월성."21) 인간에게 참다운 초월이란 예수의 존재에 참여하여 '타자를 위한 존재'가 되는 새로운 삶을 경험하는 것에 다름 아니라는 것이다. 초현실이 현실에 굳건히 붙어 있듯이, 초월 또한 역사에, 삶의 현장에 굳건히 붙어 있다. 다른 사람들을 위한 존재의 현현인 예수 그리스도가 '말씀이 육신이 된 사건'이라면, 이를 모범으로 하여 인간이 타자를 위한 존재로서의 새 삶에 참여하는 것은 '육신이 영이 된 사건'이다. 따라서 이신의 혁명적인 성육신은 역사 내에서 의미를 획득한 사건인 예수 그리스도와 예수 그리스도의 의미를 자신의 창조적 삶을 통해 계승하는 인간 간의 협업이다. 초현실주의 신학에서 예수는 한 번도 역사를 떠나본 적이 없으며, 혁명의 역사는 한 번도 예수를 따르지 않았던 적이 없었던 셈이다.

초현실주의 신학의 혁명적인 성육신 이해에는 그러나 크게 두 가지 방향에서 빈 공간이 있다. 첫째, 초월이 역사화되는 과정에 대한 더 섬세한 정합적 설명이 혁명적인 성육신을 위해 마땅히 마련되어야 할 필요가 있다는 사실이다. 예수 그리스도와 그의 삶의 양식에 참여하는 존재들을 통합하는 논리가 절실한 것이다. 즉, 육신이 된 말씀과 영이 된 육신을 통합할 연결고리를 마련해야 한다. 둘째, 성육신의 메커니즘이 역사적으로 의미화된다는 선언은 그것이 도대체 어떤 의미인가를 분명하게 밝혀주는 데까지 나아가야 한다. 그러나

---

21) 앞의 책, 195.

이신의 초현실주의 신학은 성육신이 의미화 과정이라고 주장하는 데서 멈추고 그 의미화는 어떤 것인지를 충분하게 말해주지 않는다.

첫 번째 빈 공간을 위해서는 함석헌의 씨을 사상으로부터 길어낸 '대자불이 구원론'을 제시하고자 한다. 두 번째 빈 공간을 위해서는 신경학적 항상성 개념을 분석함으로써 '희생의 변증법'이 혁명적인 성육신의 의미화를 가능케 할 대안을 모색하고자 한다.

III. 대자불이 구원론: 함석헌의 씨을 사상

함석헌의 씨을 사상은 구원에 있어서 예수와 인간의 참여가 어떤 식으로 이루어지는가를 명확하게 그려준다. 전통적으로 대속으로 표현되어 온 성육신한 예수 이미지를 이 성육신에 참여하는 사람들의 자속에 연결시키는 방법을 찾을 수 있게 도와준다. 지금부터 이 과정을 따라 가보자.

우선, 함석헌은 십자가를 규정하지 않고 십자가를 누가 지는가에 더 관심을 기울인다. 결론은 씨을들이다. 십자가는 씨을들 각자의 몫이므로 그런 십자가를 규정한다는 것은 무의미했던 것이다. 그 규정은 역사의 매 순간 당대의 씨을들이 귀 기울여야 할 하느님의 뜻에 달려있다. 다만 한 가지 분명한 것은, 씨앗의 본성인바 '죽어야 산다/살린다'고 하는 이해가 씨을이 지고 가야할 십자가의 근본원리로 전제되어 있다는 사실이다. 이것이 절대적인 사랑의 원리[22]다.

씨을들이 지고 가는 십자가를 음미하기 위해 '켕김'에서부터 출발하도록 하자. 함석헌은 역사를 하느님의 뜻이 실현되는 과정으로 이해하면서 그 동인이자 근원을 자기포기의 사랑으로 보았다. "타자를 위해 자기를 포기하는 사랑이 생명진화의 동인"[23]이라고 본다. 그런데 자기포기의 사랑은 켕김을 통해서 실현된다. 켕김이란 대립을 통전시키는 것을 일컫는다. 생명이란 그저 생명이 아니라 죽음과의 투쟁으로부터 얻어지는 것이다. 사느냐 죽느냐의 싸움이 없이 생명이란 불가능하다. 따라서 이 싸움은 그 자체로 죽음을 긍정하는 바, 생명을 논할진대 생사일여(生死一如)가 된다.[24] 그래서 생명의 켕김이란 삶과 죽음의 대립이 생명으로 통전됨을 뜻하는 말이 된다. 함석헌은 여기에서 더 나아가는데, '나'와 전체를 한 가지로 보는 공사일여(公私一如)의 사상에까지 이른다. 다시 말해, "나 속에 전체가 있고 전체가 나임"[25]을 역설한다. 이렇게 볼 때 켕김이란 불이적(不二的) 사고의 소산이라 할 수 있다.

켕김의 절정은 그의 '사랑의 전체주의' 속에서 발견된다. 이 전체주의는 "씨올은 가지각색입니다. 그렇지만 하나입니다"[26]라는 말 속에서 그 의미를 찾을 수 있다. 즉 개개의 인격이 고스란히 존중되는 전체주의다. 다른 사람을 또 하나의 자아라고 보며, 따라서 전체 구

---

22) 함석헌,『뜻으로 본 한국역사』(서울: 한길사, 2005), 462-4. 참조.
23) 박재순, "함석헌의 생명사상," 〈제2회 남강 학술세미나 자료집〉, 28.
24) 생사일여의 사상은 칼릴 지브란에게서도 나타난다. 그는 다음과 같이 말한다. "너희는 죽음의 비밀이 알고 싶지? 그러나 너희가 그것을 삶의 맨 속에서 찾지 않고 어찌 그것을 알 수 있느냐?"; 칼릴 지브란/함석헌 옮김, "죽음에 대하여,"『함석헌전집16: 사람의 아들 예수/예언자』(서울: 한길사, 1985), 305.
25) 함석헌,『함석헌 명상집: 너 자신을 혁명하라』(서울: 오늘의 책, 2003), 231.
26) 함석헌, "역시 씨올밖에 없습니다,"『함석헌 선집4: 씨올에게 보내는 편지』(서울: 한길사. 2000), 37.

원 없는 개인 구원 또한 없다고 보는 것이다.[27] 그리하여 '나'와 전체로서의 '우리'는 다시 또 서로 불이의 관계에 놓인다고 볼 수 있게 된다.

함석헌에 의하면 '나'와 하느님도 불이의 관계에 있다. '나'와 하느님의 불이적 일치 — 이는 생명의 근본원리를 밝히는 가운데 드러나는데, 함석헌은 '스스로 함'을 생명의 근본원리라고 보면서 이 원리를 '하는 생각'과 '나는 생각'의 일치라는 개념들을 가지고서 설명한다.[28] '하는 생각'을 통해 인간의 생명이, '나는 생각'을 통해 하느님 생명이 스스로의 실재성을 드러내고 이제 이 생각들이 불이적으로 일치함으로써 또한 두 생명들도 불이적으로 일치하게 된다는 것이다. 이는 신인합일에 다름 아니다.

그렇다면 함석헌에게 예수의 의미란 무엇이겠느냐는 질문이 일어나게 된다. 나와 신을 이어줄 매개자가 굳이 필요 없는 것처럼 보이기 때문이다. 이 질문에 답하기 위해 그의 시 "흰 손"을 들여다보자. 이 시엔 다음과 같은 구절이 있다. "예수는 예수요 / 너는 너요, / 멎음 없는 역사의 흐름 흐르는 언덕 / 저쪽엔 그가 서고 이쪽엔 네가 서고."[29] 또 다른 곳에서는 이렇게 말한다. "나와 하나님을 맞대주지 못하는 종교, 참 종교 아니다. … 그리스도가 중보란 말은 중보 없단 말이다. 예수의 단 하나의 목적이야말로 중보 없앰이었다. 십자가에

---

27) 함석헌, "人間을 묻는다,"『함석헌 전집4: 죽을 때까지 이 걸음으로』(서울: 한길사, 1989), 338.
28) 함석헌, "생각하는 씨올이라야 삽니다,"『함석헌선집4: 씨올에게 보내는 편지』(서울: 한길사, 2000), 61.
29) 함석헌, "흰 손,"『함석헌전집6: 水平線 너머』(서울: 한길사, 1993), 345.

죽어 부활하여 하늘에 간 예수는 곧 '無'다."30) 그렇다면, 정말로 함석헌에게 예수는 별 다른 의미가 없었던 것은 아닐까? 거기에다가 '예수는 그저 씨올'31) 중 하나라고 한다면? 예수를 그저 보통의 사람과 완전히 동일하게 보는 것 아닌가? 그러나 그렇지 않다. 오히려 예수가 씨올이라고 하는 말은 그가 씨올의 온전함을 어디에서 보고 있는가를 숙고함으로써 진정 이해할 수 있다. 그에게 씨올의 온전함은 '뜻'을 아는데 있다. 생각이 뜻과 만나는데 있는 것이다. 하는 생각과 나는 생각이 일치하는 순간이다. 예수가 씨올이라는 말은 바로 이를 염두에 두는 말이다. '하느님의 뜻을 올바르게 아는 이'라는 얘기다. 뜻을 아는 이는 뜻을 산다. "… 나는 영원히 일하는 영, 사는 영, / 흰 손 가진 너희를 나는 모른다. // 네가 나를 믿거든 내 뜻을 온전히 이루라, / 내 내 뜻을 '그'의 안에 말해 세상에 보냈노라. / …"32) 함석헌에게 예수는 뜻을 가지고 온 이다. 그리고 그 뜻을 산 이다. 그것도 죽어서 산 이다.

"피는 한 방울 아니 묻고 표지만 든 흰 손, / 아니 흘려서 아니 묻었구나. / 네 피 흘릴 맘 한 방울 없어 / 그저 남더러 대신 흘려 달래 살고 싶더냐?" // "십자가 소리만 들으면 눈물 나지! / 네 푸른 입술이 히스테리로 떨지! / 우는 말 말아라. / 눈물 소리 말아라." // … // "대속(代贖)이라! / 둘도 없는 네 인격에 대신을 뉘 하느냐? / 내게 진 빚 나

---

30) 함석헌, "씨올의 설움," 『함석헌전집4: 죽을 때까지 이 걸음으로』 (서울: 한길사, 1989), 65.
31) 함석헌, "생각하는 씨올이라야 삽니다," 61.
32) 함석헌, "흰 손," 349.

모르게 너 혼자 줄치면 / 그 청장(淸帳)을 내 안다더냐?” // “힘은 아니 들이고 빌어 삶, / 생각은 아니하고 ‘더라’만 외는 밞, / 이름을 빌망정 / 삶을 어찌 빌 수 있느냐?” // “예수는 예수요 / 너는 너요, / 멎음 없는 역사의 흐름 흐르는 언덕 / 저쪽엔 그가 서고 이쪽엔 네가 서고,” // “그 흐름 그대로 굽어보면서 / 그 언덕 그대로 딩굴면서 / 외침을 외친단들 / 내 속이 어찌 대속이냐?” // … // “너 살고 싶으냐? / 대들어라, 부닥쳐라. / 인격의 부닥침 있기 전에 / 대속이 무슨 대속이냐?” // “그의 죽음 네 죽음 되고 / 그의 삶 네 삶 되기 위해 / 부닥쳐라, 알몸으로 알몸에 대들어라! / 벌거벗은 영으로 그 바위에 돌격을 해라!” // … // “생명은 생명에서만, / 피는 피에만. / 네 피 없는 예수의 피 어디 있느냐? / 네 십자가 아닌 예수 십자가 어디 있느냐?” // “지지 않고 십자가 맛 네 무엇으로 하느냐? / 맛 모르는 십자가 네 어이 믿느냐? / 허공에 바라는 십자가의 예수 뜬 예수 / 가슴에 등에 안고 진 십자가의 예수 너와 하나로 산 예수.” // … // “믿어! 너희가 믿었느냐? / 내 뜻대로 살았느냐? / 나는 영원히 일하는 영, 사는 영, / 흰 손 가진 저희를 나는 모른다.” // “네가 나를 믿거든 내 뜻을 온전히 이루라, / 내 내 뜻을 ‘그’의 안에 말해 세상에 보냈노라. / 네 내 아들 믿거든 그가 되라. / 그가 죽었으면 너도 죽어라.” // “그의 십자가 바라만 보느냐? / 인생에게 지기 명하는 십자가의 명령 아니냐? / 시체를 뜯어먹는 독수리 심산(深山)에 숨듯 / 교회당의 탑 속에 숨어, 죽은 예수 이용해 먹지 말라.” // … // “각각 나오너라. / 솔직히 나오너라. / 담대히 나오너라. / 내가 빛이니 너도 빛을 발하라.”[33)

함석헌에게 대속은 실존적인 체험이 될 때 비로소 의미를 획득한다. 이 체험은 그러나 예수의 추상적 현현에 있지 않다. 오히려 구체적인 삶으로 구현하는 예수다. 예수의 인격이 곧바로 나의 인격이 되는 것이 아니라는 의미에서 예수는 나와는 다른 존재다. 나에게 의미 있는 존재도 아니다. 그의 죽음 또한 대속이 될 수 없다.[34] 대속이 대속됨은 이름이 아니라 삶에 달려있다. 예수의 인격이 나의 인격이 되는 것은 이름이 아니라 삶에 달린 것이다. 이로 미루어보건대 함석헌에게 구원(贖)은 곧 인격이 되는 것이라 할 수 있다. 인격이 곧 생명인 셈이다.

그리고 앞서 주지한 바 있듯이 '생명-인격'이란 신인합일을 이룰 때 도달하는 것이다. 씨올이 하느님 뜻을 아는 것이다. 씨올이 그 뜻을 사는 것이다. 이러한 일련의 여정을 구원, 즉 속(贖)이라 할 것이다. 이 구원 체험은 또한 전체 체험으로서의 실존적 체험이다. 역사 속으로 침투해 들어오는 영원이다.[35] 불이(不二)다. 불이이므로 그것은 켕김, 곧 부닥침이다. 인격의 부닥침이다. '그의 죽음'과 '내 죽음'이 하나 되고, '그의 삶'과 '내 삶'이 하나 되기 위해서 부닥쳐야 한다. 켕겨야 한다.

---

33) 함석헌, "흰 손," 344-51.
34) 이는 서구 기독교의 정통적인 이해와 전혀 다른 것이다. 서구 정통으로는 예수가 우리와 다르기 때문에 대속이 가능하다고 본다. 인간의 죄성에 대한 이해는 서구 기독교 정통에 있어서는 구원과 양립할 수 없는 것이지만, 함석헌에게 있어서는 오히려 죄성이 하느님의 뜻과 관련되는 필연적인 것으로서 고난을 통한 생명을 가능케 하는 중요한 전제다.
35) "보아라 이 나라에선 개개가 전체다. … 오늘은 영원의 현재, …"; 함석헌, "흰 손," 351.

켕김은 무슨 아이러니나 이율배반이 아니다. 삶으로 구현하는 실재일 뿐이다. 살아져서 아는 것일 뿐이다. 믿음일 뿐이다. 그것은 내 피, 내 십자가를 통해서만 체험되고 일치되는 예수의 피, 예수의 십자가다. 그를 믿는다면 그가 되는 것이다. 그래서 그가 죽었으므로 나도 죽는 것이다. 예수의 대속이 참 대속이 되는 유일한 길은 내가 속(贖)한 존재가 되는 것이다. 그것은 오직 켕김, 부닥침, 고난인 것이며 그리하여 불이다. 대속은 오직 자속을 통해서 실현된다. 즉 자속이 유일한 대속이다. 자속 없는 대속 없다. 대자불이(代自不二)다.

****

이상과 같이 함석헌의 대자불이 구원론은 초현실주의 신학이 제시하는 혁명적인 성육신의 빈 공간, 즉 초월이 역사화되는 과정을 구체적으로 밝혀준다. 즉, 구원론으로 성육신론을 완성하는 것이다. 대자불이 구원론은 대속과 자속이 서로 다르지 않다고 말함으로써 대신 한다는 것과 스스로 한다는 것의 경계를 허문다. 구원은 일종의 협업이며, 그래서 공동체적 사건일 수밖에 없음을 암시하는 이 구원론은 예수의 현실 내 생활공간에서의 활동이 '타자를 위한 존재'로서 효과를 거두는데, 그 효과는 '타자를 위한 존재'로 새롭게 살아가고자 결단하는 실존적 체험으로 나타난다. 실존적 체험은 언제나 이항대립의 논리를 벗어나는데, 실존적 체험을 뒷받침하는 인격은 그 자체로 문화와 자연, 초월과 내재, 초현실과 현실이 중첩되어 있는 비식별의 영역이기 때문이다. 따라서 실존적 체험은 이항대립의 논리를 평면적인 제3항으로 극복하는 것도 아니고, 그렇다고 두 항의 분리를 넘어서는 다른 차원으로 넘어가는 것도 아니다. 실존적 체험은 이항대립이 전개되고 있는 현실의 한복판에서 역동적인 변화와 운동으로 표현되는 시간을 따라 펼쳐지는 시간 내 존재의 시간 내부로의 자기초월에 대한 경험이다. 이것이 '불이적(不二的)'이라는 말의 의미이며, 대자불이 구원론의 핵심 논리이기도 하다.

다시 말해, 예수의 자속은 누군가의 자속을 불러일으키기 때문에 대속이며, 누군가의 자속은 또한 또 다른 누군가의 자속을 불러일으킨다는 의미에서 대속의 계승이기도 하다. 그러나 매 계기마다 자속과 대속의 명확한 경계를 설정하는 것은 어렵다는 점에서 대속과 자속은 불이적이다. 어떤 새로운 창조도 스스로 함과 대신 함의 명확한 경계를 갖지 않는다. 구원의 불이적 차원은 초현실주의 신학이 전개하고 있는 혁명적인 성육신의 과정을 설명할 수 있는 논리적 방편을 제공한다. 말씀의 육화(예수의 실존적 체험)와 육의 영화(새로운 인격의 실존적 체험)는 서로 모순되지 않는다고 할 때, 이 무모순성을 설명할 수 있는 논리는 불이적 사유다. 이 사유를 신학적으로 구체화할 때 가장 우선적으로 해명되는 것은 구원의 구조로서, 우리는 그것을 '대자불이 구원론'이라고 부른다.

IV. 희생의 변증법: 신경과학적 항상성의 교훈[36)]

하지만 대자불이 구원론은 앞서 제기한 초현실주의 신학의 두 번째 빈 공간, 즉 혁명적인 성육신이 역사적으로 의미화되는 구체적인 방식을 설명하고 있지는 못하다. 이 빈 공간은 성육신의 의미성이 인간 해방에 있다고 하는 초현실주의 신학의 선언에 기초해 생각할 때, 인간 생명의 구속 없는 자유의 성취와 관련된다고 할 수 있다. 그런데 신경학적으로 볼 때 모든 생명의 구속 없는 자유는 항상성 메커니즘의 유지를 기반으로 한다. 그래서 어쩌면 신경학적 항상성 메커니즘이 인간 해방을 목표로 하는 성육신의 역사적 의미화 방식을 발견할 수 있도록 도와줄 지도 모른다. 이러한 기대가 초현실주의 신학과 모순되지는 않을 것인데, 이 신학에 의하면 모든 초현실은 현실에 굳건히 고착되어 현실과 서로 되먹임 고리(feedback loop)를 형성하고 있기 때문이다. 다시 말해, 현실로부터 의미화된 것은 초현실의 현시이기도 하다.

항상성, 즉 호메오스타시스(homeostasis)라는 말을 처음 사용한 사람은 프랑스의 생리학자인 클로드 베르나르(Claude Bernard, 1813-1878)로 19세기 중반의 일이다. 그는 신체 내부 환경이라는 개념을 처음 사용해서 이 환경의 안정성에 주목하여 "내부 환경은

---

36) 이 장은 졸고, "희생의 변증법: 휴먼과 포스트휴먼 사이에서,"『포스트휴먼 시대, 생명·신학·교회를 돌아보다』(서울: 동연, 2017) 중에서 "Ⅱ. 항상성이란 무엇인가?: 호메오스타시스 또는 알로스타시스"와 "Ⅳ. '호메오'와 '알로' 사이: 희생을 성찰하라, 변증법을 운동하라"의 내용을 발췌하여 본고의 내용에 맞게 부분 수정하고 새롭게 보완한 것이다.

자유로운 삶을 위한 필요조건"[37]임을 통찰했다. 이 개념은 1930년 대에 미국의 생리학자인 월터 캐넌(Walter B. Cannon, 1871-1945) 에 의해 더 세밀하게 재개념화되었는데, 그는 이 단어를 사용하여 "신체 유체(bodily fluid) 성분의 불변성, 체온, 혈압 등 다른 생리학적 변수들을 좁은 생리적 범위 안에서 유지시키는 메커니즘을 설명"[38] 하고자 하였다. 그런데 내부 환경의 안정성 또는 신체 내 생리학적 변수들의 일정 범위 내 유지라는 생각의 이면에는 변화하는 외부 환경이 전제되어야 한다. 다시 말해, 항상성 개념은 외부의 변화에 대응하여 신체 내부 환경을 일정하게 유지하려는 경향을 말하는 것 으로 신체의 외부와 내부 사이의 관계를 표시한다. 실제로 생물학이 나 신경과학 교과서들은 이 점에 주목하여 항상성을 정의한다. 로버 트 월리스(Robert A. Wallace), 제럴드 샌더스(Gerald P. Sanders), 로버트 펄(Robert J. Ferl) 세 사람이 집필한 생물학 개론서에서는 항상성을 다음과 같이 정의한다.

> 항상성(homeostasis)은 환경의 변화에 상관없이 생리적 조건을 일 정하게 유지시키는 것을 말한다. 사실상 우리 몸은 신경계, 호흡계, 순환계, 면역계 등을 모두 총괄하는 항상적 메카니즘에 의해 기능한 다. 이러한 항상성은 자율적이며, 되먹임에 의해 이루어진다.[39]

---

37) 애릭 R. 캔델/강봉균 외 옮김,『Kandel 신경과학의 원리』, 제5판, vol.2 (서울: 범문에듀케이션, 2014), 1046; Bruce McEwen · Elizabeth Norton Lasley/ 이연경 · 최준식 옮김,『브루스 맥쿠엔의 스트레스의 종말』(서울: 시그마북스, 2016), 7-8. 참조.
38) 애릭 R. 캔델,『Kandel 신경과학의 원리』, 제5판, vol.2, 1046.

대표적인 신경과학 교과서인 캔델의 『신경과학의 원리』(*Principles of Neural Science*)는 베르나르의 내부 환경 개념을 사용해서 항상성을 다음과 같이 정의하고 설명한다.

능동적으로 비교적 일정한 내부 환경을 유지하는 것을 항상성 (homeostasis)이라고 한다. 내부 환경의 항등성은 인간뿐 아니라 다른 동물들이 향유하는 행동의 자유에 기초가 되는데, 왜냐하면 내부 환경의 항등성은 우리의 생리학적 상태를 인접해 있는 외부 조건과 분리시켜주고 가능한 서식지의 범위를 확장시켜주기 때문이다.[40]

이 두 정의에 따르면 항상성 메커니즘은 신체를 기준으로 해서 그 내부를 외부와 능동적으로 분리시킴으로써 유지시킨다. 다시 말해, 이 메커니즘을 설명하기 위해 동원된 개념들이 능동성, 자율, 되먹임, 자유 등이라는 사실은 항상성이 인간 몸을 외부환경과 강하게 분리시키는 개념이라는 인상을 심어준다. 과연 그러한지 체온조절의 경우와 갈증해소의 경우를 예로 들어 살펴보자. 이 둘은 각각 음성되먹임(negative feedback) 고리와 양성되먹임(positive feed-back) 고리의 예이기도 하다.

인간의 몸은 36.5℃를 중심으로 좁은 범위 내에서 체온을 유지한다. 이를 위해 뇌의 시상하부(hypothalamus)가 혈관의 온도를 감지

---

39) 로버트 A. 월리스·제럴드 P. 샌더스·로버트 J. 펄/이광웅 외 편역, 『생명과학의 이해』, 제4판 (서울: 을유문화사, 1996), 345.
40) 애릭 R. 캔델, 『Kandel 신경과학의 원리』, 제5판, vol.2, 1083.

하기도 하고 피부를 통해 전해지는 온도를 확인하기도 한다. 외부와 내부의 온도를 늘 체크하여 이에 따라 능동적으로 대처하는 것이다. 만일 온도가 낮아지면 시상하부는 자율운동계를 호출하여 대사활동을 왕성하게 함으로써 온도를 올릴 수 있도록 할 것이다. 반대의 경우에는 대사활동을 완화하여 열 발생을 줄일 것이다. 피부의 열 감지는 뇌의 의식 부위에도 직접 전달되며 체온을 유지하기 위한 목적활동을 하도록 하기도 한다. 이는 시상하부도 마찬가지로 온도 정보를 자율운동계 뿐만 아니라 뇌의 다른 부위에 전달함으로써 목적활동을 하도록 한다. 그래서 추위나 더위를 피할 장소로 이동하거나 옷을 껴입거나 벗거나 하게 된다. 이렇듯 체온조절은 이전의 온도변화 정보에 따라 그 변화를 축소하는 방향으로 작용하는 음성되먹임을 통해 항상성을 유지한다.[41]

갈증은 내적 자극과 외적 자극의 상호작용을 통해 동기가 부여되는 활동이다. 탈수 상태가 되면 무기력해지고 식욕이 감퇴하는 등의 생리학적 오류 신호가 나타나는데, 말하자면 이것이 내적 자극에 의한 동기부여 상태에 해당한다. 외적 자극은 동기부여 상태가 형성하는 목적에 의해 발생한다. 예컨대 갈증 상태에서 사막을 헤매는 사람에게는 다른 모든 활동보다 오아시스를 찾는 활동이 우선할 것이다. 배고픔의 상태라 하더라도 오아시스를 만나면 오아시스는 갈증을 더욱 자극하여 음식을 찾기 전에 우선적으로 갈증을 해소하도

---

41) 더 자세한 설명은 로버트 A. 월리스·제럴드 P. 샌더스·로버트 J. 펄, 『생명과학의 이해』, 제4판, 350-351; 애릭 R. 캔델, 『Kandel 신경과학의 원리』, 제5판, vol.2, 1056-1064.를 참조하라.

록 이끌 것이다. 이것이 외적 자극이다. 이러한 자극들은 서로 상호작용하면서 갈증이 해소되기 전까지 감소하지 않고 더욱 강화됨으로써 갈증해소가 온전히 달성되도록 돕는 양성되먹임이다.

이상의 예에서 확인할 수 있듯 항상성 메커니즘은 몸의 내적 환경을 유지하기 위해 "주변의 변화에 민감하게 대응 변화해 그때마다의 변수를 감당해 치우침 없이 균형을 잡는"42)다. 그렇다면 항상성은 외부와 분리된 내부 환경을 확보하기 위해 외부와 끊임없이 접속하는 메커니즘이다. 분리와 접속이 강하게 상호관련을 맺는 것이 항상성 메커니즘의 특성이란 이야기다.

사실 항상성 메커니즘의 되먹임 특성은 정확하게 복잡계(complex system)의 특성이기도 하다. 복잡계란 다수의 요소들이 비선형적으로(non-linearly) 상호작용함으로써 형성되는 계이다. 이러한 계는 열린계로서 외부와 끊임없이 정보(또는 에너지)를 상호교환하며 혼돈의 가장자리에서 극적으로 질서를 형성한다. 생명의 항상성은 이러한 복잡계의 특성을 드러내는 대표적 사례로서 "생명이 끊임없이 주변 환경으로부터 정보를 주고받고 있기 때문에 가능하다."43) 이렇듯 생명의 항상성 메커니즘을 물리적 복잡계의 측면에서 이해하더라도 생명의 내부와 외부 사이의 상호작용으로 귀결한다.

그러나 항상성이 외부와의 지속적인 상호작용을 통해 스스로의

---

42) 김종욱, "복잡계로서의 생태계와 법계,"「철학사상」 44 (2011/8), 24.
43) 최무영·김민수, "복잡계 관점에서의 생명,"『양자·정보·생명』(파주: 한울아카데미, 2015), 423.

체계를 안정적으로 유지하려는 생명체의 특성이라는 일반적 사실은 조금 더 세밀하게 들여다보아야 한다. 왜냐하면 생명현상은 단일체가 아니라 복잡하게 얽혀있는 연합체이기 때문이다. 항상성 개념은 생명의 전일성을 강조한다. 그러나 이 전일성은 우아한 협주곡만 연주하는 것이 아니라 저자거리의 소란스런 소리를 들려주기도 한다. 항상성 체계는 다양한 하위체계들을 갖고서 자신의 메커니즘으로는 충분히 다스릴 수 없는 극도의 환경에 처하기도 하는 것이다. 항상성 메커니즘은 주어진 범위 내에서 통통거리며 왔다 갔다 하는 음성되먹임 고리에만 매달리지 않는다. 그것은 주어진 범위를 벗어났을 때, 또는 주어진 범위를 벗어나리라 예상되는 때에 생체계에 압박을 가하는 범위 내에서 작동하는 양성되먹임 고리도 사용한다. 생체계 내외에서 들려오는 도전과 변화의 요구에 직면해서도 생명력을 보장하는 과정, 그것을 우리는 알로스타시스(allostasis)라고 부른다.

호메오스타시스가 호메오(homeo), 즉 일정한 안정성 상태를 유지하는 것을 말한다면, 알로스타시스는 알로(allo), 즉 다양한 안정성 상태에 놓이는 것을 말한다. 물론, 알로스타시스는 호메오스타시스를 위해 존재한다. 그런데 알로스타시스는 호메오스타시스를 위해 호메오스타시스의 문법을 따르지 않기로 작정한다. 다시 말해, 상태의 유지가 아니라 "상태의 변화를 통해서 생명력을 성취하려고"44) 한다. 스털링(Peter Sterling)과 아이어(Joseph Eyer)는 알로

---

44) Jay Schulkin, *Rethinking Homeostasis: Allostatic Regulation in Physiology and Pathophysiology* (Cambridge · Massachusetts · London: A Bradford Book

스타시스를 다음과 같이 정의한다: "유기체가 신체 상태 변화를 통해서 내적 생명력을 성취하는 과정. 알로스타시스는 생명에 필수적인 제한범위 내에서 내적 조건들을 유지하는 행동과정과 생리과정 모두를 아우른다."45) 브루스 맥쿠엔(Bruce Mcewen)은 알로스타시스를 도전-도망 반응으로 볼 수 있으며, "신체가 스스로를 변화시킴으로써 안정을 유지한다는 관점을 강조"46)하는 개념이라고 역설한다. 우리는 주어진 환경변화에 맞서 싸우거나, 싸워서 안 될 것 같으면 도망친다. 이러한 행동은 그 자체로 환경변화에 맞추어 스스로를 변화시키는 과정이자 이 변화를 통해 스스로를 지키는 과정이기도 하다.

그런데 여기에는 두 가지 더 염두에 두어야 할 것이 있다. 하나는, 알로스타시스 메커니즘이 뇌와 몸 전체에 관련됨에도 불구하고, 이 메커니즘의 출처는 무엇보다 뇌라는 사실이다. 생리학적 변화는 "다양한 환경 내의 변화하는 상황들 한가운데서 뇌가 내적 생명력을 유지하려고 시도하기 때문에 발생한다."47) 다른 하나는, 이러한 시도가, 적어도 단기적으로 볼 때, 항상성 메커니즘이 주어진 문제에 대처하는 데 실패했음을 의미한다는 사실이다.

이상의 논의로부터 항상성을 다음과 같이 정리할 수 있다.

· The MIT Press, 2003), 17.
45) 앞의 책, 21.
46) Bruce McEwen · Elizabeth Norton Lasley, 『브루스 맥쿠엔의 스트레스의 종말』, 8.
47) Jay Schulkin, *Rethinking Homeostasis*, 17.

1) 항상성은 생체계의 내부와 외부, 분리와 접속, 안정과 변화, 음성되
먹임과 양성되먹임의 상호작용이다.

2) 이러한 이항대립들의 상호작용은 항상성과 알로스타시스와의 관
계를 통해서 구체적인 의미를 획득한다. 항상성은 알로스타시스
를 통해서 스스로를 극복하며, 이를 통해 스스로를 유지한다. 이는
실패를 기반으로 한 실현이다.

3) 따라서 항상성 메커니즘에서의 이항대립들은 대립 속에서 대립을
초월한다. 다시 말해서, 대립이 무화됨 없이 대립을 넘어선다.

생명의 항상성 메커니즘은 변증법적 메커니즘이라고 할 수 있다.
질적 변화를 통한 질적 안정성의 실현이라는 비이원적 관계는 항상
성을 변증법적 전개로 읽을 수 있게 한다.

'호메오'라는 말은 자기동일성을 외부와의 차이를 통해 구현한다
는 사실을 지시한다. 생명의 내부와 외부, 분리와 접속, 안정과 변화,
음성되먹임과 양성되먹임의 상호작용을 통해 비로소 호메오, 즉 일
정한 범주적 안정성을 획득하게 된다는 것이다. 그렇다면 이 안정성,
이 자기동일성은 사실 어떤 불변하는 '있음'이라기보다는 역동적으
로 변화하는 진화과정 속에서 나타나는 잠정적 계기일 뿐이다. 항상
성은 무자성이고 따라서 공성(空性)이라는 말이다. 이러한 사실을
강조할 경우, 항상성은 연기론에서 말하는 의미의 상호의존성에 기
초하고, 따라서 항상성이 생명 체계의 일반적 특성인 한 "상호 의존
성이야말로 모든 생태적 관계의 본질"48)이라고 생각할 수도 있다.

그러나 이것은 지나친 일반화다. 호메오스타시스의 상호작용은

일방을 위해 복무한다. 생명현상은 상호적이라기보다 일방적이다. 다시 말해, 내부와 외부, 분리와 접속의 상호작용은 전적으로 생명 자신을 위해 다른 존재자들이 기여하는 방식에 관련된 것이지 반대로 생명 자신이 다른 존재자들에게 기여하는 방식과 관련된 것이 아니다.

일찍이 슈뢰딩거(Erwin Schrödinger, 1887-1961)가 "생명은 '네겐트로피(negentropy)'를 먹고 산다"[49]라고 했던 말은 이 사실을 단적으로 드러낸다. 네겐트로피란 엔트로피의 감소를 의미하므로 생명은 열역학 제2법칙을 거슬러 엔트로피가 감소하는 방향으로 형성되는 고도의 질서 잡힌 체계라는 말이다. 그런데 열역학 제2법칙, 즉 엔트로피 증가의 법칙은 닫힌계에서 성립한다. 다시 말해, 에너지나 정보의 출입이 완벽하게 차단된 체계에서만 성립한다. 따라서 에너지와 정보의 출입이 가능한 열린계는 엔트로피가 증가하지 않을 수 있다. 닫힌계는 외부와의 상호작용이 없는 계인 반면 열린계는 외부와 상호작용하는 계이므로, 외부와 상호작용하는 체계인 생명은 열역학 제2법칙의 적용을 받지 않고 엔트로피가 감소할 수 있다. 하지만 그것은 생명과 상호작용하는 외부의 엔트로피 증가를 야기하거나 가속하는 방식으로만 가능하다. 한 생명의 엔트로피 감소는 다른 누군가의 엔트로피 증가와 연결되어 있다. 이것이 생명의 내부와 외부, 생명과 환경 사이의 분리와 접속이 상호작용하는 사태의 본질이다.

---

48) 김종욱, "복잡계로서 생태계와 법계," 29.
49) E. 슈뢰딩거/서인석 · 황상익 옮김, 『생명이란 무엇인가』(서울: 도서출판 한울, 1992), 111.

다시 말해, 생명이 갖는 고도의 질서는 다른 존재자들의 무질서를 대가로 한다. 한 생명이 유지되고 성장하는 것은 다른 존재자들의 파괴와 소멸을 대가로 한다. 더 나아가 우주 전체의 파괴와 소멸을 대가로 한다. 이것이 상호작용의 의미다. 이것을 단순하게 상호의존성으로 번역하는 것은 지나친 비약이다. 생명현상을 상생이나 공생으로 쉽게 일반화해서는 안 된다. 차라리 생명현상은 희생을 기반으로 한다고 봐야 한다. 모든 생명은 우주를 파먹고 산다.

상생이나 공생은 신자유주의 정치경제체제의 근간인 시장근본주의를 떠받치고 있는 상호교환의 원리에 적합한 이념이다. 시장에서 펼쳐지는 대등한 교환의 관계가 평등하고 호혜적인 행복사회를 만들 것이라는 이념은 얼마나 현실 적합하지 않은가. '호메오', 생명의 일정한 안정성은 대등한 교환의 평등세상을 알려주지 않는다. 오히려 누군가의 숭고한 희생을 기반으로 스스로를 유지하고 있는 모든 의식 있는 생명들에게 스스로를 성찰하며 살아가는 세상을 알려준다.

따라서 호메오스타시스, 즉 항상성이 알려주는 세상의 세밀한 묘사는 '호메오'와 '알로' 사이에서 찾을 수 있다. 일정한 안정성의 내부는 겉보기와는 달리 온통 소란스럽고 분주한 변화로 바쁜 세계다. 항상성을 실현하기 위해 실패에서 배우며 새로운 방법을 모색하고, 내부와 외부, 분리와 접속, 음성되먹임과 양성되먹임의 이항대립들을 무화시킴 없이 스스로를 극복함으로써 다변하는 환경과 조건에 생명체계를 맞추어 나간다. 변화를 토대로 안정성을 확보해 간다는 점에서 생명현상은 자기초월적이며, 이렇게 자기를 초월해감과 동시에 자신을 유지한다는 점에서 "초월 그대로의 작동"(*energumen* par excellence)[50]이 된다.

그런데 아감벤(Giorgio Agamben)은 '초월 그대로의 작동'이라는 말로써 정확하게 신앙을 설명했다. 그가 이렇게 설명하는 근거는 에베소서 3장 7절(κατὰ τὴν ἐνέργειαν τῆς δυνάμεως αὐτοῦ/)[51]과 빌립보서 3장 21절(κατὰ τὴν ἐνέργειαν τοῦ δύνασθαι αὐτὸν)[52]에 대한 독해에 있다. 여기서 신의 능력으로 번역되는 '듀나미스'(*dynamis*)는 가능성으로서의 능력이며, 이것이 신앙에 의해 현실화(*energeia*)되는 것인 한, 그것은 신앙의 주체에 잠재하는 것이기도 하다. 그리하여 신앙은 잠재성의 실현인 것이며, 이것이 메시아적 구원과 연결된 신앙인 한, 크로노스 시간 속에서 전개되는 "크로노스 시간의 메시아적 시간에로의 변화"[53]이다. 그런데 메시아적 시간은 카이로스와 크로노스라는 이항대립의 양자 어디에도 속하지 않는 제3의 시간이라는 점에서 "A/非A의 이항대립이 非非A라는 이중부정 형태의 제3항을 허용하는 … 논리"[54]를 따른다. 시간과 영원의 대립은 시간 내에서 시간을 초월함으로써 시간도 영원도 아닌 시간으로 도약한다. 시간의

---

50) Giorgio Agamben, *The Time that Remains: A Commentary on the Letter to the Romans*, trans. by Patricia Dailey (Stanford: Stanford University Press, 2005), 97.
51) 나는, **하나님의 능력이 역사하는 대로**, 나에게 주신 그분의 은혜의 선물을 따라 이 복음의 일꾼이 되었습니다(표준새번역): 굵은 글씨체는 논자에 의한 것으로, 본문의 헬라어에 대한 번역에 해당한다.
52) 그분은 만물을 복종시킬 수 있는 능력으로, 우리의 비천한 몸을 변화시키셔서, 그분의 영광스러운 몸과 같은 모습이 되게 하실 것입니다(표준새번역): 표준새번역의 이 번역은 본문의 헬라어가 갖는 뉘앙스가 잘 살지 않는다. 헬라어로부터 직역하면, "하나님에게 있는 능력을 행사하여"가 된다.
53) Giorgio Agamben, *The Time that Remains*, 82.
54) 앞의 책, 51.

자기초월로서의 시간에 다름 아니다.

'호메오'와 '알로'의 관계는 정확하게 메시아적 시간을 예증한다. 다시 말해, 시간 내에서 작동하는 이중부정의 변증법을 보여준다. 불이적 변증법의 시간 내적인 성격을 보여주는 것이라 할 수 있다. 시간을 초월하는 것은 시간 내적이다. '알로'라는 시간 내적인 운동과 변화가 호메오스타시스의 자기초월적 성격을 이끌어가고 있는 것이다. '호메오'와 '알로' 사이에서 변증법적 운동이 자리하며 희생의 공간을 만들어 간다. 다시 말해, 상호작용이 회귀나 재현의 형태로 나타날 수 없으며, 긍정적이건 부정적이건 어떤 가치평가가 내려지든 상관없이 회전운동의 중심축을 따라 전진하는 나선운동의 형태로 나타난다. 그리고 이 운동 속에서, 생명의 항상성을 지탱하고 있는 다른 존재의 희생에 대해 이 희생을 수여받은 생명이 되갚을 수 있는 길은 없다는 사실이 분명해진다. 희생은 보상되고 교환되는 것이 아니라, 변화의 계기들 속에서 미래를 향해 전달되는 것이다.

희생을 성찰하라. 그러면 우리를 위해 무수히 희생되어온 존재자들을 위해 우리가 할 수 있는 일은 없다는 사실이 불이적 변증법의 운동 속에서 분명해질 것이다. 그러나 거기서 멈추지 말고 변증법을 운동하라. 이 운동 속에서 우리는 우리를 위해 희생된 다른 존재자들에게 감사하며, 다른 존재자들을 위해 자신을 희생적으로 내놓는 삶에 대해 명상할 수 있을 것이다. 생명은 얼마나 메시아를 닮았는가. 메시아의 십자가는 다른 존재자들의 생명을 이끈다는 점에서 희생이다. 그의 희생은 이 희생의 수혜자들에게 동일한 희생을 요구하며,

그런 식으로 생명을 미래를 향해 확산시킨다. 그래서 사도 바울은 다음과 같이 가르친다: "우리가 그리스도와 함께 영광을 받으려고 그와 함께 고난을 받으면, 우리는 하나님의 상속자요, 그리스도와 더불어 공동 상속자입니다"(롬8:17).

타자의 희생이 변증법적으로 자신의 생명을 진작하고 유지시킨 다는 사실을 성찰하고, 이러한 희생의 변증법을 의식적으로 자기화 하는 삶을 추구하는 것 — 이것이야말로 성육신 메커니즘이 역사 속에서 의미화되는 방식은 아닐까? 초현실주의 신학은 역사와 문화 내에서 무의식이 의식을 바르게 인도하는 것을 목표로 한다. 이 목표 를 성취하는 방식은 희생의 변증법을 따라 생명이 미래로 전달되는 과정을 통해서다. 이렇게 해서 초현실주의 신학의 두 번째 빈 공간이 채워진다.

V. 결론

어떤 의미에서 우리는 서구의 근대나 근대 이후를 재현함 없이 이 근대와 근대 이후의 계속적인 문제의식을 연장해 가고 있는 것인 지도 모른다. "어떤 것이 포기되거나 지양되지 않고, 다른 것이 파악 되거나 도달되는 변화와 이행"55)의 변증법적 운동에의 의지를 말이 다. 이 의지는 중세 유럽이 논리적 사유로 메시아적 희생 과정의 생생

---

55) 로베르트 하이스/황문수 옮김, 『변증법이란 무엇인가』 (서울: 서문당, 1996), 55.

한 현실성을 초자연적 영역에 가두어 두었던 것을 비판하고 이 현실성을 변증법적 운동을 통해 우리의 삶에로 되돌려주려던 루터의 종교개혁 정신과 맥이 닿아있다. 다만, 루터는 이러한 목표를 위해 역설적이게도 희생의 변증법을 인간으로부터 더욱 철저하게 분리시킴으로써 반쪽짜리 변증법을 만들었었다.

초현실주의 신학은 현실을 초현실과의 관계 속에서 적극적으로 변증법에 참여시킨다는 점에서 현실적이다. 그러나 이 현실이 스스로를 극복하는 방법은 초현실의 현실에로의 진입을 통해서만 가능하다고 말한다는 점에서 초현실적이다. 좀 더 구체적으로 말해서, 이신의 초현실주의 신학은 고난과 불의의 현실을 의식과 문화, 역사에게서 읽어내면서, 이 현실을 넘어서는 현실의 대망을 계시이자 로고스로서의 초현실, 다시 말해 메시아와 메시아 왕국에서 찾고 있다. 그렇다면 이신의 초현실주의 신학은 자연과 초자연의 이분법 구도에서 기독교 신앙을 초역사적으로 읽어내는 정통적 입장을 밀어내고, 역사와 문화 내에서의 현실과 초현실의 변증법적 교차를 논함으로써 기독교 신앙의 역사적이고 정치적인 지점을 구체적으로 확보할 수 있는 길 중 하나를 열었다고 할 수 있다. 이 길은, 이를테면 '혁명적인 성육신의 신학'이라고 이름 붙여 볼 수 있다.

하지만 이신의 '혁명적인 성육신의 신학'은 두 가지 방향에서 보충되어야 한다. 한편으로는 현실과 초현실을 현실 속에서 변증법적으로 연결하는 구체적 논리가 요청되고, 다른 한편으로는 이 논리가 역사 속에서 구체적으로 의미화되는 방식을 제시할 필요성이 요청되기 때문이다. 첫 번째는 함석헌의 씨을 사상에서 읽어낼 수 있는

'대자불이 구원론'의 불이적 변증법을 통해 보충될 수 있다. 두 번째
는 신경학적 항상성 개념이 갖는 불이적 변증법의 성격을 희생으로
해석함으로써 해결할 수 있다. 본고에서는 이 해석을 '희생의 변증법'
이라고 이름 붙여 제안했다.

　이러한 보충들이 이신의 초현실주의 신학, 또는 혁명적인 성육신
의 신학에게 주는 미래적 전망은 분명하다. 상생과 호혜주의라는
현대문명의 이상에 숨어서 서구의 근대와 근대 이후는 물론 여러
탈-인간중심주의적 운동들 내부에까지 교묘하게 숨어있는 자본주
의적 기획의 폭주하는 욕망을 폭로하는 또 하나의 메시아적-정치적
신학의 탄생이다.

참고문헌

김종욱. "복잡계로서의 생태계와 법계."「철학사상」 44 (2011/8), 7-36.
로버트 A. 월리스·제럴드 P. 샌더스·로버트 J. 펄/이광웅 외 편역.『생명과학의 이해』, 제4판, 을유문화사, 1996.
로베르트 하이스/황문수 옮김.『변증법이란 무엇인가』, 서문당, 1996.
박재순. "함석헌의 생명사상."〈제2회 남강 학술세미나 자료집〉
애릭 R. 캔델/강봉균 외 옮김.『Kandel 신경과학의 원리』, 제5판, vol.2. 서울: 범문에듀케이션, 2014.
이신.『돌의 소리』, 동연, 2012.
______.『슐리얼리즘과 영의 신학』, 동연, 2011.
최무영·김민수. "복잡계 관점에서의 생명."『양자·정보·생명』, 한울아카데미, 2015.
함석헌.『뜻으로 본 한국역사』, 한길사, 2005.
______.『함석헌 선집4: 씨올에게 보내는 편지』, 한길사. 2000.
______.『함석헌전집6: 水平線 너머』, 한길사, 1993.
______.『함석헌전집4: 죽을 때까지 이 걸음으로』, 한길사, 1989.
______.『함석헌전집16: 사람의 아들 예수/예언자』, 한길사, 1985.
______/김진 엮음.『함석헌 명상집: 너 자신을 혁명하라』. 오늘의 책, 2003.
Bruce McEwen·Elizabeth Norton Lasley/이연경·최준식 옮김.『브루스 맥쿠엔의 스트레스의 종말』, 시그마북스, 2016.
E. 슈뢰딩거/서인석·황상익 옮김.『생명이란 무엇인가』, 도서출판 한울, 1992.

Agamben, Giorgio. *The Time that Remains: A Commentary on the Letter to the Romans*. trans. by Patricia Dailey. Stanford: Stanford University Press, 2005.
Schulkin, Jay. *Rethinking Homeostasis: Allostatic Regulation in Physiology and Pathophysiology*. Cambridge·Massachusetts·London: A Bradford Book·The MIT Press, 2003.

4부

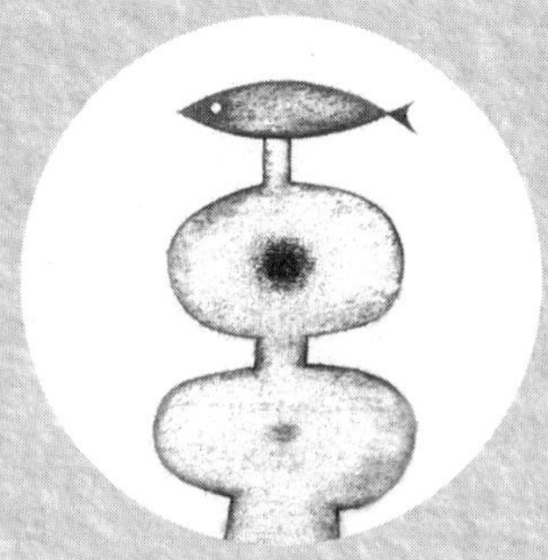

"한국 그리스도의교회 선언"의 교회론적 의미:
한국교회의 주체성과 유기적 연대 _ 이 경

이신(李信)의 신학사상과 한국교회 위기 극복의 방향 _ 손원영

"한국 그리스도의교회 선언"의 교회론적 의미
: 한국교회의 주체성과 유기적 연대

이 경 *

I. 들어가는 말

일제강점기의 질곡을 뚫고 광복을 맞은 지 또한 남북이 분단된 지 70년이 되는 올해, 일제 잔재를 청산하고 민족적 분단의 모순을 극복해야 하는 과제 앞에 한국교회, 특히 개신교는 교회 내외를 막론하고 생명과 평화를 구현하는 '그리스도의 몸'이 되지 못하고, 자본주의와 근본주의에 포위되어 대사회적 복음화보다도 자체 내 복음화를 더 절실히 필요로 하는 참혹한 지경에 이르렀다. 개신교 선교 100년이 지났지만 선교 초기 지도자들의 건강성은 상실한 지 오래고, 성장의 한계에 다다라 어쩔 수 없이 성숙을 얘기하고 기독교 영성의 회복을 선전한다. 기득권 세력의 대미 종속성은 여전히 힘을 발휘하

---

* 목사, 이주민노동인권센터

여 이 땅의 뭇 생명을 죽음과 전쟁의 위기로 몰아넣고 있는데, 한국교회는 그 책임에서 자유로울 수 있을까?

여기 초대교회로의 환원을 통해 신앙의 원형태를 이 땅에 구현하고 그리스도의 몸 된 교회의 참모습을 회복하려 했던, 교단 아닌(?) 작은 교단 '한국 그리스도의교회'가 연합회의 이름으로 1974년에 공표한 "한국 그리스도의교회 선언"에서 생명과 평화를 지향하는 작은 교회 운동의 교회론적 단초를 찾아보고자 한다. 1970년대 초라는 시대적 제약성을 지니고 있기는 하지만, 또한 '한국 그리스도의교회'라는 비교적 작은 규모의 교단 내적인 갱신운동의 성격이 강하지만, 이 선언은 한국교회의 대미종속성을 일찍이 간파하고 이를 비판하면서 한국적 자각에 근거하여 "이것이 한국적이다"라고 할 한국적 기독교의 주체성을 역설하였고, 하지만 성서에 기초해서 이국적인 기독교 신앙의 전통과 양태에 대해 유연한 우호적 태도를 견지한 점에서 한국교회의 목회 현장 속에서 이루어진 선구적인 신학운동으로 읽혀진다.

이렇듯 넓게는 한국교회 전체에, 좁게는 소위 '그리스도의교회'라는 이름을 내세운 교회들에게 선포된 이 선언은 또한 개체 교회들 간의 유기적 연대를 통해 질서를 확립하고 공동의 과제에 대응할 것을 천명하였는데, 이는 교리와 위계에 기반을 둔 교권적 질서가 아니라 '그리스도의 몸'이라는 유기적 공동체성에 근거하여 교회의 본래적 사명과 종말론적 과제를 수행해 나가는 데 필요한 실천적 연대라는 점에서 작은 교회 운동이 지향해야 할 모습을 선구적으로 제시했다고 볼 수도 있다. 이 실천적 연대는 교회 밖의 다양한 단체들과 창조적으로 결합하여 확장되도록 선한 상상력을 동원하는 일은 우리의 몫이다. 이 글은 "한국 그리스도의교회 선언"을 분석, 소개하고 이를 통해 오늘날 한국교회의 위기를 극복하기 위한 "작은 교회 운동"의 지향점을 모색해 보려는 것이다.

II. "한국 그리스도의교회 선언"이 공표된 배경[1]

"한국 그리스도의교회 선언"을 작성하고 이 선언문 발표 전후로 한국 그리스도의교회 갱신운동을 주도한 이신(李信, 1927-1981) 목사에 따르면,[2] 이 땅의 그리스도의교회의 출발은 미국 그리스도의

---

1) 이신, "한국 그리스도의교회 환원운동의 전개", 이신 지음, 이은선 이경 엮음, 『슐리얼리즘과 영(靈)의 신학』(서울: 도서출판 동연, 2011). 이 소논문은 이신 목사가 토착화신학의 관점에서 한국 그리스도의교회의 자발성에 주목하여 그 교회사를 재해석한 것이다. 오늘날 서구 기독교의 역사와 교리가 그대로 비서구권 민족들에게 이식되는 종교적 식민주의의 폐해를 말하고 이를 극복하려는 포스트-식민주의(post-colonialism) 신학의 관점에서 이 역사적 재해석은 한국교회의 주체성 세우기를 위해 선구적 중요성을 갖는다.

2) 이 글의 전거가 되는 "한국 그리스도의교회 선언"은 주 1)에서 언급된『슐리얼리즘과 영(靈)의 신학』의 부록에 실려 있다. 이 선언을 주도한 이신 목사의 삶과 사상에 대해서는 이 책과 다음의 문헌들을 참조하시오. 근년에 발간된 이신 목사의 저작으로는 이신 지음, 이경 엮음,『돌의 소리 - 이신 시집』(서울: 도서출판 동연, 2012)이 있다. 이신 목사의 사상을 조명한 문헌들로는 다음과 같은 것들이 있다. 이정배, "李信의 초현실주의 해석학과 예술신학",『한국 개신교 전위 토착신학연구』(서울: 대한기독교서회, 2003); 조현, "이신, 창조적 신앙을 일군 신념의 화가", 울림: 우리가 몰랐던 이 땅의 예수들』(서울: 시작, 2008); 이정배, "이신, 슐리얼리즘에 기초한 화가 신학자", 성서와 문화 2011 여름호; 이경, "이신을 통해서 본 현대 전위예술과 기독교 신앙", 성서와 문화

교회 선교사들의 선교 활동으로 촉발된 것이 아니라 한국인들의 자발적인 참여로 촉발되었다는 데 특징이 있다고 한다. 교파 교회들의 다양한 교리나 신조를 따르기보다는 성서에 기초하여 초대 교회의 순수성과 단일성을 회복해야 함을 주장하는 '그리스도의교회'의 환원 운동(Restoration Movement)은 20세기 초 이 땅에서 세 사람의 주도적 인물들에 의해 전개되었는데, 동석기 목사(1881-1972), 강명석 목사(1897-1944), 성낙소 목사(1890-1964)가 바로 그들이다. 이력을 달리하는 이 세 지도자들은 그리스도의교회의 환원운동에 접하고서 그 뜻에 자발적으로 공감하여 복음을 전하고 교회를 개척하는 등의 선교 활동을 펼쳤다는 점에서 공통점을 가지고 있었다. 일제강점기 말에 한국교회 전반에 대한 일제의 핍박과 신도(神道) 강요가 심해지는 가운데, 이들이 주도한 한국 그리스도의교회는 개체 교회들의 독립성 유지라는 측면 때문에 타 교단과 같이 집단적으로 일제의 강요에 끌려가는 일은 면할 수 있었고 그래서 교회의 기본적인 순결을 유지할 수 있었다. 이 점이 광복 후 1946년 한국 그리스도의교회의 지도자들이 이 시기야말로 교회의 순결과 일치를 주장할 절호의 기회라고 파악하고 "기독(基督)의 교회(敎會) 합동(合同)

2011 겨울호; 이정배, "한국교회를 향한 돌들의 소리: 고독하라, 저항하라, 상상하라! - 키에르케고르, 본회퍼 그리고 이신의 고언", 신 없는 세상, 신 앞에 선 교회: 웨슬리 회심 273주년 제 24회 신학공개강좌 (감리교신학대학교, 2011. 5); 박일준, "저항의 주체, 환상의 주체, 이신의 슐리얼리즘에 대하여"; 손원영, "이신의 기독교 사상을 통해서 본 한국교회 위기 극복 방향", 고 이신 박사 30주년 추모강연회 자료집 (한국문화신학회, 기독교통합학문연구소, 2011. 9).

선언문(宣言文)"을 발표할 수 있는 계기가 되었다. 여기서 이들은 신약성서에 기초하여 모든 교파적인 기원과 인위적인 교권적 권위를 버리고 '그리스도의교회'라는 하나의 이름으로 합동 통일할 것과, 초대 교회가 실행하던 대로 침수세례와 성만찬을 거행할 것을 주장하였다.

해방 후 이러한 호소를 선포한 한국 그리스도의교회는 이 뜻에 동참하는 새로운 지도자들과 평신도들을 규합하고 일제에 의해 축출되었던 선교사들의 재입국 이후 선교 활동에 힘입어 성장하다가 한국전쟁의 발발로 주춤하였지만, 휴전 후 서울 중심의 신학 교육 및 구호 활동 그리고 지방의 복음 전파와 교회 개척을 통해 상당한 정도의 교세 확장을 이룰 수 있었다. 하지만 초기 한국 그리스도의교회 지도자들의 주도적 역할과 이후의 이러한 외적 성장에도 불구하고, 문제는 한국 지도자들이 일단 외국 선교사들의 가르침을 접한 이후에는 성서 해석과 기독교 신앙 이해에서 그 가르침을 무비판적으로 묵수하거나 모방하는 경향이 있었다는 것이다. 이들은 미국의 환원운동자들의 주장을 아무런 반성 없이 그대로 한국인들에게 도입하고 그 교리를 그대로 답습하여 실천하고 가르쳤다. 그 폐해는 미국 선교사들과 그 추종자들의 선교 자금에 종속됨과, 이들의 가르침에 따라 성령의 내적 임재나 현재적인 역사를 불신 또는 부정함에서 드러나게 되었다. 이에 비해서 지방의 '성서연구회'를 중심으로 하여 교회 개척에 투신한 지도자들은 미국의 교리를 한국에 그대로 이식하고 답습하려는 초기의 한국 지도자들의 가르침에 동조하지 않고 기도 생활에 주력하고 성령의 영감적인 면을 추구하면서 전도에 힘썼다. 그 대표적인 지도자가 김은석 목사(1902-1963)였다. 이 모임에 접하고서 성령 체험과 내면적 각성을 통해 감리교에서 그리스도의교회로 '환원'한 이신 목사는 목회에 전념하다가 도미하여 미국 유학에서 1971년에 귀국하였고, 이후에 당시 한국 그리스도의교회의 미국중심주의, 사대주의, 개교회주의, 형식주의, 무자각, 무비판, 무정견, 무질서 등을 목도하고 이를 개탄하여 뜻을 같이 하는 목회자와 평신도를 규합하여 1974년에 "한국 그리스도의교회 선언"을 발표하게 된 것이다.3)

III. 한국교회의 무자각한 사대주의와 주체성 세우기

당대의 기독교 토착화론에 근거하여 기독교 복음을 식물의 종자로, 각 민족의 전통과 문화를 풍토로 해석하는 "한국 그리스도의교회 선언"은 복음 전파 이후 한국교회의 짧은 역사에서 "바로 이것이 한국적이다라고 말할 수 있는 뚜렷한 모습이 신학적으로나 교회적으로 나타난 것은 아니다. 아직도 한국적 자각 밑에 복음이 수용되었다

---

3) "한국 그리스도의교회 선언"에 참여한 동역자들 중에 평신도의 대표 격인 장로들도 포함되어 있었다는 점은 당시 목사(성직자) 중심주의에 경도된 한국 그리스도의교회 상황에서 볼 때, 또한 그리스도의교회를 포괄하는 한국 전체 개신교 교회사의 빛에서 볼 때 획기적인 사건이라고 할 수 있다. 오늘날 한국교회에서도 여전히 목사 중심주의가 대세인 점을 고려할 때, 종교개혁의 만인사제설 정신, 평신도 운동의 중요성, 탈성직의 추세 등을 강조하는 오늘날 교회 개혁의 방향이 이 선언에서 어느 정도 선구적으로 이루어졌다고 평가할 수 있을 것이다.

기보다는 외국 교회가 자기네들의 성서 해석과 신앙 양식을 한국교회에서 이식시켜 놓은 것에 불과하다"라고 단언한다. 이러한 단언은 단지 한국 그리스도의교회에 대해서만이 아니라 당시 한국 기독교 전반, 더 좁게는 개신교 교회의 현실에 대해서 가해진 냉정한 평가였다고 볼 수 있다.

이 선언에서 당시 한국교회의 모습은 "다만 외국 교회의 흉내 아니면 무자각한 외국 교회의 전통과 성서 해석의 묵수 이런 테두리에서 벗어나지 못하고 있는 것 같다"라고 평가된다. 그것은 남의 나라의 종교적 식민지가 되어서 무자각한 사대주의에 빠져 있는 모습이었다. 그렇다고 해서 이 선언은 무조건 외국의 것을 배척하는 것이 아니라, 그것이 한국 기독교 성장 과정에서 불가피하게 필요한 것이었음을 인정하고 그래서 이질적인 전통과 문화에 대한 극단적인 배타주의를 경계한다. 하지만 그러한 외국 전통의 무자각한 모방이나 묵수는 이미 발전하고 있는 도상에 있는 한국교회가 여전히 취해야할 태도는 아니라고 하는 점에서 "한국 그리스도의교회 선언"은 단호하다. 그래서 이 선언은 말미에 동참자들의 결의 사항들을 열거하는 목록에서 "우리는 한국인의 (신앙적인) 자각으로(-에서)"라는 어구를 명시적으로 반복해서 사용함으로써 한국교회의 주체성과 독자성을 강조하고 있다. 이렇게 한국교회의 주체성을 세우는 일은 우선 성서에 대한 한국인의 독자적 해석을 그 출발로 삼고, 이 독자적 해석 아래서 선언의 중심부를 차지하는 교회와 성례전에 대한 논의로 전개된다. 한국인이 이해한 성서의 빛 아래서 이 선언은 미국의 환원운동이 결한 부분들을 당당하게 비판할 수 있었던 것이다. 이 당당함은 미국 선교사들이 전한 '환원운동'에 대해서 "우리가 성서를 읽고 깨닫는 대로는 성서가 정말 우리들에게 가르치는 신앙과 교회의 원형태를 그들이 바로 인식했다고 볼 수는 없는 것이다"라는 지적으로 표현된다.

IV. 미국 환원운동[4]의 '개교회주의'에 대한 비판과 개별 교회들 간의 유기적 연대

소위 '그리스도의교회'라는 이름을 걸고 있는 교회들이 주장하는 '환원운동'의 실상은 어떠하였는가? 그것은 미국 선교사들이 전해준 '환원운동'의 가르침들을 아무런 비판이나 자각 없이 그대로 따르는 것이었다. 하지만 이 선언에 의하면, 미국 선교사들이 전한 '환원운동'에는 그 취지의 긍정성에도 불구하고 두 가지 근본적인 결점을

---

4) 미국 그리스도의교회는 대략 다음의 세 가지 이름들과 이에 상응하는 그룹들로 분류되는데, Christian Church (Disciples of Christ), Christian Churches, Churches of Christ 등이고, 일반적으로는 'Stone-Campbell Movement'라고 통칭한다. 또한 예배 시 악기의 사용 여부와 관련하여 (정치적인 이유가 결부되어서) '유악기' 또는 '무악기'(a capella)로 나뉘고, 이 나뉨은 한국 그리스도의교회에도 그대로 적용돼 오고 있다. 이 운동의 초기 역사는 보통 초대교회로의 환원을 지향하는 'Restoration Movement'로 일컬어진다. 미국 그리스도의교회의 역사와 조직, 규모, 교리적 가르침 등 제반 현황을 알아보기 위해서는 Douglas A. Foster, Paul M. Blowers, Anthony L. Dunnavant, D. Newell Williams, Coeditors, The Encyclopedia of the Stone-Campbell Movement (Grand Rapids, Michigan: Williams B. Eerdmans Publishing Co., 2004)를 참조하시오. 이신 목사의 유학 전 목회 활동기와 미국 유학기는 위의 세 가지 전통들을 골고루 경험할 수 있는 기회였다고 판단된다.

가지고 있었다. 하나는 "미국의 환원운동이 개체 교회의 독립성을 지나치게 고조한 나머지 교회와 교회끼리의 유대와 전체 교회가 가져야 할 질서 있는 통일성을 결하여 그 질서가 문란한 그것이다." 이 결점에 대해서 '한국 그리스도의교회 선언'은 "성서가 우리에게 가르치는 교회는 어디까지나 질서 있는 유기체 곧 '그리스도의 몸'(엡 1:23; 골 1:18; 고번 12:31)으로서의 교회인 것이다"라고 정의 내린다. 그래서 "교회는 각자가 맡은 직책을 따라 신앙으로 봉사하며 개체 교회는 타 교회와 협력해서 전체 교회의 통일성 있는 유대를 갖고 그 본래의 사명을 성령의 인도하심을 따라 수행해 나가야 할 것이다. 우리가 깨달은 성서적인 교회는 한 개체 교회만 잘해 나가면 된다는 개인주의적인 것이 아니고 전체 교회가 공동체 의식을 갖고 상부상 조하는 질서 있는 교회이다." 그렇다면 한국교회들 간의 "긴밀한 유 대와 전체 교회의 질서 있는 통일성"이, 다른 말로 하자면, 공동체 의식과 실천이 결여돼 있는 상태는 무엇 때문인가? 그것은 한국교회 가 무비판적으로 미국 환원운동의 극단적인 개교회주의를 받아들였 기 때문이고, 이 개교회주의는 미국 환원운동 초기의 지도자들이 처했던 사회적 풍토인 개인주의적 자유사상과 이들이 교권주의에 대해서 태생적으로 견지했던 반발성에서 기인한다. 하지만 "한국 그 리스도의교회 선언"은 질서 또는 조직 그리고 교권이 그 자체로 교회 에 부정적인 것이라고 이해하지 않는다. 왜냐하면 이 요소들은 그리 스도가 명한 교회의 본래적 사명과 종말론적 과제를 수행하는 데 있어 이 요소들이 성서적이라는 전제 하에 불가결한 것이라고 보기 때문이다. 또한 당시 한국 그리스도의교회들의 실상, 즉 "선교 방책의 무계회성, 성직자들의 무질서한 장립과 그 권위 상실, 신앙과 교리의 무정견, 그로 인한 교회의 신앙 방향의 동요와 건실한 발전의 저지 등"을 고려했을 때, 조직과 교권은 필요하다는 것이다.

여기서 주장하는 교회의 질서와 교권은 당시 한국 그리스도의교회가 내보인 개교회주의의 난맥상을 해결해 보려는 의지의 표현이고, 그 성서적 전거로 인용되는 바울서신과 사도행전에서 전체 교회의 질서 또는 통일성 있는 유대, 공동체 의식, 예루살렘 공의회 개회 및 공한 발송, 헌금을 통한 상호 구제 등의 모습이 교리적 통일 일변도이거나 이후의 기독교 역사에서 노정된 위계적 교권주의가 강제하는 것이 아니었다는 점에서 실천 지향성을 드러낸다고 볼 수 있다. 이러한 교회적 질서의 실천 지향성이 교단 이후의(post- denomina- tional) 시대를 경험하고 있는 한국 기독교인들에게 무엇을 의미하는가? 그것은 첫째, 교단마다 상황은 다르겠지만, 교단의 교권적 영향력이 어느 정도 살아 있는 상황에서는 교권과 교리의 위계적 하달과 이에 대한 복종이 아니라 그 소속 교회들이 당면해 있는 복잡다단한 과제들에 대한 대내외적인 공론의 장이 활성화되어야 한다는 것이다. 또한 이것은 교회가 부여받은, 세상과 소통하라는 요청을 함축한다. 둘째, 특정 교단에 속해 있더라도 그 규모 면에서 교단의 영향력의 범위를 벗어나 있는 한국 대형 교회들의 이기적이고 독단적 행태에 대해 성서적으로 엄중하게 경고하는 의미를 가진다.

대형 교회들을 중심으로 한 한국교회의 난맥상을 놓고 볼 때, 작은 교회를 지향하는 공동체들에게 '그리스도의 몸'으로서의 교회는 교권과 교단의 질서에서 그저 자유롭고 신(神)과 직접 소통하기만 하는 단자(單子)가 될 것이 아니라 그리스도의 지체로서 다른 지체들, 즉 다른 공동체들과 끊임없이 소통하고 구체적으로 헌신하고 협력할 것을 명령한다. 그 공동체들은 딱히 같은 교단 소속의 다른 교회들이나 타 교단 소속의 교회들만을 지칭하는 것이 아니라, 예수의 정신 아래서 교회 밖 무수한 사람들과 단체들 그리고 뭇 생명들과 연대해야 하는 것으로 확장된다. 그 구체적 모습은 '작은 교회 박람회'의 다양한 공동체들이 보여주듯이 선교에 있어서 창의적인 공동 작업으로 그리고 국가적 또는 전지구적 문제들에 대응함에 있어 다중적인 연대와 협력으로 나타난다. 여기가 바로 하나님의 형상으로서의 우리 인간의 '상상력'이 자유롭게 발휘되어야 할 지점이다.

V. 성례전과 영적 깨달음이 겸전한 신앙

"한국 그리스도의교회 선언"이 미국 선교사들이 전한 '환원운동'에서 발견한 또 하나의 근본적인 결함은 "그들이 세례와 성만찬 등의 초대 교회의 의전적인 방식을 강조한 나머지 신앙의 내면성의 충실을 결하였다"라는 데 있다. 그 구체적인 모습으로는 신약 성서에 서술되어 있는 초대 교회로의 형식적 환원에만 집착한 나머지 "그리스도의교회"라는 이름을 씀으로써 이것이 신약성서적으로 유일한 교회를 구현하는 것으로 생각하는 경향, "하나의 세례"라는 어구를 문자적으로만 해석하여 침수세례만을 유일한 형태의 세례로 인정하고 그래서 대외적으로는 다른 전통에서의 세례 형식들을 부인하며, 내

적으로는 성령 세례나 성령의 초자연적 역사를 사도시대에만 국한
시키는 성령의 ‘당해설’(當該說)을 주장하고 그래서 신앙의 내면적
각성이나 그 내용의 인격적 실현 등을 도외시한 점 그리고 성만찬
의식의 거행을 생명의 양식을 공급하는 것처럼 교조적으로 해석한
점 등을 들 수 있다.

　이러한 미국 그리스도의교회의 대체적 경향에 대해서, “한국 그리
스도의교회 선언”은 “이런 극히 피상적인 자구적 성서해석이 그렇게
메마른 형식주의와 또 다른 율법주의적 신앙 형태를 만들어 놓은
것이다.”라는 단호한 비판을 가한다. 그렇다고 해서 이 선언이 지향
하는 바가 신앙의 내면성만을 강조하는 주관주의도 아니고 대부분
의 개신교 교파들이 현실적으로 채택하는 인위적 명칭이나 성례전
적 간편주의를 주장하는 것도 아니다. 이 선언을 발표한 한국 그리스
도의교회 지도자들은 어느 한 쪽으로 치우치지 않고 기독교 신앙의
“내용과 형식의 일치를 보는 겸전함”을 주장한다. 이를 이 땅에서
실현하기 위해서 ‘한국 그리스도의교회’는 이 선언에서 다시 한 번
“성서의 독자적인 해석”이 필요하고 이 성서해석의 빛 아래서 나아갈
길을 모색해야 한다고 강조한다. 그래서 그 길은 “한편으로는 질서
있는 교회로서 ‘한국 그리스도의교회’ 전체가 유기적으로 하나가 될
수 있는 연합적 조직체의 형성과 성례전의 재인식 그리고 신앙 내용
의 올바른 깨달음”라고 결론내리고, 그 구체적 내용으로서 일곱 가지
실천적 결의 사항을 들어 마무리한다.

VI. 나가는 말

"한국 그리스도의교회 선언" 말미에 나오는 일곱 가지 결의사항들은 위와 같은 지향점들을 가지고 내적으로는 "전체 교회의 유기적 통일성을 기하는 성서적 조직체"가 있어야 할 것과, 각 교회의 구체적 헌신과 협력의 실천으로서 "각 교회의 헌금 중 십일조를 드려야 할 것"이라는 소박, 간결하지만 핵심적인 요청을 한다. 외적으로는 외국의 독자적인 신앙과 교회에 대해서 성서적 원리에 근거하여 이를 "존중하며 또 우호적이야 한다"라고 다짐한다. 오늘 작은 교회를 지향하는 영적 공동체들에게 이는 개별 공동체가 다른 공동체들과 어떠한 관계를 맺어야 할까라는 화두에 대해 "끊임없는 유기적 연대와 구체적 협력"이라는 요즈음의 말로 풀어낼 수 있을 것이다. 그리고 그것은, 이 선언의 마지막 결의사항이 말하는 것처럼, 그리스도의 '사랑'으로 굳건하게 된다.

시공간적으로 한계지워진 "한국 그리스도의교회 선언"이 오늘날 한국교회의 전반적 상황을 고려할 때 그 적실성을 온전히 가늠하기란 어렵다. 70년대 한국의 군소 교단들 가운데 한 교단에서 벌어진 기독교 신앙의 역동성 회복 노력은 여전히 상대적인 인간이 벌이는 절대자 '하나님에 대한 말'과 '실천'일 뿐이다. 이 선언이 지향하는 개혁 운동은 당대 한국 그리스도의교회 내 정치에서 보수적인 미국 그리스도의교회 추종자들에 의해서 현실적인 좌절을 맛보았다. 그 동역자들은 뿔뿔이 흩어졌고 고인이 되신 분들도 있다. 하지만 이 작은 교단에서 한국 기독교 신앙의 옹골찬 기운이 있었고, 그 기운이 여전히 후학들에게 또한 오늘 우리에게 살아있는 '예수 정신'으로 영향을 미친다면, 이는 예수가 예언하였듯이 우리가 하나님의 형상으로서 부여받은 '상상력'으로 얼마든지 재창조할 수 있음을 의미한다.5)

___

5) 이신 목사가 강조하는 인간의 '상상력'에 관한 신학적 논의는 위에서 언급한『슐리얼리즘과 영(靈)의 신학』의 다른 부분에서 더 풍성하게 전개됨을 확인할 수 있다. 이신 목사는 미국 그리스도의교회 선교사들이 영향력을 행사하는 한국 그리스도의교회 목회 현장에서 이들의 형해화한 초대교회와 성령 이해에 맞서 기독교 신앙의 '현재적 역동성'을 추구하였다. 이 역동성 회복을 위해 그는 기독교 신학의 모태라 일컬어지는 묵시문학 연구로 기독교 신앙의 원형적 지향성을 탐색했고, 묵시문학자들이 모순된 현실 역사에 대해 예민한 감수성으로 번민하고 애통해 하며 이를 초월하는 고양된 의식으로 새로운 인간형과 새로운 세계(새 하늘과 새 땅)를 상상한 일이 현대 전위 예술가들의 저항 정신과 상상력에서 반복, 재생됨을 고찰했다. 그것은 기독교 신앙의 저항 정신과 환상 또는 상상력의 회복으로 요약될 수 있다. 평화를 상상하는 것이 불온시되는 이 땅 이 시대에 이신의 신학은 우리 기독교인들이 어떠해야 함을, 교회가 무엇을 지향해야 함을 다시 일깨운다. 그것은 남과 북이 서로를 인정하고 화해하는 데 있고, 분열된 교회와 교단들이 교리와 전통에 집착하여 정통을 주장하는 것이 아니라, 예수의 정신으로 돌아가 서로를 존중하며 공동의 과제에서 협력하는 실천에 있다. 기독교인에게 그것은 죄와 사망에서 벗어나 부패되고 둔화된 의식을 깨치고 자유로운 인격을 지닌 창조적 이벤트-메이커(event-maker)로서 살아가는 것이다. 여기서 예수의 '나를 따르라'는 말씀은 기독교 전통의 고수나 모방에 힘쓰는 회고주의적 노예종교의 신도가 아니라 자기 십자가를 지고 현실 역사에 책임 있게 응답하는 자유인으로 살라는 것이다. 이 글에서 더 다루지는 못하지만, "한국 그리스도의교회 선언"이 지향하는 교회들 간의 유기적 연대는 오늘날 교단주의 이후의(post-denominational) 시대에 성령의 무한한 역동성과 인간의 자유로운 상상력이 결합하는 새로운 형태의 교회일치 운동(ecumenical movement)으로 발전될 수 있을 것이다. 그 구체적 모습은 생명과 평화를 지향하는 연대의 정신에서 교단을 뛰어넘는(trans-denominational) 그리고 다양한 시민사회 단체들과의 실천적으로 결합하는 것에서 일단을 엿볼 수 있다.

이신(李信)의 신학사상과
한국교회 위기 극복의 방향

손 원 영 *

I. 머리말

지금부터 36년 전인 1981년 12월 17일 밤 11시 5분, 오산리 순복음기도원에서 가족들과 제자들이 임종을 지켜보는 가운데 "나에게 에너지가 있다면, 마지막 힘껏 다 주를 위해 쓰겠다"[1]라는 말을 남기고 목회자요 신학자요 또 화가였던 이가 54세의 길지 않은 나이로 안타깝게 목숨을 거두었다. 그의 이름은 이신(李信, 1927-1981)이다. 그는 당시에도 그리고 지금도 한국교회에 크게 알려진 존재는 아니다. 그는 유명한 대학의 소위 잘 나가는 교수도 아니었고, 요즈

---

* 전 서울기독대학교 교수
1) 필자와 최복태 교수(이신 박사의 제자, 서울기독대학교 교수)와의 대담에서 (2008. 12. 5).

음처럼 많은 신학생들이 선망하는 대형교회의 목회자는 더더욱 아니었다. 그러나 그는 당시 대부분의 대학교수들이 박사학위조차 갖고 있지 않았을 때 그는 이미 미국의 저명한 대학에서 박사학위(Vanderbilt University, 1971)를 취득하고 '슐리얼리즘의 신학'이라는 지금도 신학계에 매우 생경한 독창적인 예술신학을 제안한 천재적인 신학자였고, 또 대학교수가 되기 위해 자신의 소속 교단을 쉽게 바꾸기보다는 오히려 학위 취득 후 그가 운명할 때까지 10년 넘게 강사로만 머물면서 작은 교단인 '그리스도의교회'와 '대한기독교신학교'(현, 서울기독대학교)를 통해 한국교회의 일치운동에 몸을 던진 의리의 사람이었다. 당시 그의 죽음은 마치 33세라는 짧은 나이에 십자가에 못 박혔던 갈릴리의 예수처럼 너무나 허무한 모습처럼 보였다. 그러나 그가 죽은 지 30년이 지날 무렵, 그의 신학과 삶은 다시 부활하여 한국교회와 신학계에 주목을 받기 시작하고 있다. 참으로 놀라운 일이 아닐 수 없다. 아무리 유명한 신학자라 하더라도 30년이 지나면 마치 하늘의 희미한 별들처럼 역사에서 사라져버리는 것이 일반적인 현상인데, 오히려 그의 신학과 삶은 새롭게 조명되고 있으니 놀라울 뿐이다. 따라서 한국 신학계에 오랫동안 잃어버렸던 신학자를 새롭게 발굴하여 그의 신학적 유산을 재평가하는 것은 한국적 신학의 발전에 매우 중요하다고 할 것이다.

이런 맥락에서 필자는 이신의 신학사상을 살펴보고자 한다. 특히 그의 신학은 그의 저서, 『슐리얼리즘과 영의 신학』(1992, 2011)에 잘 반영되어 있는데, 이 책은 그의 소천 10주년을 맞이하여 그의 자녀인 이은선과 이경에 의해 출판된 것이다. 그런데 이 책은 이신이 생전에 여러 신학 잡지 등에 단편적으로 발표했던 원고들을 하나로 묶은 것으로써, 최근 다시 개정 출판되었다.2) 그 책은 세 부분으로 편집되어 있는데, 그의 신학사상을 한눈으로 조명하는데 매우 유익하다. 제1부는 이신의 박사학위논문에 해당되는 부분으로써 "전위 묵시문학의 신학"이요, 제2부는 예술신학으로서의 "슐리얼리즘의 신학"이다. 그리고 제3부는 "성령의 신학"이다. 그리고 부록으로써 "환원운동"에 대한 그의 관심이 첨부되어 있다. 따라서 연구자는 본 논문에서 이신 박사에 대한 최근 신학계의 관심을 먼저 살펴 본 후, 이어서 『슐리얼리즘과 영의 신학』(1992, 2011)에 반영된 그의 핵심적 신학사상을 고찰하고자 한다. 그리고 그 토대 위에서 그의 신학사상이 위기를 맞고 있는 한국교회에 어떠한 시사점을 줄 수 있는지 탐색해 보고자 한다.

II. 이신(李信) 신학에 대한 최근의 관심

1981년 이신의 사후 이래 거의 지금까지, 한국의 신학계는 그의 신학에 대하여 별로 주목하지 않았다. 하지만 최근 그의 신학은 그 신학의 독특성으로 인해 여러 학자들로부터 새롭게 주목을 받고 있는데, 크게 세 가지 차원에서 관심을 끌고 있다. 첫째, 이신의 신학과

---

2) 이은선·이경 엮음, 『이신의 슐리얼리즘과 영의 신학』(서울: 종로서적, 1992); 이신, 『슐리얼리즘과 영의 신학』(서울: 동연, 2011). 이 글에서는 두 책을 편의상 모두 사용하되, 특별한 언급이 없는 한 종로서적에서 출판한 서적으로 한다.

삶은 예술신학의 차원에서 새롭게 관심을 끌고 있다. 최근 유동식은 한국신학이 궁극적으로 가야할 방향으로 문화신학으로서의 예술신학이라고 천명한 바 있고,[3] 실제로 21세기에 접어들어서 겨우 한국의 신학계에 예술신학이 소수의 신학자들에 의해 관심을 끌고 있는 상황이다.[4] 이런 상황에서 이신은 이미 1970년대 초부터 예술신학의 기치를 들고 예술신학을 실천하였으니, 그를 일컬어 '예술신학의 선구자'라 아니할 수 없다. 또한 놀라운 것은 이미 그는 화가로서 실제로 많은 그림을 그리는 예술창작활동을 실천하면서 그의 예술신학과 영의 신학을 삶 속에 구현함으로써, 예술신학과 예술적 삶의 통전화를 꾀한 점에서 매우 시사적이다. 이것은 이신의 자녀인 이은선교수의 증언에서도 확인될 수 있다.

보통 성령 받은 사람이라 하면 정치적인 것과 예술문화적인 것과 영적인 것 그 세 가지가 잘 겹쳐지기가 참 어렵잖아요. 신학자들에게도 어렵고 사상도 어렵고. 그런데 저희 아버지 같은 경우는 그것을 나름대로 삶에서 그리고 신학에서 함께 연결하려고 했던 점에서는 진짜

---

3) 유동식, "한국신학으로서의 예술신학,"『한국문화신학회 논문집』, vol.4 (2001); 유동식,『신학과 예술의 만남』(서울: 한들출판사, 2010); 손호현, "한 멋진 삶의 풍경화 : 유동식의 예술신학연구,"『한국문화신학회 논문집』, vol.10 (2007) 참조.
4) 최근 관심을 끌고 있는 예술신학과 관련된 글들로는 이정배, "이신의 예술신학 연구: 묵시문학적 상상력과 슐리얼리즘의 해석학,"『神學과 世界』, vol. 44 (2002); 김산춘, "신학적 미학과 그리스도교 예술,"『美學藝術學硏究』, vol. 28 (2008); 손호현,『아름다움과 악』(서울: 한들출판사, 2009); 심광섭,『예술신학』(서울: 대한기독교서회, 2010) 등 참조.

시대를 앞서 간 것이고, 그런 점에서 요즈음 용어로 하면 포스트모던 그런 개념으로 이해될 수 있을 것 같아요.5)

둘째, 이신의 신학과 삶은 새로운 교회일치운동의 차원에서 관심을 끌고 있다. 그는 본래 감리교신학대학교를 졸업한 전형적인 감리교인이었다. 그러나 그는 1950년대 초반 한국교회의 일치운동에 큰 관심을 갖고 있던 차에 그 운동에 헌신하는 '환원운동'(restoration movement)6)가들을 만나게 되면서 그의 삶은 변화되었다. 환원운동은 그가 감리교라는 좁은 교단의 울타리에 갇혀 있는 것을 거부하도록 만들었고, 모든 그리스도인이 성서로 돌아가 초대교회의 모습을 회복함으로써 그리스도인의 하나됨을 주장하는 것이다. 이 환원운동이 추구하는 교회일치운동에 헌신하고자 이신은 감리교단을 떠나 모든 그리스도인의 일치를 주장하는 '그리스도의교회'7)로 환원

---

5) 필자와 이은선 교수와의 대담 중에서(2009. 2. 10).
6) 환원운동은 19세기 초 미국에서 스톤(Barton W. Stone)과 캠벨(Thomas Campbell) 등에 의해 시작된 것으로써, 그들의 이름을 따서 스톤-캠벨운동이라고도 부른다. 그런데 흥미로운 것은 한국에서의 환원운동은 미국선교사들에 의해 직수입된 것이 아니라 자생적으로 성서적 교회를 세우고자 시도했던 한국인 목회자 동석기, 강명석, 성낙소 등에 의해서 시작된 점이다. 환원운동에 대한 자세한 것은 Leroy Garrett, *The Stone-Campbell Movement* (Joplin, Missouri: College Press, 1981); 이신,『슐리얼리즘과 영의 신학』(서울: 동연, 2011), 14-15 참조.
7) 여기서 '그리스도의교회'란 하나의 교단명이라기 보다는 모든 그리스도인들의 모임을 뜻하는 것으로써, 그 명칭은 성서에 근거한 것이다. 그런데 환원운동을 따르는 그룹들은 현재 크게 세 부류로 구분된다. 그것은 '그리스도의교회'(무악기, Churches of Christ), '그리스도의교회'(유악기, Christian Churches) 그리고 그리스도의교회(제자파, Disciples of Christ)이다. 그리스도의교회의

을 하게 된 것이다. 그래서 그는 그 상징적 의미로써 자신의 이름을 이만수(李萬修)에서 이신으로 개명하였다. 그런데 여기서 잠시 언급할 것은 그리스도의교회가 비록 현재 하나의 교단처럼 조직되어있다고 할지라도, 그 근본취지는 모든 인위적인 교단이나 교권적 권위 그리고 교리(혹은 헌장)를 버리고 예수의 가르침(요한17:11)과 사도행전(행2장)의 정신에 따라 성서가 지시하는 초대교회의 그 순수한 모습으로 되돌아가서 모든 교회가 하나 되는 것이다. 이러한 환원운동은 비록 WCC(World Council of Churches) 중심의 교회일치운동과 유사하면서도 교파나 교리 대신에 오직 성서에 근거한 순수한 삶만을 강조한 점에서 새로운 교회일치운동으로 평가받고 있다. 따라서 이신의 이러한 환원운동은 교회일치운동의 맥락에서 새롭게 조명되고 있다.8)

셋째, 이신의 신학과 삶은 한국교회의 위기와 관련하여 하나의 대안적 교회의 건설을 위한 차원에서 새롭게 조명되고 있다. 사실 지금 한국교회는 130 년의 역사 속에서 가장 심각한 위기를 겪고 있다. 한국 기독교에 대해 '개독교'라는 세상의 비아냥거림에 우리는 결코 낯설지 않을 정도로 그것에 익숙해져 있고, 그에 대한 반론조차 궁색한 지경이다. 특히 한국교회는 지금까지 미국중심의 신학과 목회 패러다임에 근거하여 신학연구와 목회활동을 하여왔으나 그 한

그룹들에 대한 더 자세한 것은 Leroy Garrett, *The Stone-Campbell Movement*, 655-729 참조.
8) 이신,『슐리얼리즘과 영의 신학』, 341-364; 이정배, "이신의 초현실주의 해석학과 예술신학,"『한국개신교 전위 토착신학 연구』(서울: 대한기독교서회, 2003) 참조.

계를 느끼면서, 새로운 한국적 교회의 필요성에 공감하고 있다.[9] 이런 차원에서 볼 때, 이신은 이미 40년 전인 1970년대 중반 한국교회가 전혀 한국적 교회에 대하여 관심이 없을 때 '한국적 교회'의 필요성에 대하여 역설하였으며, 그에 대한 이정배는 그것을 매우 의미 있는 것으로 평가한 바 있다.[10] 따라서 이신의 신학은 최근 한국교회의 위기의 상황에서 한국교회에게 많은 시사점을 줄 수 있을 것이다. 이런 점에서 본 글도 이신의 신학을 토대로 하여 위기를 겪고 있는 한국교회에 어떠한 시사점을 줄 수 있는지 탐색하는데 초점이 모아져 있다.

III. 이신의 신학(1): 묵시문학적 해방신학

이신의 신학은 '묵시문학적 해방신학'이라고 말할 수 있다. 사실 한국의 신학자 중 묵시문학을 기반으로 하여 자신의 신학을 철저하게 전개하는 신학자는 그리 많지 않다. 왜냐하면 묵시문학을 기반으로 하여 신학을 한다는 의미는 자신이 서 있는 현실 세계를 비관적으로 바라보면서 고독과 저항으로 점철된 절대적 절망을 그 배경으로 할 수 밖에 없고, 동시에 하나님 안에서만 오직 희망을 찾을 수 있다

---

9) 이성희, "한국교회의 위기와 미래 목회적 답변", 『제37차 정기학술대회 자료집(상)』(한국기독교학회, 2008. 10. 17/18), 21-36.
10) 이신은 "한국 그리스도의교회 선언"을 통하여 한국적 교회의 건설을 주장하였다. 자세한 것은 이신, 『슐리얼리즘과 영의 신학』, 363-364; 이정배, "이신의 초현실주의 해석학과 예술신학," 참조.

고 보기 때문이다. 그 만큼 현실 역사에 대한 비관적인 견해 때문에, 고독과 저항 가운데에서 묵시문학을 자신의 삶과 신학으로 삼는 것은 매우 힘들고 어려운 일이다. 그럼에도 불구하고, 이신은 자신의 신학을 묵시문학을 배경으로 하면서, 자신이 살고 있는 삶의 시대적 고통을 외면하지 않고 철저하게 고독과 싸우며 저항 속에서 왜곡된 현실로부터의 해방을 추구하였다는 점에서 큰 의미가 있다.

좀 더 구체적으로 서술하면, 묵시문학이란 현실 세상에서는 삶의 희망을 결코 찾을 수 없고 오직 '세상의 종말'에서만 그 희망을 찾을 수 있다고 보는 신학사상이라고 할 때, 한국의 현대사를 바라보는 관점에 따라서 좀 달라지겠지만, 한국현대사는 정치적으로 볼 때 묵시문학이 등장할 만큼 암울한 시대였다고 말할 수 있다. 특히 이신이 목회자요 또 신학자로 활동한 1950-1980년대 초까지의 한국 사회는 세상의 종말이 가까이 왔다고 느낄 만큼 혼란의 시대요, 절망의 시대였다. 한국전쟁 이후 계속되는 가난과 정치적인 혼란, 4.19와 박정희 정권의 등장, 특히 1970년대는 '산업화'라는 명목으로 민주화를 바라는 수많은 민주인사들을 박해하던 시대였고, 또 노동자의 시각으로 볼 때 산업화의 과정에서 수많은 노동자들의 인권이 무참히 짓밟히던 반인권의 시대였기 때문이다. 심지어 그가 운명한 1981년은 전두환 군사 쿠테타 정권이 광주의 피를 배경으로 하여 정권을 수립한 해 이기도 하다. 이처럼 이신이 활동한 시대는 경제적인 가난과 정치적인 억압의 시대요, 문화적으로 비인간화가 온 세상을 뒤덮은 시대, 그래서 마치 '세상의 종말'처럼 보이는 매우 혼란하고 암울한 시대였다고 말할 수 있다. 그래서 이신은 자신의 이 시대를 다음과 같이 기술하고 있다.

그것은 현대문화의 비인간화적(depersonalization) 경향이다. 인간을 단순히 물질의 특이한 구성체로밖에 보지 아니하는 현대의 전체주의는 개인을 전체적 목적을 달성하기 위한 한 기계의 부분품처럼 본다. 그래서 개인의 전정한 인간성은 전체라고 하는 정치적 괴물에 의해서 말살되어 버리고 인간을 물질 생산의 한 수단물로서의 가치 이상으로 보지 아니한다. 또 한편 기술지상주의적 경향은 인간을 한 기술자로서의 가치 이상으로 보려고 하지 아니한다. 또 사람이 자본을 이용하는 것보다 부풀어져 가는 어마어마한 기업으로 인해서 인간이 자본의 이용물이 되고 '맘몬'의 종처럼 되기도 한다. 이런 경향과 합세해서 현대교육도 공장에서 제품을 만들어 내듯이 다량으로 기계적인 교육과정을 받고 재주 있는 기술자로 쏟아져 나온다.[11]

이처럼 이신은 현대문화의 바로 그 암울한 시대를 배경으로 하여 묵시문학 속에서 저항정신을 발견하고 또 그 묵시문학적 방법으로 사람들에게 희망을 찾을 것을 촉구하였던 것이다.

사실 신학은 그 시대(context)에 대한 성서적 성찰이라고 할 때, 1970년대 한국 사회의 그 암울한 시대를 배경으로 하여 등장한 대표적인 신학은 한국의 해방신학으로 불리는 "민중신학"을 들 수 있다. 주지하다시피, 한국의 민중신학은 한국 민중의 고통과 한을 배경으

---

11) 이신,『산다는 것 믿는다는 것: 지성인을 위한 크리스천 메시지』(서울: 기독교문사, 1980), 167.

로 하여, 성서적 반성을 시도한 것으로써 신학적으로나 역사적으로
매우 의미있는 신학이라 아니 할 수 없다. 특히 민중신학은 구약의
해방 전통과 예언자 전승에 근거하여 한국 사회의 정치적이고 경제
적인 모순을 예언자처럼 신랄하게 비판하면서 그 대안으로써 이 땅
에 세워질 새로운 해방공동체로서의 하나님의 나라 운동을 전개하
였던 것이다. 그런데 같은 암울한 시대를 배경으로 하면서도, 이신은
민중신학자들과는 달리 묵시문학에서 시대적 아픔을 해결하는 그
실마리를 본 것이다.12) 즉 민중신학자들이 구약의 예언자 전통의
입장에 서서 억압적이고 암울한 현실 역사를 하나님의 말씀에 근거
하여 비판하면서 회개를 촉구하고 또 회개하고 돌아올 때 여전히
하나님께서 구원해 주신다는 것을 믿음으로써 이 역사 안에 희망이
있다고 보았지만, 이신은 예언자들보다 더 철저하게 이 세상에는
더 이상 희망이 없음으로 하나님의 절대적인 개입과 계시에 의해서
만 우리의 절대적 희망을 찾을 수 있다는 묵시문학적 전통 위에서
그의 신학을 전개한 것이다.

　물론 신학적으로 볼 때, 이신도 암시하였듯이, 구약의 예언자전통
과 신구약 중간기에 등장한 묵시문학 사이에는 서로 불연속성을 갖
기 보다는 연속성의 측면에서 보는 것이 더 적절하다. 즉 유대 묵시문
학은 고대근동의 이원론적 세계관의 영향을 받아 형성된 것을 전적
으로 부정할 수 없지만 그럼에도 불구하고 유대교의 예언자 전승을

---

12) 구약학에서 논의하는 예언전승과 묵시문학 전승의 유사성과 차이점에 대해서
　　는 Gehard von Rad, *Old Teatament*, II, 304-305; 이신, "역사상의 묵시문학,"
　　32.

배경으로 하면서도 유대민족이 겪고 있는 당시의 시대적인 아픔을 야웨신앙으로 승화하기 위해 '초의식'을 지닌 '메시야'의 등장과 인간 집단체의 악으로부터 해방된 새로운 공동체로서의 '하나님의 왕국'에 대한 강조 등을 주장하면서 등장한 것으로 볼 수 있다. 이런 점에서 볼 때, 예언자 전승과 묵시문학 전승은 엄밀히 말해 '연속성' 속에서 파악해야 할 것이다. 따라서 묵시문학은 예언문학의 꽃이라고 말할 수 있다.

이 같은 논리를 이신에게 적용한다면, 이신의 묵시문학적 신학사상은 현대문화의 왜곡된 현실과 전체주의의 억압에 대한 저항의 측면에서 한국의 예언자적 신학인 민중신학을 존중하면서도 그 신학의 한계를 뛰어 넘어 오직 하나님에 대해서만 절대적 희망을 갖는 새로운 형태의 해방적 신학을 제시한 것이라고 말할 수 있다. 달리말해, 이신의 묵시문학적 신학은 신구약 중간기에 등장하였던 묵시가들처럼 현실 역사에 대해서는 민중신학자들보다 더 비관적일 정도로 철저하게 비판적이면서도, 신앙적인 면에서는 그 무엇보다 더 철저하게 하나님에게 희망을 거는 희망의 신학이라고 말할 수 있다.13) 그런 맥락에서 이신의 신학은 "묵시문학적 해방신학"이라고 말할 수 있다. 그것은 현실의 억압에 대한 저항과 해방 그리고 궁극적

---

13) 이정배는 이신의 슐리얼리즘의 신학 속에는 종교신학적 측면과 민중해방신학적 면이 통합되었다고 주장한 바 있는데, 필자도 그 의견에 동의하면서 이신의 묵시문학적 신학은 현실 세계의 억압적인 악으로부터의 해방과 궁극적인 자유를 지향한다는 측면에서 '묵시문학적 해방신학'이라고 보는 것이 타당하지 않은가 생각한다. 이정배, "이신의 초현실주의 해석학과 예술신학,"『한국개신교 전위 토착신학 연구』(서울: 대한기독교서회, 2003), 298.

으로 자유를 추구한다는 점에서 해방적 신학이요, 미래에 대한 철저한 희망을 말한다는 점에서 묵시적 희망의 신학이라고 말할 수 있다.

좀 더 구체적으로 이신의 묵시사상은 다음과 같이 네 가지의 차원에서 이해될 수 있다. 첫째, 이신의 묵시문학의 신학은 기독교사상의 근원에 대한 관심에서 표출되었다. 이신은 "묵시문학은 모든 기독교 신학의 모체였다"라는 케제만(Ernst Käsemann)의 진술과 "기독교의 발달은 유대 묵시문학과 긴밀하게 얽혀 있다"라는 에벨링(Gehard Ebeling)의 주장에 동의하면서, 묵시문학 연구를 시작한다고 밝히고 있다.14) 말하자면, 이신은 묵시문학에서 기독교신학의 근원과 모체를 찾고 있는 셈이다. 물론 유대 묵시문학이 직접적으로 기독교 신학의 모체가 되는지에 대한 신학적인 논의는 차치하고서라도 기독교 신학 혹은 기독교의 근원을 찾아 추구하는 것 그 자체는 매우 의미는 시도라 아니 할 수 없다. 왜냐하면 기독교 신학을 포함하여 세상의 모든 것은 그 어느 것으로부터 나온 것이기 때문이다. 특히 기독교의 배경이 추상적이고 광의적인 의미에서의 유대교가 아니라, 보다 구체적인 주전 2세기 어간의 유대 묵시문학이라는 그의 진술은 기독교 및 기독교신학의 독특성을 보여준다고 말할 수 있다.

앞서 언급한 것처럼 유대 묵시문학은 아주 절망적인 역사관을 가지고 있다. 이 세상의 역사에서는 절대로 희망을 찾을 수 없다는 견해

---

14) Ernst Käsemann, *New Testament Question of Today* (Philadelphia: Fortress Press, 1969), 102; Gehard Ebeling, *Journal for Theology and the Church* (New York: Herder and Herder, 1969), VI, 52; 이신,『슐리얼리즘과 영의 신학』, 43.

이다. 그래서 유대 묵시문학가들에 따르면, 역사는 죄에 물들어 있고 타락했으며, 그 결과 세계는 파멸될 운명에 놓여 있다고 선언한다. (예: 에녹서 83:4-11) 말하자면 수평적 역사관을 갖고 있는 예언자들과 다른 소위 '수직적 역사관'을 가지고 있다. 그래서 이 타락의 역사에는 필연적으로 종말이 오겠지만, 하나님의 개입으로 인해 그와 전적으로 다른 새로운 세계가 올 것이라는 '종말론적 희망'을 전개한다. 바로 거기에 묵시문학의 핵심이 있다. 역사에 전혀 희망이 없는 그곳에서 하나님으로 인해 희망을 찾는 것이다. 이런 점에서 볼 때, 이신이 묵시문학에 관심을 가진 것은 기독교의 종말론적 희망을 다시 찾는 작업임과 동시에, 기독교의 근원을 바로 거기에서 찾는 작업이라고 말할 수 있다. 말하자면 기독교는 결코 추상적인 종교가 아니라, 역사에 전혀 희망이 없는 그 곳에서조차 희망을 포기할 수 없는 '희망의 종교'임을 선언하고 있는 것이다. 그것이 기독교의 핵심이요 근본이라는 주장이다.

둘째, 이신의 유대 묵시문학 연구는 우리로 하여금 저항정신을 불러일으키도록 촉구하고 있다. 기독교의 근본정신이 말하자면 '저항정신'이라는 의미이다. 이신은 프로스트(Stanly B. Frost)의 말, 곧 "묵시문학은 본질적으로 권위에 대한 일종의 저항문학"이라는 주장에 동의하면서 기독교사상의 핵심은 바로 저항정신임을 분명히 하고 있다.15) 사실 유대 묵시문학가들은 전통 종교와 국가 모두에 대하여 경고를 하고 도전한다. 권위에 대한 이러한 도전의 성격 때문에

---

15) Stanley B. Frost, *Old Testament Apocalyptic* (London: The Epworth Press, 1952), 4; 이신, 『이신의 슐리얼리즘과 영의 신학』, 11.

권력자들은 늘 묵시가 곧 환상가를 위험스런 눈으로 바라보았고, 또 그래서 박해하였던 것이다. 특히 이신은 묵시문학공동체였던 에세네파와 열심당에 주목하면서, 그들은 유대가 헬라화되는 것에 거부하면서, 로마의 지배에 저항했던 공동체라고 주장한다. 그리고 그들을 일컬어 "광야에서 외치는 소리"였다고 말한다. 따라서 이신은 기독교의 정체성을 바로 이러한 저항정신 속에서 찾고자 하였다고 말할 수 있다.

셋째, 이신은 묵시문학가란 당시에 사회적이고 지적인 엘리트요 번민가로서 고독한 '창조적 소수'였음을 강조하면서, 이 암울한 시대에 그리스도인이란 그러한 '창조적 소수'이어야 함을 강조한다.16) 틸리히의 "창조적 인과성의 행위"(an act of creative causality), 카알라일(Thomas Carlyle)과 니이체(Nietzsche)의 '영웅' 그리고 토인비(Anold Toynbee)의 "내면적 프롤레타리아트"(internal proletariat) 혹은 "창조적 소수"(creative minority)의 개념에 근거하여, 묵시문학가들은 바로 그러한 창조적 소수였다고 설파하였다.17) 그래서 그들은 예민한 감수성을 가지고 새로운 것을 추구하며, 이들의 눈은 먼 미래를 바라보고 있다고 주장한다. 그런데 그런 묵시문학자들은 현재적 관점에서 과거나 미래를 고찰하는 예언자들과 다르게 늘 역사를 종말의 관점에서 세계를 하나님의 적으로 파악하는 이원론적인 입장을 견지하였다. 따라서 창조적 소수로서 묵시문학가는 유대의 전통과 헬레니즘의 문화에 대해 모두 이단이었다. 그러한 혁명적인

---

16) 이신, "역사상의 묵시문학"(2011), 68.
17) 위의 책.

분노의 요소는 하시딤 운동과 마카비의 저항에서 잘 드러난다. 결국 토인비의 용어로 하면 도전과 응전의 싸움에서 승자는 '창조적 소수'라고 할 때, 그러한 창조적 소수는 역사에서 궁극적으로 승리할 것이라고 주장한다.

넷째, 이신의 묵시문학의 신학은 현상학적 연구를 통하여 묵시문학의 "자율적 본질"(autonomous essence)을 파악하고자 하였는데, 그 성과로써 묵시적 자의식은 과거의 역사적인 일회적 사건으로 축소되지 않고 현대 문화 속에 끊임없이 재생 반복되는 현상으로 이해될 수 있는 점을 지적한 것이다.[18] 달리 말해 이신은 새로운 시대로 회귀 가능한 역사적 역동성으로서의 묵시적 자의식을 아방가르드적 전위예술, 곧 슐리얼리즘의 현실부정과 저항정신 속에서 발견한 것이다. 그래서 그는 묵시문학의 자율적 본질에 근거하여, 묵시적 현상은 과거 2천 년 전 유대 묵시문학에만 한정되는 사건으로 축소될 수 없고, 오히려 바로 지금 고통당하는 이 땅에서도 일어날 수 있는 반복 가능한 사건으로 제시한 것이다. 따라서 그는 우리 각자가 묵시가들처럼 하나님의 나라에 대한 창조적 상상력과 예민한 감수성을 지닌 '창조적 소수자'가 될 것을 촉구하고 있다고 말할 수 있다. 그 맥락에서 그는 신구약 중간기의 묵시가에 상응하는 우리 시대의 묵시가로서 키에르케고르, 니체, 도스토에프스키, 본회퍼, 한국의 최제우, 1910년 이탈리아의 미래파 화가 등에 관심을 가졌던 것이다.

결국 앞에서 언급한 것처럼, 이신의 묵시문학적 해방신학은 사회

---

18) 위의 책, 41.

정치적 측면에서 볼 때 이신 활동 당시 한국 사회의 암울했던 사회적 상황에서 그 악한 현실을 극복할 수 있는 묵시적 환상을 지닌 창조적 소수자의 출현을 고대하는 신학이라고 말할 수 있다. 즉 예언자의 예언의 소리도 더 이상 들리는 않는 상황에서, 이제는 묵시가의 환상만이 한국 사회에 희망의 메시지가 될 수 있다는 주장이다. 그래서 그는 묵시문학에 대한 연구를 통해 '고독과 저항의 신학자'요, 또 '환상과 창조적 소수자'로 자신의 위치를 자리매김하면서, 우리로 하여금 인간해방에 동참할 것을 촉구하고 있다고 말할 수 있다.

IV. 이신의 신학(2): 예술적 소통의 신학

이신은 그의 책『슐리어리즘과 영의 신학』제2부에서 슐리어리즘의 신학을 다루고 있다. 물론 제2부는 제1부와 달리 편집자가 의도적으로 '슐리어리즘의 신학'이란 제목으로 이신의 저작들 중 유사한 주제로 쓴 글들을 하나로 묶은 것이다. 그렇다면, 슐리어리즘의 신학에서 궁극적으로 전하고자 하는 메시지는 무엇인가? 필자는 여기서 이신의 슐리어리즘의 신학을 통해 세상과 소통하고자 하는 "아름다움"의 신학을 본다. 일찍이 해방신학자 구티에레즈는 신학이란 "하나님과 세상을 향한 연애편지"라고 말했던 것을 떠올릴 때, 이신의 슐리어리즘의 신학은 일종의 "하나님과 세상을 향한 연애편지"가 아닌가 생각된다. 말하자면 그것은 '소통의 신학'이다. 아름다움 곧 예술을 매개로 한 하나님과의 소통 그리고 이웃과의 소통 말이다.

따라서 이신의 슐리어리즘의 신학은 일종의 예술적 소통의 신학이라고 말할 수 있다. 그렇다면 예술적 소통의 신학으로써 "슐리어리즘의 신학"은 무엇이고, 어떤 특징이 있는가? 이와 관련하여 이신은 그의 책『슐리어리즘과 영의 신학』제2부에서 네 가지 관련된 주제로 설명하고 있다. 그것은 "환상의 신학", "고독과 저항의 신학", "전위예술과 신학" 그리고 "슐리어리즘신학"이다.

우선 첫째, 환상의 신학에서 이신은 그의 박사학위 논문에서 주장하였던 창조적 소수자로서의 묵시가에 대한 연구를 발전시켜, 계시문학을 중심으로 한 환상의 신학을 제시한다. 여기서 그는 "계시문학적 의식은 주로 환상에 관한 의식"이라고 주장하면서, 계시문학가의 감수성은 환상을 발견하는데 민감하고 그 상상력은 그들이 받은 환상을 표상화하는데 비상하다고 주장한다.[19] 그리고 같은 맥락에서 아방가르드 예술가의 새로운 발견은 계시문학가의 환상과 비슷한 유비성을 갖는다고 주장한다. 따라서 이신은 계시문학가들의 작품 속에 나오는 환상의 중요성을 언급하면서, 그것을 매개로 인간의 노예상을 비판하고, 더 나아가 묵시문학가나 아방가르드예술가가 갖고 있는 환상을 소유할 것을 주장한다. 왜냐하면 그러한 환상을 가질 때에만 우리의 시대의 문제를 극복할 수 있기 때문이다. 그렇다면, 우리 시대가 안고 있는 문제란 무엇인가? 이에 대하여 이신은 베르자에프의 글을 인용하면서, '인간의 노예상'을 언급하고 있다.

---

19) 이신, "환상의 신학," 155.

인간의 노예상은 인간의 타락과 죄를 말해 주는 것으로서 이 타락은
특이한 의식구조를 갖고 있어 단순히 회개하고 속죄하는 그것만으로
극복될 수 있는 것이 아니라 인간의 모든 창조적인 활동에 의해서
극복될 수 있는 것이다.[20]

결국 환상의 신학은 우리로 하여금 환상의식을 통해 노예화된 세상의 현실에 대한 부정과 하나님의 나라로 표상되는 영원한 세계에 대한 지향점을 향하도록 함으로써 인간의 노예성을 극복할 수 있는 마지막 보루를 제시한 셈이다. 따라서 우리가 묵시가들처럼 환상의식을 가질 때 그리고 아방가르드 예술가처럼 환상의식과 같은 고양된 의식으로 인해 부패한 현실에 도전을 주고, 하나님의 나라를 지향하도록 해 준다. 결국 인간의 이성만을 절대화하는 현대사회에서 이성을 넘어서는 환상 곧 '상상력'(imagination)의 중요성을 통해 소통을 가로막는 인간의 노예성을 극복하고 하나님과 인간 그리고 인간과 세상 사이의 진정한 소통을 지향하는 것이 환상의 신학이라고 말할 수 있다.

둘째, 이신은 "고독과 저항의 신학"을 통해 기독교인의 정체감, 특히 개신교 신학자의 정체감을 보여주고자 한다. 그는 이를 위해 진정으로 멋지게 신학을 연구하고 삶을 산 두 신학자를 모범으로 소개한다. 그들은 키에르케고르와 본회퍼이다. 그는 먼저 "'신학한다는 것'의 위험은 신학이라는 아카데미즘에 빠져 버리는 일이다"라

---

20) Nicolai Berdyaev, *Slavery and Freedom* (New York: Charles Scribner's Sons, 1944), 268; 이신, "환상의 신학," 169.

고 설파하면서, 기독교신앙의 역동성을 상실한 채 신학자 자신은 투쟁력을 잃고 학문의 상아탑 속에 안주해 버리는 것을 비판한다. 그러나 이 두 신학자는 이러한 신학적인 사상의 누각에 안주한 분들이 아니라, 자신들의 문제를 신학화하면서 시대적 사명을 감당하였다고 소개하여 준다. 특히 이신은 본회퍼의 '동시성'의 개념에 근거하여 그리스도와 본회퍼의 동시성, 그리스도와 키에르케고르의 동시성 그리고 더 나아가 그리스도와 우리 각 그리스도인 사이의 동시성의 중요성을 역설한다.

…1935년 [본회퍼]의 강론 가운데 그 주제는 '어떻게 하면 신약성서와 현대의 크리스찬이 동시성을 가질 수 있는가' 하는 것이다. 그는 거기서 말하기를 "여기서 우리는 그리스도론적인 문제 앞에 서게 된다. 그것은 만일 그리스도가 '힘'으로서 동시성을 가질 뿐만 아니라 그 분이 한 인격으로 존재한다면 어떻게 그분의(인격적인) 현존을 이해할 수 있단 말인가?21)

키에르케고르에게 있어서도 우리가 잘 아는 바와 같이 그리스도와 어떻게 '동시성'을 갖느냐 하는 문제가 '어떻게 하면 크리스찬이 되느냐' 하는 문제와 밀접한 연관성을 갖는다. 그는 이렇게 말한다. "만일 당신이 동시성을 유지 못한다면 그리고 현실적으로 (동시적인 관계

---

21) John A. Philips, *Christ for Us in the Theology of Dietrich Bonhoeffer* (New York: Harper and Row, 1967), 91; 이신, "고독과 저항의 신학," 126 재인용.

에 있는) 그분의 눈초리에 견디어나지 못한다면 그리고 당신이 거리
에 나가서 이 흉측스러운 행렬 속에 있는 하나님을 발견하고 엎드려서
그에게 경배하지 않는다면 본질적으로 당신은 크리스찬이 아닌 것이
다.[22]

특히 이신은 키에르케고르와 본회퍼를 비교하면서, 그들 모두 예
수 그리스도와 동시성을 추구하기 위해 그리고 저항의 정신을 함양
하기 위해 성서로 돌아갈 것을 강조하였다고 주장한다. 그런데 문제
는 성서로 돌아감에 있어서 근본주의신학자들이 강조하듯이 성서의
문자로 돌아가는, 즉 '문자주의'로 돌아가는 것을 철저하게 비판하면
서 영성생활적 측면에서 성서에 접근할 것을 강조한다. 그래서 이신
은 본회퍼가 1939년 7월 22일 서신에 기록된 글을 인용한다. "우리
는 매일 말씀을 명상하는 것과 중재적 기도와 성서를 공부하는 일과
를 유지하십시다."[23] 말하자면 본회퍼에게 있어서 성서는 묵시적
환상으로서의 '창조적 해석'을 통해 예수와 우리 사이의 거리가 좁혀
지고 동시성이 형성된다고 본 것이다. 결국 이신은 본회퍼와 키에르
케고르에 대한 비교연구를 통해 예수 그리스도와의 동시성의 추구
를 위해, 창조성과 그 창조적 진리해석 그리고 실존적 자기이해를
가질 것을 촉구함으로써, "의식의 부패"가 농후한 이 시대에 새로운

---

22) Søren Kierkegaard, "Training in Christianity," A Kierkegaard
Anthology, ed. by Robert Brethall (New York: Modern Library), 410;
이신, "고독과 저항의 신학," 127 재인용.
23) Dietrich Bonhoeffer, *The Way to Freedom* (New York: Harper and Row,
1966), 67; 이신, "고독과 저항의 신학," 132.

역사적 전환점을 가져올 수 있다고 본 것이다.

셋째, 이신은 "전위 예술과 신학"이란 논문을 통해 전위예술과 신학을 상호 연결시킴으로써 신학을 전위예술화하고 또 전위예술을 신학화하고 있다. 이신은 우선 전위예술가들의 예술작품이란 부르주아들의 거실에 걸어놓을 장식품 노릇을 하는 것에 반대한다. 그 대신 전위예술가들의 작품은 더 이상 물질문명의 상품처럼 영구보전을 위한 어떤 물건 같은 것이 아니라, 오히려 '작가의 창작 행위' 혹은 '이벤트'로서의 예술 활동 그 자체임을 선언한다.[24] 이것은 예술활동이 하나님의 계시행위처럼 단회적이요 종말론적임을 의미한다. 하나님은 결코 어느 박물관의 유물처럼 박제될 수 없는 영원한 현재이듯이, 진정한 예술작품도 계시적이요 종말론적이라는 의미이다. 따라서 진정한 전위예술의 목적은 예술작품의 '생산'에 있는 것이 아니라 예술가의 삶과 활동 곧 예술가의 창조적인 '이벤트적 삶' 그 자체가 더 중요하다는 의미이다. 이러한 과정을 통해 이신은 전위예술을 종말론적 관점에서 신학화하고 있다.

한편, 이신은 전위예술의 신학화에 머물지 않고 신학 역시 전위예술화할 것을 주문한다. 그것은 현대 신학이 지금까지 예술적 가치를 소홀히 한 채 합리적 이성에 근거한 이성적 작업으로 축소시킨 것을 비판하면서 '예술신학'을 제안하는 것이다. 여기서 그는 예술활동에서 중요하게 생각하는 '상상력'의 문제를 '하나님의 형상'의 차원에서 해명한다. 즉 하나님의 형상이란 다름 아닌 '상상력'(imagination)이

---

24) 이신, "전위예술과 신학," 149.

라는 입장이다. 이 이메지네이션의 영역 안에서는 하나님에게 불가능이 없는 것처럼 상상력을 가진 인간에게도 불가능이 없다. 그런데 인간의 죄는 바로 그 "상상력이 부패한 것"이다. 그것이 죽음에 이르는 병이다. 마치 예술가들이 창조적 이벤트 메이커로서 창작 행위 그 자체에 초점을 맞추기 보다는 오히려 영구히 보존할 작품에만 집착함으로써 예술을 타락시켰듯이, 신학도 인간의 상상력을 기반으로 하여 진행한 것이 아니라 그 반대로 상상력을 부패시킨 나머지 오직 이성적 작업으로만 왜곡시킨 것이다. 따라서 이신은 이제부터 예술신학으로서의 신학화 작업이란 부패한 상상력을 회복하여 모방을 거부하고 창의력을 발휘하는 신학, 곧 슐리어리즘의 신학을 제안하는 것이다. 여기서 슐리어리즘의 신학이란 인간의 치명적인 병인 상상력(imagination)의 부패를 치료하는 치료의 신학이요, 상상력을 통하여 하나님의 계시에 응답하는 새로운 소통의 신학이라고 말할 수 있다. 이런 점에서 이신은 신학이란 더 이상 모방이 아니라 창조적인 작업으로써, 그것이 진정으로 예수를 따르는 길임을 다음과 같이 역설하고 있다.

> 기독교계에서 오늘날 문제가 되는 것은 신앙을 단순히 전통의 고수로만 생각하고 누구의 모방을 미덕으로 생각하는 점이다. 만일 신앙을 모방으로 해석한다든지 누구에게 기대는 것으로 풀이한다면 그런 기독교 이해가 한 인격의 독자성을 몰각한 노예종교로 전락시켜 버리고 만다. 예수가 원래 전한 메시지의 근본 의도는 인간을 노예처럼 다루자는 것이 아니라 어디까지나 자유로운 인격으로 소중히 여기는 것이

다[…]예수가 '나를 따르라'고 말씀할 때는 그를 모방하라는 말이 아니다. 이것은 그분이 그처럼 창조적으로 생을 영위했듯이 우리도 우리 나름의 창의력을 가지고 생을 의미있게 승화시키라는 것이다.25)

넷째, 이신은 전위예술과의 대화를 통해 슐리어리즘의 신학을 제시하면서, '죄'와 '성령'의 문제를 신학적으로 해명한다. 그에 따르면, 죄란 무엇인가? 그것은 한마디로 '의식의 둔화'이다.26) 여기서 의식의 둔화란 한 인격으로서 갖고 있는 모든 분야의 의식 혹은 기능이 대내외적인 관계성에서 반응을 거부하는 것을 의미한다. 달리말해 의식의 둔화란 베르그송의 표현을 빌리면 물질적인 타성에 의해서 자유를 빼앗긴 상태를 말한다. 그것은 "보기는 보아도 보지 못하는 상태이고, 듣기는 들어도 듣지 못하는 상태"와 다름 아니다.27) 따라서 이러한 의식의 둔화는 인간의 자유와 창의성을 가로막는 것이요, 인간의 죄에 해당하다. 결국 슐리어리즘의 신학은 이러한 죄의 문제를 극복하고 인간으로 하여금 참 자유인을 지향하는 신학이라고 말할 수 있다.

한편으로 슐리어리즘의 신학은 인간 의식의 둔화에 대하여 그것을 거부함으로써 참 자유인을 지향하는 신학임과 동시에, 하나님의 영 곧 성령에 대해서는 완전한 개방성으로 표현되는 신학이다. 따라서 이신은 슐리어리즘의 신학이란 "영의 목소리를 붙잡으려는 신학"

---

25) 위의 책, 154.
26) 이신, "슐리어리즘의 신학(I)," 156.
27) 위의 책, 158.

곧 "영의 신학"이라고 부른다.28) 그런데 여기서 영의 목소리를 듣는 방법으로서의 신학은 우리가 생각하는 어떤 테크닉을 의미하지 않는다. 왜냐하면 현대인들이 생각하는 도구적 방법으로서의 테크닉을 그는 결코 제시하지 않기 때문이다. 오히려 이신은 슐리어리즘의 신학의 방법론은 '초현실의 방법'으로써, "인간의 현실적인 방법이 진(盡)해 버리고 하나님 앞에서 두 손 번쩍 들었을 때 하나님은 비로소 움직이시는 분이시기에 보통으로 생각하는 방법은 안 되고 방법론 없는 방법이랄까 또는 방법이 완전 끊긴 그런 신학"29)이라고 말할 수 있다.

결국 이신의 슐리어리즘의 신학은 인간의 창조적 상상력을 회복시킴으로써 인간의 자유를 지향하고, 더 나아가 그 창조성은 하나님의 계시와 만나는 소통의 과정임을 말하는 것이라고 볼 수 있다. 이런 맥락에서 그는 슐리어리즘의 신학과 전위예술 사이의 상호주관적 교호성을 제시하여 궁극적으로 예술활동과 같은 창조적 작업을 통해 하나님과 세상 사이의 아름다운 소통을 제시하였다고 말할 수 있다.

V. 이신의 신학(3): 성령의 신학

이신의 신학은 그의 책 제3부에서 '성령의 신학'으로 새롭게 제시된다. 이신은 묵시문학에 대한 현상학적 연구를 통해 묵시적 환상으

---

28) 위의 책, 164.
29) 위의 책.

로서의 상상력의 중요성과 묵시적 환상의 재생반복가능성을 발견하였다면, 슐리어리즘의 신학에 대한 연구는 전위예술과의 대화를 통해 새로운 예술신학을 개척하였다. 그런데 그는 거기서 멈추지 않고 궁극적으로 슐리어리즘의 신학은 하나님의 영의 신학으로 나아가야 함을 제시한다. 그래서 이신은 신학이 서구의 이론적이고 분석적이며 차갑고 정적인 '로고스 중심주의'에서 벗어나 '성령중심의 신학'(Spirit-oriented theology)으로 전환해야 한다고 역설한다. 이것은 오늘의 성령 운동이 마치 성령을 한 방법론으로 이용하려 하고 자기의 세속적 욕심을 채우기 위한 소유물 정도의 얄팍한 감정의 자극쯤으로 생각하는 것을 거부하면서, 진정으로 성령 중심의 신학이 무엇인지 잘 소개하여 주고 있다. 따라서 이것은 최근 한국 신학계에 '영성'(spirituality)에 관한 관심이 많은 현실에서, 영성의 시대를 바르게 이해할 수 있는 길잡이로 이해될 수 있다.

좀 더 구체적으로 살펴보면, 이신의 성령의 신학은 세 가지 주제가 주목을 끈다. 그것은 현대 신학에서의 성령론, 카리스마적 신학 그리고 이단의 문제이다. 우선 이신은 현대 신학이 지금까지 성령론을 소홀히 취급하였음을 날카롭게 비판한다. 그래서 이제 성령의 시대에 이제 우리는 신학연구에서 성령중심으로 모든 신학체계가 개편될 필요가 있다고 역설한다. 말하자면 성령 중심의 기독론, 성령중심의 신론, 성령 중심의 교회론으로의 개편이다. 예컨대 성령 중심의 교회론이란 '성령의 은혜'로 세워진 '카리스마적 공동체'(Charismatic community)를 의미한다. 이처럼 신학이 성령 중심의 신학으로 바뀔 때 신학은 더 이상 죽은 신학이 아니라 살아있는 신학이 될 수 있다는 것이다.[30] 그리고 이신은 영성식별로써 이그나티우스의 영성식별 법을 소개하면서, 성령 분별의 중요성을 주장하였다.[31]

둘째, 이신은 성령의 신학으로써 '카리스마적 신학'과 "카리스마적 해석학"을 소개한다. 여기서 카리스마적 해석학이란 말하자면 '성령의 은혜'(*charisma*)에 따라 영적으로 해석하는 '영적 해석학'으로써, 하나님의 말씀을 성령의 목소리로 알아차리는 것을 의미한다.[32] 달리 말해, 이신에 따르면, 해석학이란 원저자의 목소리를 듣도록 돕는 것이라고 할 때, 그 원저자의 목소리는 성령이시다. 성경은 성령의 감동으로 된 것이기 때문이다. 따라서 성경의 원저자인 성령의 목소리를 들을 수 있도록 하는 것이 카리스마적 해석학이다. 그래서 그는 카리스마적 해석학이란 성령께서 위에서 주시는 '깨달음'의 해석학이라고도 말한다. 그리고 그것은 '하나님의 말씀'을 통하여 우리 자신이 해석받는 일이요, 더 나아가 성령에 의해 그리스도의 인격을 만남으로써 나 자신이 완전히 변형되는 변형의 해석학이라고 말할 수 있다. 이것이 그에게 있어서 성령의 신학이라고 말할 수 있다.

셋째, 이신은 성령의 신학과 관련하여 "이단이란 무엇인가"라는 점을 다루고 있다. 전통적으로 교회는 이단을 구분할 때 정통교리에 근거하여 이단을 분리시켰다. 예컨대 사도신경에 나오는 교리들이 중요한 기준이 되었다. 그런데 이신은 여기서 이단이란 정통교리에 근거해서 더 이상 구분될 수 없다고 주장한다. 오히려 그는 흑인해방

---

30) 이신, "현대신학과 성령론," 182.
31) 위의 책, 188.
32) 이신, "카리스마적 신학," 197.

신학자 제임스 콘(James Cone)의 주장에 근거하여, 이단이란 '정론'(orthodoxy)의 문제가 아니라 '정행'(orthopraxis)의 문제임을 날카롭게 지적한다. 즉 콘에 따르면, 이단이란 진리되신 분에 따라 진리를 말하고 진리대로 살기를 거부하는 것, 예수의 진리는 해방자로서의 복음인데 예수를 가난하고 눌린 자의 해방자로 보지 않는 해석 그리고 기독교의 진리는 구체적인 역사적 상황 속에서 결단되어야 할 문제임에도 불구하고 추상적 개념화로 그치는 것으로 설명한다.33) 즉 성서에 보면, 예수로부터 외식하는 자라고 비난을 받은 바리새인들의 문제는 성서를 바르게 아는데 문제가 있었던 것이 아니라, 그들이 알고 있는 진리를 그대로 실천하지 않은데 있었던 것이다(마23:2-4). 따라서 이단의 문제는 바로 실천의 문제로써, 오늘의 이단이란 예수의 화해 정신과 화해의 사건을 떠나서 분열과 분당을 조성하는 것이라고 이신은 경고한다. 결국 이신은 성령의 신학을 통해 인간의 인위적인 노력을 넘어서 성령의 은혜에 따라 성령의 목소리에 경청하는 것이요, 또 그 음성을 따라 구체적으로 삶 속에서 실천하며 살아가는 삶을 신학화한 것이라고 말할 수 있다.

VI. 이신의 신학사상과 한국교회의 위기 극복

한국교회 130년의 역사 중 아마도 지금이 가장 심각한 위기의 상

---

33) James H. Cone, *God of the Oppressed* (1975); 이신, "이단이란 무엇인가?", 255-256.

황이라고 말할 수 있다. 기독교에 대한 사회적 공신력이 거의 바닥으로 떨어진 지 오래되었을 뿐만 아니라, 최근에는 한국 기독교인의 숫자감소, 정복주의적 선교의 한계 그리고 한국기독교총연합회와 같은 교회연합기관에 대한 신뢰 상실 등, 한국교회의 위기는 결코 더 이상 간과할 수 없는 지경에 이르렀다. 그렇다면 이러한 한국교회의 위기는 어떻게 극복될 수 있을까? 여기서 연구자는 이신의 신학에 근거하여 그 가능성을 제시하고자 한다.

1. 이신의 묵시문학적 해방신학과 묵시문학적인 해방적 교회를 향하여

한국교회 위기의 현실에서 볼 때, 이신의 묵시문학적 해방신학은 네 가지 점에서 시사점을 제공할 수 있다. 첫째, 유대 묵시문학의 등장 배경이 현실 세계에 대한 극도의 불신과 악의 승리처럼 보이는 상황에서 하나님의 종말론적 개입을 전제로 한 순수한 신앙을 요청하였다고 할 때, 지금 한국교회 역시 그러한 종말론적 신앙의 회복이 필요하다. 사실 한국교회는 너무나 타성에 젖어있다. 세상에 대한 예언자적 목소리조차 상실한 지 오래되었고, 이제는 세상이 교회를 걱정하는 시대에 살고 있다. 따라서 한국교회에게는 하나님의 종말론적 개입만이 유일한 희망처럼 보이기 때문이다. 따라서 이러한 상황에서 한국교회는 종말론적 희망의 신학이 필요하다. 왜냐하면 하나님의 개입만이 한국교회의 유일한 희망처럼 보이기 때문이다. 따라서 이신이 주장했던 것처럼, 한국교회에게 요청되는 것은 성서의 묵시가들이 보여주었던 고독과 저항의 정신이다. 왜냐하면 한국 교회는 시끄러움으로 넘쳐날 뿐만 아니라 세상의 불신앙적 모습과 대다협을 한 것처럼 보이기 때문이다. 따라서 한국교회는 하나님의 종말론적 묵시문학적 해방신학을 희망의 근거로 삼아, 교회 내외의 불의와 악에 저항하면서 고독을 즐길 줄 아는 절대적 고독의 정신을 회복해야 할 것이다.

둘째, 이신에 따르면 유대 묵시문학은 기독교 신학의 원형으로써, 유대 묵시문학에 대한 연구를 통해 '상상력' 혹은 '환상'이야말로 기독교 신학과 교회에서 가장 근원적으로 강조해야할 원형과 같다고 강조한 바 있다. 이러한 이신의 주장은 한국교회에게 매우 시사적이다. 왜냐하면 지금까지 한국교회는 이러한 상상력이나 환상에 기반을 둔 신학이나 목회를 하기보다는 이성 중심의 모방적 교회로 점철되어 왔기 때문이다. 따라서 한국교회의 위기는 미국교회를 모방하고, 또 자본주의적 가치관을 모방하는 대형교회 중심주의로부터 벗어나, 상상력에 기반을 둔 창의적인 한국적 교회로 거듭나야 할 것이다. 특히 로고스 중심의 이성 중심적 신학은 이미지를 중시하는 은유적 신학으로 재구성되어야 할 것이다. 다시 말해 한국교회는 이제 상상력을 회복함으로써 모방적 교회를 넘어서 창조적 소수로서의 환상가로 구성된 창조적 교회로 거듭나야 할 것이다.

셋째, 이신의 묵시문학적 해방신학은 한국교회가 더 이상 세상권력과 타협하지 말 것을 촉구한다. 사실 한국교회가 직면한 위기의 원인 중 하나는 한국교회가 약자의 편 대신에 소위 사회의 기득권층에게만 봉사하는 종교로 전락되었다는 점이다.[34) 한국교회가 최근

몇 십 년간 급속도로 대형화되는 과정에서 권력화 되었고, 또 그 권력은 2세에게 세습화하는 문제로 오랫동안 홍역을 앓고 있다. 심지어 그 권력의 세습을 위해 국가권력과 이데올로기적으로 결탁하여 많은 이들의 비난을 사고 있다. 이것은 가난한 자 그리고 고통당하는 자와 함께 했던 성서적 하나님의 이미지와 상당히 거리가 멀다. 특히 하나님의 계시에 대한 환상 속에서 끝까지 세상적 논리에 타협하지 않고 종말론적 세계를 추구하는 창조적 소수를 강조하는 환상의 신학에 견주어 볼 때, 매우 어색한 모습이다. 따라서 한국교회가 현재 겪고 있는 위기를 극복하기 위해서는 이러한 이미지를 불식시킬 필요가 있다. 이런 점에서 한국교회는 그 위기를 극복하기 위해 창조적 소수자에 대한 존중과 더불어 고난당하는 이웃과 연대해야 할 것이며, 교회권력에 대하여 저항하는 묵시적 공동체로 새롭게 자리매김해야 할 것이다.

넷째, 한국교회의 위기를 극복하기 위해 한국교회는 이신이 강조하였던 묵시적 자의식의 동시성 및 묵시문학의 자율적 본질에 따른 묵시적 현상의 반복 가능성의 맥락에서 이웃종교에 대하여 배타적인 태도 대신에 개방적인 개연성을 가질 필요가 있다. 한국교회가 이웃종교에 대해 갖고 있는 배타성은 늘 한국교회에 대한 부정적 이미지를 생산하고 있다. 이런 상황에서 이신은 기독교의 원형적 사상인 묵시문학에 "자율적 본질"이 그 주요 특성임을 밝혀주었다.

---

34) 교회권력에 대한 자세한 설명은 이진구, "한국개신교의 종교권력,"『현대사회에서 종교권력, 무엇이 문제인가』, 한국기독자교수협의회·한국교수불자연합회 공저(서울: 동연, 2008) 참조

따라서 이신이 우리 시대의 묵시가로서 키에르케고르, 니체, 도스토
에프스키 그리고 최재우에 관심을 가졌듯이, 우리도 이웃 종교 속에
서도 그러한 묵시적 환상가가 가능할 수 있음을 열어 놓아야할 것이
다. 왜냐하면 하나님의 묵시는 제도로서의 기독교 안에서만 갇혀
있을 수 없으며, 그것은 하나님의 전적인 자유의 영역이기 때문이다.

2. 이신의 예술신학과 예술적 소통의 교회를 향하여

이신의 슐리어리즘의 신학은 위기를 맞이한 한국교회에게 어떠
한 시사점을 줄 수 있을까? 여기서 필자는 세 가지 차원에서 그 가능
성을 제시하고 싶다. 첫째, 한국교회는 선교의 패러다임을 일방적이
고 공격적인 선교 패러다임을 예술적 패러다임으로 수정함으로써
위기를 극복할 수 있다. 몇 년 전 아프가니스탄 선교팀의 피랍사건에
서 드러나듯이 한국교회의 공격적인 선교방식이 큰 비난을 받고 있
는 상황에서, 이신의 예술신학은 선교방식을 새롭게 재고하는데 유
익한 통찰을 제공할 수 있다. 사실 선교란 세상을 향한 복음의 소통이
라고 할 때, 우리는 예술신학적 맥락에서 그 가능성을 탐색할 필요가
있다. 하나님께서는 죄 많은 인간 및 세상과 소통하시기 위해 성육신
(incarnation)이라는 지극히 예술적인 방식으로 그리스도를 이 땅에
보내셨다. 말하자면 선교는 하나님의 방법 곧 성육신적 방법에 의해
이루어질 때 가장 효과적인 법이다. 그것은 공격적인 방법이 아니라
자기를 낮추고 죽이는 자기겸양의 방법이요, 아름다움을 추구하는
예술적 방법이다. 따라서 그렇게 복음을 전할 때, 사람들은 감동을

받아 마음을 열고 그리스도를 영접하게 된다. 따라서 이신이 추구하였던 예술신학을 매개로 하여 아름다움을 기반으로 한 선교신학을 재정립함으로써 한국교회의 선교패러다임이 수정되고 더 나아가 한국교회의 위기도 극복될 수 있을 것이다.

둘째, 한국교회는 잃어버린 하나님의 형상으로서의 '상상력'을 회복함으로써 위기를 극복할 수 있다. 이신은 우리 시대의 인간의 죄란 '의식의 둔화'라고 하면서 잃어버린 하나님의 형상으로서의 상상력의 회복을 강조하였는데, 한국교회는 상상력의 부패를 수정하는 것이야말로 가장 중요한 선교임을 기억할 필요가 있다. 선교란 무엇인가? 과거 패러다임에서 선교는 기독교의 교리를 인지적으로 수용하는 것이었다고 한다면, 이제 새로운 시대의 선교는 기독교의 교리의 수용여부를 넘어서 인간의 변형에 있다고 할 것이다. 즉 그리스도와 같은 인격으로의 변형이야말로 진정한 선교라 할 수 있다. 따라서 선교란 사람들이 간직하고 있는 상상력의 부패를 수정하는 작업이요, 더 나아가서 잃어버린 창조적인 상상력을 회복하는 작업이다. 결국 한국교회의 위기는 하나님의 형상으로서의 상상력의 상실이요, 한국교회의 위기극복은 잃어버린 상상력을 회복하는 작업이라고 말할 수 있다.

셋째, 한국교회는 성장주의적 업적주의를 극복하기 위해 전위예술적 신학에 근거하여 예술가의 창조적인 이벤트적 삶 그 자체를 중시할 필요가 있다. 신앙의 세계는 결코 업적의 세계가 아니다. 자본주의에 익숙한 우리에게 자본의 '축적'은 자연스런 일이지만, 신앙의 세계에서 축적은 그렇게 중요하지 않다. 중요한 것은 순간적인 카이로스적 삶의 아름다움이요, 하나님의 계시에 응답하는 창조적인 삶이다. 따라서 전위예술가가 이벤트로서의 예술활동을 중시하듯이, 한국교회는 성도들로 하여금 이벤트 메이커로서의 삶을 살 것을 안내하고 교육할 필요가 있다.

3. 이신의 성령의 신학과 영성적 교회를 향하여

한국교회는 현재 처한 위기를 극복하기 위해 먼저 '영성적 교회'로 자리매김할 필요가 있다. 특히 한국교회가 현재 비윤리적인 집단으로 매도되는 현실에서 그 위기를 극복하는 대안적인 방법은 영성적 교회로 거듭나는 길이다. 그렇다면 여기서 영성적 교회란 무엇인가? 그것은 이신이 밝힌 바처럼, 성령의 신학에 기반을 둔 카르스마적 교회를 의미한다. 이것은 여기서 세 가지의 차원에서 설명될 수 있다.

첫째, 한국교회가 교회성장 중심의 목회모델에서 영적성장 중심의 목회모델로 그 패러다임을 바꾸는 것이다. 이것은 이신이 언급한 것처럼 교회가 성령의 인도하심에 따라 카리스마적 교회로 세워지는 것을 의미한다. 이를 위해 우리는 최근 관심을 끌고 있는 영성학의 도움을 받을 필요가 있다. 달리 말해 이신의 '성령의 신학'은 '영성학'으로 재해석될 수 있다고 할 때, 우리는 영성에 대한 최근의 해석과 영성발달을 위한 여러 노력들을 영적 성장을 위해 적극적으로 고려할 수 있다. 영성학자 다우니(Michael Downey)는 영성이란 근대성 이후 파편화(fragmentation)된 하나님-인간-세계 사이의 관계성을 회복하기 위해 "성령의 능력과 현존 안에서 그리고 그것을 통해 살아

가는 기독교적 삶 자체"35)라고 정의한 바 있는데, 그러한 이해 위에
서 우리는 영성적 교회를 지향할 수 있을 것이다. 특히 한국교회 위기
의 시대에 영성적 교회는 성도들의 영적 성장을 위해 '영성지도'(spi-
ritual direction), '기도'(prayer), '영성식별'(spiritual discernment)
그리고 '사회정의'(social justice) 등36)과 같은 영성훈련의 방식들을
적극적으로 개발하고 활용해야 할 것이다.

둘째, 한국교회는 성령의 은혜로 세워진 '카리스마적 공동체'로서
교회와 관련된 일체의 활동에서 성령의 중심적인 활동을 인정해야
한다. 특히 성서를 해석함에 있어서 이신이 강조했던 카리스마적
해석학을 우선적이면서 동시에 최종적으로 고려해야 할 것이다. 이
것은 한국교회가 성서를 해석할 때 문자주의적 해석이든 역사비판
적 해석이든 인간의 특정한 어느 한 해석에 집착하는 것을 넘어설
것을 강조하는 것으로써 성서의 최종적 해석의 권위를 인간이 아니
라 성서의 원저자인 성령께 돌려드리는 것이다. 사실 현재 한국교회
는 오래전부터 성령운동을 펼치고 있지만 성령운동을 하나님의 영
의 운동으로 생각하지 않고 자신의 욕망을 충족시키기 위한 '하나님
의 영의 이용 운동'으로 오해하는 경우가 너무 많았다. 따라서 교회의
활동이든 성서의 해석이든 교회와 관련된 일체의 존재론적 근거는
성령이심을 기억하면서 카리스마적 공동체로서 겸손하게 성령 중심

---

35) Michael Downey, *Understanding Christian Spirituality* (Mahwah, NJ: Paulist
    Press, 1997), 45.
36) Robert J. Wicks, *Handbook of Spirituality for Ministries*, vol. 1 & 2 (Mahwah,
    NJ: Paulist Press, 1995 & 2000); 손원영, 『한국문화와 영성의 기독교교육』
    (서울: 대한기독교서회, 2009), 195 참조.

적 운동을 펼쳐야 할 것이다.

셋째, 한국교회는 이단의 개념을 실천적 관점에서 재개념화하여 성서적 교회로 거듭나야 한다. 이신이 주장했던 것처럼, 지금까지 교회사는 정통교리(orthodoxy)를 중심으로 한 이단 논쟁의 역사요 또 이단 정죄의 역사였다. 그런데 성서적 의미에서의 이단이란 교리의 문제가 아니라 '실천'(praxis)의 문제이다. 예수께서 바리새인을 비판한 것은 그들의 이론이 잘못되었기 때문이 아니라 그들이 아는 만큼 실천하지 못했기 때문이다. 사실 교회사의 역사에서 바른 실천(orthpraxis)을 못했기 때문이라 이단으로 정죄된 역사는 없었다. 예를 들어, 기독교의 최고 덕목인 사랑을 실천하지 못했다고 이단으로 정죄된 적이 있었는가? 현재 한국교회가 하나님의 말씀을 제대로 실천하지 못하여 비윤리적인 공동체로 낙인찍혀 있다면, 한국교회야 말로 진정한 이단이다! 따라서 한국교회는 더 이상 교리적 측면에서 이단논쟁에 몰입하지 말고, 성서가 제시하는 바른 실천을 지향함으로써 영성적 공동체요 윤리적 공동체로 거듭남으로써 현재 당면한 위기를 극복해야 할 것이다.

4. 이신의 환원운동과 한국적 교회를 향하여

이신은 한국적 그리스도의교회의 형성을 위해 몸을 던진 분이다. 성서가 제시하는 초대교회로 되돌아가서 신앙의 순수성과 단순성을 회복함으로써 교회의 일치를 이루고자 하는 것이 환원운동(restoration)이라고 한다면, 그가 지향한 '한국적 그리스도의교회'의 모습이란 무엇인가? 우리는 그것을 이신이 제시한 세 가지 신학의 통전화를 통해 상상해 볼 수 있다. 달리 말해, 이신에게 있어서 한국적 그리스도의교회란 단지 한국의 문화와 전통만을 고려하는 것이 한국적 교회가 아니라 더 근본적으로 말하면 '묵시문학적 해방신학'과 '슐리어리즘의 신학' 그리고 '성령의 신학'이 통전적으로 일치되는 신학을 지향하는 교회라 말할 수 있다.

그래서 한국적 교회란 한국인의 의식의 부패를 거부하고 하나님의 형상인 상상력에 따라 묵시문학적 해방적 교회를 지향하는 것이요, 전위예술의 이벤트 메이커로서 하나님과 이웃을 향해 창조적인 예술적 소통의 교회가 되는 것이요, 성령께서 한국인에게 주시는 은혜 곧 카리스마를 추구하는 진정한 영성적 교회가 되는 것이다. 이것이 한국적 그리스도의교회의 참 모습이라 말할 수 있다. 만약 한국교회가 또 다시 이러한 신학을 단지 교리화하는 데에만 열중한다면 여전히 이단적 교회가 될 것이지만, 그 반대로 한국교회가 이러한 신학을 한국이라는 구체적인 삶 속에서 최선을 다해 창조적으로 실천한다면, 지금 한국교회가 당면한 위기를 극복할 수 있을 뿐만 아니라 전정한 한국적 그리스도의교회로 거듭날 것이다.

VII. 맺는말

도종환 시인의 시 중에 "흔들리며 피는 꽃"37)이란 시가 있다. 이 시는 꽃의 아름다움을 노래한 것이지만, 시인은 사실 꽃을 빗대어서 사랑과 인생의 아름다운 진리를 노래하고 있다.

> 흔들리지 않고 피는 꽃이 어디 있으랴
> 이 세상 그 어떤 아름다운 꽃들도
> 다 흔들리면서 피었나니
> 흔들리면서 줄기를 곧게 세웠나니
> 흔들리지 않고 가는 사랑이 어디 있으랴
>
> 젖지 않고 피는 꽃이 어디 있으랴
> 이 세상 그 어떤 빛나는 꽃들도
> 다 젖으면 젖으며 피었나니
> 바람과 비에 젖으면 꽃잎 따뜻하게 피웠나니
> 젖지 않고 가는 삶이 어디 있으랴

그렇다. 꽃뿐이랴? 사람도 그렇고 교회도 마찬가지이다. 이 세상에 존재하는 모든 것들은 흔들리면서 성장하고 고통을 통해 아름다운 꽃을 피운다. 흔들림이 없이는 결코 존재의 꽃을 피우지 못한다. 이것이 자연의 이치요 또 하나님의 섭리이다. 이런 점에서 이신은 성령의 바람으로 인해 수 없이 흔들리면서 아름다운 꽃을 피웠고, 또 우리에게 흔들리면서 아름다운 꽃으로 피어날 것을 주문하고 있다. 그런데 문제는 지금 한국교회가 성령의 바람으로 흔들리는 것이

---

37) 도종환, 『흔들리지 않고 피는 꽃이 어디 있으랴』(서울: 랜덤하우스, 2007).

아니라 세상적인 욕망으로 쓰러져가고 있다. 130 년 역사에서 최악의 흔들림이다. 아니 너무 흔들려서 이제 가지가 꺾이고 또 피어나는 꽃봉오리조차 완전히 꽃으로 피어나지도 못한 채 땅에 떨어져 사람들의 발에 밟힐까 염려가 된다. 따라서 이제 한국교회는 세상적 욕망이 아니라 성령의 바람에 의해 흔들리는 교회가 되어야 한다. 이신이 성령의 바람에 의해 아름답게 흔들려 우리에게 슐리어리즘의 신학이란 아름다운 꽃을 선사했듯이, 이제 우리의 차례이다. 임의로 부는 성령의 바람에 따라 아름답게 흔들리는 나, 우리 그리고 한국교회가 되어 하나님조차 깜짝 놀랄 창조적 교회로 거듭나기를 희망해 본다. 이신이란 걸출한 신학자가 우리 곁을 떠난 지 벌써 30 여년이 넘었지만, 여전히 우리 귓가에 다음과 같은 그의 음성이 들리는 듯하다.

모방하지 말고 너희들 나름대로 사람답게 살아가라.[38]

---

38) 이신, "나사렛의 한 목수"; 조현, "이신: 창조적 신앙을 일군 신념의 화가,"『울림: 우리가 몰랐던 이 땅의 예수들』(서울: 시작, 2008), 103.

참고문헌

김산춘. "신학적 미학과 그리스도교 예술."『美學·藝術學硏究』, Vol. 28 (2008).
도종환.『흔들리지 않고 피는 꽃이 어디 있으랴』, 램덤하우스, 2007.
문화체육관광부. "2009 종무행정백서." 문화체육관광부, 2010. 12.
손원영. "이은선 교수와의 대담 중에서"(2009. 2. 10).
______. "최복태 교수(이신 박사의 제자, 서울기독대학교 교수)와의 대담에서"(2008. 12. 5).
______.『한국문화와 영성의 기독교교육』, 대한기독교서회, 2009.
손호현. "한 멋진 삶의 풍경화 : 유동식의 예술신학연구."『한국문화신학회 논문집』, Vol.10 (2007).
______.『아름다움과 악』, 한들출판사, 2009.
심광섭.『예술신학』, 대한기독교서회, 2010.
유동식. "한국신학으로서의 예술신학."『한국문화신학회 논문집』, Vol.4 (2001).
______.『신학과 예술의 만남』, 한들출판사, 2010.
이성희. "한국교회의 위기와 미래 목회적 답변."『제37차 정기학술대회 자료집(상)』. 한국기독교학회, 2008. 10. 17/18.
이 신.『산다는 것 믿는다는 것: 지성인을 위한 크리스천 메시지』, 기독교문사, 1980.
______.『슐리얼리즘과 영의 신학』, 동연, 2011.
이은선·이경 엮음.『이신의 슐리얼리즘과 영의 신학』, 종로서적, 1992.
이정배. "이신의 예술신학연구: 묵시문학적 상상력과 슐리얼리즘의 해석학."『神學과 世界』. Vol. 44(2002).
______. "이신의 초현실주의 해석학과 예술신학."『한국개신교 전위 토착신학 연구』. 서울: 대한기독교서회, 2003.
이진구. "한국개신교의 종교권력."『현대사회에서 종교권력, 무엇이 문제인가』. 한국기독자교수협의회·한국교수불자연합회 공저, 동연, 2008.
조성돈 · 정재영.『그들은 왜 가톨릭교회로 갔는가』, 예영, 2007.
조현. "이신: 창조적 신앙을 일군 신념의 화가."『울림: 우리가 몰랐던 이 땅의 예수들』, 시작, 2008.
한국기독교학회편.『제37차 정기학술대회 자료집』, 한국기독교학회, 2008. 10. 17/18.

Berdyaev, Nicolai. *Slavery and Freedom*. New York: Charles Scribner's Sons, 1944.

Bonhoeffer, Dietrich. *The Way to Freedom*. New York: Harper and Row, 1966.

Cone, James H. *God of the Oppressed*, 1975.

Downey, Michael. *Understanding Christian Spirituality*. Mahwah, NJ: Paulist Press, 1997.

Ebeling, Gehard. *Journal for Theology and the Church*. New York: Herder and Herder, 1969.

Frost, Stanley B. *Old Testament Apocalyptic*. London: The Epworth Press, 1952.

Garrett, Leroy. *The Stone-Campbell Movement*. Joplin, Missouri: College Press, 1981.

Käsemann, Ernst. *New Testament Question of Today*. Philadelphia: Fortress Press, 1969.

Kierkegaard, Søren. "Training in Christianity." *A Kierkegaard Anthology*. Ed. by Robert Brethall. New York: Modern Library.

Philips, John A. *Christ for Us in the Theology of Dietrich Bonhoeffer*. New York: Harper and Row, 1967.

von Rad, Gehard. *Old Teatament*, II.

Wicks, Robert J. *Handbook of Spirituality for Ministries*. Vol. 1 & 2. Mahwah, NJ: Paulist Press, 1995 & 2000.

_김성리

인제대학교 의과대학 의예과 외래교수, 인문의학연구소 연구원, 현대
시를 전공하고 고통 받는 이들의 삶을 시로 치유하고자 치유시학을
연구하고 있다.
저·역서 및 논문

『엄마의 책방』(공저, 2012), 『김춘수 시를 읽는 방법-현상학적 해석
과 치유시학적 읽기』(2012), 『꽃보다 붉은 울음』(2013), 『노화와 항
노화』(공저, 2017), "치유시학의 관점에서 본 간호의 의미"(2012),
"한센인의 생애구술과 치유"(2013), "한국시의 치유성에 대한 인문의
학적 연구"(2014), "한센병력인의 고통과 치유에 대한 인문의학적 연
구"(2016), "시와 의학교육의 만남에 대한 인문의학적 고찰"(2016),
"시와 삶의 치유에 대한 연구"(2017)

_박일준

감리교신학대학 종교철학과 강사 및 「신학과 세계」 편집연구원, 희망
철학 연구소 연구원, 인터넷 신문 〈에큐메니안〉 신학위원장. 포스트휴
먼 시대 공생의 기호학을 주제로 '정의와 연대의 신학'을 연구 중이다.
저·역서 및 논문

『포스트휴먼 시대를 위한 종교철학적 상상력: 인간과 기계의 공생을 위
한 존재론』(근간), 『삐뚤빼뚤 생각해도 괜찮아』(공저, 2013), 종교철학
입문서 『종교와 철학 사이』(공저, 2013), *A Philosophy of Sacred
Nature: Prospects for Ecstatic Naturalism*(공저: Lexington
Books, 2015). "Rereading of the Whiteheadian understanding of
Organism in a Trans-Human age"(2015), "화이트헤드의 공생의 철
학"(2015) 등이 있다.

_손원영

전 서울기독대학교 교수. 기독교교육 전공. (사)한국영성예술협회 예술목회연구원장으로서, 한국교회가 예술을 통해 더욱 새로워질 수 있도록 예술목회운동을 펼치고 있다. 예술신학과 예술목회, 그리고 영성교육 등에 관심이 많다.

저·역서 및 논문

『기독교교육의 재개념화』(2002), 『프락시스와 기독교 교육과정』(2002), 『영성과 교육』(2004), 『기독교문화교육과 주일교회학교』(2004), 『한국문화와 영성의 기독교교육』(2009), 『테오프락시스교회론』(2011), 『예술신학톺아보기』(2014), 『예술신학톺아보기』(공저, 2017) 등 다수의 저서와 논문이 있다.

_심은록

전시기획가, 미술비평가, 감신대 객원교수로 프랑스와 한국을 오가며 활동하고 있다.

저·역서 및 논문

『사람에 대한 환원적 호기심, 서용선과의 대화』(2016), 『예술아 어디에 있니 ?』(작품 다니엘 뷔렌, 2015), 『양의의 예술, 이우환과의 대화 그리고 산책』(2014), 『세계에서 가장 비싼 작가 10』(2013), Daniel Buren, Marc Sanchez, Sim Eunlog, *et al. Daniel Buren Les Écrits 1965-2012* (Participation/ Volume 2 : 1996-2012, 2013), 『내 머리 속의 섬』(그림 오토니엘, 2012), 『나비왕자의 새벽작전, 오토니엘의 예술세계』(2011), 등.

최근 전시기획:

제11회 광주 비엔날레 특별전(2016), 130주년 한불수교 기념 《 0상공화국 》(서울, 창원, 2016), 130주년 한불수교 기념 《하늘의 마법사 》 빌라데자르 (파리, 2016), 유네스코 70주년 《 제3의 현실 》(파리, 2015), 등.

_신익상

성공회대학교 신학연구원 연구교수. 종교철학 전공. 종교적 삶과 지혜
가 생명의 해방에 기여할 바에 관심을 기울이고 있다.

저·역서 및 논문

『변선환 신학 연구』(2012), 『한국 신학의 선구자들』(공저, 2014), 『이제
누가 용기를 낼 것인가?: 세월호와 메르스가 제기하는 종교 비판』
(2015), 『과학으로 신학하기』(역서, 2015), 『남겨진 자들의 신학: 세월
호의 기억과 분노 그리고 그 이후』(공저, 2015), 『종교는 돈을 어떻게 가
르치는가?』(공저, 2014) 등이 있다.

_이경

그리스도의 교회(제자회) 목사. 전 충북시민사회단체연대회의 사무국
장. 현 이주민노동인권센터 상담실장으로서 시민사회에서 이주노동자
와 결혼이주여성들을 비롯한 이주민의 인권을 보호하고 개선하는 일
을 하고 있으며, 풀뿌리민주주의 운동에 관심을 두고 있다.

저·역서 및 논문

『슐리얼리즘과 영의 신학』(편역, 1992, 2011)

『돌의 소리 - 이신 시집』(엮음, 2012)

『다른길 - 박노해 사진 에세이』(영역, 2014)

_이은선

세종대학교 교육학과 교수. 한국 유교철학 전공. 유교적 언어와 기독
교 언어를 함께 들어서 우리 삶을 여성주의적 시각에서 통합적으로
말하는 일에 주력하고 있다.

저·역서 및 논문

『생물권 정치학시대에서의 정치와 교육-한나 아렌트와 유교와의 대화
속에서』(2013), 『묻는다, 이것이 공동체인가』(공저, 2015), 『한국사회
정의 바로세우기』(공저, 2015), 『다른 유교, 다른 기독교』(2016), 『21세
기 보편영성으로서의 誠과 孝』,(공저, 2016), *Korean Religions in*

Relation(ed. Anselm Min, SUNY series in Korean Studies, 2016)등이 있다.

_이정배

전 감리교신학대학교 교수. 조직신학 전공. 생평마당 공동대표를 맡아 작은교회운동을 함께하고 있으며 현장(顯藏)아카데미를 통하여 후학을 가르치고 있다.

저·역서 및 논문

『이웃종교인들을 위한 한 신학자의 기독교 이야기』(2013),『고독하라, 저항하라 그리고 상상하라』(2013),『빈탕한데 맞혀놀이 -多夕으로 세상을 읽다』(2011),『생태영성과 기독교의 재주체화』(2010),『없이 계신 하느님, 덜 없는 인간 -多夕신학의 얼과 틀 그리고 쓰임』(2009),『켄 윌버와 신학』(2008),『기독교 자연신학』(2005),『한국개신교 전위 토착신학 연구』(2003) 등이 있다.

_정혁현

한살림교회 목사. 라깡 정신분석학에 의지하여 신학을 구성하는 작업을 하고 있다.

저· 역서 및 논문

『영화가 재밌다 말씀이 새롭다』(공저, 1998),『라깡과 한국영화』(공저, 2008),『라깡과 지젝』(공저, 2014),『이웃』(슬라보예 지젝, 2010),『여자가 없다고 상상해봐』(조운 콥젝, 공역, 2015),『분명 여기에 뼈 하나가 있다』(슬라보예 지젝, 2016) 등이 있다.